교육행정 및 교육경영

EDUCATIONAL ADMINISTRATION & EDUCATIONAL MANAGEMENT

김희규 · 김순미 · 김효숙 · 안성주 · 최상영 공저

학지사

| 머리말 |

'교육입국(敎育立國)', 교육이 바로 서야 나라가 바로 선다는 의미이다. 곧 교육이 흔들리면 나라가 위태롭게 된다는 말로, 과거 도산 안창호를 비롯한 애국지사들은 절체절명의 국난 속에서도 교육의 중요함을 강조하였다. 오늘날 우리나라가 선진국 대열에 들어설 수 있게 된 것도 교육에 대한 국민들의 높은 관심과 열망이 있었기에 가능했다.

오늘날의 우리 교육은 21세기 지식정보사회를 주도할 창의적인 인재를 기르는 데 그 목표를 두고 있다. 사회변화가 급격하게 진행되면서 우리 교육환경에도 많은 변화가 일어나고 있다. 수요자중심 교육으로의 변화로 교육수요자들의 요구가 점차 다양해지고 있고, 개인이든 조직이든 모두가 평가를 받아야 하는 세상이 되었으며, 이에 따른 효율성과 책무성이 모든 면에서 강조되고 있다.

일찍이 교육행정에서도 효율성 · 창의성 · 책무성을 강조하는 '경영'의 개념이 도입되어 교육경영의 개념이 강조되고 있다. 이에 '교육행정 및 교육경영'은 주요 교육학 교과로서 교직수행을 위한 기본 학문이 되고 있다.

이미 '교육행정 및 교육경영'이라는 제목으로 여러 교재가 출간되었으며 내용에 있어서도 크게 다른 점은 보이지 않는다. 다만, 이 책은 기존의 것들에서 불필요하게 장황한 이론을 줄이고 교육현장과 관련하여 꼭 필요한 실제적 내용을 담아내고자 노력하였다.

이 책은 다음과 같은 사항에 주안점을 두고 집필하였다.

첫째, 교육행정의 학문적 배경을 바탕으로 하되, 학교현장에서의 상황 및 직무와 관련한 내용을 함께 포함하여 이론과 실제를 함께 경험할 수 있도록 하였다.

둘째, 2009 개정 교육과정 이후 수차례 수정된 교육과정의 내용과 교육 관련 법규 및 제도의 개선사항을 적극 반영하였다.

셋째, 각 장의 앞뒤에 학습개요와 연구 및 토의 · 토론 문제를 제시하여 학습목표를 인식하고 도달도를 점검하며, 학습결과를 내면화하여 예비교사의 임용시험을 대비하는 수험서로서의 역할을 할 수 있도록 하였다.

넷째, 저자들이 과거와 현재 초·중등교육 현장에서 쌓은 오랜 교직 경험을 교직이론과 접목하여 학교현장을 정확하게 이해하는 데 도움이 되도록 하였다.

이 책은 총 4부, 12장으로 구성하였다.

제1부 '교육행정의 기초'에서는 교육행정과 교육경영의 개념, 교육행정의 영역과 과정 및 원리를 통해 학문으로서의 교육행정학을 살펴보았다.

제2부 '교육행정의 주요 이론'에서는 교육행정 이론의 원리와 시사점을 알아보고, 동기이론과 지도성이론 및 의사결정론의 교육과 관련한 현상에 대하여 고찰하였다.

제3부 '교육행정의 실제'에서는 교육정책의 수립과 결정과정을 알아보고, 교육행정조직의 구조와 특징을 분석하여 학교조직문화를 정의할 수 있도록 하였다. 또한 교육자치, 교육인사행정과 같은 교육제도가 실제 교육현장에서 어떻게 적용되는지 알고 이에 대처할 수 있도록 하는 데 주안점을 두었다.

제4부 '교직의 이해'에서는 장학의 인식 변화에 따른 장학의 바람직한 발전방안을 찾고, 학교경영과 학급경영의 패러다임을 이해하며 교육경영자로서의 역할을 찾는 데 중점을 두었다.

이 책은 교육대학과 사범대학 및 교육대학원에서 교직과정을 수학하고 있는 예비교사들의 수업교재 그리고 교직수행 중에 구체적인 방향제시가 필요한 신임교사들의 매뉴얼로서 만들어졌다. 따라서 대학의 수업교재로는 물론, 초·중등교사 임용후보자 선정경쟁시험을 대비한 좋은 지침서가 될 것으로 믿는다.

과거에나 미래에나 교육에 있어서는 완전한 수업도, 완벽한 교사도, 완성된 교재도 존재할 수 없다. 다만, 더 나은 모습을 추구하고 이를 향해 나아갈 뿐이다. 이 책 또한 더 나은 교재가 될 수 있도록 지속적인 수정·보완을 해 나갈 것이다.

학생교육과 연구활동으로 바쁜 중에도 이 책이 출간되기까지 함께 수고해 준 저자들에게 감사한다. 또한 늘 좋은 교재로 수업과 연구에 도움을 주시는 학지사의 김진환 사장님과 직원분들께도 저자를 대표하여 감사의 마음을 전한다.

2019년 3월

저자 대표 김희규

| 차례 |

제1부

교육행정의 기초

01 교육행정 및 교육경영의 개요

1. 교육행정의 개념
2. 교육경영의 개념
3. 교육행정의 영역 · 과정 및 원리
4. 교육행정학의 연구

학습개요

1. 교육행정의 정의 관점을 '교육에 관한 행정'과 '교육을 위한 행정'으로 나누어 교육행정의 의미를 파악해 본다.

2. 행정과 경영의 개념상 차이점은 무엇이며, 교육에 경영의 개념이 도입됨으로써 어떤 의의를 갖는지 알아본다.

3. 교육행정의 영역 · 과정 및 원리를 파악하고, 교육행정이 학문적 성격으로서 갖는 의미를 살펴본다.

1. 교육행정의 개념

1) 교육활동의 의미

교육은 배우고자 하는 인간의 욕망과 의지를 통하여 개인의 자아를 실현하고 살기 좋은 사회를 조성하며 국가발전에 이바지하는 데 목적이 있다. 교육행정은 교육이 국가사회의 발전과 공공의 이익을 위하여 교육에 관한 목표를 달성할 수 있도록 체계적이고 조직적이며 지속적으로 지원하고 촉구하는 작용이다. 오늘날의 교육은 대부분의 나라에서 국가제도화되어 있다. 이는 교육이 개인의 자아실현과 더불어 사회의 유지와 발전에 핵심적인 사업이라는 공교육(public education) 정신을 반영한 것이다.

교육활동은 학교 이외의 장소에서도 이루어질 수 있으나 궁극적인 교육활동은 공교육 활동인 학교교육을 일컫는다. 학교교육에서 교육활동의 의미는 다음과 같이 생각해 볼 수 있다(주삼환 외, 2015: 23-24).

첫째, 교육은 사회적 활동이다. 즉, 교육의 목적 · 내용 · 방법 등은 사회적으로 규정되고 사회의 변화에 따라 함께 변하게 되며, 또한 교육의 과정은 사회적 과정을 통하여 이루어진다. 학교교육활동은 교사와 학생, 학생과 학생 간의 인간관계를 통한 사회화 과정이며, 학교교육은 학교라는 사회를 이루는 하나의 조직체 안에서 이루어지고 있다.

둘째, 교육은 공공적 활동이다. 오늘날의 교육은 모든 국민이 인간다운 생활을 영위하기 위하여 누려야 할 권리로서 국가의 관리로 이루어지는 공교육 체제를 갖추고 있다. 따라서 교육의 목적은 정치적 의도나 종교적 이념 등의 이해관계를 떠나 일반 대중에 부합하는 공공의 이익을 추구해야 하는 것이다.

셋째, 교육은 조직적 활동이다. 현대의 교육은 교육의 대량화 · 대중화 · 보편화와 더불어 방대하고 복잡한 조직 속에서 이루어지는 것이기에 면밀한 계획 속에서 체계적이고 조직적으로 운영된다. 이는 교육 내용과 방법의 다양화 · 복잡화 · 전문화로 이어진다.

(1) 공교육의 성격

공교육이란 곧 학교교육을 의미한다. 학교교육은 교육의 내용 · 방법 · 대상 · 기간 등 여러 측면에서 정형화되어 있다. 즉, 전통적인 학교교육은 ① 학교라는 독립적인 장소에서, ② 전문적인 직업인으로서의 교사가, ③ 체계화된 교육과정과 구조화된 교육내용을 기초로, ④ 전일제로 취학하는 학생을 대상으로, ⑤ 그 연령과 기간을 인생의 빠른 단계에 한정해서, ⑥ 일제지도 방식으로 이루어지는 교육을 말한다(김영식, 1996: 206-207). 이러한 교육형태상의 특징으로 인해서 학교에서 이루어지는 교육을 '형식교육'이라 하고, 가정이나 사회에서 이루어지는 교육을 '비형식교육'이라 한다(박병량, 주철안, 2011: 18). 오늘날 공교육의 성격, 즉 학교교육이 추구해야 하는 방향은 다음과 같이 제시할 수 있다.

첫째, 학교교육은 미성숙자의 사회화를 돕는 것이어야 한다. 학교교육은 학생들이 장차 민주시민으로서의 바람직한 삶을 준비하는 과정에 초점을 맞추어야 하며, 교육활동을 통하여 원만한 인간관계를 형성할 수 있어야 한다. 따라서 학교는 나를 알고 남을 이해하며, 사제 간, 교우 간에 신뢰를 형성하고 더불어 살아가는 삶의 지혜를 깨닫는 장(場)이 되어야 한다.

둘째, 학교교육은 공익을 추구하는 것이어야 한다. 교육이 '공교육'체제하에 있다 함은 교육이 공익을 추구해야 함을 의미한다. 오늘날 수요자중심 교육을 강조하면서 나타난 학생중심 교수-학습활동, 평가체제와 방법의 다양화 · 다면화 등이 그것이다.

셋째, 학교교육은 체계적 · 조직적으로 운영되어야 한다. 교육활동은 정치적 논리나 특정 개인이나 집단의 요구에 따라 일시적 · 즉흥적으로 이루어져서는 안 되며, 민주적 집행절차에 따라 계획 · 수립되고 운영되어야 한다. 또한 학교교육활동은 주도면밀한 계획에 따라 수립되고, 전 교직원의 참여와 학생과 학부모의 적극적인 협조로 운영되어야 한다.

(2) 학교의 활동

19세기 후반에 이르러 서구사회의 3대 혁명과 더불어 근대화 · 산업화가 이루어지면서 교육은 소수 특권층인 귀족이나 교회의 전유물에서 벗어나 일반 시민들의 것이 되고, 직업인으로서의 교사와 전용 교육장(教育場)인 학교가 만들어지면서 국가가 이를 제도화하기에 이르렀다. 즉, 교육의 보편화 · 세속화 및 국가제도화의 영향으로 국가 주도의 공교육을 실현하게 된 것이다. 그리하여 오늘날 학교는 교육기관으로서 교육제도뿐만 아니라 사회제도의 하나로서 교육 이외의 다양한 활동을 수행하고 있다.

첫째, 학교는 정치적 활동을 수행한다. 정치권력 집단은 학교를 그들의 정치적 정당성을 확보하고 알리기 위한 목적으로 이용한다. 학교나 교원 · 학생 관련 각종 제도와 법규, 행정지시 등에서 그러한 성향을 읽을 수 있다. 뿐만 아니라 학교 안에서 일어나는 교육구성원들의 일상적인 관계에서도 정치적인 상황이 자주 발생한다. 대부분의 다른 조직처럼 학교조직에서도 학교관리자 · 교사 · 학생 · 학부모 등 학교조직 구성원 사이의 밀고 당기는 힘겨루기는 늘 일어난다.

둘째, 학교는 경제적 활동을 수행한다. 교육당국이 학교교육을 위한 예산을 배분하고 집행하며, 단위학교가 학교경영을 위한 예산을 수립 · 집행 · 결산하는 모든 과정이 학교와 관련된 경제활동이다. 이러한 정치와 경제는 학교교육에서 교과목의 하나로 존재할 만큼 중요하다고 볼 수 있다.

셋째, 학교는 사회적 활동을 수행한다. 한 개인이 학교교육체제 안에서 얼마나 오래 머물러 있었느냐 하는 학력은 사회경제적 지위의 획득과 상당한 관련이 있다. 뿐만 아니라 학교조직 안에서 구성원들 간에 인간관계를 형성하고 유지해 나가는 모든 일이 사회적 활동이라고 볼 수 있다.

넷째, 학교는 행정이나 법률과 관련된 일이 많다. 학교설립, 교육과정 수립, 교원인사, 학생 선발과 배치, 학생평가, 학교의 각종 규칙과 규정의 제정과 적용 등 학교에서 이루어지는 대부분의 일이 일련의 법적 근거를 바탕으로 이루어진다. 또한 교육행정기관으로부터 각종 공문을 접수 · 발송하고 이에 의거하여 학교를 운영하는 모든 일이 행정적인 지침에 따라 이루어진다. 따라서 교원은 학생지도활동 외에도 이러한 행정업무를 처리하여야 한다.

이와 같은 기능은 학교가 수행하려는 교육활동이라는 과업과 더불어 동반되는 필연적인 활동이다. 그러므로 학교교육을 원활하게 수행하기 위해서는 이러한 학교의 다양한 활동을 교육의 관점만이 아닌 학교라는 사회조직의 관점으로 이해하여야 한다.

2) 교육행정의 개념

행정이란 조직목적을 효과적으로 달성하기 위하여 다른 사람들과 함께 그리고 다른 사람들을 통해서 일하는 과정이다(Sergiovanni et al., 2004: 안병환, 가영희, 성낙돈, 임성우, 2011: 13에서 재인용). 따라서 행정에는 목적달성을 위한 협동적 행위가 강조되며, 이를 위해서는 조직구성원 간의 원활한 의사소통과 민주적인 의사결정이 필수적이라 하겠다.

교육행정(educational administration)과 관련하여 몇몇 학자가 내린 개념적 정의를 살펴보면 다음과 같다.

- 김종철(1985: 32)은 “교육행정이란 사회적 · 공공적 · 조직적 활동으로서 교육을 대상

으로 교육목표를 설정하고 이러한 목표를 달성하기 위한 인적·물적 지원조건을 정비·확립하고, 목표달성을 위한 계획과 결정, 집행과 지도, 통제와 평가 등을 포함하는 일련의 봉사활동을 말하며, 교육조직에서의 집단적 협동행위를 위하여 효과적으로 지원하는 것을 본질로 하는 작용이다."라고 하였다(윤정일, 송기창, 조동섭, 김병주, 2016: 15에서 재인용).

- 신현석 등(2016: 26)은 "교육행정이란 국민의 의지에 따라 형성된 국가 교육목표 달성을 위하여, 공식적인 권위를 바탕으로 교육정책을 형성하고 집행하며, 학습자의 학습과 성장을 위한 교육활동을 과학적으로 관리하고 지원·조장·촉진하는 협동적인 집단행위이다."라고 하였다.
- 박세훈 등(2012: 13)은 "교육행정은 교육목표를 효과적으로 달성하기 위하여 법적·제도적 장치를 마련하고, 교수-학습에 필요한 인적·물적 자원을 확립하고 지원하며, 교육조직구성원이 서로 협력할 수 있도록 여건을 조성하는 수단적 봉사활동이다."라고 하였다.
- 안병환 등(2011: 15)은 "교육행정이란 교육목표를 설정하고 이 목표를 달성하기 위한 교육과정과 프로그램을 개발하고, 또 이를 운영하기 위한 인적·물적 자원을 지원하며, 이 과정에서 지도력을 발휘하는 봉사활동이다."라고 하였다.
- 교육행정에 관한 다양한 입장에 따라 한마디로 정의하기에는 무리가 있으나, 교육행정의 본질을 파악하여 다음과 같이 포괄적으로 정의할 수 있다(남정걸, 2017: 27). 즉, 교육행정이란 ① 교육의 목적을 효과적으로 달성하기 위하여, ② 교육 법규나 정책을 입안 또는 집행하고, ③ 교수-학습에 필요한 여러 조건을 정비·확립하며, ④ 교육조직 성원의 협동적 행위를 능률적으로 조성하는, ⑤ 수단적 봉사활동이다.

3) 교육행정의 정의 관점

교육행정에 관한 관점에는 학자에 따라 여러 가지 이론이 있으나, 교육과 행정의 관계 설정에 있어서 어디에 우선적 가치를 두느냐에 따라 크게 '교육에 관한 행정'과 '교육을 위한 행정'으로 구분할 수 있다(김종철, 1985). 교육행정의 개념은 일반적으로 다음과 같은 관점으로 나누어 볼 수 있다.

(1) 국가통치권론

교육행정을 '교육에 관한 행정'으로 보는 입장으로서, 교육행정을 국가의 통치행위, 즉 총체적인 국가행정의 하나로 파악하려는 국가통치권론의 관점은 행정이라는 개념을 강조하는 '행정영역 구분론'에 따른 것으로, '법규 해석적 정의' 또는 '공권력설'이라고도 한다. 이는 국가의 삼권분립에 따라 입법 · 사법 · 행정 중 행정의 하위영역인 내무 · 외무 · 군무 · 법무 · 재무의 다섯 영역 중 내무행정 아래의 보육행정과 경찰행정 중 보육행정의 하나가 교육행정이라고 보는 견해이다(주삼환 외, 2015: 26).

교육행정은 일반행정의 한 영역으로 간주되기 때문에 중앙집권적인 형태를 띠게 된다. 따라서 이러한 관점에서는 행정이 교육보다 우위를 차지하게 되며, 국가행정이 교육행정을 통제하는 전통적인 권위주의적 행정관이 성립된다. 이 입장에 따르면 교육의 다양성과 수월성 · 자율성보다 행정의 통합성과 효율성에 치중하게 되어 관리나 통제 위주의 행정편의주의가 나타날 수 있다. 또한 개념 정의는 법규 해석적 교육행정에 치중하여 권력적 · 강제적 요소를 강조하여 교육행정의 특수성과 전문성을 소홀히 취급할 수 있다(김윤태, 2006: 11). 또한 오늘날 교육의 정치적 중립성과 자주성을 강조하고, 교육행정을 일반행정에서 분리 · 독립시키고자 하는 교육자치제의 관점에서 보면 타당성이 빈약하다고 볼 수 있다(윤정일 외, 2005: 375).

우리나라의 교육현실은 교육의 양적 성장을 추진하는 과정에서 관료제적 원리가 적용되고 교육에 관한 행정의 관점이 만연되었으며, 이에 대한 반작용으로 교육을 위한 행정이 점차 요구되어 온 것으로 이해할 수 있다(신현석 외, 2016: 22-24).

(2) 기능주의론

교육행정을 '교육을 위한 행정'으로 보는 입장으로서, 행정보다는 교육 그 자체에 강조점을 두는 기능주의론은 교육행정이 교육목표를 달성하기 위하여 필요한 인적 · 물적 조건을 정비 · 확립하는 수단적 봉사활동이라고 보는 입장에 따라 '조건정비론'이라고도 한다. 교육행정을 목적이 아닌 수단으로 보는 입장으로서 행정은 교육을 위하여 존재한다는 것으로 교육의 본질적인 면이 강조된다. 이에 따라 교육행정이란 교육목표를 설정하고, 목표달성을 위한 교육과정과 프로그램을 개발하고, 또 이를 운영하기 위한 인적 · 물적 자원을 지원하며, 이 과정에서 리더십을 발휘하는 봉사활동이라고 할 수 있다(주삼환 외, 2015: 26). 이와 같은 맥락에서 기능주의설은 행정이 본질적으로 수단적 봉사활동(service activity)이라는 행정의 핵심적 의미를 내포하고 있다.

이 이론의 대표자인 몰맨(Moehlman)은 수업이 학교의 근본적인 목적이며, 행정의 조직과 과정은 이 목적을 달성하기 위한 일련의 봉사활동이며 작용이라고 하여 교육행정이 교육을 위한 수단적 · 봉사적 기능을 수행하는 활동임을 주장하였다(Moehlman, 1951: 윤정일 외, 2016: 14에서 재인용).

이러한 교육을 위한 행정의 관점은 교육활동의 특수성과 전문성을 강조하여 교육행정은 일반행정과 구별된다. 행정은 단순한 관리적 수준을 넘어 학교교육의 효율적인 목표달성을 위한, 보다 적극적이고 교육의 본질적인 면에 치중하게 된다. 오늘날 우리 교육에서 행정의 관료화를 지양하고 교육의 자율성과 책무성을 높이는 의미에서 이러한 입장을 추구하는 경향이 있다. 그러나 이 입장에서는 자칫 자율성 · 전문성만 강조한 나머지 행정적 절차와 가치를 경시하고, 인적 · 물적 자원 운용의 비능률화를 초래할 수 있다.

이러한 교육행정에 관한 두 관점을 정리하면 〈표 1-1〉과 같다.

〈표 1-1〉 교육행정에 관한 관점

구분	교육에 관한 행정	교육을 위한 행정
관점	• 행정영역 구분설, 법규해석적 정의, 국가공권설, 국가통치권론	• 기능주의설(기능적 접근), 조건정비론(조건정비적 접근)
입장	• 교육행정은 국가 행정기능의 일부이다.	• 교육행정은 교육을 위한 것이어야 한다.
정의	• 교육행정은 국가통치권인 일반행정영역 중 하나로, 교육부가 수행하는 법적 기능인 행정집행활동	• 교육행정은 교육목표를 효율적으로 달성하기 위하여 인적 · 물적 자원을 지원하는 수단적 봉사활동
강조점	• 교육보다 '행정'을 중시	• 행정보다 '교육' 그 자체를 중시
장점	• 행정의 통합성 · 효율성 · 능률성 추구	• 교육의 자주성 · 전문성 · 정치적 중립성 추구
문제점	• 관리와 통제 위주로 인한 행정편의주의 • 교육의 자율성 · 다양성 · 수월성 경시 • 교육행정의 특수성 · 전문성 간과	• 행정적 가치 경시로 인한 제도의 비능률성 • 인적 · 물적 자원 운용의 비능률성

(3) 행정과정론

행정과정론은 행정의 계획수립에서 실천과 평가에 이르기까지 행정이 이루어지는 전체적인 순서 혹은 단계를 중심으로 정의하는 관점이다. 1916년 페이욜(Fayol)은 기획-조직-지휘-조정-통제의 다섯 가지 요소를 제시하였으며, 1937년 귤릭(Gulick)과 어윅(Urwick)은 기획-조직-인사-지시-조정-보고-예산의 일곱 가지 요소를 제시하였다. 초기의 교육행정학자들은 명령 · 지시 · 통제 등을 주요 요소로 간주한 반면, 후기의 교육행정학자들은 의사결정(decision) · 자극(stimulating) · 영향(influencing) · 평가(evaluating) 등을 주요 요소로 파악하였다(윤정일 외, 2016: 16). 이는 민주적 교육행정, 행정의 민주화 변화 분위기와 흐름을 같이한다고 볼 수 있다(한유경 외, 2018: 10).

(4) 정책실현론

교육행정을 정치적 과정으로 보고, 교육정책을 수립하고 수행하는 일반적인 과정을 포함한다. 정치와 행정은 이원적으로 구분되지 않으며, 교육정책과 관련한 입법(정책결정)과 행정(정책집행)은 상호 관련적인 것으로 간주한다. 이에 따르면 교육행정은 국가나 지방자치단체가 교육활동에 관한 목표를 수립하고, 목표달성을 위하여 지도 · 감독하는 데 따르는 일련의 봉사활동으로 정의할 수 있다(주삼환 외, 2015: 27).

(5) 협동행위론

교육행정이란 교육의 목적을 달성하기 위하여 교육조직의 구성원들이 함께 협력해 나가는 집단적 협동행위의 과정을 통하여 소기의 성과를 이룰 수 있다고 보는 관점이다. 이 견해의 대표자인 왈도(Waldo)는 행정을 고도의 합리성을 바탕으로 한 집단의 협동행위로 정의하였다(윤정일 외, 2016: 16). 여기에서 행정의 본질은 조직 속에서 각자 맡은 역할을 책임 있게 수행하면서 전체적인 목적달성을 위하여 협동하도록 하는 것이다. 이러한 관점에서 학교의 지도자는 교직원들이 서로 의사소통을 원활하게 하고 갈등을 조정하며 직무동기를 극대화하여 직무를 통한 만족감을 느낄 수 있도록 하는 능력이 요구된다(주삼환 외, 2015: 28).

(6) 교육지도성론

교육행정이란 교육의 목적을 효과적으로 달성하기 위하여 교육지도자가 리더십을 발휘하는 활동이라고 보는 관점이다. 이는 교육목표를 달성하는 데 필요한 조건을 정비하고 학교교육이 나아가야 할 방향을 정립하며 능동적인 리더십을 발휘하는 것으로, '교육경영론'의 관점이라고도 한다. 오늘날 교육행정의 지방분권화와 교육자치제의 영향에 따른 학교운영위원회나 단위학교책임경영제의 실시와 더불어 교육지도성론이 주목받고 있다.

4) 교육행정의 일반적인 성격

교육행정의 성격은 교육행정을 정의하는 관점에 따라 달라진다. 예를 들어, 교육행정을 교육정책 실현을 위한 권력적 작용으로 보면 감독적 성격이 강해지고, 조건정비를 위한 봉사적 활동이라고 보면 조장적 · 수단적 성격이 강해지며, 목표달성을 위한 제반 조건과 과정의 관리라고 보면 조정적 성격이 강해진다(배종근, 정태범, 1986: 16-17: 윤정일 외, 2016: 18에서 재인용). 교육행정의 일반적인 성격은 다음과 같다.

(1) 봉사적 성격

행정(administration)의 본질은 봉사에 있다. 조직의 유형 분류에 있어서 블라우(Blau)와 스콧(Scott)은 조직의 수혜자가 누구인가에 따라서 학교조직을 봉사조직으로 분류하였다. 이는 학생을 고객으로 보고, 교육공급자가 교육수요자를 대상으로 하는 교육활동을 하나의 지원적 봉사활동으로 간주한 개념이다. 이러한 개념에 따라 교육행정은 국민 모두의 교육복지 실현을 지향하여 교사와 학생의 교수-학습활동을 조력하고 교육행위와 제도 운영을 전문적으로 지원 · 조장하는 봉사행정으로서의 기능을 수행해야 한다(신현석 외, 2016: 40).

기능주의론(조건정비론적) 개념에서 교육행정은 교육목적을 달성하기 위하여 필요한 인적 · 물적 제 조건을 정비 · 확립하는 조장적 · 수단적 성격을 지닌다. 오늘날 교육행정과 함께 교육경영을 강조하는 입장은 '교육행정은 교육을 위한 것이어야 한다.'는 교육행정의 봉사적 성격을 잘 나타낸 것이라 할 수 있다.

(2) 정치적 성격

교육은 정치와 떨어질 수 없는 불가분의 관계를 가진다. 이는 오늘날의 교육이 국가의 교육제도와 교육정책을 기반으로 하는 공교육체제를 가지고 있기 때문이다. 킴브로(Kimbrough, 1964: 116)는 "교육은 정치의 산물이다."라고 하였으며, 톰슨(Thompson, 1976: 1)은 "교육은 정치체제의 안정과 변화에 중요한 공헌을 한다."라고 하였다(윤정일 외, 2016: 20에서 재인용).

실제로 교육행정체제 내에서 추진되는 교육정책들은 사회의 다양한 이해집단 간에 밀고 당기는 역동적 과정에서 결정되는 경우가 많다. 고교평준화의 유지, 무상급식 시행, 학업성취도평가, 대학입시제도의 변화 등이 그러한 예라 할 수 있다. 이러한 사회적 이슈가

되는 교육현안들은 교육적 가치와 논리만으로는 해결하기 어려워 정치적 결정에 의지하는 경우가 많다(신현석 외, 2016: 40).

교육행정의 독자성과 정치적 중립성을 강조하는 것은 교육이나 교육행정이 정치와 분리됨을 뜻하는 것이 아니라, 교육이 정치의 수단이 되거나 어느 한쪽의 정치적 성향에 휘둘리지 않아야 한다는 뜻이다. 따라서 교육행정가는 정치적 상황을 효과적으로 이용하여 교육이 이념과 목표에 부합하는 지혜로운 행정집행을 해야 할 것이다.

(3) 민주적 성격

교육이란 바람직한 민주시민을 길러 내는 것이므로 교육행정 또한 민주적인 방식으로 운영되어야 한다는 것이다. 교육행정에서 민주적 운영이란 교육행정조직, 교육인사행정, 교육과정의 편성 및 운영, 교육재정의 편성과 집행 등 모든 분야에서 일부 교육행정가가 아닌 다양한 교육구성원의 적극적인 참여에 의한 운영이 이루어져야 함을 말한다.

일반행정의 분권화와 함께 교육자치에 따른 학교공동체 구성원에 의한 학교의 자율경영은 이러한 민주적 운영에 따른 것이다. 교육의 자주성 · 민주성 · 책무성을 높이고 학교회계 운영의 투명성을 확보하기 위한 학교운영위원회의 운영은 교육행정의 민주적 성격을 잘 나타낸 것이라고 볼 수 있다.

모든 행정이 그렇듯이 교육행정 또한 적극적인 개입과 방관의 중도를 유지하는 것이 바람직할 것이다. 교육행정기관은 하부기관이나 학교의 조직경영이나 교육활동에 권한을 적절히 위임하고 자율성과 창의성을 발휘할 수 있도록 배려가 필요하다.

한편, 임규진과 임연기(2005: 8)는 교육행정의 일반적 성격을 다음 세 가지로 설명하고 있다.

첫째, 국가통치권설의 입장에서 볼 때 교육행정은 조장적 성격을 갖는다. 교육행정은 사회 공공의 복지향상을 목적으로 하는 보육행정에 속하기 때문에 정신적 또는 물질적 봉사에 중점을 두고 지도 · 조언하는 조장적 성격이 큰 행정이라고 할 수 있다.

둘째, 조건정비설의 입장에서 볼 때 교육행정은 수단적 성격을 갖는다. 즉, 교육행정은 '교육을 위한 행정'으로서 교육목적을 달성하기 위하여 필요한 모든 조건을 정비 · 확립해 주는 수단성을 지닌 것이다.

셋째, 협동행위설의 입장에서 볼 때 교육행정은 민주적 성격을 갖는다. 조직구성원이 참여하여 의견을 제시하고 공동으로 협력하는 민주적 과정이 교육행정에서 적용되어야 한다(임연기, 최준렬, 2017: 20).

5) 교육행정의 특수성

교육행정이 다른 분야의 행정과 구분되는 특수성은 교육활동의 특징과 교육조직이 가지는 독특한 기능과 목적에서 찾을 수 있다. 교육행정의 특수성은 다음과 같다.

첫째, 교육은 범국가적인 사업이며 공익을 위한 봉사활동이다. 교육은 사회의 특정 집단이나 일부 사회에서 한시적으로 이루어지는 것이 아니며, 여러 세대에 걸쳐서 영속적이고 국가적인 차원에서 이루어 나가야 하는 국민적인 사업이다. 교육조직은 일반 행정조직과 달리 학생을 대상으로 한다. 교육활동의 수혜자는 학생이며, 교육은 대다수 국민의 삶의 질 향상을 위한 국가의 공공적 사업이다. 그러므로 교육행정은 국민 모두의 이익을 위한 것이어야 하며, 교육의 효과와 능률을 극대화하려는 데에 목적이 있다. 따라서 교육행정은 공공성과 공개성, 여론에의 민감성을 특징으로 한다.

둘째, 교육이 지향하는 목표는 장기적이며, 계량화하여 평가하기가 어렵다. '교육은 백년지대계(百年之大計)'라는 말도 있듯이 교육의 목표달성은 하루아침에 이루어지지 않는다. 학교교육의 결과는 학생들의 지적·정서적 성숙의 변화로 나타나는 것이기에 단기간에 인지하기가 어려우며, 변화의 정도를 수치화·계량화하는 것도 쉽지 않다. 그러므로 교육행정은 장기적인 안목에서 추구해야 한다. 또한 교육행정이 장기적이고 긴급하지 않다고 해서 결코 교육의 중요성이 경시되거나 교육정책이 국가정책의 우선순위에서 밀려나서는 안 된다. 교육에 관한 관심과 투자를 미루거나 가볍게 한다면 국가경쟁력이 뒤처지고 훗날 막대한 국가적 손실을 초래할 수 있다.

셋째, 교육은 교수-학습활동 중심의 교사와 학생 간의 만남으로 이루어지는 활동이다. 교육은 경제적인 만족이나 이윤을 추구하는 것이 아니라 전인적인 인간을 길러 내는 숭고한 사업이다. 이러한 교육활동의 궁극적인 성패는 교사에게 달려 있다. 학교조직은 교직전문성을 가진 교원들로 구성된다. 교직은 다른 전문직과 마찬가지로 고도의 지식과 지적 기술, 협동적인 전문가집단과 높은 윤리성 등을 바탕으로 한다. 따라서 교육행정은 이러한 교직전문성을 인정하는 바탕에서 운영되어야 하며 교사의 교육활동을 도와주는 것이어야 한다.

넷째, 학교조직은 전문적 관료제 및 느슨한 결합조직의 특성을 가진다. 학교조직의 교원들은 상하 위계보다는 수평적 유대가 강하며, 교직수행에 있어서 독자적이며 독립적으로 일한다. 교사들은 행정업무에 있어서는 관료제를 따르나 수업에 있어서는 자율성·전문성을 가진다. 그러므로 교육행정은 일반조직과 다른 학교조직의 특수성을 감안하여 적용해야 한다.

다섯째, 교육행정은 일부 시민이 아닌 국민 전체를 대상으로 한다. 오늘날 정보화시대, 평생학습사회의 도래로 교육은 학령기를 넘어 인간의 생애 전체에 걸쳐 필요한 것이 되었다. 이에 교육행정은 누구나, 언제, 어디서나 학습할 수 있도록 제도적 뒷받침과 인적 · 물적 · 재정적 지원으로 국민의 요구에 부응하는 행정을 펴 나갈 수 있어야 한다. 학교교육을 공교육이라 함은 학교교육을 통하여 공공의 이익을 추구한다는 뜻이다. 따라서 교직은 공익을 추구하는 봉사직이며, 이를 뒷받침하는 교육행정은 공익과 봉사에 그 바탕을 둔다.

여섯째, 교육행정은 고도의 복잡성과 전문성을 요하며, 다른 기관이나 지역사회와의 고도의 협력을 필요로 한다. 교원과 교육전문직은 엄격한 자격과 자질을 요하며, 학교조직은 업무가 복잡하고, 처리에 있어서 독특한 창의성과 전문성을 요한다. 무엇보다 교사들의 수업과 학생지도는 학문적인 차원뿐만 아니라 복잡 미묘한 인간의 정신생활을 다루어야 하는 민감하고도 까다로운 일이다. 따라서 교육행정은 일반행정과 독립된 자주성과 전문성을 보장하려는 것이다. 교육의 목적이 학교뿐만 아니라 정치 · 경제 · 사회 · 문화의 모든 영역에서 함께 실현되어야 사회의 유지와 균형 발전이 가능하다.

6) 교육행정가의 자질

교육행정가는 교육행정의 책임자로서 그가 어떤 행정 철학 · 신념 · 소신 · 가치관을 지니고 리더십을 발휘하느냐에 따라서 행정기관이나 학교의 업무효과가 크게 달라진다. 유능한 자질을 가진 교육행정가는 명확한 조직의 비전을 제시하고, 이를 신뢰하고 따르는 조직구성원들은 조직에 대한 헌신을 통하여 소기의 목적을 달성할 수 있을 것이다.

교육행정가에게 요구되는 가장 기본적인 자질은 윤리와 도덕성이다. 교육행정가는 다른 행정가와 달리 공익을 위한 교육업무를 추진해야 하기에 지도자의 윤리와 도덕성이 확립되어 있지 않으면 구성원들로부터 존경과 신뢰를 얻지 못할 것이다. 오늘날 소위 '미투(me too) 운동'으로 인권침해에 대한 사회적 고발과 함께 사회 각계에서 여러 지도자의 부끄러운 민낯이 드러나고, 한평생 쌓아올린 자리에서 하루아침에 낙마하는 일이 일어나고 있다. 윤리성이 담보되지 않은 리더십이 얼마나 허망한 것인지 보여 주는 예라 하겠다.

교육행정가는 교육에 관한 전문적인 능력과 기술을 갖추고 있어야 한다. 카츠(Katz)는 행정가가 직무를 수행하는 데 요구되는 기술을 실무적 기술, 인간관계 기술 그리고 통합적 기술로 구분하고, 행정가가 조직에서 처한 위치에 따라 이들 기술의 중요성이 다르다고 보는 '세 가지 기술 접근방법(three-skill approach)'을 제시하였다. 이를 살펴보면 다음과 같다(임연기, 최준렬, 2017: 30).

(1) 실무적 기술(technical skill)

실무적 기술이란 사무적 기술·기능적 기술이라고도 하며 조직의 위계상 가장 아래에 있는 하위계층 행정가에게 많이 요구되는 기술이다. 학교조직의 경우 일반 교사들은 수업과 학생생활지도와 같은 교육활동에 관한 직무를 수행할 뿐만 아니라 행정적인 업무처리에도 능숙하여야 한다.

(2) 인간관계 기술(human skill)

인간관계 기술이란 사람과의 관계를 원활하게 다루는 기술로서 조직의 위계상 중간계층에 있는 행정가에게 많이 요구된다. 이들은 상사의 지시에 따라야 하며, 동시에 부하들의 생각을 읽고 적절한 지시를 내려야 한다. 학교조직의 경우 부장교사나 교감은 교사들 간의 의사소통을 원활하게 하고 직무갈등을 조정하며, 서로 협력하고 연구하는 교무실 분위기를 조성하는 능력을 발휘할 수 있어야 한다.

(3) 통합적 기술(conceptual skill)

통합적 기술이란 업무를 전체로서 파악할 수 있는 능력을 의미한다. 즉, 소식의 여러 기능이 서로 어떻게 의존하고 있으며, 어느 한 부분의 변화가 다른 부분에 어떻게 영향을 주는지 파악하는 기술이다. 이는 조직의 위계상 상위계층에 있는 행정가에게 많이 요구되는

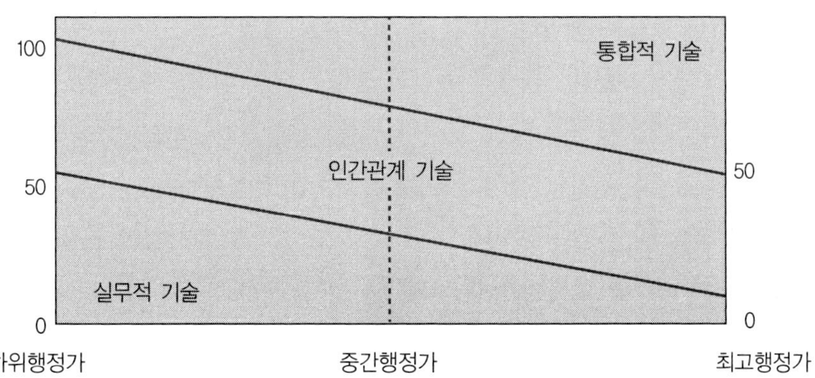

[그림 1-1] 행정가에게 요구되는 세 가지 기술

출처: 주삼환 외(2015). 교육행정 및 교육경영.

기술로서 조직의 책임자는 기관의 발전을 위하여 어떤 비전과 방향을 제시하는지가 필요하다. 학교조직의 경우 학교장은 학교를 둘러싼 사회환경의 변화나 교육정책의 변화를 파악하고 이에 따른 적절한 대처와 미래지향적인 교육의 비전을 제시하는 역량을 발휘해야 할 것이다(주삼환 외, 2015: 36).

2. 교육경영의 개념

1) 경영의 개념

어떤 조직이든 그 조직의 목적을 달성하기 위해서는 인적 자원과 물적 자원 그리고 재정적 자원의 확보가 필요하며, 이를 적절하게 조정하고 관리하는 것을 '행정(行政)' 또는 '경영(經營)'이라고 한다. 경영(management)은 본래 기업활동의 하나로 인식되어 왔다. 안영진 등(1995)에 의하면, 광의의 경영은 조직이 목적달성을 위해서 인적 · 물적 자원을 활용할 수 있도록 내 · 외부 환경을 설계하고 유지하는 것이다. 협의의 경영은 기업이 이윤을 극대화하기 위하여 생산에서 판매에 이르는 활동을 효율적 · 효과적으로 운영 · 관리할 수 있도록 환경을 조성하는 일이다. 또한 경영이란 조직목표를 달성하기 위한 전략을 수립하고, 사람과 기능, 생산요소들을 효율적으로 관리하며, 조직의 생산성을 높임으로써 조직성과와 이윤을 극대화하는 과학적 관리행위이다(신현석 외, 2016: 24-27).

이러한 기업경영의 개념에 따라 경영이 추구하는 성격은 다음과 같이 정리할 수 있다.

- 과학적 관리: 경영자의 탁월한 리더십을 바탕으로 효율적인 조직운영 시스템을 구축하여 조직의 인적 · 물적 · 환경적 자원의 낭비를 최소화하고 과학적으로 관리한다.
- 경쟁력 제고: 생산성 향상을 통해 우수한 상품의 질을 추구하고, 다양하고 많은 고객 확보를 위한 경쟁을 통해 시장경제의 원리에 충실히 적응한다.
- 고객만족 추구: 지속적인 수요자의 선호도와 만족도를 조사하고 미흡한 내용을 수정 · 보완하며 철저한 관리를 통해 고객만족을 추구한다.

따라서 경영활동이란 효율적인 조직의 운영 시스템을 구축하여 인적 · 물적 자원을 확보하고, 생산성 개선을 통한 품질향상으로 경쟁력을 확보하여 지속적인 고객만족을 추구하는 것이다.

2) 행정과 경영

(1) 행정과 경영의 차이

행정은 입법 · 사법 · 행정이라는 국가권력의 삼권분립이라는 원칙에 따라 국가의 공권력을 바탕으로 행정부 조직을 관리하는 것을 의미한다. 반면에, 경영은 산업혁명 이후 발전하기 시작한 시장경제의 핵심부문으로서의 기업을 관리하는 것을 뜻한다(진동섭, 이윤식, 김재웅, 2016: 19).

행정과 경영의 차이점을 살펴보면 다음과 같다.

첫째, 활동의 주체에서 행정의 주체는 정부이고, 경영의 주체는 기업과 같은 민간부문이다. 같은 행위라도 누가 하느냐에 따라서 행정이 되기도 하고 경영이 되기도 한다.

둘째, 추구하는 목표에서 행정은 공익을 추구하는 반면, 경영은 이윤의 극대화를 추구한다. 정부의 행정활동은 대다수 국민의 이익을 도모하는 것에 기본 원칙을 둔다. 기업의 경영활동을 통하여 이윤을 극대화함으로써 그 혜택을 주주들이나 구성원들과 공유한다.

셋째, 법적인 면에서 행정은 국가의 공권력을 바탕으로 집행에 있어서 합법성에 따른 강제성을 지니지만, 경영은 법적 제약 면에서 비교적 자유롭다. 기업의 경영권은 기업 내에 한정되지만 국가행정의 권력은 국민 전체에까지 영향을 줄 만큼 범위가 크고 강제력을 지닌다.

넷째, 성격 면에서 행정은 독점성을 지니고 있어 경쟁력이 낮지만, 경영은 자유로운 시장을 바탕으로 하기에 높은 경쟁력을 갖는다. 한 나라에 둘 이상의 정부가 있을 수 없기에 국가행정은 독점적일 수밖에 없다. 그러나 소비자는 가격과 품질을 비교하여 상품을 선택하기에 기업은 우수한 서비스를 제공하기 위한 높은 경쟁력을 갖는다.

다섯째, 추구하는 가치에서 행정은 형평성의 가치를 중시하지만, 경영은 자율성을 바탕으로 효율성의 가치를 중시한다. 행정은 그 집행에 있어서 대상에 따른 차별을 두지 않으며 법치주의에 따라 합법성을 존중한다. 경영은 소비자의 기호와 선택의 가치를 존중하고 최소의 노력과 경비로 최대의 효과를 내도록 하는 경제성의 원리를 따른다.

〈표 1-2〉 행정과 경영의 차이점

구분	행정	경영
운영방식	정치권력을 바탕으로 합법성 · 합리성에 따른 강제적 집행	자율성 · 창의성 추구로 법적 제약 면에서 비교적 자유로움
추구목표	공공의 이익(공익성) 추구	이윤의 극대화 추구
가치관	평등(형평성)의 가치 중시	자율성 · 효율성의 가치 중시
경쟁력	독점적인 집행으로 경쟁력이 낮음	자유로운 경쟁을 통한 높은 경쟁력 확보
초점	행정의 효율성 추구	고객만족을 위한 봉사의 질 제고

지방자치가 실현되면서 공공행정 부문에서도 행정의 효율성과 책무성을 높이고 주민참여를 통한 민주적인 운영을 위하여 경영의 방식을 적극 도입하고 있다. 교육행정에서도 경영의 관점을 강조하는 제도적 변화가 나타나고 있다. 즉, 단위학교들이 교육목적이나 비전을 특색 있게 설정하고, 목표달성에 필요한 자원을 운용하는 데 있어 자율성을 갖도록 하는 '단위학교책임경영제(단위학교자율경영제, 학교중심 경영, School-Based Management)'를 예로 들 수 있다. 나아가 학교 운영에서 교육 수요자(학생이나 학부모 등)의 요구에 민감하게 반응하는 조직으로 거듭나고 있는지를 평가하는 각종 제도가 등장하고 있다(주삼환 외, 2015: 25).

(2) 경영과 관리

경영과 관리는 둘 다 'management'로 번역된다. 즉, 이 둘은 동의어로 쓸 수 있으며, 실제 행정이나 교육현장에서 엄밀히 구분하지 않고 혼용하는 경우가 많다. 이 둘을 구분하는 데는 두 가지 관점이 있다. 먼저, '경영우위론'의 입장에서 보면, 경영은 조직의 목표달성을 위한 최고수준에서 이상적 · 주관적 관점에 따른 의사결정과 방침을 결정하고, 관리는 이와 같은 결정과 방침에 규제를 받으면서 객관적 · 타율적으로 과업을 수행하는 것이라고 할 수 있다. 이에 반하여 '관리우위론'의 입장은 관리를 'administration'으로 해석하며, '기술로서의 행정(administration as an art)'을 관리로 본다. 이에 의하면 국가나 지방자치단체에서 공권력을 바탕으로 하여 공공적 차원에서 이루어지는 행정이 관리의 개념이 되고, 단위기관이나 조직의 운영은 경영이 되는 것이다. 우리나라의 경우는 경영우위론의 입장이 보편화되어 있다고 볼 수 있다(이종재 외, 2015: 21-22).

3) 교육경영의 적용 배경

일반적으로 공공기관의 운영방식이었던 행정은 합법적인 권력구조를 기초로 하여 집행이 이루어지며, 공공성·형평성과 같은 가치적 측면을 강조한다. 반면, 기업의 운영방식이었던 경영은 시장경제의 원리에 따라 자유로운 경쟁을 추구하며, 기술적이고 방법적인 측면을 강조한다. 이에 따라 교육경영(educational management)이란 "교육 가치와 목표 달성을 위한 조직운영의 전략을 수립하고, 지식과 사람과 과업의 효율적 관리와 경쟁력 제고를 통해 학습자의 학습과 성장이라는 교육성과를 극대화하는 봉사활동"이다(신현석 외, 2016: 27).

실제 교육현장에서 교육행정과 교육경영의 개념적 의미를 구분하지 않고 함께 사용하는 경우가 많다. 이는 '교육행정'이 지닌 합법적이고 제도적인 틀을 바탕으로 '교육경영'이 지닌 시대적인 요구인 자주성과 효율성·책무성을 함께 추구하려는 의도 때문일 것이다. 오늘날의 교육에서 경영의 개념이 강조되는 배경은 다음과 같이 생각해 볼 수 있다(신현석 외, 2016: 28-29).

첫째, 교육경쟁력의 확보가 요구된다. 국제화시내에 걸맞게 국가 간의 경쟁이 치열해지고 교육에 있어서도 앞서가려는 경쟁력이 요구된다. 국내적으로 출산율 저하에 따라 취학인구는 점차 줄어들고 대학은 신입생 확보에 고심하게 되었다. 이에 따라 대학의 평가 강화에 따른 구조조정, 학교 간 통합, 국립대학의 법인화 등은 교육경영의 해결방식으로 볼 수 있다.

둘째, 교육의 자율과 분권이 요구된다. 행정의 지방자치제와 함께 교육자치제의 시행에 따라 교육운영의 자율화와 관료적 학교운영체제에 대한 변화가 지속적으로 요구되고 있다. 전통적으로 이루어져 왔던 중앙교육행정기관(교육부)의 지시와 통제는 지방교육행정기관(시·도교육청)과 지역교육행정기관(교육지원청)으로 권한이 위양되고 있으며, 이는 다시 단위학교의 자율경영에 위임하는 형태로 변해 가고 있다. 즉, 학교장의 책임과 권한을 강화하고, 단위학교자율경영체를 조직·운영하여 이를 통한 민주적 학교경영을 유도하는 것이다. 오늘날 모든 유·초·중등학교에 법정기구로 만들어진 '학교운영위원회'의 위상 강화는 이러한 결과의 하나라 할 수 있다.

셋째, 학교의 책무성(責務性, accountability)이 요구된다. 책무성을 요구한다는 것은 "누가 누구에게, 무엇에 대하여, 어떤 방식으로 책무를 묻는 행위"를 뜻한다(김규태 2005: 13: 신현석 외, 2016: 28에서 재인용). 공교육기관인 학교와 공직자로서의 교원이 책무성을 지녀야 한다는 것은 학교와 교육공무원이 국민의 요구에 따라 수행해야 할 공적인 책무를 제대로 이행하도록 촉구한다는 의미이다. 이러한 학교의 책무성을 높이기 위해서는 교육제도와 교육정책의 개선 노력과 함께, 학교평가의 내실화, 학교운영의 민주화가 이루어져야 한다.

넷째, 교육의 다양화가 요구된다. 교육의 가치추구에 있어서 관료제가 지니는 합리성을 극복하고 선택의 자유를 보장하려는 다양성을 추구하는 노력이 필요하다. 오늘날 교육경영의 관점에서 고객은 학생이며, 학습자의 다양한 학습요구를 파악하고 이들의 만족을 극대화하는 방식으로 학생중심의 학교조직을 운영하는 노력이 필요하다. 따라서 학습자의 능력과 경험의 차이에 따른 개별성 존중 및 이에 적합한 다양한 교육과정 운영, 교수-학습방법의 적용, 학교유형의 다양화와 학생선택권 부여 등이 이에 대한 반영 결과라 할 수 있다.

3. 교육행정의 영역 · 과정 및 원리

1) 교육행정의 영역

교육행정의 영역은 교육행정에서 어떤 내용을 어디까지 취급할 것인가에 대한 범위를 말한다. 교육행정의 영역은 크게 행정단위 · 행정기능 · 교육대상의 세 가지 측면으로 구분할 수 있다. ① 행정단위별로는 중앙교육행정, 지방교육행정, 학교교육행정의 3단계로 구분한다. ② 행정기능별로는 기획, 조직, 교육내용 · 장학, 학생, 인사, 재정, 시설, 사무관리, 연구 · 평가의 아홉 가지로 구분한다. ③ 교육대상별로는 유아교육, 초등교육, 중등교육, 고등교육, 사회교육, 사학교육, 특수교육의 일곱 가지로 구분할 수 있다(윤정일 외: 2016: 25-26).

김종철(1985b: 21-22)은 교육행정의 영역을 법규적인 면과 업무내용적인 면으로 구분하여 설명하고 있다. 즉, 법규 면에서 교육행정의 영역은 중앙정부의 교육부장관의 관할 아래의 행정활동 영역을 말하며, 업무내용 면에서는 교육행정의 영역을 기획행정, 조직행정, 교육내용의 행정, 장학행정, 교직원 인사행정, 재무행정, 시설행정, 사무관리 행정과 연구평가 및 홍보에 관한 행정으로 구분하여 설명하고 있다(유평수 외, 2014: 31).

일반적으로 교육행정의 영역은 다음과 같이 제시할 수 있다.

- 교육과정운영: 학교 급별 및 교과별 교육목표를 수립하고 교육과정 운영에 관한 행정이다. 단위학교는 교육내용을 선정 · 조직하고 교수-학습 자료를 확보하며 학습지도와 학생을 평가하는 교육활동의 전 과정에 관한 지원활동을 수행한다.
- 장학행정: 교육청 및 교육연구기관의 학교에 대한 장학협의와 수업개선 지원을 비롯한 각종 컨설팅활동을 말한다. 단위학교는 교내자율장학, 협동적 동료장학, 교과 및 학년협의회 등의 장학활동을 수행한다.
- 교직원 인사: 교육직원을 확보하고 관리하는 인적 지원활동이다. 단위학교는 보직교사 및 학급담임 배정과 사무분장을 비롯하여 교원능력 개발, 교원연수, 사기앙양 등의 활동을 수행한다.
- 학생행정: 학생의 졸업과 진학에 따른 학생의 학교배정과 전학 등 학생신분을 관리하는 활동이다. 단위학교는 입학, 진급, 졸업, 전학, 휴학과 학년 · 학급 편성, 장학복지, 학생생활지도 등을 수행한다.
- 교육재정운영: 교육활동에 필요한 교육경비의 조달과 운용으로, 예산의 편성, 심의, 집행, 결산 및 감사 등이 포함된다. 단위학교는 학교운영위원회의 심의에 의거하여 연간 학교예산을 편성하고 집행한다.
- 교육시설 및 사무관리: 교육활동에 필요한 시설과 설비의 설치 · 유지 및 관리를 비롯하여 문서관리, 사무관리, 사무자동화 등의 활동을 말한다. 단위학교는 교사(校舍)와 교구를 관리하고 수업과 학생안전에 필요한 각종 시설을 갖춘다.
- 대외관계: 학교가 지역사회와 원만한 관계를 형성하고 협력을 증진하는 것이다. 학교는 교육청, 학부모, 지역사회, 각종 사회단체와 협력체제를 마련하는 활동을 수행한다.

2) 교육행정의 과정

교육행정의 과정은 교육행정의 업무를 수행하기 위한 행정의 기능 또는 행정의 요소라고 할 수 있다. 페이욜(Fayol)은 관리이론을 정립하고 행정의 과정을 다음과 같이 다섯 가지 요소로 제시하였다(주삼환 외, 2015: 32).

- 기획(planning): 미래를 예측하고 운영계획을 수립하는 일
- 조직(organizing): 인적 · 물적 · 환경적 자원을 조직하고 체계화하는 일

- 명령(commanding): 구성원으로 하여금 과업을 수행하도록 하는 일
- 조정(coordinating): 모든 활동을 통합하고 상호 관련지어 조정하는 일
- 통제(controlling): 정해진 규칙과 지시에 따라 일이 이루어졌는지 확인하는 일

굴릭(Gulick)은 1937년 미국 루스벨트 대통령의 직무를 분석하여, ① 기획(planning), ② 조직(organizing), ③ 인사(staffing), ④ 지휘(directing), ⑤ 조정(coordinating), ⑥ 보고(reporting), ⑦ 예산편성(budgeting)의 일곱 가지 영역(POSDCoRB)으로 제시하였다(주삼환 외, 2015: 33).

교육행정 과정 요소 중에서 학교교육행정에 관한 내용을 중심으로 살펴보면 다음과 같다.

(1) 기획(planning)

교육목표를 설정하고 목표달성을 위한 최선의 방법과 전략을 수립하고 절차를 마련하는 사전준비의 과정이다. 학교는 매년 교육계획서를 작성하고 이에 따라 체계적인 교육활동을 전개한다. 여기에는 각 부서별 · 학년별로 활동의 목표와 내용을 상세히 담고 있다. 학교교육행정에서 이러한 기획기능은 수업관련 업무보다 교수-학습활동을 지원하기 위한 일반적 행정업무에서 잘 나타난다.

(2) 조직(organizing)

교육조직의 목표달성을 위하여 필요한 인적 · 물적 · 재정적 자원을 적절히 조직하고 배분하며 책임을 분담하는 일로서 주로 인사 및 예산과 관련된 업무를 말한다. 단위학교 수준에서는 업무분장을 위한 조직, 학년편성과 학급편성 등 교육활동을 위한 조직, 교육과정 편성운영을 위한 조직, 방과후교육 프로그램 운영을 위한 조직 등 다양한 형태의 교육활동과 그 지원을 위한 조직행위가 이에 속한다. 아울러 학교운영위원회, 기획위원회, 교육과정운영위원회, 인사자문위원회, 교육연구위원회 등 학교운영을 위한 각종 위원회를 구성 · 운영하는 것도 조직기능의 적용 사례에 해당한다(신현석 외, 2016: 34).

(3) 장학(supervision)

장학활동은 단위학교에 대한 교육행정의 중요한 기능적 영역에 속한다. 특히 교육자치단체인 시 · 도교육청과 지역교육청(교육지원청)의 중심기능이 바로 장학행정에 있다. 교

육행정 중 장학행정은 조직을 운영 · 관리하는 일반행정과 달리 본연의 교육활동을 전문적으로 조장 · 지원하는 기능을 수행한다. 따라서 장학행정은 교원의 전문적인 수업역량을 개발하고 지원하며 창의적인 교육과정의 운영과 수업개선 방법을 촉진할 수 있는 방향으로 진행되어야 한다. 학교교육활동은 교원과 학생들이 상호 신뢰와 존중의 인간관계 속에서 결실을 맺을 수 있다. 교내장학의 책임자인 학교장은 관리 리더십뿐만 아니라 교육지도자로서의 인간중심의 학교문화를 조성하고 교내 학습조직의 활성화를 유도하고 지원하며, 협동적 동료장학과 교내자율장학이 효과를 거둘 수 있도록 수업 리더십을 발휘해야 할 것이다.

(4) 인사(staffing)

인사행정은 우수한 교원을 선발 · 임용하고, 교원의 능력개발을 촉진하는 연수기회를 제공하며 정기적인 전보와 유능한 교원을 전직 · 승진시킴으로써 교육행정의 효율화를 꾀하는 등 다양한 일을 수행한다. 학교수준의 인사행정은 학교장의 권한으로 이루어지는 부서별 · 학년별 보직교사의 임용과 학급담임의 배정, 사무분장에 따른 각 교사의 사무배정 등이 있다. 이러한 인사행정은 교원의 전공영역과 직무역량, 헌신도 등을 고려하여 효율적인 학교경영과 학급경영을 위한 방향으로 이루어진다. 또한 학교장은 교사들의 연간 수업과 연구활동, 학생지도, 업무수행 결과에 따라 근무평정과 다음 해 인사를 단행하게 된다.

(5) 의사결정과 의사소통

의사결정은 행정에서 가장 핵심이 되는 것으로, 집행(실행)에 앞서 이루어지는 과정이며, 행정현장에서 소위 '결재'라는 형식으로 이루어진다. 학교는 의사결정 책임자가 교장이지만 행정 간소화에 따라 내부결재는 대부분 교감 전결로 이루어지고 있다. 의사소통은 송신자와 수신자 사이에 언어, 문자, 문서 등으로 의사를 전달하여 상호공유적 관계가 형성되는 것을 말한다. 학교에서 교장은 주로 교사들에게 '지시'를 통해 업무를 전달하지만 교내 각종 위원회나 협의회 등의 참모조직을 통한 의사결정 내용에도 귀를 기울이며 개인별 '대화'도 자주 사용하고 있다. 특히 학교조직은 '전문적 관료제'라는 특수성으로 교장 · 교감과 교사 간, 교사 상호 간의 신뢰를 바탕으로 한 수직적 및 수평적 의사소통이 매우 중요하다.

3) 교육행정의 원리

교육행정의 원리는 교육행정의 이념적 지향과 실제적 운영 지침이 되는 준거라고 볼 수 있다. 학자에 따라, 또 시대와 사회에 따라 각기 다른 교육행정의 원리는 서로 대치되거나 양립되기 어려운 경우가 많아 실제 교육행정활동을 수행할 때 지침으로 작용하는 데 한계가 있는 것도 사실이다(박세훈, 권인탁, 고명석, 유평수, 정재균, 2012: 20).

교육행정의 원리에 대하여 백현기(1964a)는 법규상의 원리와 실천상의 원리로 나누어 제시하였다. 김종철(1985b)은 법제 면과 운영 면의 두 가지로 나누어 제시하고 있다. 신철순(1995)은 민주성, 능률성, 타당성, 적응성 및 안정성의 다섯 가지 원리로 설명하고 있다. 윤정일 등(2016: 26)은 일반행정의 공통적인 원리인 민주성, 효율성, 합법성의 원리와 교육행정의 특수성을 반영한 원리인 기회균등, 지방분권, 자주성, 안정성, 전문성 보장의 원리로 구분하고 있다. 여기에서는 학자들이 공통적으로 주장하고 있는 몇 가지 원리를 법규 면과 운영 면으로 나누어 살펴본다.

(1) 법규상의 원리

교육행정 법규상의 원리는 「헌법」과 「교육기본법」을 바탕으로 하여 다음과 같이 생각해 볼 수 있다.

① 합법성의 원리

합법성(legality)의 원리란 가장 오래된 개념으로서 행정과정이 법률적합성을 지녀야 하고 합법적이어야 한다는 것으로 법치행정의 원리라고도 한다. 이는 교육행정의 모든 활동이 합법적으로 제정된 법령 · 규칙 · 조례에 따라야 하는 법률적합성을 가져야 함을 말한다. 교육행정의 합법성에 따라 국민의 교육권이 보장되고 교육예산이 효율적으로 집행되며, 교육공무원의 책임과 소신 있는 직무수행이 이루어지고 신분이 보장된다. 그러나 합법성이 지나치게 강조되면 행정의 합목적성 · 전문성 · 기술성 등이 경시되고, 법규만능으로 인하여 형식적이며 경직된 행정을 초래할 수 있다(유평수 외, 2014: 27).

② 형평성의 원리

형평성의 원리는 모든 사람에게 교육기회를 균등하게 제공하는 의미로서 민주주의의 원리 또는 기회균등의 원리라고도 볼 수 있다. 「헌법」 제31조 ①의 “모든 국민은 능력에 따라 균등하게 교육받을 권리를 가진다."와 「교육기본법」 제4조의 "모든 국민은 성별, 종교, 신념, 인종, 사회적 신분, 경제적 지위 또는 신체적 조건 등을 이유로 교육에서 차별을 받지 아니한다."의 규정에 따른 교육의 기회균등은 교육정책을 집행하는 주된 지침이 되고 있다. 오늘날 교육행정의 형평성은 차별 없는 동등한 교육의 기회 제공에 그치지 않고, 교육을 통한 탁월한 결과가 나타날 수 있도록 하는 수월성으로 연결된다. 재능이 우수한 자에 대한 조기진급이나 조기졸업의 실시라든지, 학습부진아에 대한 교육과정의 신축적 운영 등이 그러한 것이다. 이러한 학생의 소질과 능력에 따른 차별화된 교육서비스의 제공으로 교육의 질을 높이고 결과를 얻으려는 노력으로 교육의 이상 실현에 접근하려는 것이다.

③ 공공성의 원리

교육의 공공성은 교육에 대한 국가와 지방자치단체의 관여를 의미한다. 근대에 이르러 거의 모든 나라에서 교육의 국가제도화가 이루어져 학교교육이 공교육으로 자리잡고 국가가 공교육에 대한 제도와 운영을 주관하고 있다. 따라서 국가와 지방자치단체는 학교를 설립하고 교원을 선발 · 관리하며, 교육과정을 편성 · 운영하고 있다. 이러한 교육행정의 공공성에 따라 정부는 국 · 공립학교뿐만 아니라 사립학교까지 공교육기관에 포함하여 지도 · 감독과 지원을 하고 있는 것이다. 교육행정의 공공성은 의무교육과 무상의무교육으로 가장 잘 표현되고 있으며, 위의 형평성과도 연관된다.

④ 자주성의 원리

자주성의 원리는 교육이 본래의 목적을 추구하기 위하여 일반행정에서 분리 · 독립되어야 하며, 특정 정치와 종교로부터 중립성을 유지해야 한다는 것이다. 이는 교육이 장기적 범국민사업이고, 국가의 이상을 실현하는 공공적 활동이기 때문이다. 이와 관련하여 「헌법」 제31조에서는 "교육의 자주성 · 전문성 및 정치적 중립성은 법률이 정하는 바에 의하여 보장된다."라고 하였으며, 「교육기본법」 제5조에서는 "국가와 지방자치단체는 교육의 자주성과 전문성을 보장하여야 하며, 지역 실정에 맞는 교육을 실시하기 위한 시책을 수립 · 실시하여야 한다. 학교운영의 자율성은 존중되며, 교직원 · 학생 · 학부모 및 지역 주민들은 법령으로 정하는 바에 따라 학교운영에 참여할 수 있다."라고 규정하고 있다. 교육행정의 자주성은 교육행정의 조직, 인사, 재정 등의 측면에서도 이루어지고 있다. 그리고 이러한 교육 자주성의 원리에는 학문의 자유, 대학의 자유, 사학의 자주성, 학교의 자주적 경영의 원칙도 포함된다(진동섭 외, 2016: 103).

⑤ 전문성의 원리

전문성(speciality)의 원리는 교육행정이 교육을 위한 행정이라는 입장에서 교육행정가는 교육활동의 본질을 잘 이해하고 교육에 관한 고도의 식견과 전문성을 갖춘 전문가여야 함을 의미한다. 「교육기본법」 제14조 ①에서는 "학교교육에서 교원의 전문성은 존중되며, 교원의 경제적 · 사회적 지위는 우대되고, 그 신분은 보장된다."라고 하였다. 교육행정에 요구되는 전문성은 업무의 독자성 내지는 특수성, 고도의 지성을 바탕으로 하는 지적 · 기술적 수월성이다. 교육활동은 전문적 활동이기 때문에 교육행정가는 교육에 대한 전문적 지식과 기술을 구비하고 있어야 한다.

⑥ 법치주의의 원리

「헌법」 제31조 ⑥에서는 "학교교육 및 평생교육을 포함한 교육제도와 그 운영, 교육재정 및 교원의 지위에 관한 기본적인 사항은 법률로 정한다."라고 규정하고 있다. 이는 행정은 어디까지나 법에 의해서, 법이 정하는 범위 내에서 행해져야 한다는 법치주의(법정주의, 법률주의)의 원칙을 교육행정도 따른다는 뜻이다. 이에 따라 「교육기본법」을 비롯해 「유아교육법」「초 · 중등교육법」「고등교육법」「사립학교법」「교육공무원법」 등이 생겨나고 그에 따른 시행령과 명령, 훈령, 규칙 및 지방자치단체의 조례와 규칙 등이 만들어졌다.

⑦ 적도집권의 원리

적도집권(適度集權, optimum centralization)의 원리는 행정의 중앙집권을 지양하고 지방에 위임 또는 분산시켜 중앙집권과 지방분권의 적절한 조화를 이루어야 함을 의미하는 것이다. 이러한 일반행정에 있어서의 지방분권의 원리는 곧 지방교육자치에도 동일하게 적용된다. 중앙집권과 지방분권이 적절히 조화를 이루어야 한다는 적도집권의 원리는 중앙집권의 장점과 지방분권의 장점을 고려하여 권한을 적정한 수준에서 배분하는 원리이다(임연기, 최준렬, 2017: 27). 이러한 원리에 따라 중앙교육행정기관인 교육부는 교육의 기본정책 수립과 기타 전문적 · 기술적인 지도조언과 재정보조를 지원하고, 시 · 도교육청은 민의에 따라 지방의 특색에 맞는 교육행정을 책임지고 발전시켜 나가야 한다.

(2) 운영상의 원리

교육행정 운영상의 원리는 교육행정을 실제 운영하는 데 적용되는 원리로 다음과 같이 생각해 볼 수 있다.

① 민주성의 원리

민주성(democracy)의 원리는 교육정책을 수립하거나 집행하는 데 국민의 의사를 행정에 반영하여 국민을 위한 행정을 해야 함을 의미한다. 이러한 민주성의 원리에 따라 교육행정조직, 교원제도, 교육시설, 교육내용의 민주화가 함께 이루어져야 한다. 뿐만 아니라 국민 또는 조직구성원의 참여에 의한 민주적인 교육행정이 이루어져야 한다. 단위학교의 책임경영을 유도하고, 학교운영위원회를 비롯한 교내 각종 위원회나 협의회와 같은 참모조직을 통해 학교경영에 참여하는 것은 이러한 원리에 따른 것이라고 볼 수 있다. 교육은 모든 국민을 대상으로 하고 있기에 교육행정을 수행하는 과정에서 소수에 의한 독단과 편견을 배제하고 가능한 한 다수의 참여가 보장되어야 한다.

② 효율성의 원리

효율성(efficiency)이란 효과성(effectiveness)과 능률성(efficiency)을 포함한 것으로, 가장 능률적인 방법으로 최대의 목표를 달성하는 것을 말한다. 일반적으로 효과성은 질과 관련된 합목적적인 개념이며, 능률성은 양과 관련된 방법과 수단에 관한 개념이라고 할 수 있다(유평수 외, 2014: 25). 효율성의 원리는 최소의 노력과 경비로 최대의 효과를 내도록 하는 경제성의 원리라고도 할 수 있으나, 교육행정에서 강조하는 효율성은 단순히 투입과 산출의 비율(능률성)뿐만 아니라, 교육활동에서 의도한 목표대로 교육의 성과가 나타나야 함(효과성)을 고려하여 장기적인 관점에서 교육의 질을 높이는 것이어야 한다.

③ 타당성의 원리

타당성(validity)의 원리는 교육행정활동이 교육목표 달성에 이바지하는 타당한 활동이어야 한다는 것으로, '합목적성의 원리'라고도 한다. 즉, 교육행정은 그 자체가 목적이 아니라 교육목표 달성을 위한 수단적 봉사활동이 되어야 한다는 것이다. 교육행정은 항상 올바른 목표를 세우고 그 목표를 달성하는 데 필요하고 충분한 조건을 정비 · 확립해야 한다는 것이 합목적성의 원리이다(김종철, 1982: 60). 또한 이 원리는 교육행정의 모든 활동이 교육관련 각종 법규에 부합하는 것이어야 한다는 합법성의 원리와 밀접한 연관이 있다.

④ 적응성의 원리

적응성(adaptability)의 원리는 사회변화에 발맞추어 교육정책과 교육활동이 빠르고 조화롭게 대처해 나가는 것을 말한다. 교육은 학교를 중심으로 하는 사회의 변화발전과 따로 떼어 생각할 수 없는 것이기에 학교는 사회조직의 하나로 순응하고 협력하는 한편, 지역사회를 선도하는 역할을 수행할 수 있도록 제 기능을 다하여야 한다. 교육행정은 사회의 변화를 예견하고 이에 능동적으로 대처해 나갈 수 있는 능력이 필요하다.

⑤ 안정성의 원리

안정성(stability)의 원리는 국민적 합의를 거쳐 수립 · 시행되는 교육정책이나 프로그램은 장기적인 안목에서 계속성과 일관성을 유지해야 한다는 것이다. 교육활동의 급격한 변화로 인한 혼란과 부작용을 최대한 줄여서 안정성이 확보되어야 함을 의미한다. 교육은 미래인재 양성을 위한 국가 백년지대계의 장기적인 사업이기에 교육정책은 안정적 기조를 유지하고 일관성 있는 집행이 필요한 것이다. 이러한 안정성의 원리는 적응성의 원리와 상충될 수 있는 것이기에 교육행정은 안정된 교육활동을 토대로 바람직한 변화를 추구하는 적절성이 필요할 것이다.

4. 교육행정학의 연구

오늘날 교육행정학은 관련 이론들을 바탕으로 하여 하나의 독립된 학문으로서 성장 · 발전하고 있다. 이에 교육행정학의 학문적 성격에 대하여 살펴보기로 한다.

1) 학문으로서의 교육행정학

일반적으로 하나의 학문이 독립된 분과학문으로 인정받기 위해서는 다음과 같은 요건이 성립되어야 한다고 본다(김종철, 1985b; 진동섭 외, 2016: 27).

첫째, 하나의 분과학문이 성립되려면 그것이 탐구하고자 하는 대상 세계가 분명해야 한다. 기원전 그리스시대로부터 그리스를 중심으로 학문의 근원인 철학을 비롯하여 수학, 의학, 역사학, 법학, 정치학 등 다양한 학문이 파생되었다. 중세를 거치면서 신학(神學)이 학문의 중심이 되었고, 계몽주의 시대로 넘어오면서 학문은 종교로부터 해방하려는 노력과 함께 경험과학을 바탕으로 한 자연과학이 발전하게 되었다. 이후 시민사회와 자본가계층의 등장과 함께 인간사회의 연구에 관한 사회과학이 발전하게 되었다. 앞으로도 인간과 자연에 관한 노력이 계속되는 한 새로운 학문은 계속 발전할 것이다.

둘째, 분과학문은 그 세계를 탐구하는 나름대로의 연구방법을 가지고 있어야 한다. 하나의 연구대상에 관한 탐구에 있어서 한 가지만의 연구방법을 고집할 필요는 없다. 그러나 밝히고자 하는 대상에 관한 분명한 연구방법이 없다면 이를 독립된 학문으로 보기는 어렵다. 계몽주의사상과 더불어 자연과학의 중심을 이루고 있는 이론은 실증주의이다. 실증주의에 입각한 연구자들은 객관적인 시각과 가치중립적인 지식을 바탕으로 관찰과 실험에 의한 방법으로 가설을 검증함으로써 사회현상을 규명하려고 하였다. 한편, 이에 대한 비판론자들은 관찰과 실험에 의한 수치화에 따른 검증이라는 실증주의의 객관성을 비판하고 주관적인 관점에서 참여관찰, 심층면담, 현상에 대한 분석과 해석 등의 방법을 통하여 인간과 사회를 이해하려고 하였다.

셋째, 분과학문은 탐구의 과정과 결과에서 내적 규율이 엄격하게 지켜져야 한다. 아무리 많은 지식과 정보가 쌓여 있어도 그것이 일련의 규칙 속에서 체계적으로 연결되어 나름의 체제를 구성하고 있지 않으면 하나의 학문적 지식으로 인정받을 수 없다. 특히 연구대상에 대한 객관적인 기술과 설명, 예측과 통제에 의한 결과의 도출에 따르는 실증주의적 접근의 경우 그 내적 규율은 더욱 엄격함이 요구된다.

넷째, 분과학문은 학문 종사자들이 학문공동체인 학회를 구성하여 다양한 연구활동을 전개하고, 그 결과를 학술지를 통하여 발표한다. 모든 학문적 이론은 학자들이 서로의 의견을 교류하고 연구결과를 발표하고 토론하며 이를 상호 비판하는 과정을 통하여 발전한다. 학문의 발전과 분화에 따라 관련 학회도 세분화되며, 각각의 학회는 나름대로의 엄격한 심사를 통하여 연구의 질 학보를 통한 학문적 권위를 인정받고 있다.

2) 교육행정학의 연구대상

교육행정이 하나의 독립된 분과학문으로 인정되려면 무엇보다도 독자적인 연구대상을 확보하고 있어야 한다. 교육행정학의 연구대상은 크게 교육과 학교 그리고 행정의 세 가지로 생각해 볼 수 있다. 기존의 교육행정학은 학교와 행정 간의 관계([그림 1-2]의 B 부분)를 주로 탐구해 왔다고 할 수 있다. 즉, 학교와 교육행정기관의 조직운영에 관한 탐구와 함께 학교조직의 효율적인 운영 방안에 관한 탐구가 주된 연구대상이었다. 앞으로 교육행

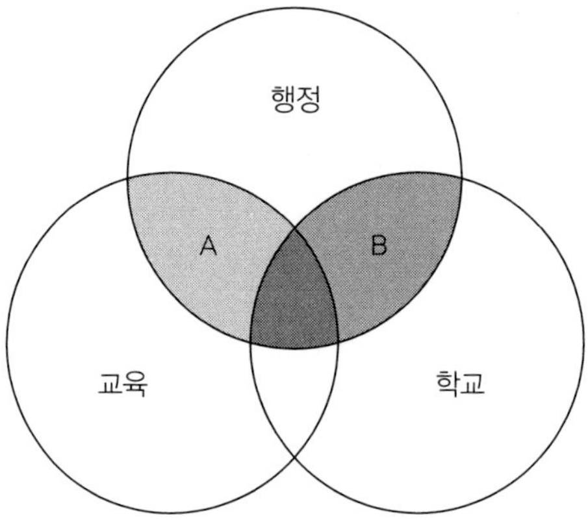

[그림 1-2] 교육행정학의 연구대상

출처: 진동섭 외(2016). 교육행정 및 학교경영의 이해.

정학이 더욱 발전하기 위해서는 교육과 행정 간의 관계([그림 1-2]의 A 부분)에 관한 연구가 더 필요할 것이다. 이는 교육행정을 '교육을 위한 행정'이라는 관점에서 행정이 교육을 위한 수단이 되어야 함을 의미하기 때문이다.

3) 교육행정학의 연구방법

교육행정학은 사회과학의 한 영역으로서 실증주의의 영향을 받아 1950~1960년대의 교육행정의 '이론화 운동(theory movement)'과 함께 이론중심의 학문으로 발전하였다.

우리나라 교육행정의 연구 분야는 주로 학교조직에 관한 것이 많고, 그중에서도 학교조직의 책임자인 학교장의 리더십과 학교구성원 간의 관계 또는 교원의 직무와 관련된 것이 많은 편이다. 이러한 주제에 의한 연구방법은 대부분 실증주의에 입각한 양적 연구가 주를 이루고 있다. 그러나 최근에 와서는 학교현장 교원을 연구 참여자로 하는 심층면담이나 참여관찰 중심의 질적 연구도 많이 이루어지고 있는 추세이다.

오늘날 교육행정이 '교육을 위한 행정'이 되어야 한다는 요구에 따라 교육행정기관은 물론, 학교교육활동에서도 새로운 방식의 도입과 적용에 있어서 보다 과학적이고 체계적인 절차와 방법에 의한 접근이 요구되고 있다. 이에 따라 교육행정학 연구에 있어서 명확한 통계처리에 의한 수치화에 따른 입증은 필수적인 것이라 하겠다.

그러나 궁극적으로 교육이란 인간의 바람직한 지적 · 정서적 성숙과 사회화를 도모하는 활동이며, 학교교육은 이러한 인간성장에 따른 변화를 국가사회가 바라는 이상적인 방향으로 조장하는 것이다. 오늘날 학교교육에 있어서 포스트모더니즘적인 경향으로 기존의 합리적이고 효율성을 강조하는 방식으로부터 다원적이고 가치주관적이며 교육수요자의 자율적인 선택권이 강조되고 있다. 이로써 교육행정학의 연구에도 다양한 접근이 필요하다.

교육학이 인간의 내면적 변화를 조장하는 학문이라는 본질적 입장을 바탕으로 하여 교육행정학의 연구는 학교의 바람직한 변화를 이끌어 내는 역할을 해야 할 것이다. 이러한 입장에서 이러한 교육행정학의 연구에 있어서 학교장의 리더십 외에도 보다 폭넓은 범위의 연구주제와 다양한 시도에 의한 접근방법에 따른 연구도 필요하다고 본다.

연구 및 토의 · 토론 문제

1. 교육활동이 갖는 국가적 · 사회적 의미는 무엇이며, 오늘날 공교육이 우리 사회에서 어떠한 역할을 담당해야 하는지 말해 보자.
2. 교육행정의 관점을 '교육에 관한 행정'과 '교육을 위한 행정'으로 나누어 파악해 보고, 바람직한 교육행정의 관점은 어떤 것이어야 하는지 말해 보자.
3. 행정과 경영의 개념상 차이점은 무엇이며, 공공활동인 교육에 경영의 개념이 도입된 이유가 무엇인지 설명해 보자.
4. 최근 학교교육에서 경영의 관점이 강조되는 경향이 나타나고 있는데, 이러한 제도적 사례의 구체적인 예를 제시하고 그 내용을 설명해 보자.
5. 교육행정이 보다 효율적이고 민주적으로 이루어지기 위해서 우리 교육에서 해결되어야 할 과제는 무엇인지 토의해 보자.

토의란?

어떤 공통된 문제에 관심을 가진 사람들이 함께 모여서 가장 좋은 해답을 얻기 위하여 서로 의견을 나누는 것을 말한다. 바람직한 토의 결과를 얻기 위해서는 자기 고집만 내세우지 말고 서로의 의견을 존중하고 협력해야 한다. 또 자기 의견으로 결정되기 위해서는 자기 의견에 대한 적절한 자료가 뒷받침되어야 한다.

토론이란?

찬성과 반대의 입장으로 나뉘는 주제에 대하여 각각 서로의 입장을 관철시키기 위하여 근거를 들어 자기의 주장을 논리적으로 펼치는 말하기이다. 따라서 토론의 주제는 긍정이나 부정의 입장을 취할 수 있는 문제여야 한다.

제2부

교육행정의 주요 이론

02 교육행정의 이론

1. 과학적 관리론
2. 관료제론
3. 인간관계론
4. 행동과학론
5. 체제론
6. 대안적 행정이론

학습개요

1. 과학적 관리론의 원리와 비판점은 무엇이며, 과학적 관리론이 교육행정에 끼친 영향에는 어떤 것이 있는지 알아본다.

2. 관료제가 가지는 특징은 무엇이며, 학교조직의 관료제적 경향에는 어떤 것이 있는지 알아본다.

3. 인간관계론의 특징을 알고, 과학적 관리론과 인간관계론의 차이를 살펴본다.

4. 체제론의 개념을 알아보고, 사회체제로서의 학교가 가지는 특징은 무엇인지 살펴본다.

5. 교육행정의 포스트모더니즘적 관점을 이해하고, 이와 관련하여 우리 교육에서 어떤 현상이 나타나고 있는지 알아본다.

교육행정 이론은 교육조직 내에서 인간행위의 규칙성을 체계적으로 기술하고 설명해 주는 근거를 제공해 준다. 교육행정의 전통적 조직이론으로서 조직의 구조와 과업을 중시하는 고전적 조직이론, 조직의 구성원을 강조하는 인간관계론, 개념을 조작하고 실증적 자료로 이론적 가설을 검증하여 일반화하려는 행동과학론, 이론 및 조직구성원과 환경의 역동적인 상호작용을 강조하는 체제이론, 교육현상에 대한 새로운 패러다임인 대안적 이론 등으로 구분할 수 있다(박세훈 외, 2012: 29).

1. 과학적 관리론

19세기 후반부터 1920년대까지 발달한 고전적 이론에는 성악설의 인간관리 철학에 기초하여 조직 및 인간 관리의 과학화 · 합리화 · 능률화를 추구하였는데, 그 대표적인 이론은 과학적 관리론(scientific management), 행정관리론(administrative management), 관료제론(bureaucracy) 등이다(윤정일 외, 2016: 34). 이 중 행정관리론은 앞서 교육행정의 과정에서 살펴본 바와 같이 행정과정의 각 단계와 요소를 구분하고 분류하는 유형론에 불과하기 때문에 교육행정 현상을 기술 · 설명하고 예언하기 위한 교육행정 이론으로 큰 발전을 이루지는 못하였다(윤정일 외, 2016: 41). 그러므로 여기에서는 과학적 관리론과 관료제론에 대하여 살펴보기로 한다.

1) 과학적 관리론(scientific management)의 원리

20세기 초 테일러(Taylor)는 미국의 경제공황을 극복하기 위하여 생산성을 높이는 데에 초점을 맞추어 관리의 과학화를 추진하였다. 그는 인간을 효율적인 기계와 같이 프로그램화하면 최고의 생산성을 높일 수 있으며, 노동자는 경제적 요인, 즉 임금에 의해 직무동기가 조절된다고 가정하였다(주삼환 외, 2015: 38). 이 이론에 의하면 관리에 있어서 전통적이고 관습적인 방법, 인간의 감정이나 직관에 의한 방법을 배제하고 진정한 과학적 원리를 적용해야 한다는 것이다(Taylor, 1976: 유평수, 2014: 41에서 재인용).

Taylor의 과학적 관리의 적용 원리는 다음과 같다.

- **과학적 직무분석**: 어떤 과업이든 그것을 수행하는 데 필요한 '최선의 방법(one best way)'이 있다. 이에 따라 정확한 관찰에 의한 자료를 수집하여 과학적으로 직무를 분석한다.
- **직원의 선발**: 과학적이고 체계적인 기준에 따라 직무에 가장 적합한 종업원을 선발하여 업무에 맞도록 훈련시키고 숙달시킨다.
- **일일 작업량 설정**: 모든 종업원에게 명확하게 규정된 일일 작업량을 정해 준다.
- **표준화된 조건**: 관찰과 분석에 의한 과학적 방법에 따라 업무수행 시간과 동작을 연구하여 종업원들이 가장 빠르고 쉽게 일할 수 있는 표준화된 작업조건과 작업방법을 정해 준다.
- **성공에 대한 보상과 실패에 대한 책임**: 노동자들이 자신의 과업을 성공적으로 수행한 경우 적절한 보상을 해 준다. 반면, 종업원이 자신의 과업을 성공적으로 수행하지 못한 경우 책임을 지도록 한다.
- **관리와 수행의 분리**: 업무계획을 수립하고 감독하는 관리자의 역할과 실제 생산을 담당하는 종업원의 역할을 구분한다.

2) 과학적 관리론에 대한 비판

과학적 관리론은 조직의 관리기술에 끼친 공헌에도 불구하고 다음과 같은 비판을 받고 있다(주삼환 외, 2015: 39-40).

- 노동자를 단순히 '돈'에 의해 동기 부여되는 경제적 인간관의 관점에서 접근하였다.
- 인간을 기계와 같이 잘 짜인 프로그램에 의해 움직일 수 있는 수동적인 존재로 파악함으로써 인간의 개성과 특성을 무시하고, 직무수행에서 비인간화를 초래하였다.
- 관리자와 직원을 분리함으로써 조직의 목표를 공동으로 달성하는 데 필요한 노사 간의 화합과 구성원 간의 사회적 유대를 경시하였다.
- 작업과정에서 노동자에 대한 관리자의 통제에 초점을 두어 노동착취라는 비판을 받게 되었다.

3) 과학적 관리론과 교육행정

보빗(Bobbitt, 1913)은 과학적 관리를 교육에 적용해야 한다고 주장하며, 학교를 감독하는 데 필요한 원칙을 과학적 관리론의 원리를 중심으로 다음과 같이 제시하였다(신현석 외, 2016: 59).

- 조직의 관리자는 그 조직이 추구해야 할 목표를 분명히 설정해야 한다.
- 관리자들은 그 목표를 달성하기 위하여 모든 노동자와 협력해야 한다.
- 관리자들은 특정 직무와 관련하여 최선의 방법을 찾아내야 하며, 노동자들은 그 방법을 숙지해야 한다.
- 관리자들은 노동자들에게 필요한 자격기준을 마련해야 하고, 노동자들은 그 자격기준을 따라야 하며, 그에 부합하지 않을 경우 조직에서 떠나야 한다.
- 노동자들은 자신의 직무를 수행하기에 앞서, 그에 합당한 준비교육과 훈련을 받을 책임이 있다.
- 관리자들은 노동자들이 수행할 직무와 관련된 자세한 지침을 제공할 뿐만 아니라 도달해야 할 목표와 정해진 작업방법과 제공된 자원을 충분히 활용하고 있는지를 점검해야 한다.
- 관리자들은 노동자들의 작업동기를 증진하기 위한 성과급을 제공해야 한다.
- 어떤 조직이라 하더라도 그 조직이 효과적으로 운영되기 위해서는 관리자의 감독이 반드시 필요하다.

그는 학교에 대한 과학적 관리의 원리를 다음과 같이 학교행정에 적용할 것을 주장하였다(이형행, 1997: 33에서 재인용).

- 가능한 모든 시간에 교육시설을 최대한 활용한다.
- 교직원의 작업능률을 최대한 유지하고 교직원 수를 최소로 감축한다.
- 교육에서의 낭비 요소를 최대한 제거한다.
- 교원은 학생을 가르치는 데 전념하고 별도의 행정가가 학교행정을 책임져야 한다.

Bobbitt은 1913년 「과학적 관리의 도시학교제도에의 적용」이라는 논문에서 학교를 공장에 비유하여 관리의 원칙을 적용할 것을 주장하기도 하였다(진동섭 외, 2016: 47). 이러한 이론에 따른 학교교육 적용은 다음과 같이 생각해 볼 수 있다.

- 학생들의 학업성적 평가나 생활지도 기준을 표준화하여 교사들의 편견이나 각기 다른 지도방법에 따른 학생들의 혼란이나 불만이 생기지 않도록 한다.
- 교사들의 교수기술이나 교수방법을 학교급별 · 교과별로 표준화하여 교육공급의 측면에서 균형이 이루어지도록 한다.
- 교사의 자격기준을 강화하고 세분화하며, 교직전문성의 질적 향상을 위한 연수체계를 과학화한다.
- 교육행정가와 현장교사의 업무를 분업화하고 학교행정 인력을 확충하여 교사는 가르치는 일에 전념할 수 있도록 교사의 행정업무를 최소화한다.
- 교사들에게 학교교육의 성격과 내용, 달성해야 할 교과별 · 학년별 교육목표, 교직수행방법 등에 대한 명확한 정보를 제공하고 적확한 수행을 지시한다.

이러한 이론은 과거의 주먹구구식 운영을 과학적인 방법으로 체계화하였다는 점에서 획기적인 것이라 할 수 있으나, 전문직으로서의 교사에게 주어지는 독창성과 자율성의 특성을 감안할 때에 학생지도에 있어서 일률적인 표준화를 적용하는 것은 무리가 있을 것이다.

Bobbitt이 제시한 과학적 관리론에 입각한 교육행정의 원리를 재구성하여 학교현장에 적용하면 다음과 같다(신현석 외, 2016: 59-60).

- 학교장은 소신 있는 교육철학을 바탕으로 학교의 발전을 위한 명확한 비전과 분명한 교육목표를 제시해야 한다.
- 학교장을 중심으로 학교구성원들은 상호 신뢰와 협력을 바탕으로 학교의 교육목표 달성을 위하여 공동으로 노력해야 한다.
- 학교관리자들은 교육지도자로서 교사들이 다양한 교수방법을 개발하고 최선의 지도방안을 찾아 이를 수업현장에 적용할 수 있도록 교육 리더십을 발휘해야 한다.
- 교사들은 연찬활동이 의무임을 깨달아 교직전문성 신장을 위한 각종 자기계발과 현직연수를 충실히 이수하여 수업개선을 위한 노력을 기울여야 한다.
- 최상의 수업을 위하여 명확한 교육과정의 내용과 교수방법과 관련된 지침 그리고 다양한 인적 · 물적 자원이 제공되어야 하며, 교사들은 이를 충실히 활용해야 한다.

• 교사들의 직무동기 부여를 위하여 모두가 인정할 수 있는 다양하고 공정한 보상체계를 마련해야 한다.

과학적 관리론이 공교육과 대량교육을 통해 교육기회를 신장시키고 학교조직의 관리를 보다 과학화하여 능률성을 높이는 데 기여하였지만, 교육목표와 교육내용 등이 규격화되고 획일화되어 개성과 다양성을 잃게 되었다. 결국 과학적 관리론에 입각한 20세기 산업사회의 교육은 '공장제 모델(factory model)'이라고 비판받게 된다(주삼환 외, 2015: 41-42).

그룬버그(Gruenberg, 1972; 윤정일 외, 2016: 37)는 교육과정은 인간의 인성계발을 목적으로 하는 것으로, 공장에서 규격화된 제품을 생산하는 과정과는 비교할 수 없기 때문에 과학적 관리론의 적용은 교육의 특성을 무시하는 것으로 교육의 발전을 저해하는 것이라고 비판하였다.

2. 관료제론

관료제를 논할 때 흔히 '관료주의' 또는 '관료적'이라는 부정적 의미를 떠올릴 수 있다. 이는 탁상공론 위주의 행정에서 비롯된 권위주의적이고 거만한 자세, 경직되고 복잡한 절차와 비효율적인 행정으로 우리 사회에서 지양해야 하는 것이다. 관료제는 추구하는 이론이 가치중립적인 입장에서의 합리성 · 공평성 · 효율성으로 관료주의의 병폐와는 거리가 멀다고 하겠다.

1) Weber의 관료제론

관료제(bureaucracy)를 특정한 조직의 형태 혹은 구조에 관한 이론으로 체계화한 사람은 막스 베버(Max Weber, 1946)이다. 그는 권위를 "어떤 특정 명령이 일정한 집단의 사람들에 의해 준수될 가능성"이라고 정의하고, 조직체는 반드시 통제와 권위를 가진다고 보았다. 관료제를 이해하기 위해서는 먼저 그가 분류하고 있는 권위의 유형을 이해해야 한다. 그는 관료제가 가지는 권위의 유형을 권위가 정당화되는 방법에 따라 다음 세 가지로 설명하였다. 이 세 가지 권위의 유형은 각각 따로 존재하는 것이 아니라 혼합된 형태로 나타난다(윤정일 외, 2016: 42).

(1) 전통적 권위(traditional authority)

왕조국가에서의 왕위의 세습과 같이 예부터 오랜 사회의 전통과 관습에 따라 사회의 특정한 위치에 있는 사람이 권위를 지님에 따라 그러한 권위를 당연한 것으로 받아들이는 경우를 말한다.

(2) 카리스마적 권위(charismatic authority)

예언자나 치료사, 선지자, 전쟁영웅과 같이 신으로부터 부여 받은 어떤 초자연적이고 초인간적이며 신비롭고 비범한 지혜나 능력을 가졌다고 보는 믿음에 따른 권위이다. 이러한 권위는 권위의 소유자가 사람의 마음을 끌어당기는 독특한 마법과 같은 매력으로 인하여 추종자가 따르게 된다.

(3) 합리 · 합법적 권위(rational-legal authority)

법은 지배자와 피지배자 사이에 행위의 원칙을 결정해 주고 지배자의 권력행사에 정당성을 부여한다(박세훈 외, 2012: 37). 이러한 권위는 정당한 법적 · 제도적 근거에 의거하여 인정되는 합리적이고 합법적인 성격의 권위로서 행사할 수 있는 권위의 내용이 법령에 따라 성문화되어 있다. 현대사회에서 가장 요청되는 권위라 할 수 있다.

Weber는 이 세 가지 권위 중에서 합리 · 합법적 권위를 관료제 조직에서 필요한 가장 이상적인 권위로 보았다. 그는 이러한 합리 · 합법적 권위를 기초로 하여 성립하는 이상적인 조직형태로서 관료제는 다음과 같은 특징을 가지고 있다고 설명한다(Weber, 1947; 이형행, 1997: 38-39: 윤정일 외, 2016: 43에서 재인용).

- 조직의 목적에 필요한 정규 활동은 일정한 방식에 의하여 공식상의 직무로서 배분된다.
- 직무의 조건은 계서제(階序制)의 원리에 따른다.
- 직원은 직무수행에서 엄격하고도 체계적인 규칙에 의해 통제를 받으며, 그 적용은 일률적 · 비인격적이다.
- 직원은 개인적인 감정을 드러냄 없이, 형식주의적인 비인격성에 입각하여 직무를 수행한다.
- 직원의 자격은 시험이나 자격증에 의하여 증명되고, 전문적 기술자격에 입각하여 선발 · 임용되며 선출되지 않는다.

- 고용당국은 규정된 조건하에서만 직원을 해직시킬 수 있는 반면, 직원은 언제나 사임할 수 있는 자유를 갖는다.
- 직원의 보수는 계서제(階序制)의 원리에 따라 책정 · 지급되며, 승진은 상위자의 판단에 의하되, 선임 순서(경력)나 실적에 의해 결정된다.

2) 관료제의 특징

Weber는 비능률과 권위주의적 병폐 등으로 요약되는 사회통념상의 관료제가 아닌 기존 조직에서 보다 특징적인 순수한 이상형으로서의 조직구조를 관료제로 개념화하였다(Weber, 1946: 윤정일, 2016: 42에서 재인용). 호이(Hoy)와 미스켈(Miskel)은 관료제가 교육조직의 구조 분석과 이해에 매우 의미 있는 시발점이 된다고 하면서 그 특징을 다음과 같이 제시하고 있다(윤정일 외, 2016: 44).

(1) 분업과 전문화(division of labor and specialization)

조직의 목표달성을 위하여 업무를 조직구성원들의 능력이나 적성을 고려하여 적절히 배분하고 맡은 분야의 일을 지속적으로 수행하다 보면 전문성이 생기게 된다. 또는 구성원 각자가 지닌 전문적인 능력에 따라 업무를 배분하고 수행함으로써 직무전문화를 꾀하는 것이다. 분업과 전문화에 따라 빠르고 숙달된 업무를 기대할 수 있으나 단조함으로 인한 권태감이 생길 수 있다.

(2) 몰인정 지향성(impersonal orientation)

비인정성, 무사지향성, 공평무사성이라고도 한다. 혈연 · 지연 · 학연 등에 얽매이지 않고 개인적인 감정이나 편견에 치우치지 않으며 원칙에 따라 합리적이고 합법적이며 이성적으로 업무를 처리함을 말한다. 온정주의를 배제하자는 이 성향은 평등을 강조하는 민주주의 이념에 합당한 합리적인 것이라 할 수 있다.

(3) 권위의 계층(hierarchy of authority)

조직의 직위나 직급에 따른 서열에 따라 공식적 명령계통을 중심으로 조직운영이 이루어짐을 뜻한다. 조직의 규모가 크고 업무가 복잡해질수록 이러한 위계의 단계도 많고 다양하게 분화된다. 현대사회의 모든 조직은 이러한 위계에 따라 명령과 복종, 지시와 이행의 방법에 의하여 직무를 수행한다. 위계가 강화되면 조직통솔이 용이하고 조직의 기강이 확립될 수 있으나 조직이 경직되고 조직원들이 위축될 수 있다.

(4) 규칙과 규정(rules and regulations)

모든 조직은 업무와 관련한 규칙과 규정을 가진다. 이는 과업수행의 계속성과 일관성을 유지하고 구성원들의 행동에 통일성과 안정성이 확보되도록 한다. 규칙과 규정은 조직원의 행동기준을 제시하고 조직운영의 계속성을 유지시켜 주는 것이므로 반드시 필요하다. 그러나 너무 규정에만 얽매이게 되면 조직운영이 경직되거나 수단과 목적이 뒤바뀌는 목적전도 현상이 일어날 수 있다.

(5) 경력지향성(career orientation)

조직원이 언제부터 관련 조직의 직무에 임하게 되었나 하는 연공서열을 따져 직무경력을 중요하게 여기는 것이다. 이는 조직원이 한 조직에 오래 남아 있을 수 있도록 하는 유인책(incentive)이 될 수 있으나 조직의 효과성 면에서 실적 중심이 소홀해질 수 있다는 문제점이 있다(주삼환 외, 2015: 77).

이러한 관료제의 특징은 조직이 최고의 능률(efficiency)을 달성하는 데 기여한다. 그러나 실제로는 이러한 특징이 상호 결합할 때 역기능으로 작용할 가능성도 있다.

〈표 2-1〉 관료제의 순기능과 역기능

관료제의 특성	순기능	역기능
분업과 전문화	빠르고 숙련된 업무처리	단조함으로 인한 권태감
몰인정지향성	조직운영의 합리성	구성원의 사기저하
권위의 계층	조직통솔과 기강확립	의사소통 단절
규칙과 규정	조직의 계속성과 통일성	경직성과 목적전도
경력지향성	안정적인 업무수행	실적중심 경시

① 관료제의 순기능

고도의 기술적 합리성을 가진 조직인 관료제는 다음과 같은 순기능을 가지고 있다(유평수 외, 2014: 50).

- 조직의 전문성 · 능률성 · 생산성을 높이고 업무진행의 일관성을 확보할 수 있다.
- 법과 규칙에 근거를 두고 업무를 처리함으로써 조직활동의 객관성 · 예측 가능성을 확보할 수 있다.
- 개인의 사사로운 감정을 배제하고 공평무사한 업무처리를 할 수 있다.
- 계층제에 입각하여 명령 · 복종 관계와 위계질서를 확립할 수 있다.
- 문서주의에 따라 직무수행의 객관성 · 정확성 · 공식성을 기할 수 있다.
- 능력에 의한 실적주의와 공직에의 기회균등을 보장할 수 있다.

② 관료제의 역기능

진동섭 등(2016: 51)은 관료제의 대표적인 역기능과 병리현상을 다음과 같이 설명하고 있다. 이러한 병폐는 곧 관료제가 '관료주의'로 변질되는 모습이라 할 수 있다.

- 목적전도(目的轉倒) 현상: 형식주의에 따라 조직의 목표달성을 위한 수단이 되어야 할 규칙의 준수 자체가 목적으로 바뀌는 현상이다. 규칙이나 규정을 지키려다 보니 꼭 해야 할 일을 못하는 경우나 필요 없는 일을 형식적으로 만들어서 해야 하는 경우이다. 교육행정이 '교육을 위한 행정'이 되지 못하고 '교육에 관한 행정'이 되었을 때 나타날 수 있는 현상이다.
- 문서중심주의: 관료제에서 모든 업무는 일정한 양식의 문서를 통하게 되어 있다. 그러나 자칫 문서를 많이 만들고 결재를 받으면 과업수행을 잘하고 있는 것으로 인정받거나 스스로 착각하게 됨으로써 일의 중요성과는 상관없이 서류만 쌓이는 문서제일 · 문서만능주의 현상이 발생한다. 실제 학교에는 매년 수천 건의 공문서가 생산 · 접수 · 발송되고 있으며, 공문서 처리에 수업과 연구활동을 위한 시간을 빼앗기는 교사들의 불만은 어제오늘의 일이 아니다.
- 무사안일(無事安逸)주의: 계층제의 원리를 충실히 따르다 보면 적극적으로 창의적이고 새로운 일을 만들어 내어 조직과 직무를 개선하기보다는 과거의 관행을 답습하거나 상급자의 지시에 무조건 순응하려는 경향이 나타난다. 더 나아가 이러한 현상은 변화와 개혁에 대한 저항과 반발로 나타나기도 한다. 우리 학교조직이 사회적으로 변화가 느리고 침체되어 있다는 지적은 이와 무관하지 않을 것이다.
- 조직업무의 확장: 파킨슨(Parkinson)은 "관료는 부하의 수를 늘리기를 원하고 자기들 서로를 위하여 일을 만들어 내고 있다."라고 하면서, 그 결과 업무량과 상관없이 관

료제의 조직은 끊임없이 확장되어 간다고 주장하였다. 이러한 관료제의 확장을 '파킨슨의 법칙'이라고 한다.

- 무능화(無能化) 현상: 분업화된 전문가들은 제한된 분야의 지식과 기술로 자신의 분야에는 익숙하지만 다른 분야에 대한 이해는 부족해 시야가 좁아지는 현상이 발생하는데 이를 '훈련된 무능(trained incapacity)'이라고 한다. 조직 전체의 시스템에 대한 구조적인 사고가 부족하고 자기분야만 생각함으로써 조직의 발전을 저해하는 아집(我執)과 무능화 현상이다.
- 인간성(人間性)의 상실: 일부 극단론자는 관료체제에서 개인들이 자기가 하고 있는 일의 의미를 알지 못한 채 조직의 목적에 봉사하는 조직의 노예로 전락하고 있다는 비판을 한다. 즉, '개인'이 지니고 있는 지식과 기술이 '경영'의 소유가 되고 개인은 경영의 방향에 따라 움직이는 꼭두각시에 불과하다는 것이다.
- 무능력자의 승진: 계층적 관료제의 구성원이 각각의 능력을 넘는 수준까지 승진한다는 '피터의 원리(Peter Principle)'에 의하면 관료조직의 모든 직위가 무능력자로 채워지는 경향이 나타난다(Peter, 1969: 유평수 외, 2014: 51에서 재인용). 학교조직에서는 교원업적평가 결과에 따라 승진후보자가 결정된다. 교사들은 높은 평정점을 얻기 위하여 교수활동이나 연구활동과 같은 전문적인 활동보다는 행정적인 직무수행과 가산점 취득에 더 신경을 쓸 수밖에 없는 것이 현실이다. 교직헌신도가 높은 우수한 교원보다 조직충성도가 높은 교원이 승진에 유리한 셈이다.

3) 관료제가 교육행정에 준 영향

(1) 학교조직의 관료제적 경향

학교가 관료제적 성격을 띠는 이유는 학교규모의 대형화, 학교의 조직과 기능의 복잡화, 행정업무의 계속적 증가, 개개 학교에 대한 상급기관의 압력 증가와 학교의 획일화 경향, 학부모와 지역사회 집단이 학교정책의 수립과 학교가 달성해야 할 책임성에 대한 평가에 깊이 참여하려는 경향 때문이라고 볼 수 있다(주삼환 외, 2015: 77).

(2) 이상형 조직으로서 관료제의 특징

진동섭 등(2016: 50)은 이상형 조직으로서의 관료제의 특징을 다음과 같이 설명하고 있다.

- 법규에 의한 직무의 배분: 직무의 목적을 달성하는 데 필요한 직무와 권한의 배분은 명확하게 법규에 의해 규정된다.
- 계층제: 직무의 조직은 계층제의 원리에 따라 구성되어, 하급자는 상급자의 통제와 지시를 받는다.
- 문서주의: 모든 행정행위는 문서에 의하여 처리된다. 즉, 조직구성원은 개인적인 감정이 아니라 형식주의적 비인정성(impersonality)에 입각하여 직무를 수행한다.
- 공 · 사의 분리: 공적 사무는 사적 사무와 분리된다. 즉, 관청과 사택이 구분되고 직무상의 금전 및 설비와 관료의 사유물은 엄격히 구분된다.
- 전문지식과 기술: 관료는 선거에 의해 선출되거나 정실(情實, favoritism)에 의해 임명되는 것이 아니라 특별한 교육과 훈련을 통하여 얻은 전문 지식과 기술에 의해 선발되어 임명된다.
- 직업 안정성: 고용당국은 규정된 조건하에서만 관료를 해임할 수 있는 반면에, 관료는 언제나 사임할 수 있는 자유를 가진다.
- 직위에 따른 보수: 관료의 보수는 계층제의 직위에 따라 책정되고 지급된다.

(3) 학교조직의 관료제적 성격

이러한 이론을 바탕으로 하여 오늘날 우리 학교조직의 관료제적 성격을 다음과 같이 찾아볼 수 있다.

첫째, 분업과 전문화 면에서 초 · 중등학교는 초등학교, 중학교 및 고등학교로 학교급이 나누어져 있다. 교사가 담당하는 교과목이나 학년별 학급담임, 부서별 사무분장 또한 분리가 되어있다. 교무실과 행정실은 교원의 수업중심 업무와 행정직원의 행정중심 업무로 구분되어 있다. 따라서 교사는 자신의 담당과목과 학급, 학사업무에만 충실하면 되는 것이다.

둘째, 몰인정지향성 면에서 학교는 학생의 학적을 관리하고 출석을 기록하며 성적을 평가하고 처리하는 데 있어서 정확하고도 엄격한 기준을 적용한다. 학생지도에 있어서도 차별이나 편견 없는 관심과 사랑이 필요하다. 학생뿐만 아니라 교원의 인사행정이나 교원평가에 있어서도 이러한 사적인 편견을 배제하는 경향은 마찬가지이다. '교사는 공문에 의해서 움직인다.'는 말이 있을 만큼 모든 학교업무는 성문화된 문서나 명확한 지시에 의해 이루어진다.

셋째, 권위의 계층 면에서 학교도 다른 조직처럼 직제표에 따라 교장-교감-부장교사-교사로 이어지는 위계구조를 가진다. 학교조직이 수평적인 구조의 조직이라고 하나, 이는 교사가 수업과 연구활동을 수행하는 전문적인 측면에서 그러한 것이고, 행정업무를 처리함에 있어서는 어디까지나 조직의 수직적인 위계에 따른 절차를 따라야 하는 것이다. 교육전문직으로 구성된 교육행정기관이나 교육연구기관은 학교조직에 비하여 수직적인 위계가 더 뚜렷한 경향이 있다.

넷째, 규칙과 규정 면에서 학교에는 교원이 지켜야 할 각종 법률과 시행령 등이 있다. 「교육공무원법」「초 · 중등교육법」「사립학교법」 등이 그것이다. 특히 교원은 신분상의 보장과 함께 국가의 교육공무원으로서 적용되는 법률이 매우 엄격하며 사립학교 교원도 예외가 아니다. 교원뿐만 아니라 학생에게도 재학생으로서 지켜야 할 학교의 학칙과 교내생활수칙 등이 있다. 특히 학교조직은 구성원의 행동을 통제하고 과업수행의 통일성을 기하기 위하여 규칙 사용에 크게 의존한다(박세훈 외, 2012: 40).

다섯째, 경력지향성 면에서 학교는 호봉이 교원의 경력을 말하여 준다. 교원은 단일호봉제를 채택하고 있고, 호봉은 곧 봉급의 액수와 비례하는 것이기에 직업인으로서 자존감과도 직결된다. 교직은 다른 조직보다 특히 교직경력과 관련한 교직수행의 의미와 인사에 영향을 미치는 비중이 높은 편이다. 교원의 승진을 위한 평정에 있어서는 경력과 업적을 함께 반영하여 평가한다.

(4) 학교조직 구조의 유형

호이와 미스켈(Hoy & Miskel, 1996)은 학교조직의 관료성과 전문성의 정도에 따라 학교조직의 유형을 [그림 2-1]과 같이 네 가지로 구분하였다(진동섭 외, 2016: 53).

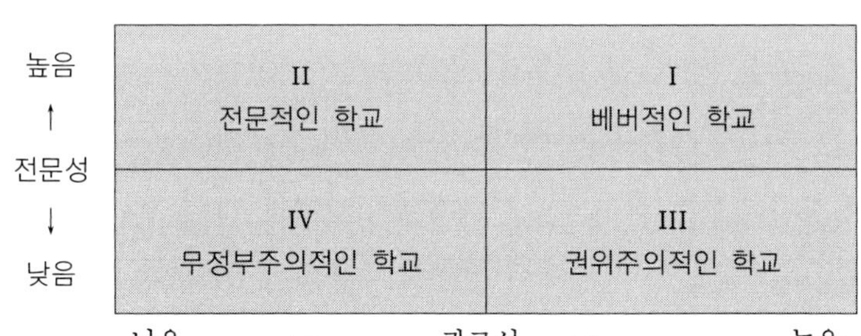

[그림 2-1] 학교조직 구조의 유형

I: 전문성 정도와 관료성 정도가 모두 높은 학교의 경우, Weber의 이상적인 관료제 모형과 가장 유사하기 때문에 베버적인 구조 유형으로 명명하고 있다.

II: 전문적인 유형의 학교는 학교장의 권한을 교사들에게 대폭 위임하는 학교이다. 교사들의 적극적인 학교경영 참여와 전문성에 따라 실질적인 의사결정이 이루어지는 형태이다.

Ⅲ: 권위주의적인 유형의 학교는 위계상의 지위에 따라 규칙 · 규정 · 지침 등에 의한 조직운영의 기본원리가 적용되는 관료성을 강조한다. 교장이 항상 모든 의사결정권을 행사하며, 조직에 헌신하며 상급자에 충성하는 사람에게 우선적으로 승진의 기회가 주어진다.

Ⅳ: 무정부주의적인 유형의 학교는 관료성과 전문성이 모두 낮은 학교로 업무에서의 혼란과 구성원 간의 갈등이 반복된다. 학교장은 조직을 통제하지 못하고 교사들의 전문성 또한 발휘되지 못하여 학교경영에 도움이 되지 못한다.

(5) 고전적 조직이론의 특성

지금까지 살펴본 고전적 조직이론의 일반적 특성을 요약해 보면 다음과 같다(유평수 외, 2014: 40-41).

- 고전이론은 조직업무의 능률을 높이려는 노력에 최고의 가치를 두고 있다.
- 조직의 공식적인 구조와 기능에 관심을 두고 조직활동의 합리성을 강조하였다. 이에 반해 비공식조직의 존재와 기능을 간과한 측면이 있었다.
- 조직을 외부의 영향과 단절된 폐쇄적 체제로 보았다. 따라서 조직연구에 있어서 조직 외적인 환경적 요인을 고려하지 않았다.
- 인간을 합리적이고 경제적인 입장에서 파악하였다. 따라서 직무동기 유발이 경제적 보상으로 가능하다고 보았다.
- 조직의 구조나 원리를 파악함으로써 조직현상에 내재하는 보편적 법칙성을 발견하는 데 주력하였다.

3. 인간관계론

1930년대 초까지 과학적 관리론은 인간행동이 경제적 · 물질적 요인에 의해 동기 유발될 수 있는 것으로 보고, 조직의 구조나 생산성 향상을 강조하였다. 그러나 기계적 효율성만을 강조하여 인간의 사회적 · 정서적 · 심리적 측면을 무시한 나머지 이론적 한계를 맞게 되었다. 이에 따라 노동자의 권리요구와 사회 변화에 맞는 새로운 인간관계론적 접근이 요청되었다. 과거의 과학적 관리론이나 관료제론이 합리적이고 효율적인 과업수행에 초점을 둔 구조중심주의적인 접근이라면 인간관계론(human relations)은 인간중심적인 접근이라고 할 수 있다.

1) 호손 실험연구

1930~1950년대의 인간관계론은 실험연구를 통해 얻은 결과를 종합하여 붙여진 이름이다. 하버드 대학의 메이요(Mayo)와 뢰슬리스버거(Roethlisberger)는 1927~1932년 시카고 근교의 서부전기회사 호손 공장에서 과학적 관리의 원리를 검증하기 위한 실험연구를 수행하였다. 연구주제는 작업장의 조명수준, 노동시간, 휴식시간, 급료 등 물리적인 조건과 작업성과의 관계를 밝히고자 하는 것이었다. 이러한 실험 결과, 과학적 관리론의 가정과는 달리 작업장의 물리적인 조건과 생산수준 사이에 의미 있는 상관관계가 발견되지 않았으며, 조직 안의 물리적인 조건보다는 사회심리적인 요인이 생산에 더 큰 영향을 미친다는 것을 시사하였다(진동섭 외, 2016: 59).

이 연구의 의의는 다음과 같이 정리할 수 있다(Hoy & Miskel, 1996: 15; 박세훈 외, 2012: 42: 진동섭 외, 2016: 59에서 재인용).

- 경제적 요인만이 유일하고 중요한 동기유발 요인은 아니다. 비경제적인 사회적 체제가 경제적 유인의 효과를 제한하고 감소시킨다.
- 근로자들은 개인으로서가 아니라 비공식집단의 일원으로서 관리층에 반응한다.
- 생산수준은 근로자의 개인적 능력보다는 근로자들로 구성된 비공식집단의 사회규범에 의해 더 영향을 받는다.
- 전문화와 분업화가 반드시 작업집단을 가장 효율성이 높은 조직으로 만드는 방식은 아니다.
- 근로자들은 경영자의 일방적이고 임의적인 의사결정으로부터 자신들을 보호하기 위하여 비공식조직을 이용한다.
- 비공식적인 집단과 경영자는 서로에게 영향을 미친다.
- 통솔 범위를 좁히는 것이 효과적인 감독에 반드시 필요한 전제조건은 아니다.
- 비공식조직의 지도자는 때때로 공식조직의 지도자만큼이나 중요하다.
- 인간은 기계의 톱니바퀴와 같은 수동적인 존재가 아니라 능동적으로 반응하는 존재이다.

2) 인간관계론과 교육행정

인간관계론(human relations)은 교육행정에 민주적인 원리를 제시해 주는 등 교육행정의 민주화와 발전에 크게 공헌하였다. 특히 1930년대 이후에는 듀이(Dewey)를 중심으로 하는 진보주의 교육운동과 결합되면서 개성존중, 사기앙양, 학생과 교원의 상호 신뢰감 등을 강조하고 민주적인 교육행정, 인간주의적 장학을 위한 방법적 원리로 크게 부각되었다. 민주적 교육행정에서는 ① 교육행정은 봉사활동이고, ② 교육행정가는 교직원의 사기와 인화를 촉진하는 사람이며, ③ 의사결정은 광범위한 참여를 통해 이루어져야 하고, ④ 행정적 권위는 집단에 의하여 주어져야 한다. 따라서 민주적 교육행정에서는 인간관계론적 관점이 크게 각광받을 수밖에 없었다(윤정일 외, 2016: 52).

Dewey는 『민주주의와 교육(Democracy and Education)』이라는 책에서 과학적 관리론의 학교행정 적용을 비판하면서 교육행정 과정에서 교사의 참여를 중시하였다. 나아가 그는 학생을 전인격적으로 존중하고, 교육적 가치를 중시하는 교육을 실시해야 한다고 주장하였다. Dewey는 학교를 '사회의 축소판'으로 보고, 학교 안에서 민주주의를 체험하도록 하는 것이 사회의 민주주의를 발전시키는 데 도움이 될 것으로 믿었다. 그리고 학교의 구조와 운영에 있어서 민주주의의 원리가 적용되어야 할 것으로 보았다(진동섭 외, 2016: 60).

인간관계론적 관점을 교육행정에 적용한 대표적인 학자들의 주장은 다음과 같다(윤정일 외, 2016: 52).

쿠프먼 등(Koopman et al., 1943: 7-12)은 『학교행정의 민주화(Democracy in School Administration)』라는 저서를 통해 학교장은 학교행정을 민주화해야 한다고 주장하였다.

야흐(Yauch, 1949: 40)는 '학교행정에서의 인간관계 개선(Improving Human Relations in School Administration)' 연구를 통해 교육행정에서 인간관계의 중요성을 강조하면서 장학, 예산편성, 교육과정 등 모든 영역에서 교사의 적극적인 참여가 보장되어야 한다고 주장하였다.

몰맨(Moehlman, 1951)은 『학교행정(School Administration)』이라는 방대한 저서를 통해 학교조직 구성과 운영원리를 제시하고, 이를 바탕으로 민주적인 교육행정의 관점을 체계화하였다.

그리피스(Griffiths, 1956)는 『교육행정에서의 인간관계(Human Relations in School Administration)』라는 책을 통해 교육행정에서의 인간관계에 관한 여러 연구를 종합하여 교육행정에서의 인간관계론을 크게 발전시켰다.

결국, 인간관계론은 학교조직에서의 행정이란 곧 인간관계와 동의어로 쓰일 수 있으며, 평등주의적이고 탈권위적이며, 의사결정의 책임을 공유하며, 학교경영에서 교사들의 참여와 협력을 이끌어 내는 것이라는 교훈을 주었다(주삼환 외, 2015: 46).

3) 인간관계론에 대한 비판점

인간중심 접근의 특징을 정리하면 다음과 같다(진동섭 외, 2016: 62).

- 인간을 기계의 부품과 같은 수동적인 존재가 아닌 조직 속에서 적극적으로 반응하는 능동적인 존재로 보았다.
- 조직의 목표가 외부에서 주어진다고 보는 폐쇄체제로서의 조직을 가정하고 있다.
- 인간으로 하여금 열심히 일하게 하는 직접적인 동기요인은 경제적인 보상이 아니라 사회심리적 보상이다.
- 추구하는 가치는 효율성이며, 이를 위하여 인간의 동기에 대한 지식을 활용하고 있다.

그러나 호손 실험연구를 중심으로 한 인간관계론은 비공식집단이나 조직구성원들의 사회적 · 심리적 측면만을 강조한 나머지, 조직운영의 보다 근본적인 문제를 다루는 데는 실패하였다는 지적도 많다. 인간관계론과 관련한 비판은 다음과 같다(Bennett, 1991: 28-29: 박세훈 외, 2012: 42에서 재인용).

- 개인의 행위에 대한 조직구조의 영향을 과소평가하였다.
- 조직을 개방된 체제보다는 폐쇄된 체제로 간주하였고, 정치적 · 경제적 · 환경적 영향을 무시하였다.
- 종업원의 행위와 태도에 대한 노동조합의 영향력을 설명하지 못했다.
- 동기, 의사결정의 참여, 종업원의 직업적 자아의식을 과대평가하였다.
- 소집단의 영향력에 초점을 둔 나머지 그 집단이 존재하는, 보다 광범위한 사회구조의 영향력을 무시하였다.

4) 구조중심 접근과 인간중심 접근의 비교

과학적 관리론을 비롯한 구조중심 접근과 인간관계론을 비롯한 인간중심 접근을 비교하면 〈표 2-2〉와 같다.

〈표 2-2〉 구조중심 접근과 인간중심 접근

구분	구조중심 접근	인간중심 접근
조직에 대한 기본 가정	조직을 기계에 비유	조직을 유기체에 비유
인간에 대한 기본 가정	공장의 기계부품과 같은 존재로 인식	유기체의 일부를 이루는 세포(생명체)
동기유발 중심접근	McGregor의 X이론	McGregor의 Y이론
동기유발 수단	경제적 보상	사회심리적 보상
조직에 대한 관심	공식조직	비공식조직
학교행정가의 리더십	과업과 법규를 중심으로 업무를 지시하고 점검	인화를 강조하는 인간관계 중심으로 조직을 통솔

그럼에도 불구하고 구조중심 접근과 인간중심 접근은 몇 가지 점에서 다음과 같은 공통점이 있다(진동섭 외, 2016: 63).

첫째, 두 접근 모두 조직 내부의 문제에 모든 관심과 노력을 집중하는 경향이 있다. 조직 외부의 환경과 조직 사이에 이루어지고 있는 상호작용에 대해서는 아직 주목하지 못하고 있다. 이런 점에서 두 접근은 조직에 관한 개방체제적 접근보다는 폐쇄체제적 접근을 취하고 있다고 할 수 있다.

둘째, 두 접근은 조직의 목표가 외부에서 누군가에 의해 주어진다고 본다. 따라서 조직 구성원들 스스로 조직이 목표를 설정하는 과정 자체에 대한 관심은 소홀한 편이다.

셋째, 이러한 목표설정 과정에서 구성원들 사이에 있을 수 있는 갈등에 대해서도 중요하게 다루고 있지 않다. 두 접근 모두 조직은 항상 조화롭게 돌아가야 한다고 믿고 있으며, 조직 안에서의 갈등은 일탈현상(구조중심 접근) 또는 병리현상(인간중심 접근)으로 간주한다.

넷째, 두 접근 모두 어떻게 하면 주어진 조직의 목표를 효율적으로 달성할 수 있을지의 문제가 최상의 관심이다. 교육행정의 경우에도 교육행정가가 학교조직 자체의 목표를 효율적으로 달성하는 수단이 목표가 되는 셈이다.

4. 행동과학론

과학적 관리론과 인간관계론은 모두 관리자의 입장에서 조직의 목적을 달성하기 위하여 노동자를 효율화해야 한다는 입장을 견지하여 인간을 그 자체의 목적보다는 수단으로 취급하고 있다. 이에 1950년대에 이르러 사회과학자들에 의해 행동과학적 접근이 이루어졌고, 사회학, 심리학, 정치학, 행정학, 경영학 등의 이론을 바탕으로 개인과 조직의 문제를 복합적으로 연구하였다(윤정일 외, 2016: 53).

1) 행동과학론의 특징

현대적 조직이론이 가지는 일반적 특징은 다음과 같다(오석홍, 1998: 38-49: 유평수 외, 2014: 62에서 재인용).

(1) 분화와 통합

현대적 조직이론에서는 조직구조의 다양성과 복잡성, 상황에 따른 가변성에 입각하여 조직현상을 인식한다. 따라서 획일적인 법칙이나 원리에 따라 조직을 정의하는 것을 피한다. 또한 조직 속의 구성원이 지닌 잠재력과 가능성을 중시하여 조직과 개인 간의 관계를 보다 균형적인 관점에서 파악하려 한다.

(2) 가치의 다원화와 문제의 다양화

현대적 조직이론은 가치 면에서 다원화되어 있을 뿐만 아니라 연구문제 또한 과거에 비하여 매우 다양한 양상을 띠고 있다. 고전이론의 가치기준은 합리성과 능률성이었으며, 인간관계론에서는 심리적 적응을 중시하였다. 현대적 조직이론은 이보다 더욱 다양한 가치를 다원적으로 수용하는 것이라 할 수 있다.

(3) 협동과학성

현대적 조직이론은 다양한 학문의 교류가 이루어지는 협동과학이라 할 수 있다. 즉, 조직이론에 있어서 사회학, 심리학, 경제학, 정치학, 인류학, 역사학과 같은 다양한 학문의 개념들이 차용되고 활용되어 복합적인 새로운 이론으로 정립되어 가는 것이다.

(4) 경험과학성의 제고

다른 분야의 연구와 마찬가지로 조직연구에 있어서도 연구문제와 범위의 확대, 국제적인 연구정보의 교류, 연구조사활동 및 발표의 증가, 정보통신기술의 발달로 인한 자료처리의 기술적 발전 등은 조직이론의 과학화 수준을 크게 향상시켜 놓았다. 이러한 환경은 연구자들이 과거에 비하여 연구를 편리하고 빠르고 정확하게 수행할 수 있는 계기를 마련하게 되었다.

2) 바너드와 사이먼의 행정이론

바너드(Barnard)는 행정학과 경영학의 고전이라고 할 수 있는 『행정가의 기능(The Functions of Executive)』이라는 저서를 통해 조직을 사회적 협동체로 보고, 조직의 구성요소로서 의사소통, 협동, 공동의 목적 등을 제시하였으며, 조직 내 비공식조직의 중요성과 공식조직과의 불가피한 상호작용을 설명하였다. 그는 조직중심적이고 조직목표 달성에 우선을 두는 입장을 '효과성(effectiveness)'이라 하고, 구성원중심적이고 구성원의 만족과 사기를 강조하는 입장을 '능률성(efficiency)'이라고 구분하면서 조직의 최대한의 목표달성을 위해서는 양자 간의 균형이 이루어져야 한다고 하였다(윤정일, 2016: 54).

사이먼(Simon, 1957)은 『행정행위론(Administrative Behaviour)』에서 Barnard의 이론을 확대하고 조직의 유인과 구성원의 기여가 조화를 이루는 조직 균형에 관한 개념을 정립하였다. 그는 의사결정과정에서 최적의 합리성만을 추구하는 '경제적 인간형(econcmic man)' 보다는 만족스러운 범위 내에서 객관적이고 효과적인 의사결정을 하기 위해서는 제한된 합리성을 추구하는 '행정적 인간형(administrative man)'이 필요하다고 주장하였다.

3) 교육행정의 이론화 운동

1950년대와 1960년대에 걸쳐 조직의 구조와 조직 내 개인을 동시에 강조하면서 조직구성원의 행동을 분석하고자 한 이론적 경향을 교육행정의 '이론화 운동(theory movement)' 또는 '새로운 운동(new movement)'이라고 한다. 이 운동은 실제적 처방중심의 교육행정학을 다른 사회과학처럼 이론중심의 학문으로 발전시키기 위한 노력이었다. 이론화 운동은 결국 교육행정을 바라보는 두 가지 관점인 '조직의 구조'를 강조하는 관점과 '조직의 개인'을 강조하는 관점을 종합하기 위한 시도였으며, 실증주의의 패러다임을 바탕으로 한 과학적 연구방법과 해석학적 패러다임을 바탕으로 한 현상학적 연구방법이 대결하는 장이기도 했다(신현석 외, 2016: 72-73).

핼핀(Halpin)과 톰슨(Tompson)은 교육행정의 이론화 운동의 본질을 다음과 같이 설명하였다(박병량, 주철안, 2011: 40).

- 과학과 이론은 조직과 행정가가 무엇을 해야 한다는 진술을 포함할 수 없다.
- 과학적인 이론은 존재하는 현상을 다룬다.
- 효과적인 연구는 이론으로부터 나오며, 이론에 의해 인도된다.
- 가장 좋은 이론은 수학적 논리의 절차에 따른 가설연역적 개념체제로 구성된다.
- 사회과학은 이론발전에 필수적이다. 사회과학이론은 조직과 사회에 대한 이해를 위하여 행정가들을 훈련하는 데 사용될 수 있다.
- 행정은 모든 조직에서 발견되는 일반적인 현상으로 간주된다. 행정현상에서 정립된 이론은 다른 모든 조직에 적용된다.

이와 같이 교육행정의 이론화 운동은 ① 교육행정의 과학적 연구를 크게 발전시켰고, ② 교육행정의 전문화 내지는 높은 자격수준을 강요하였으며, ③ 교육행정가 양성 프로그램을 위한 교육과정 개혁을 시도하였고, ④ 교육행정 담당 지도자 양성문제를 중요시하게 하는 계기를 만들었다는 점에서 교육행정학 발전에 공헌한 바가 매우 크다고 할 수 있다(박세훈 외, 2012: 48).

이 시기에 나타난 주요 교육행정 이론을 살펴보면 다음과 같다(윤정일 외, 2016: 57).

- 교육체제를 하나의 사회체제로 파악하고 체제론적 관점에서 교육행정을 연구하는 경향이 나타났다. 게첼스(Getzels)와 구바(Guba)는 사회과정이론을 창안하였고, 다시 텔렌(Thelen)과 함께 수정모형을 발전시켰다.
- 구성원의 동기를 적극적으로 개발하려는 이론들이 발전되었다. 허즈버그(Herzberg)는 동기-위생이론을, 매슬로(Maslow)는 욕구 5단계설을, 앨더퍼(Alderfer)는 ERG(생존-관계-성장)이론을 발전시켰다.
- 지도성이론 영역에서는 헴필(Hemphill)과 헬핀(Helpin), 리커트(Likert), 타넨바움(Tannenbaum)과 슈미트(Schmidt) 등이 과거의 특성론으로부터 행동론(행위론)을 발전시켰다.
- 조직론의 발전에 있어서 핼핀(Halpin)과 크롭트(Croft)는 조직풍토이론을, 아지리스(Argyris)는 성숙-미성숙이론을, 맥그리거(McGregor)는 X-Y이론을 발전시켰다.

5. 체제론

교육행정 영역에서 체제이론은 1950년대 이후에 학교조직을 이해하기 위한 방법으로 도입되었다. 이후 1960~1970년대에 계량적 · 분석적 도구와 기법의 활용을 통해 학교교육의 혁신을 모색하였고, 현재는 제도교육의 현상적 이해라는 차원을 넘어 그 관리와 운영을 계획하고 이해하는 접근방법으로 광범하게 활용되고 있다(윤정일 외, 2016: 58).

1) 체제론의 의미

(1) 체제의 개념

어떤 문제를 해결하려고 할 때 단편적이고 부분적으로 접근하면 또 다른 문제와 갈등이 생기고 해결이 어려운 경우가 많다. 이러한 부분적인 접근으로 인한 문제점을 극복하고 종합적으로 접근하기 위하여 체제이론을 적용한다(임연기, 최준렬, 2017: 54). 그리스어 'systema'에서 유래한 체제(system)라는 용어의 의미는 '어떤 목적을 달성하기 위하여 상호작용하는 여러 부분으로 이루어진 요소들 간의 통합체'라고 할 수 있다. 체제 개념은 원래 세포로 구성된 유기체를 지칭하는 자연과학의 개념이었으나 사회과학에 수용되면서 체제이론으로 발전하였다(박병량, 주철안, 2011: 42).

모든 체제는 다음과 같은 특징을 가지고 있다.

- 체제는 생명체와 같이 소멸하려는 경향을 갖고 있다. 체제는 끊임없이 생명을 불어넣어 주고 상호작용하지 않으면 없어지게 된다. 소멸하지 않기 위해서는 지속적으로 변화하고 개선하기 위하여 노력해야 한다.
- 체제는 상위체제와 여러 하위체제(subsystem)로 구성되며, 이들은 상호의존 관계에 있다. 학교와 학급은 상하 간의 체제이다.
- 체제는 환경으로부터 투입(input)을 받아들이고, 이를 전환(transformation) 또는 처리과정(process)을 통해서 산출(output)로 변화시켜서 환경으로 내보낸다.
- 하나의 체제는 다른 체제들과 구분되는 경계(boundaries)가 있다. 체제의 경계 밖에는 그 체제를 둘러싸고 있는 환경(environment)이 있다. 체제는 환경에 영향을 받는다.

- 체제에는 생존을 위하여 환경 또는 다른 체제와 자유로운 상호작용을 하는 '개방체제(open system)'와 상호작용 관계가 없는 '폐쇄체제(closed system)'가 있다. 그러나 사실상 상호작용이 전혀 없는 체제는 없으며, 폐쇄체제란 환경의 변화를 수용하지 않으려는 체제로 볼 수 있다. 일반적으로 학교사회는 국가 · 사회의 정치 · 경제 · 사회 · 문화 등 다른 체제와의 긴밀한 관계 속에서 교육활동이 이루어지기 때문에 대표적인 개방체제로 볼 수 있다(윤정일 외, 2016: 59).
- 체제는 하위체제들의 개별성과 상호 관련성을 인정하면서 지향하는 목적을 달성하기 위하여 질서정연한 결합체로서 종합성 · 전체성을 띤다(임연기, 최준렬, 2017: 55).

개방체제의 특징을 살펴보면 다음과 같다(Immegart & Pilecke, 1973: 39-45; 박세훈 외, 2012: 49: 박병량, 주철안, 2011: 44-45에서 재인용).

- 투입과 산출: 개방체제는 체제환경과 상호작용을 한다. 즉, 투입과 산출이 있으며, 재투입과정을 통해 과정과 산출을 효율화한다.
- 자기유지: 개방체제는 하위체제 간의 역동적인 상호작용을 통해 스스로 안정된 상태(steady state)를 유지하려는 경향이 있다.
- 자기규제: 개방체제는 자율규제(self regulation)를 가지고 있다. 즉, 자기에게 영향을 주는 모든 힘을 조절하고 통제할 수 있다.
- 이인동과성(異因同果性, equifinality): 개방체제는 최종 결과를 동일하게 하려는 경향을 가지고 있다. 즉, 조건이 다르면 과정을 달리하여 동일한 결과를 달성하려는 능력을 가진다.
- 점진적 분화: 개방체제는 규모가 커지면 새로운 기능적 하위체제를 만들어 나가는 점진적 분화(progressive segregation)를 한다.
- 자기효율화: 개방체제는 스스로 그 과정을 규칙화하거나 절차를 단순화하여 효율성을 높이려 한다.
- 역소멸지향성(negentropy): 개방체제는 생존하기 위하여 체제가 해체되어 소멸하지 않으려는 특성이 있다.

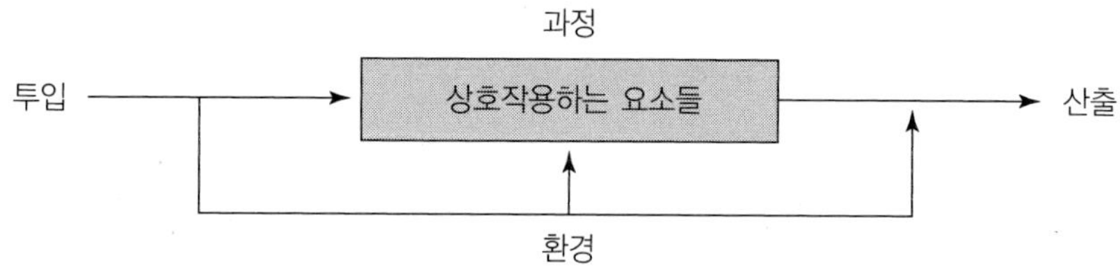

[그림 2-2] 개방체제의 모형

출처: 윤정일 외(2016). 교육행정학 원론(6판).

(2) 개방체제로서의 학교

학교는 교실 · 교수자료 · 교사와 학생 등의 요소를 투입하고, 교육활동이라는 체제화를 거쳐서 학습자의 변화를 통한 산출물을 내놓게 된다.

Hoy와 Miskel(2008)은 개방체제로서 학교조직의 특징을 다음과 같이 설명하고 있다(신현석 외, 2016: 75).

- 학교는 여러 요소가 상호작용하여 외부로부터 투입물을 획득하고, 투입된 것을 변형시키며, 환경에 산출물을 내놓는다. 이상적으로 학생들은 학교교육체제를 거쳐 교육받은 졸업생으로 전환되어 환경이라 할 수 있는 사회에 기여하게 된다.
- 체제가 가지는 피드백 능력은 '투입-변형-산출'의 반복적 · 순환적 패턴을 반복한다. 학교운영위원회와 같은 공식적 의사소통 구조와 정치적 성격을 지닌 비공식적 활동을 통해 학교 내외에서 피드백을 제공한다.
- 체제는 경계를 가지고 있다. 체제는 경계를 통해 환경과 구별된다. 개방체제는 폐쇄체제처럼 경계가 분명하지는 않지만 그렇다고 없는 것은 아니다.
- 환경은 체제를 구성하는 내적 요소들에 영향을 주거나 사회체제 그 자체에 의해 변화되는 체제 밖의 어떤 것이다. 학교체제를 예로 들면, 교육청의 정책, 교육청에 근무하는 교육행정가, 다른 학교, 지역사회 등이 환경이 될 수 있다.
- 체제를 구성하는 요소 간에 평형을 유지하기 위하여 일단의 조절장치가 작동하는 과정을 '항상성(恒常性, homeostasis)'이라 한다. 학교에서는 중요한 요소와 활동은 보호되고, 그렇게 함으로써 전반적인 안정이 유지된다.
- 체제가 소멸되어 가는 경향성을 '엔트로피(entropy)'라고 한다. 개방체제는 환경에서 에너지를 유입하여 엔트로피를 극복할 수 있다. 예를 들면, 조직은 변화해 가는 환경

의 요구에 적응함으로써 환경에 대해 호의적인 입장을 유지하려고 노력한다. 새로운 교육프로그램을 실시하라는 상부기관의 압력이 있을 경우 체제를 지원하기 위하여 더 많은 세금과 자원이 필요하더라도 이러한 요구를 수용하게 된다.

- 이인동과성의 원리는 체제가 서로 다른 지점에서 시작하더라도 동일한 결과에 도달할 수 있다는 것을 의미한다. 따라서 조직을 구성하는 데 유일한 최선의 한 가지만의 방식이란 있을 수 없다. 예컨대, 학교가 학생들의 비판적 사고력을 증진시키는 데에는 다양한 방법을 적용할 수 있다.

2) 사회체제이론

체제론을 보다 체계를 갖추어 학교조직 연구에 활용한 것이 사회체제이론이다. 사회체제이론은 사회현상을 체제적 관점에서 분석하려는 접근으로 게첼스와 구바(Getzels & Guba, 1957)에 의해 처음으로 시도되었다. Getzels와 Guba는 조직을 개인들의 집합으로 이루어진 사회적 단위라고 보고, 사회체제 속에서 인간의 행동은 사회적 조건과 개인의 심리적 특성 간 상호작용의 결과로 나타난다고 보았다. 즉, 인간의 행동은 사회적 조건들로 이루어진 규범적 차원(nomothetic dimension)과 개인의 심리적 특성으로 이루어진 개인적 차원(idiographic dimension)의 기능적 관계에서 나타나는 사회적 행위로서 이해할 수 있다고 보았다. 여기서 규범적 차원이란 조직적 차원이며, 개인적 차원은 심리적 차원이다(윤정일 외, 2016: 63).

Getzels와 Guba는 사람의 사회적 행동에 미치는 요소를 분석하여 하나의 과정으로 설명하였을 뿐만 아니라, 조직이 가지는 특성에 따라 이런 요소가 얼마나 작용하는가를 공식으로 제시하였다. 사람의 행동은 조직과 개인의 상호작용에 의해 이루어지며, 조직은 역할을, 개인은 인성을 요구한다. 조직에 따라 역할과 인성을 요구하는 정도가 다르다고 보았다(임연기, 최준렬, 2017: 59).

Getzels와 Guba는 교육행정을 사회과정으로, 학교조직을 사회체제로 보고, 그 사회체제 안에서 이루어지는 사회적 행위(B)는 조직적 차원의 역할기대(R)와 개인적 차원의 욕구성향인 개성(P) 간의 상호작용, 즉 B=f(R · P)로 이루어진다고 주장하였다(박세훈 외, 2012: 52).

[그림 2-3]에서 역할과 인성의 상호작용 모형은 다음과 같이 해석된다.

B = F(R · P)
B: 사회적 행동(Social Behavior)
R: 역할(Role)
P: 인성(Personality)
F: 함수(function)

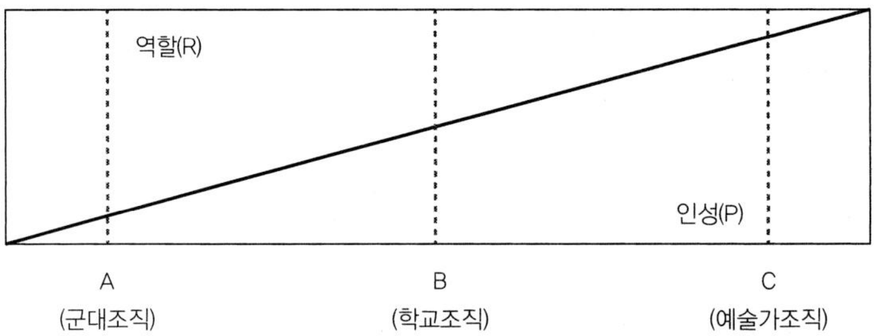

[그림 2-3] 역할과 인성의 상호작용 모형

출처: 신현석 외(2016). 교육행정 및 교육경영.

- 인간의 행동은 인성과 환경(역할)에 따라 달라진다.
- 군대와 같은 관료조직은 개인적인 성향(인성)보다 제도의 규율에 따른 역할이 강조된다.
- 예술가들의 전문적 집단은 개인의 성향이 개인의 행동에 더 큰 영향을 미치게 된다.
- 학교조직은 관료적 성격과 전문적인 특성을 함께 가지고 있어 인성과 역할의 중요성이 모두 강조되는 조직이다.

3) 사회체제로서의 학교

Hoy와 Miskel의 사회체제로서의 학교의 특징(남정걸, 2017: 113)은 다음과 같이 정리해 볼 수 있다.

- 사회체제는 개방체제이다. 학교는 지역사회의 가치와 정치, 역사에 의해 영향을 받는다. 교육관련 제도는 정치적인 영향에 따라 결정되며, 학교교육과정의 편성은 사회의 요구에 민감하다.
- 사회체제는 전체에 기여하고, 전체로부터 부여받은 상호 의존적인 부분, 특성 및 활

동으로 구성된다. 교장이 교육행정기관의 지시나 학부모의 요구를 수용하면 교사와 학생들도 직접적인 영향을 받는다.

- 사회체제는 사람들이 차지하고 있다. 교사들은 그들의 역할수행은 물론, 그들의 욕구와 신념 및 목표(동기)에 따라 행동한다.
- 사회체제는 목표지향적이다. 학교체제의 목표는 학생들을 자기주도적이고 창의적이며 문제해결능력을 가진 민주시민으로 기르는 데에 있다.
- 사회체제는 구조적이다. 학교체제는 분업화, 전문화, 계층제 등의 구조를 가진다. 이런 면에서 학교조직은 상당히 관료적이다.
- 사회체제는 제재규정(sanction gearing)이 있다. 학교에는 교원과 학생들의 행동을 규제하는 공식적인 규칙과 규정들이 있다.
- 사회체제는 정치적이다. 정치적 결정에 따라 정책이 만들어지고 교육행정이 이루어지며 학교교육의 방향이 결정된다. 교육은 정치에 중립적이지만 정치가 교육을 지배한다.
- 사회체제는 특유한 문화가 있다. 학교에는 저마다 다른 고유의 교직문화와 학생문화가 존재한다. 교사와 학생들은 그들 고유의 조직문화를 만들고, 그 문화는 다시 구성원들에게 영향을 준다.

지금까지 교육행정에 관한 주요 이론을 시대별로 정리하면 〈표 2-3〉과 같다.

〈표 2-3〉 교육행정 이론의 발달

이론	과학적 관리론	인간관계론	행동과학론	사회체제론
시기	1910년~	1930년~	1950년~	1960년~
학자	Taylor, Bobbitt	Mayo, Roethlisberger	Barnard, Simon	Getzels, Guba
관점	관리의 과학화를 통한 능률화 추구	조직을 통한 인간적·사회적 합리성 존중	조직의 내적 균형, 행정적 인간	조직에서 역할과 인성의 상호작용
시사점	직무의 표준화, 분업과 전문화, 관리와 실무의 분리	인간의 사회적·심리적 요인 및 비공식조직 중시	교육행정학을 이론중심의 사회과학으로 정착	인간의 행동은 규범적 차원과 개인적 차원의 상호작용
비판점	인간의 개성과 구성원 간 유대 경시	조직의 생산성·효과성 도외시	조직 외부환경을 고려하지 않음	인간적 요인에 의한 변화가능성 간과

6. 대안적 행정이론

앞에서 살펴본 교육행정에 관한 이론들은 모두 실증주의적 관점에서 조직현상을 객관적이고 합리적이며 효율성을 추구하는 인식론에 바탕을 두는 전통적 구조기능주의 패러다임에 속한다. 이러한 전통적 기능주의 행정이론에서의 연구는 대부분 실증주의적이고 객관적이며 자연과학적인 경향을 띤다. 기능주의 행정이론의 연구자들은 조직을 자연과학적인 방법으로 분석하고 연구하면 인간행동에 명확한 해석과 해답을 얻을 수 있다고 보았다. 이에 따라 조직의 구조나 과업, 조직 리더의 지도성, 조직구성원의 직무, 조직구성원 간의 인간관계, 직무환경 등에 대한 상호작용 및 영향 분석을 중심으로 연구가 주로 이루어져 왔다.

그러나 구조기능적 패러다임은 1970년대 말부터 비판을 받기 시작하였고, 지금까지와 다른 관점에서 조직현상을 바라보기 시작하였다. 이에 따라 전통에 대한 비판이론 또는 대안적 행정이론이 등장하게 된 것이다. 이러한 관점의 이론에는 해석학적 관점, 비판이론적 관점, 포스트모더니즘적 관점 등이 있다.

1) 해석학적 관점

해석학적 관점 또는 해석론(interpretive)은 현상학과 해석학을 철학적 배경으로 하여 성립된 것으로, 사회과학의 학문연구에 널리 통용되고 있는 접근법이다(박세훈 외, 2012: 55). 해석론은 조직을 이해하고 분석하기 위하여 적용해 왔던 합리적이고 과학적인 접근 방법에 대한 비판으로 제기된 이론이며, 조직을 보다 잘 이해하기 위해서는 조직을 있는 그대로 보고 설명하여야 한다는 이론이다(임연기, 최준렬, 2017: 64).

사회과학의 본질은 구체적인 생활세계 속에서 사람들이 삶에 대해서 어떤 의미를 부여하는가를 밝혀내는 일로 보았다. 즉, 객관적으로 존재하는 실재가 중요한 것이 아니라 우리 각자가 부여하는 의미가 중요하다는 것이다(김천기, 2001: 174). 따라서 해석학적 관점에서 중요한 것은 외부로 드러난 행동의 결과보다는 그러한 행동이 나타나게 된 과정과 의도를 파악하는 것이다.

교육행정 이론의 전통적 접근과 실증주의에 대해서 비판을 선도한 사람은 그린필드(Greenfield)이다. 그는 조직이 합리적 · 합목적적 체계라는 전통적 사상을 비판하면서 조직이란 인간에 의해서 창조되고 의미가 부여된 사회문화적 가공물이기 때문에 가설연역적 체계나 정교한 통계적 방법만으로는 이해할 수 없다고 주장하였다. 이에 따라 조직을 인간의 주관적인 의미구성체로 보고 교육행정 현상을 연구하는 새로운 패러다임이 필요하다고 주장하였다(윤정일 외, 2008: 69: 주삼환 외, 2015: 54에서 재인용).

Greenfield의 조직에 관한 관점은 다음과 같다(윤정일 외, 2016: 66-67).

- 조직은 사람이며, 사람 속에 존재한다. 조직은 사람과 무관한 객관적 실체에 적용되는 과학적 법칙으로는 이해할 수 없다.
- 조직은 하나의 체제와 구조 또는 욕구충족 장치가 아니라 사람들에 의해 만들어지고 유지되는 사회적 창조물이고 구성된 실재이다.
- 조직이 정치의 핵심이듯이 조직의 핵심은 권력이다. 권력은 조직의 구조와 과정에서 나오는 것이 아니라 인간관계에서 나온다.
- 가치의 세계는 우리 내부 깊숙이 존재하며, 가치는 주관적 실재이므로 객관적 세계에는 존재하지 않는다.

이러한 Greenfield의 견해는 그리피스(Griffiths)를 비롯한 전통적 연구자들에 의해 거센 반발을 불러일으켰다. 해석적 관점에 따르면 탐구의 목적은 기본적으로 질적 연구방법을 통해 특수한 상황을 해석하고 이해하는 것이다. 과학적 방법을 통해 법칙을 정립하기보다는 합리적인 사고와 주관적 해석을 통해 현상을 이해하는 것이 근본 목적인 것이다. 따라서 해석적 탐구는 항상 객관성과 일반화가 문제가 된다. 그렇기는 해도 교육행정이 기본적으로 가치의 문제를 다루고 있고, 정책과 의사결정 등 주요 행정 과업이 엄밀한 과학적 방법에 의해 설명될 수 없다는 점을 고려해 볼 때 해석적 접근은 교육행정 현상을 이해하는 한 가지 중요한 대안적 접근이 될 수 있다고 하겠다(윤정일 외, 2016: 67).

이러한 해석학적 관점에서 볼 때 학교장의 역할은 교육적 가치, 감정과 직관을 중요하게 여기는 '인본주의자로서의 행정가'의 임무를 수행하는 것이다. 또한 '대화가 곧 직무'라는 인식으로 구성원들과의 끊임없는 대화를 통해 의도와 의미를 파악하려고 노력한다(주삼환 외, 2015: 54).

2) 비판이론적 관점

비판이론(critical theory)은 프랑크푸르트 학파를 중심으로 한 사상가들이 비판철학의 관점에서 사회현상을 분석하는 접근방법이다. 비판이론은 조직의 비합리적이고 특수한 측면, 주변적이고 소외된 측면에 초점을 맞추어 조직문제를 탐구하였다. 현대의 조직들은 지배계급의 이익을 위하여 기능을 수행하고 있다고 비판하고 있으며, 현대조직의 모순점을 비판하고, 노동자들의 소외상태를 부각시켜 잘못된 의식을 변화시키고자 하였다(임연기, 최준렬, 2017: 64). 비판이론의 특성을 요약하면 다음과 같다(Shin, 1988; 곽영우 외, 1995: 박세훈 외, 2012: 57에서 재인용).

첫째, 실증주의의 사회과학이론은 인간행동을 제3자의 입장에서 통제 · 관찰 · 분석하여 객관화하려한 반면, 비판이론은 행위자 자신의 1인칭 관점에서 행위의 의도나 목적을 밝히고 이해하려 한다.

둘째, 논리적 실증주의는 인간행동의 결과에 초점을 두고 연구하려는 반면, 비판이론은 인간의 행동이 일어난 상황 속에서 왜 그러한 행동이 일어나게 되었는지 사회적인 구조와 요인을 밝히려고 한다.

셋째, 현상학에서는 인간행동의 의미를 이해하는 데 목적이 있는 반변, 비판이론에서는 이해에 그치지 않고 이를 통해서 자유인으로서 삶을 스스로 결정하고 통제하며 영위할 수 있는 지식과 능력을 가지게 하는 데 목적을 둔다.

교육행정에서의 비판이론의 관점을 살펴보면 다음과 같다(곽영우 외, 1995: 68; 박세훈 외, 2012: 58).

- 비판이론가들은 교육조직을 둘러싸고 있는 사회상황과 조직 간의 연계성, 즉 사회의 정치, 경제, 문화 등이 조직의 구조에 어떠한 영향을 끼치는가를 밝히려 한다.
- 비판이론가들은 논리실증주의에 기반을 둔 기술과학주의와 관료주의에 의하여 파생된 갖가지 조직구조의 모순된 비판에 초점을 맞춘다.
- 비판이론가들은 교육조직의 구조에 대한 심층적인 이해를 바탕으로 국민이 교육정책이나 의사결정에 참여하여 자유롭게 의사를 교환하거나 토론할 수 있도록 해야 한다고 주장한다.

이러한 비판적 패러다임은 학교경영의 권력관계 또는 지배구조를 분석하고 이를 변화시키는 데 유용한 시사점을 제공하였다. 그러나 체계적인 연구방법론의 결여, 실제적인 대안제시의 부족 등이 한계점으로 지적되었다(박세훈 외, 2012: 58). 또한 이 이론은 해체주의적 방법을 통해 현대의 조직이론을 신랄하게 비판하였다는 점에서 포스트모더니즘과 맥을 같이하지만 그 지식기반에 대한 비판을 넘어 인간의 소외와 억압, 불평등을 야기하는 사회구조 및 조직을 변혁하려 한다는 점에서 차이가 있다(주삼환 외, 2015: 55).

3) 논리적 실증주의와 대안적 비판이론의 연구

일반적으로 논리적 실증주의에 입각한 연구를 '양적 연구(quantitative research)'라 하고 대안적 비판이론에 입각한 연구를 '질적 연구(qualitative research)'라 한다. 이를 비교하면 다음과 같다.

첫째, 양적 연구는 실재가 존재하기 때문에 객관적인 연구가 가능하다고 보는 반면, 질적 연구는 일반화시킬 수 있는 본질이 없으므로 총체적 연구를 해야 하는 어려움이 있다.

둘째, 연구자와 연구대상 간의 관계에서 양적 연구는 가능하면 연구자와 연구대상이 거리를 유지할 때 객관적 자료수십이 가능하다고 보는 반면, 질적 연구는 연구대상과 밀접한 관계를 유지해야만 연구의 타당성을 높일 수 있다.

셋째, 인과관계와 관련하여 양적 연구는 원인과 결과를 분석하는 것이 가능하다고 보는 데 반해, 질적 연구는 상호작용 관계로 분석해야 한다고 본다.

넷째, 양적 연구는 연구결과의 일반화 가능성이 높은 반면, 질적 연구는 결과가 특정 상황에서만 적용될 수 있는 경우가 많아 다른 상황에까지 일반화하기가 어렵다.

다섯째, 양적 연구는 객관적 방법에 의하여 객관적 절차를 통해 자료가 수집되므로 연구결과가 가치중립적인 데 비해, 질적 연구는 주관적이라는 특징이 있다.

〈표 2-4〉 논리적 실증주의와 대안적 비판이론의 연구방법

구분	논리적 실증주의(양적 연구)	대안적 비판이론(질적 연구)
실재의 본질	인간의 실재를 형성하는 특성과 본질이 존재한다고 가정하므로 복잡한 패러다임에 대한 연구 가능	인간의 속성과 본성은 객관적으로 일반화할 수 없으므로 단편적인 연구가 아닌 총체적인 연구의 필요성 주장
연구자와 연구대상 간의 관계	연구자와 연구대상 간의 관계가 밀접하면 연구자료가 왜곡될 수 있으므로 거리 유지	연구자와 연구대상 간에 밀접한 관계를 유지할 때 명확한 자료수집이 가능

일반화	연구 결과의 일반화 가능	연구자료가 독특하여 일반화 어려움
인간관계	원인과 결과가 분명하며, 행위 현상을 인과 관계로 설명	원인과 결과의 명확한 구분이 어려우므로 상호 보완적인 것으로 분석
가치	객관적 절차에 의해 자료수집, 가치중립적임	연구절차나 방법이 연구자의 주관에 의해 결정됨
연구방법	연구주제에 관한 문제를 다수의 대상자에게 설문지에 기술하게 하고, 자료수집 후 결과 분석	연구대상자와의 심층면담이나 참여관찰, 생애연구 등으로 인간 내면을 분석하거나 문헌연구 등을 통한 연구

〈표 2-5〉 양적 연구와 질적 연구의 강조점과 상호 비판점

구분	강조점	상호 비판점
논리적 실증주의 (양적 연구)	• 통계나 실험 등에 의한 결과는 과학의 산물이다. • 다수의 설문에 의한 통계 결과 분석으로 현상에 관한 과학적 접근이 가능하다. • 자료수집과 분석의 방법이 분명하고 정확하다.	• 통계는 숫자놀음에 불과, 수치가 모든 것을 말해 주지는 못한다. • 인간(심리)에 관한 심도 있는 연구의 한계가 있다. • 설문응답에서 진실을 기술하지 않을 가능성이 있다. • 설문문항 오류와 검증 오류의 가능성이 있다.
대안적 비판이론 (질적 연구)	• 심층면담, 참여관찰, 생애연구 등으로 인간에 관한 심도 있는 접근 가능하다. • 관련 서적과 논문 등 다양한 문헌연구를 통한 고찰이 가능하다. • 주로 직접 대면을 통한 자료수집으로 자료의 신뢰성이 높다.	• 기술적 연구는 문장력에 좌우되므로 글짓기에 불과하다. • 표준화된 척도가 없다. • 과학적인 근거 없는 연구는 일반화가 어려워 무의미하다. • 문장 기술에 의한 과장이나 오류의 가능성이 있다. • 면담 대상 인원의 한계와 면담자의 허위진술의 가능성이 있다.

4) 포스트모더니즘적 관점

(1) 포스트모더니즘의 개념

18세기 계몽주의부터 1950년대까지의 이성과 합리성, 절대성, 과학적인 체계를 중시하는 사회문화적 현상을 모더니즘이라는 시대사조로 부른다. 모더니스트들은 인간의 이성과 과학의 힘 그리고 인간의 도덕성을 통해서 역사의 진보가 이루어질 수 있음을 가정하고 인류의 장래를 낙관적으로 보았다. 그러나 20세기에 들어와 정치적 혼란과 사상과 이념의 대변화로 서구의 근대적 역사관이 무너지고 모더니즘으로는 설명하기 어려운 새로운 양상이 나타나게 되었다.

이후 이에 대한 반발로 20세기 후반에 서구사회에서 나타난 급진적인 관점의 하나가 포스트모더니즘(post-modernism)이다. 포스트모더니즘이란 근대사회의 보편적·합리적·절대적·객관적·총체적 지향성을 비판하는 이론으로, 모더니즘의 이성과 진리, 합리성과 절대성을 비판하고 기존 것들의 해체와 상대성, 다양성, 탈정당성, 탈정형화를 표방한다. 문화비평으로부터 시작된 이 관점은 자아가 이성의 주체라는 생각을 부인하며, 삶의 다양성과 우연성을 그대로 받아들이고 탈정형화를 추구함으로써 부정과 변화를 위한 새로운 사상으로 확산하고 있다(임연기, 최준렬, 2017: 65; 주삼환 외, 2015: 55).

모더니즘이라는 용어를 학술적으로 처음 제안한 사상가는 리오타드(Lyotard)와 라캉(Lacan), 데리다(Derrida), 푸코(Foucault), 로티(Rorty) 등이다(노상우, 2001: 388: 박세훈 외, 2012: 59에서 재인용).

〈표 2-6〉 모더니즘과 포스트모더니즘

이론	모더니즘	포스트모더니즘
시기	18세기~1950년대	1960년대 이후
지향하는 관점	보편적인 이성과 합리성, 진리의 절대성, 과학적인 사고와 논리적인 체계, 계획성, 조직성	독창성, 진리의 상대성, 탈정당성, 탈이네올로기, 과학적이고 논리적인 사고의 해체, 우연성, 다양성
추구하는 범위	객관적, 정형화, 총체적, 전체적, 거시적 입장	주관적, 탈정형화, 개인별, 소집단별, 미시적 입장

(2) 포스트모더니즘과 교육행정

포스트모더니즘적인 교육행정의 관점은 교육행정 현상을 설명하기 위한 합리적이고 과학적인 기존의 연구방법에 대해 회의적이고 비판적이다. 즉, 기존의 방법은 다양하면서도 급변하는 교육행정 현상을 체계적으로 설명하고 예측하는 데 한계가 있다(박세훈 외, 2012: 60).

포스트모더니스트들은 획일적이고 보편적이며 규격화된 공교육은 해체되어야 한다고 본다. 나아가 보편적인 교육목적의 거부, 거대사로 경전화(經典化)된 교과서의 거부, 획일화된 강의식 교육방법의 거부, 교사와 학생의 권위적인 수직관계의 해체, 제도화된 학교교육중심의 교육해체를 주장한다(김천기, 2008: 329: 주삼환 외, 2015: 56에서 재인용).

포스트모더니즘의 교육행정에 대한 영향으로 중앙집권적 교육행정 구조에서 벗어나 지방교육자치제를 강화하고, 단위학교별로 학교운영위원회를 설치하여 자율적으로 의사결정을 하게 하는 것이 중요한 변화라고 할 수 있다. 또한 대안학교나 홈스쿨링의 출현, 수요자 중심 교육과정 등도 이러한 정신을 반영한 것으로 볼 수 있다. 뿐만 아니라 오늘날 학교교육활동에 있어서 활발하게 이루어지고 있는 학생중심의 소집단별 수업, 수준별 수업, 영재교육과 같은 수월성교육, 교육약자를 위한 특수교육, 방과후 교육활동 등과 같은 교육활동의 자율화, 개별화, 소집단화는 이러한 포스트모더니즘 정신을 반영한 것이라 볼 수 있다.

연구 및 토의 · 토론 문제

1. 과학적 관리론의 원리와 비판점은 무엇이며, 과학적 관리론이 교육행정에 끼친 영향에는 어떤 것이 있는지 설명해 보자.

2. 관료제가 지니는 특징은 무엇이고, 우리 학교조직에서 나타나는 관료제적 경향에는 어떤 것이 있으며, 학교조직이 관료화되는 이유는 무엇인지 설명해 보자.

3. 인간관계론의 특징에는 어떤 것이 있으며, 과학적 관리론과 인간관계론의 공통점과 차이점에는 어떤 것이 있는지 설명해 보자.

4. 체제론의 개념은 무엇이며, 사회체제로서 학교가 가지는 특징에는 어떤 것이 있는지 설명해 보자.

5. 포스트모더니즘적 관점이란 어떤 것이고, 교육행정의 포스트모더니즘적인 관점이 우리 학교교육에서 나타나고 있는 현상을 구체적인 사례를 들어 설명해 보자. 또한 이러한 현상이 우리 사회에 미치는 긍정적 혹은 부정적 영향에 대해 토론해 보자.

03 동기이론

학습개요

1. 동기의 개념을 이해하고 직무와 관련한 동기부여의 의미를 고찰한다.
2. 동기의 내용이론과 과정이론의 주요 내용과 원리를 이해하고, 이러한 동기이론이 학교조직에 주는 시사점을 찾아본다.
3. 효과적인 교수-학습활동과 교직수행을 위한 동기유발 방안을 찾아본다.

1. 동기

1) 동기의 개념

조직 내의 자유의지를 가진 구성원들에게 어떻게 동기부여를 할 것인가는 인사관리의 가장 기본적인 과제이자 조직 지도자의 핵심적인 리더십 요건이다. 학교교육의 본질적인 기능인 교수활동에 직접적으로 종사하고 있는 교사들로 하여금 열의와 만족감을 가지고 학생들을 가르치도록 동기를 부여하는 일 또한 학교경영에서 주된 관심사가 되고 있다.

'동기(動機, motivation)'는 어떤 일이나 행동을 일으키게 하는 계기로서 사람으로 하여금 어떤 행동을 유도하는 요인이며, 행동을 목표로 이끌어 가는 내적 에너지이다. 이러한 내적인 힘이 인간의 행동을 활성화시키고, 목표를 지향하도록 행동의 방향을 안내하며 행동을 지속하도록 이끄는 기능을 수행한다. 동기는 직접적으로 관찰할 수는 없지만 개인의 행동선택, 노력의 지속성 등으로부터 추정할 수 있다.

이러한 동기가 직무와 관련한 것이 되면 직무동기, 학습활동과 관련한 것이 되면 학습동기가 된다. 교사의 직무동기는 '교사들이 교육활동과 관련한 학교조직의 목적달성을 위하여 적극적인 교직수행을 지속적으로 이루어 나가는 것'이라고 할 수 있다.

동기의 세 가지 측면을 살펴보면 다음과 같다.

- 움츠려 있던 인간의 행동을 움직이게 하고 활성화시킨다.
- 나아갈 목표를 설정하고 목표를 향해 행동하게 한다.
- 행동이 계속해서 유지되거나 다음 행동으로 이어지도록 한다.

동기는 행동 자체를 선택하고, 선택한 행동을 추구하는 강도와 지속성으로 파악된다. 따라서 동기 개념에는 세 가지 요소, 즉 ① 행동의 방향, ② 행동의 강도, ③ 행동의 지속성이 포함된다. 행동의 방향은 추구하는 목표와 연관된다. 행동의 강도는 행동하는 노력 및 집중력의 양을 의미한다. 행동의 지속성은 목표에 도달할 때까지 목표를 지속적으로 추구하는 정도를 말한다.

동기는 개인이 가지고 있는 욕구(needs), 필요(wants), 추진력(drives), 충동(impulse)으로 일정한 목표의 성취를 위하여 특정한 계열의 행동을 시도하여 지속시켜 나가는 내적 상태이다. 동기는 행동을 활성화하고 목표로 행동을 유도하는 힘(force)이다(Eggen & Kauchak, 1994: 427). 동기는 목표지향 활동이 유발되고 지속되는 과정이다(Pintrich & Schnuk, 2002: 5).

동기화는 다음 과정을 순환하여 반복된다.

- 무엇을 하고 싶다, 해야겠다는 필요성을 느낀다(욕구결핍).
- 그러한 욕구를 충족시킬 방법을 찾는다(욕구충족 및 수단 탐색).
- 욕구충족을 위한 목표를 설정하고 이를 달성할 수 있는 행동을 취한다(목표지향적 행동).
- 행동의 결과에 따라 목표를 달성하거나 혹은 목표에 미달한다(성과달성, 성과미달).
- 결과에 따른 보상 또는 벌을 받는다(보상, 벌).
- 새로운 상위 목표에 대한 도전 또는 미달한 목표에 대한 재도전을 한다(재평가된 욕구결핍).

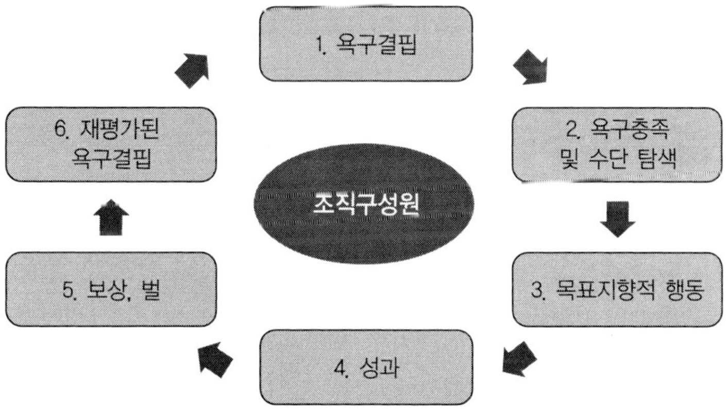

[그림 3-1] 동기화의 과정

2) 동기부여의 의의

교육행정에서 동기이론은 주로 교사의 욕구나 필요를 학교가 어떻게 다루어야 하는가에 관심을 가진다. 교사가 학교의 교육발전에 이바지하겠다는 동기가 있다면 자원해서 봉사하고, 열심히 그리고 잘 가르치고, 창의적인 아이디어를 내면서 다른 사람과 협력적으로 일하여 결과적으로 보상과 인정을 받게 된다.

교사들은 행정가나 장학사들의 인정을 받고 더 많은 경제적 보상을 받으며 교사집단의 일원으로 소속되기를 원한다. 또한 일을 통한 보람을 얻기를 바란다. 학교조직은 이러한 교사들 개인의 요구에 적절한 보상을 제공할 수 있을 때 교육목표 달성이 보다 용이해지므로 교직에서의 동기부여는 무엇보다 중요하다.

동기부여는 내재적 요인과 외재적 요인에 의하여 일어난다. 내재적 동기부여는 과업을 수행하면서 얻는 성취감, 과업 자체에 대한 도전감 등 내재적 보상에 의하여 일어난다. 외재적 동기부여는 상, 벌, 승진, 직업환경의 개선, 보수수준의 향상 등과 같은 요인에 의해서 일어난다.

외재적 동기요인과 내재적 동기요인 중 어느 것이 더 효과적인지는 단편적으로 말할 수 없다. 둘 모두 구성원의 행태에 영향을 미치고 궁극적으로 조직의 성과를 좌우할 수 있기 때문이다. 그러나 외재적으로만 동기화된 행동은 조직성과에 한시적인 향상을 제공하지만 상승에 한도를 지닐 수밖에 없다. 아무리 큰 금전적 보상을 준다 하더라도 개인의 능력 발휘에는 한계가 있기 때문이다. 또한 조직구성원들에게 차등적인 성과급을 제공하게 된다면 구성원들 간 경쟁과 암묵적 박탈감 등을 유발하여 결국에는 조직의 성과를 해치는 결과를 초래할 수도 있다. 에드워드 데시(Edward Deci)는 외재적 동기부여가 자칫하면 내재적 동기부여까지 꺾을 수 있다고 말한다.

동기부여를 설명하는 이론체제는 크게 내용이론(content theory)과 과정이론(process theory)으로 구분된다. 내용이론은 어떤 요인이 동기부여를 시키는 데 크게 작용하는가를 다루는 것이고, 과정이론은 동기부여가 어떤 과정을 통해서 발생하는가를 다루는 것이다.

조직에서 구성원의 직무동기가 어떻게 발동하는지 구체적으로 설명해 주는 이론에는 크게 내용이론과 과정이론의 두 가지가 있다.

(1) 내용이론

사람들은 '무엇 때문에 열심히 일을 하려고 하는가?'에 주안점을 두는 것으로, 행동주의 학습이론에 근거한다.

(2) 과정이론

사람들은 인지적으로 '어떤 과정을 거쳐 열심히 일하려고 결정하고, 이를 실천하는가?'에 대한 물음에 주안점을 두는 것으로, 인지주의 학습이론에 근거한다. 이를 정리하면 〈표 3-1〉과 같다.

〈표 3-1〉 동기이론의 유형

구분	주안점	근거 이론	주요 동기이론
내용이론	직무의 내용	행동주의 학습이론	욕구위계이론(Maslow) 동기-위생이론(Herzberg) ERG이론(Alderfer)
과정이론	직무의 과정과 절차	인지주의 학습이론	기대이론(Vroom) 성과-만족이론(Porter & Lawler) 공정성이론(Adams) 목표설정이론(Locke & Latham)

이러한 내용이론과 과정이론으로 구분되는 동기이론을 그림으로 나타내면 [그림 3-2]와 같다.

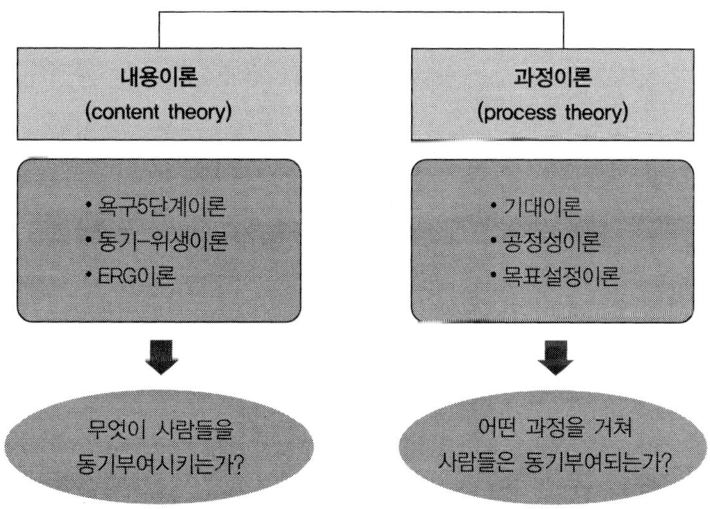

[그림 3-2] 동기이론의 개요

2. 동기의 내용이론

내용이론(content theory)은 동기부여를 하는 데 작용하는 요인이 무엇이며, 그 우선순위가 무엇인지와 관련이 있다. 내용이론에는 매슬로(Maslow)의 욕구위계이론, 허즈버그(Herzberg)의 동기-위생이론, 앨더퍼(Alderfer)의 생존-관계-성장(ERG)이론을 들 수 있다.

1) Maslow의 욕구위계이론

(1) 욕구위계이론의 개념

역사적으로 '욕구(needs)'는 동기이론에서 가장 핵심적인 위치를 차지하였다. 욕구는 무엇을 필요로 하는 것, 무엇을 바라는 어떤 것으로, 내적 결핍상태를 말한다. 사람들은 누구나 자신의 욕구를 충족시키기 위해서 행동한다. 욕구는 인간이 행동하는 이유를 가장 기본적인 수준에서 설명해 준다. 여기에서는 대표적인 욕구관련 동기이론인 Maslow의 욕구위계이론을 살펴본다.

인간의 동기를 설명하는 데 가장 보편적으로 이용되고 있는 Maslow(1908~1970)의 욕구위계이론은 그가 1943년에 발표한 논문 「인간 동기의 이론(A theory of human motivation)」에서 주장한 것으로, 이는 임상실험에서 관찰된 대다수의 사람에게 소유되는 주요한 욕구들을 단계화함으로써 하나의 이론으로 발전시킨 것이다. 이 이론의 기본 가정은 다음과 같다.

- 인간의 욕구는 보편적이며 위계적인 순서로 배열된다.
- 충족되지 않은 욕구는 개인으로 하여금 이들 욕구에 초점을 맞추게 한다.
- 하위단계의 욕구가 먼저 충족된 후에 상위단계의 욕구가 나타나고, 이를 충족하기 위하여 행동이 유발된다.

인간은 다섯 가지 욕구를 만족하려 하되, 우선순위에 있어 가장 기초적인 욕구부터 계층적으로 만족하려는 위계질서가 있다는 것이다. 즉, 인간은 누구나 가장 기초적인 욕구인 생리적 욕구를 맨 먼저 채우려 한다. 생리적인 욕구가 어느 정도 만족되면 안전해지려는 욕구를, 안전의 욕구가 어느 정도 만족되면 사랑과 소속의 욕구를, 그리고 더 나아가 존경의 욕구와 마지막 단계인 자아실현의 욕구를 차례대로 만족하려 한다는 것이다. 이와 같이 인간의 욕구에 위계적 · 계층적 질서가 존재한다는 의미를 담아 '욕구위계이론(hierarchy of needs theory)'이라고 하며 창제자의 이름을 따서 'Maslow의 욕구이론'이라고도 부른다.

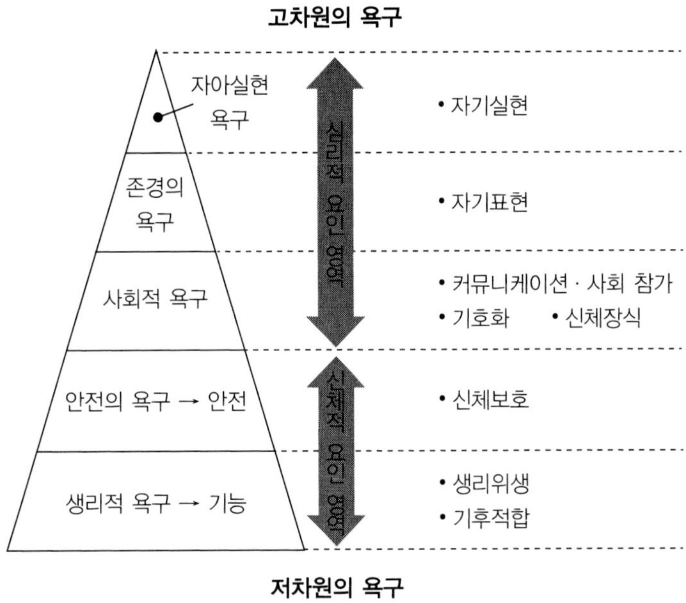

[그림 3-3] Maslow의 욕구위계

(2) Maslow의 욕구위계

① **생리적 욕구**

생리적 욕구는 욕구단계의 출발점이며 인간이 생존하는 데 가장 기본적인 욕구이다. 의식적 또는 무의식적으로 행하는 인간의 신체적 · 물질적 욕구와 관련이 있다. 이러한 기본적인 욕구는 인간이 아닌 동물도 갖고 있는 생존과 종족 번식을 위한 유기체로서의 본능적인 욕구라 할 수 있다.

② **안전의 욕구**

안전의 욕구는 생리적 욕구가 충족된 후에 추구하게 된다. 위험으로부터의 보호, 경제적 안정, 질서, 예측 가능한 환경의 선호 등으로 표현되는 욕구이다. 이 욕구는 특히 인간의 조직생활과 관련하여 가정, 직장과 작업환경의 안정을 추구하는 것과 밀접히 관련되어 있다.

③ **사회적 욕구(사랑과 소속의 욕구)**

생리적 욕구와 안전의 욕구가 어느 정도 충족되면 사회적 욕구가 인간행동의 중요한 동기유발 요인이 된다. 인간은 누구나 동료집단에 소속되기를 원하고 그 가운데서 인간관계를 형성하여 상호작용할 수 있기를 희망한다. 실제로 조직구성원들은 공식 또는 비공식 집단에 소속되어 동료들과 우정을 나눈다.

④ **존경의 욕구(인정의 욕구)**

존경의 욕구는 타인으로부터 인정받고자 하는 욕구이다. 성취, 능력, 지위, 인정이 존경의 욕구를 충족시킬 수 있다. 소위 출세지향이라고 하여 남보다 우월한 위치를 차지하고 싶어 하는 심리는 바로 이러한 욕구를 표현한 것이다. 뿐만 아니라 자기의 독특한 개성을 나타내거나, 남보다 나은 능력을 드러내어 인정받고 싶어 하는 것도 이에 해당한다.

⑤ **자아실현의 욕구**

자아실현의 욕구는 욕구단계의 최상위에 위치한다. 이는 자신이 생각하기에 삶에서 매우 가치 있고 중요하다고 생각하는 목표를 추구하며, 그 대상에 헌신하여 스스로의 잠재능력을 극대화하고 자기완성을 이루려는 욕구이다. 이러한 자아실현의 형태는 사람마다 다르며, 자아실현의 모습에 대하여 매기는 가치는 제각각이다.

(3) 학교조직에의 시사점

욕구위계이론이 학교조직에 주는 시사점으로는 다음을 생각해 볼 수 있다.

① 학교경영자들은 교사들이 충족하기를 바라는 욕구의 내용을 체계적으로 알고 접근해야 한다.
② 인간의 욕구가 단계적이면서 복합적이기 때문에 교사들의 동기유발을 위해서 복합적인 접근이 필요하다.
③ 학교경영자들은 교육의 주체인 교사들이 직무를 통하여 자아실현의 욕구를 충족하도록 인간중심의 조직문화와 풍토를 가꾸어야 한다.
④ 교사들이 교사로서의 긍정적인 자아개념을 갖고, 고차원적인 요구를 충족하도록 배려하는 것이 필요하다.

욕구위계이론에 따라 조직의 구성원들이 다양한 욕구를 가지고 있기 때문에 학교행정가는 교사들의 특성과 필요로 하는 욕구를 잘 이해하여 이를 적절하게 충족시켜야 교사들의 사기를 향상시킬 수 있다. 교사들은 개인에 따라 인생의 목표, 교직에 대한 설계, 가정적인 환경, 경제적인 상황, 연령 등에서 차이가 있으며, 교사들이 근무하는 학교환경에 따라 필요로 하는 요구가 다르기 때문에 이런 특성과 상황적인 요인들이 함께 고려되어야 한다.

〈표 3-2〉 욕구위계이론에 대한 비판과 시사점

이론	비판점	시사점
욕구 위계 이론	• 욕구의 순차적 계층성은 고정되어 있는 것이 아니다. • 인간의 욕구는 하나만이 아닌 여러 욕구가 복합적으로 작용할 수 있다. • 욕구 요인의 중요성과 가치는 개인에 따라 각자 다르다. • 욕구발생과 관련한 조직요인이나 환경요인을 고려하지 않았다. • 인간의 자율적인 욕구를 고려하지 않았다.	• 교사의 과업동기에 관한 체계적인 설명을 제공하였다. • 동기유발을 위한 단계적 · 복합적 접근의 필요성을 제시하였다. • 인간중심의 조직문화와 풍토의 조성을 제시하였다. • 자기존중 · 자아실현 욕구를 통하여 자기효능감 진작의 중요성을 강조하였다.

(4) 교육행정에의 적용

Maslow의 이론을 교육조직에 적용할 때 다음과 같은 사항들이 발견된다.

- 생리적 욕구는 교사들에게는 어느 정도 충족되지만 위기가정의 학생들 중에는 가장 기본적인 욕구조차 채워지지 않는 경우가 있다.
- 안전에 대한 욕구결핍은 학교 내외에서 발생하는 폭력의 문제로 점점 많은 학생에게 위협적인 요소가 되고 있어 교직원과 학생들에게 모두 동기저하의 요인이 된다. 또한 학생들이 학교폭력에 노출될 때 안전에 위협을 받게 되고 이는 학습에 커다란 장애요인이 된다.
- 소속감에 대한 욕구는 가족, 동료, 친구, 상사, 부하 등과 밀접한 관계를 맺도록 한다. 교사들은 동료교사와의 관계, 비공식집단, 교직단체에의 가입, 학교의 구성원 등을 통해서 소속감을 느낀다.
- 존경에 대한 욕구는 교사들이 교장이나 동료교사, 학생이나 학부모과 같은 타인들에

게서 교육지도자로서의 전문성을 인정받아 자율성을 부여 받고 존중받는 것으로 채워진다.

- 자아실현에 대한 욕구는 교사들이 잠재성을 최대로 발휘할 수 있도록 동기를 부여한다. 모든 사람이 자아실현의 경향성이 있음에도 불구하고 자아실현의 욕구가 다른 욕구들보다 비교적 드물게 채워지는 것은 사람들이 여전히 낮은 수준의 욕구에 관심을 갖기 때문이다. 그렇지만 자아실현을 이루는 사람은 최고의 성과를 나타내기 때문에 학교조직은 가능한 한 가장 높은 수준의 욕구를 충족시킬 수 있게 해 주어야 한다.

2) Herzberg의 동기-위생이론

허즈버그(Herzberg, 1966)는 동기와 직무분석 연구를 통하여 동기-위생이론(motivation-hygiene theory)을 발전시켰다. 이 이론은 Maslow의 욕구이론에 근거를 두고 개인의 내부에 있는 욕구 에너지에 대한 관심보다 작업환경에 초점을 두어 일에 대해 긍정적 혹은 부정적 태도를 유발시키는 요인을 탐색하였다. Herzberg와 동료들은 기술자와 회계사들을 대상으로 일을 하면서 즐거웠거나 불쾌했던 시간 혹은 사건들을 회상하게 한 다음, 면접을 통해 왜 그러한 감정을 느끼게 되었는가, 그것이 작업성과에 어떠한 영향을 주었는가를 조사하였다. 이러한 연구를 통해서 종업원에게 만족을 주는 직무요인과 불만족을 주는 직무요인은 서로 다르다는 사실을 발견하였다.

Herzberg는 직무만족을 가져다주는 요인들을 '동기요인(motivators factors)' 또는 '만족요인'이라고 하였고, 직무불만족을 가져다주는 요인들은 '위생요인(hygiene factors)' 또는 '불만족요인'이라고 하였다.

(1) 동기요인과 위생요인

① 동기요인

보람이 있고 자기가 가진 지식과 능력을 활용할 여지가 있는 일을 할 때 경험하게 되는 성취감, 전문직업인으로서의 성장, 인정을 받음 등 만족감을 주는 요인을 '동기요인'이라고 한다. 이들은 직무만족에 영향을 미치고, 생산능력의 증대를 직접적으로 가져올 수 있다. 동기요인은 곧 직무에 만족을 주는 요인으로서 사람이 하는 직무와 사람 간의 관계에 관한 것으로 보다 나은 직무수행과 노력을 위한 동기부여의 요인이 된다.

동기요인은 개인으로 하여금 직무에 만족하고 긍정적 직무태도를 갖게 하는 요인이다. Helzberg와 동료들의 연구에 의하면, 동기요인은 성취, 성취에 대한 인정, 일 자체, 책임, 승진 등과 같은 직무 및 직무내용과 관련된 긍정적 사건들이다. 이러한 동기요인들은 개인의 자아실현 욕구와 심리적 성장욕구를 자극하여 긍정적 직무태도를 갖게 한다.

② 위생요인

개인의 욕구를 충족시키는 데 있어서 주로 개인의 불만족을 방지해 주는 효과가 있는 요인을 '위생요인'이라고 하는데, 이는 곧 불만족요인이 된다. 불만족요인이 충족되었다 하더라도 불만이 생기는 것을 예방하는 역할만 할 뿐, 일을 열심히 하고자 하는 동기가 유발되는 것은 아니다. 개인의 직무환경과 관련된 직무 외재적 성격, 지위, 개인 상호 간의 관계, 회사정책과 관리, 감독의 질, 작업조건, 직무안전, 임금, 보수 등이 이에 해당한다.

위생요인은 직무불만족을 초래하고 부정적 직무태도를 갖게 하는 요인이다. 위생요인은 상급자와 동료 간의 인간관계, 기술적인 감독, 회사의 정책과 경영, 작업조건, 급여, 개인적 생활 등과 같은 직무환경 및 인간관계와 관련된 것들이다. 이러한 위생요인들은 개인의 생리적 욕구, 안전 및 사회적 욕구와 연관되어 불만족의 원인을 제공한다.

(2) 만족요인과 불만족요인

Herzberg에 의하면 조직상황에서 만족을 주는 요인과 불만족을 주는 요인은 〈표 3-3〉과 같이 서로 다르다.

만족요인(동기요인)과 불만족요인(위생요인)은 각기 다른 차원의 욕구에 기인하고 있다. 만족을 주는 요인과 불만족을 야기하는 요인은 서로 구별될 뿐만 아니라 양자가 별개의 차원에 있기 때문에 만족과 불만족은 반대되는 것이 아니다. 오히려 직무에 대한 사람의

〈표 3-3〉 조직상황에서 만족요인과 불만족요인

요인	내용	관련	해당
직무 만족요인	• 성취감에 따른 보람 • 타인으로부터의 인정 • 스스로의 자부심 • 책임과 성장 등	직무와 관련된 요인	주로 내적 · 심리적 요인
직무 불만족요인	• 조직의 정책과 행정 • 감독, 보수, 대인관계, 작업조건 등	직무 외적인 환경요인	주로 외적 · 물리적 요인

태도에 관하여 상호 독립적이다.

동기요인의 충족은 직무만족을 가져오는 반면에, 충족되지 않을 때 단지 최소한의 불만족이 발생한다. 동기요인은 개인의 직무만족을 증가시키지만, 이 요인이 없다고 해서 반드시 직무불만족을 가져오는 것은 아니라는 것이다. 위생요인은 충족되지 않을 때 직무에 대한 불만족이 발생한다. 위생요인은 그것의 충족이 단지 직무에 대한 불만족을 감소시킬 뿐이지 적극적으로 직무만족을 가져오는 것은 아니라는 것이다(이형행, 1997: 119).

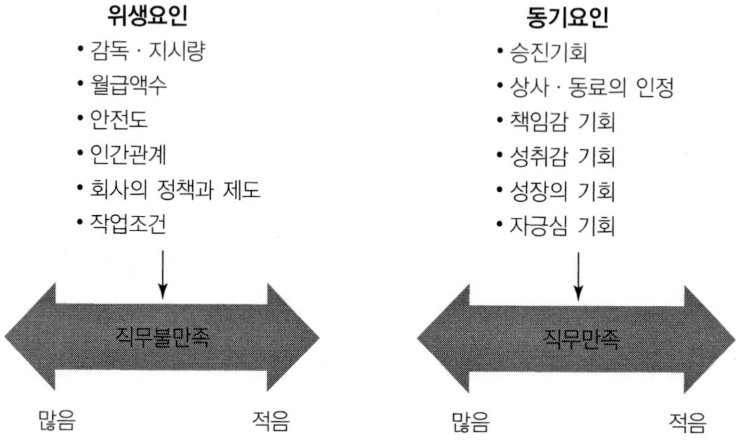

[그림 3-4] 동기-위생요인과 직무만족의 관계

Herzberg의 동기-위생이론은 논쟁점도 있으나 일반적으로 그 타당성과 실제적 효용성이 폭넓게 인정받고 있으며, 동기이론 연구에 새로운 장을 열게 해 준 것은 틀림없는 사실이다. 그 이전까지는 대부분의 교육행정가들이 일반적으로 위생요인에만 관심을 집중하는 경향이 있었다.

결근율이나 이직률이 늘어난다든가 사기문제 등에 직면했을 때 전형적인 해결방법으로 기껏해야 봉급을 올려주거나 부가급부를 더 마련해 주거나 아니면 근무조건을 개선해 주는 정도였다. 그러나 이러한 단순한 해결방안으로는 문제의 핵심에 대한 처방을 할 수 없었다. 이때 Herzberg의 이론이 이러한 문제를 해결하는 데 하나의 지침을 제시해 준 것이다. 위생요인만으로는 교직상의 불만은 줄일 수 있을지 모르나 교원들에게 적극적인 동기를 부여하기는 어려울 것이다(이형행, 1989: 120). 특히 동기-위생이론은 새로운 구성원의 동기유발 방안 개발에 공헌한 바가 크다.

(3) 학교조직에의 시사점

동기-위생이론은 교사들로 하여금 직무만족과 직무성과를 제고하는 방안에 대한 철학적 토대를 제공하고 있는데, 직무재설계 프로그램(work redesign program)으로 구현된다(주삼환 외, 2015: 146).

교사들은 봉급수준이나 근무조건보다는 가르치는 일을 통한 발전감, 책임감, 도전감 등을 경험하면 동기가 활성화되기 때문에 직무 자체, 직무수행 방식 등의 변화가 직무에 효과적인 동기화 전략이 된다. 이를 위하여 교직수행에 대한 책무성 증대, 학생지도에 대한 권한과 자유재량권 부여로 직무 속에서 심리적 보상을 얻도록 해야 한다.

또한 교직은 다른 직종에 비해 직급이나 직위 구조가 단순하기 때문에 승진의 기회가 적어 도전감이나 발전감을 경험하기 어렵다는 문제점이 있다. 따라서 교사들의 자격과 단계를 세분화하여 다단계화할 필요가 있다. 2015년부터 시행되고 있는 수석교사제는 이러한 경력단계 프로그램(career ladder program)의 하나라고 볼 수 있다.

3) Alderfer의 생존-관계-성장(ERG)이론

앨더퍼(Alderfer)의 생존－관계－성장(Existence－Relatedness－Growth: ERG)이론은 Herzberg와 Maslow의 이론을 확장한 것이다. Alderfer에 따르면, 생존-관계-성장이론은 Maslow의 욕구위계이론의 경험적 타당성을 개선하기 위하여 제안된 것이다. Alderfer는 인간은 욕구를 가지고 있으며 이 욕구는 체계적으로 배열될 수 있고, 낮은 수준의 욕구와 높은 수준의 욕구 간에는 근본적인 차이가 있다. 욕구는 조직에서 피고용자의 동기를 결정하는 중요한 요인이라고 보았다.

(1) Alderfer의 욕구

① 생존욕구(existence needs)

인간이 생존을 위하여 필요로 하는 욕구이다. 여기에는 모든 형태의 생리적인 욕구와 음식, 의복, 주거와 같은 물질적 필요가 포함된다. 직업의 조직 안에서는 보수, 부가급부, 직업안정, 근무조건 등이 이에 포함된다. 이 욕구는 대체로 Maslow의 생리적 욕구와 안전의 욕구에 해당한다.

② **관계욕구(relatedness needs)**

인간이 사회적 존재로서 타인과 인간관계를 맺으려고 하는 욕구이다. 여기에는 감독자, 동료, 부하, 가족, 친구와 같은 대인관계가 모두 포함된다. 관계욕구는 분노와 혐오를 표현하고 친근하고 따뜻한 개인적 관계를 발전시킴으로써 충족될 수 있다. 이 욕구는 대체로 Maslow의 사회적 욕구와 다른 사람으로부터 존중받고 싶어 하는 존경의 욕구에 해당한다.

③ **성장욕구(growth needs)**

인간이 성장하고 발전하며 자신의 잠재력을 최대한으로 발휘하고자 하는 내적 욕구이다. 직장에서 개인이 자신의 기술과 능력을 최대한 활용할 수 있는 과업에 종사하는 것은 물론 새로운 기술과 능력을 창조적으로 개발할 것을 요구하는 과업에 종사할 때 성장욕구가 충족된다. 이 욕구는 Maslow의 자아실현 욕구에 해당한다.

〈표 3-4〉는 내용이론 학자에 따른 Maslow, Herzberg 그리고 Alderfer 이론의 욕구를 대비한 것이다(Lunenburger & Ornstein, 1991).

Alderfer의 ERG(생존-관계-성장)이론은 욕구단계를 세 단계로 나누었다는 것 외에도 다음과 같은 두 가지 점에서 Maslow의 욕구위계이론과 다르다(윤정일 외, 2000: 81).

첫째, 욕구위계이론은 하위계층의 욕구가 만족되어야 다음 단계의 욕구가 발생한다는 것에 반하여 ERG이론은 여러 가지 욕구를 동시에 경험할 수 있다고 하였다. 예를 들면, 사람들이 관계욕구나 성장욕구 충족에 관심을 갖기 이전에 생존욕구가 충족되어야 할 필요가 없다는 것이다.

둘째, Maslow는 충족된 욕구는 더 이상 동기요인이 될 수 없다고 하였다. 그러나

〈표 3-4〉 Herzberg, Maslow, Alderfer 이론의 관련성

욕구의 수준	Herzberg의 동기·위생이론	Maslow의 욕구계층이론	Alderfer의 ERG이론	동기의 수준
상위 욕구	동기요인	자아실현의 욕구	G(성장의 욕구)	내적 동기
↑		존경의 욕구		↑
↓	위생요인	소속과 애정의 욕구	R(관계성의 욕구)	↓
하위 욕구		안전의 욕구		외적 동기
		생리적 욕구	E(생존의 욕구)	

출처: Lunenburg & Ornstein (1991). *Educational administration: Concepts and practices.*

Alderfer는 상위욕구의 계속적인 좌절은 낮은 수준의 욕구로 귀환한다고 주장하였다. 즉, 충족시킬 수 없는 대신 하위욕구를 집중적으로 충족시키게 된다는 것이다.

(2) 학교조직에의 시사점

교직자를 스승으로서 인정하고 존경하는 전통적인 우리 사회의 가치관에 따라 교직은 다른 직업보다 사회적인 눈높이나 기대치가 높다. 따라서 학교조직에서 교사들이 직무를 수행하는 데 있어서 자존감이나 자율감을 경험하도록 할 때 만족감을 갖고 직무를 쉽게 수행할 수 있다. 학교행정가는 교사들을 관료조직의 종업원에 머무르기를 요구하기보다는 자율적이고 창의적인 수업전문가이자 교육연구자로 설 수 있도록 촉구하고 지원해야 할 것이다.

3. 동기의 과정이론

내용이론이 갖는 약점을 보강하여 이론을 재정립하려는 시도로 다른 접근방법이 1960년대에 출현하였는데 이것이 동기의 과정이론이다. 인간의 행동은 어떤 기본적 본능이나 욕구에 대한 반응이며 개인은 공통적인 어떤 욕구위계 구조를 가지고 있다는 내용이론의 가정을 과정이론에서는 부정한다. 또한 과정이론에서는 내용이론이 인간의 동기에 영향을 더 미칠 수 있는 다양한 변인을 지나치게 단순화시키고 있다고 여기고 있다.

과정이론은 사람들이 목표달성을 추구하면서 거치게 되는 어떤 공통적인 심리적 · 행동적 과정을 확인함으로써 동기를 더 잘 이해할 수 있다고 주장한다. 과정이론에는 브룸(Vroom)의 기대이론(expectancy theory), 포터(Porter)와 로울러(Lawler)의 성과-만족이론(performance-satisfaction theory), 로크(Locke)의 목표설정이론(goal setting theory) 및 애덤스(Adams)의 공정성이론(equity theory) 등을 들 수 있다.

1) Vroom의 기대이론

기대이론은 1960년대 중반에 브룸(Vroom, 1964)에 의하여 개발되어 널리 알려졌다. 이 이론은 유인가(valence), 보상기대(instrumentality), 성과기대(expectancy)의 개념을 중심으로 이론의 틀을 구성하여 유인가-보상기대-성과기대이론(VIE theory) 혹은 가치이론

(value theory)이라고도 한다. 이 이론은 성과가 보상을 가져다주리라는 수단성에 대한 기대감의 복합적 함수에 의해 결정된다고 하였다. 이는 개인이 어떠한 행동을 통해 정해진 결과를 얻을 수 있을 것이라는 기대와 결과가 개인에게 얼마나 매력적인 것인가를 보여주는 유인정도에 따라 행동하게 된다고 본다.

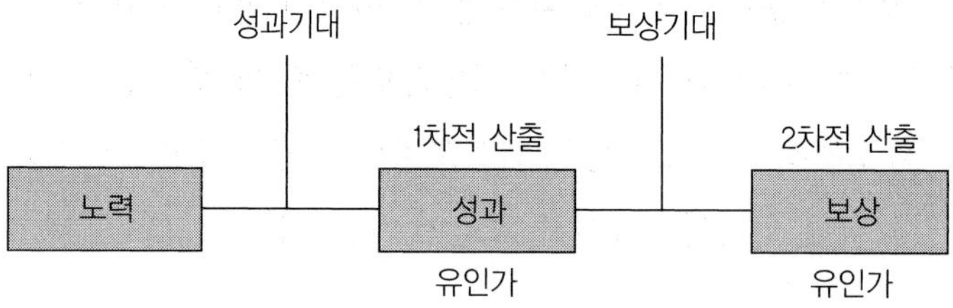

[그림 3-5] Vroom의 기대이론

출처: 박병량, 주철안(2012). 교육행정 및 교육경영.

기대이론을 설명하기 위하여 다음과 같은 개념을 제시한다.

(1) 성과기대

성과기대는 노력을 통해서 구체적으로 성취수준을 얻을 것으로 판단되는 주관적인 확률이며, 개인이 특정 수준의 활동을 수행할 때 어느 정도의 목표를 성취할 것이라고 믿는 정도이다. 예를 들면, 교사가 자신의 노력을 통해 학생의 학업성취도가 향상될 확률이 높다고 믿는다면 이때 교사는 높은 기대수준을 가지고 있다고 말할 수 있다. 기대의 확률치는 0(가능성이 전혀 없을 때)에서 1(고도의 확신이 있을 때)까지의 값으로 표시된다.

(2) 보상기대

보상기대는 과업을 성취한 후에 보상을 얻게 되는 가능성에 대한 주관적인 확률이다. 이 기대치는 성과와 보상이 연관되어 있다고 인식할 때 높아진다. 기대이론에서는 모든 인간은 동기수준을 형성하는 공통적인 인지과정을 가지고 있다고 본다. 직무와 동기의 관계에서 인지론적 관점에 관심을 갖고 직무상의 역할 중에서 하나를 선택하는 과정(선택), 선택한 직무상의 역할에 대한 개인의 만족정도(만족), 직무의 수행과 효율성(수행) 등에 대하여 언급하고 있다. '만약 내가 성공한다면 얻게 되는 보상은 무엇인가?'에 대한 질문을 할 수 있다. 즉, 교사가 학업성취도를 향상시키는 것(일차적 산출)은 학부모, 지역사회의 공개적인 인정(이차적 산출)을 얻기 위한 수단으로 표현된다. 따라서 보상기대치는 -1에서 0을 거쳐 +1까지의 선상에서 일정 점의 값으로 표시된다. 두 가지 결과 간의 관계가 매우 높으면 +1, 관계가 전혀 없으면 0, 부정적인 관계가 매우 높으면 -1로 나타낸다.

(3) 유인가

유인가(誘引價)는 과업수행에 대한 목표, 결과, 보상 등에 대하여 개인이 부여하는 주관적 가치이다. '노력의 결과로 얻는 것에 대하여 어떻게 느끼는가?' 라는 물음의 답은 긍정적(바람직한 것)일 수도 있고 부정적(바람직하지 않은 것)일 수도 있다. 자신감, 자율성, 인정, 성취, 창의성 등과 같은 긍정적 감정을 가질 때 높은 만족감을 갖게 된다. 또한 이차적 산출인 보수, 작업조건, 승진, 안정성 등에 각기 다른 유인가를 부여한다. 유인가는 '-1～+1'의 범위를 가질 수 있다.

일반적으로 사람들은 다음과 같은 상황이 전개될 때 높은 동기를 갖게 된다.

- 성과에 대한 높은 기대: 자신이 바람직한 수준으로 성취할 수 있는 능력을 가지고 있다.
- 높은 보상에 대한 기대: 자신의 행동이 예상되는 결과를 이끌 것이다.
- 높은 유인가: 나타난 결과에 대해 개인적으로 긍정적인 가치를 부여한다. 기대이론에서 동기를 유발하는 힘은 여러 가지 상황에서 직무만족, 노력, 성과와 긍정적인 상관이 있는 것으로 알려지고 있다.

2) Porter와 Lawler의 성과-만족이론

포터와 로울러(Porter & Lawler, 1975)는 직무성과와 직무만족의 관계를 다룬 성과-만족이론(performance-satisfaction theory)을 제시하였다. 성과-만족이론은 Vroom의 기대이론을 발전시킨 이론이다. 이 이론에서 직무성과는 조직구성원들이 원하는 목적과 결과를 얻으려는 노력에 의하여 결정되며 만족은 구성원들이 실제로 달성하는 결과에 의해 결정될 수 있다고 전제한다.

과업을 성취하기 위한 인간의 노력은 기대되는 보상에 부여하는 가치와 과업을 성취하기 위하여 노력할 때 보상이 실제로 주어질 수 있는 가능성에 의해 결정된다. 이는 개인이 과업의 성취에 필요한 기능과 지식을 이해하도록 하고, 의도한 결과를 야기하고 노력을 강화하기 위하여 개인의 역할을 정확하게 지각하도록 한다. 성과-만족이론은 내적 보상과 외적 보상 모두가 동기요인으로서 중요한 역할을 수행함을 보여 준다.

- 보상의 가치: 개인이 보상에 부여하는 가치를 의미하며, 보상 가능성은 어떤 노력이 보상의 획득을 초래할 가능성에 대한 주관적인 판단이다. 사람은 성취한 일에 대해 받을 수 있는 보상에 가치를 부여한다. 동일한 보상도 개인에 따라 가치와 지각된 가능성에 차이가 있을 수 있다.
- 노력과 성과: 노력은 개인이 얼마나 열심히 과업의 성취를 시도하느냐와 과업의 성취에 투입하는 힘의 양을 의미한다. 성과는 과업의 성취정도나 노력의 결과로 나타난 생산성을 의미한다. 즉, 노력-성과기대, 성과-보상기대로 구성되어 있다. 사람은 일에 대한 노력이 실제적으로 보상받게 될 것이라는 주관적 기대를 갖게 된다.
- 능력 및 특성: 성격 특성, 지능, 기술 등과 같이 비교적 안정되고 장기적인 개인의 특성을 의미한다,
- 역할지각: 개인이 수행해야 할 역할에 대한 지각이며, 개인의 능력이나 특성과 더불어 노력과 성과를 매개한다. 아무리 많은 노력을 하여도 능력이 부족하거나 개인의 적성에 맞지 않으며 수행해야 할 역할을 명확하게 이해하지 못하면, 과업을 효과적으로 성취하기가 어렵다. 과업을 성취하기 위한 노력은 개인의 역할지각에 의하여 제한된다.
- 내적 보상과 외적 보상: 내적 보상과 외적 보상은 과업을 수행한 결과로 얻게 되는 파생물이다. 내적 보상은 심리적 보상으로 성취감, 자아실현, 성장기회 등을 포함하며 개인적인 직무능력의 결과에 의한 본질적인 요소들이다. 외적 보상은 물질적 보상으로 보수, 승진, 지위, 직업 안정성 등을 포함한다.
- 정당한 보상의 지각: 개인이 어떤 과업을 수행한 결과로 마땅히 받아야 한다고 생각하는 보상의 수준이나 양을 의미한다. 성과에 대해 보상이 공정하다고 느끼는 정도이다.
- 만족: 개인이 실제로 받은 보상이 받을 것으로 지각한 보상의 수준을 충족시키는 정도를 의미한다. 실제로 받은 보상의 수준이 기대한 보상의 수준에 미치지 못하면 만족도가 높지 못하고 동기의 수준도 떨어지게 된다. 성과는 만족을 야기하고, 만족의 수준은 미래의 성취를 위한 노력의 정도를 결정한다.

Porter와 Lawler의 성과-만족이론은 과업성취에 의하여 얻을 수 있는 보상을 내적 보

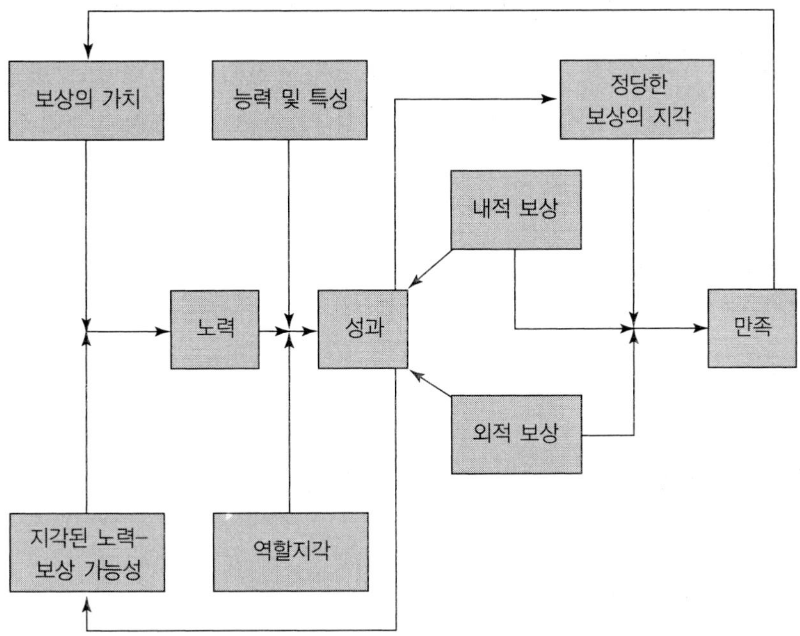

[그림 3-6] Porter와 Lowler의 동기부여 모형

출처: Porter & Lowler (1969): 인병환 외(2011). 교육행정 및 교육경영에서 재인용.

상과 외적 보상으로 명확하게 구분하였다. 그리고 과업성취의 동기는 성과와 그에 결부된 보상에 부여하는 가치, 어떤 노력이 보상을 가져다줄 것이라는 기대에 의하여 영향을 받는다. 만족 여부는 그에 관련하여 수어지는 보상에 의하여 강화된다. 그러나 보상이 주어지더라도 개인 간에 공평하지 못하다고 지각되면 만족도는 떨어지게 된다. 성취 노력은 보상의 가치와 노력 및 보상 간의 확률이 상승 작용하여 결정된다. 개인의 능력 및 특성변인과 노력변인을 곱한 값에 의하여 성과가 결정된다는 점은 Vroom의 기대이론과 같다.

그러나 Vroom의 기대이론은 노력에 의하여 과업의 성취가 일어난다는 인과적(因果的) 설명방식을 제시한 데 비해 Porter와 Lawler의 성과-만족이론에서는 과업성취를 포함하는 관찰이 가능한 행동에 의하여 노력 자체가 변경될 수 있다고 보고 있다(권기욱 외, 2000).

Porter와 Lawler의 성과-만족이론은 다음과 같이 요약될 수 있다(송화섭, 1992: 222).

- 직무수행 능력은 과업성취와 그에 결부된 보상이 부여하는 가치와 어떤 노력이 보상을 가져다줄 것이라는 기대에 의해 좌우된다.

- 노력에 의한 직무성취가 개인에게 만족을 줄 수 있는데, 만족은 내적 보상 및 외적 보상에 의하여 강화된다.
- 내적 보상 및 외적 보상이 있더라도 그것이 불공정하다고 지각하면 개인에게 만족을 줄 수 없다.

그러나 성과-만족이론은 다음과 같은 문제가 있다.

- 이론이 매우 복잡하여 적절하게 그 타당성이 완벽하게 검증되지 못하고 있다.
- 개인이 어느 단계에서 어떤 일을 수행할 것인가를 결정하기 이전에 복잡한 인지적 계산을 거쳐 행동하는가에 관해서는 의문이 있다.

3) Locke의 목표설정이론

목표설정이론(goal setting theory)은 로크(Locke, 1968)가 개념화한 인지과정이론의 일종이다. 조직구성원 개개인에게 구체적이고 뚜렷하게 설정되는 목표에 따라 구성원의 행위나 행동은 달라진다. 목표는 직원의 행위에 막대한 영향을 미친다. 어려운 목표라도 수용되기만 한다면 쉬운 목표보다 높은 수준의 과업수행을 가져오며, 구체적이고 어려운 목표는 예매한 목표보다 더 높은 수준의 과업수행을 가져온다. 목표는 개인의 과업에 대한 주의력을 증가시키고 행동에 투입하는 노력을 증진시키며, 노력의 지속성 증대와 과업을 수행하는 방법의 효율성을 높인다. 이러한 목표설정이론은 다음과 같은 가정에서 출발한다.

- 구체적인 목표를 설정하는 경우가 추상적인 목표를 설정하는 경우나 목표를 전혀 설정하지 않은 경우보다 목표를 더 많이 성취한다.
- 인간은 목표가 어려울수록 더 많은 노력을 투입하는 경향이 있다. 그러나 목표 자체가 수용되지 못하면 목표의 성취도 많이 기대할 수 없게 된다.
- 구성원이 목표를 설정하는 과정에 참여하는 것으로 그들의 만족도를 증대시킬 수 있다. 그러나 참여 자체가 반드시 성취를 제고하는 것은 아니다.

목표설정과 성과에 관련되는 주요 과정은 [그림 3-7]과 같은 모형으로 제시할 수 있다.

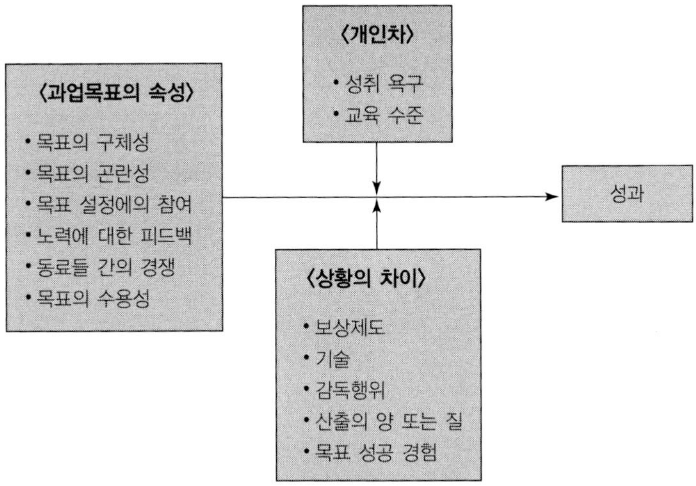

[그림 3-7] 목표설정과 성과의 관계

출처: 박세훈 외(2012). 교육행정 및 교육경영.

Locke는 목표가 실제 행위 또는 성과를 결정하는 주요 요인임을 강조하고는 있으나 그 목표가 어떠한 속성을 가져야 하는가에 대해서는 체계적인 해답을 주고 있지 못하다. 이에 비해 스티어스(Steers, 1984)는 과업 목표의 속성을 다음과 같이 제시하고 있다(노종희, 1992에서 재인용).

- 목표의 구체성: 예컨대, '학력향상'이라는 막연한 목표보다는 '영어 전체 평균 75점 달성'이라는 구체적인 목표가 성과를 높일 수 있는 행동을 불러일으킬 수 있다. 구체적인 목표는 목표의 모호성을 감소시켜 주고, 행동방향을 명확하게 제시해 주기 때문이다.
- 목표의 곤란성: 쉬운 목표보다는 다소 어려운 목표가 동기를 유발시킨다. 이는 도전감이 문제해결에 많은 노력을 집중하도록 자극하기 때문이다. 그러나 이것이 모든 사람에게 해당되는 것은 아니다. 성장욕구가 강한 사람에게는 다소 어려운 목표가 동기유발의 효과가 있겠지만 그렇지 못한 사람에게는 오히려 동기를 저하시키는 부정적 효과가 될 수도 있다.
- 목표설정에의 참여: 구성원이 목표설정과정에 참여함으로써 성과가 향상될 수 있다. 그러나 일반적으로 목표설정에의 참여가 직무만족을 높여 주기는 하지만 반드시 성과를 높여 준다고 보기는 어렵다.

- **노력에 대한 피드백**: 노력에 대하여 피드백이 주어질 때 성과가 높아진다. 그러나 피드백과 성과가 정적 상관이 있는지에 대해서는 많은 연구를 통해 충분히 지지되고 있지는 못하다.
- **목표달성에 대한 동료 간의 경쟁**: 동료 간의 경쟁이 성과를 촉진시킨다. 그러나 이에 대한 실증적 증거는 별로 없다. 오히려 양적 목표에 대한 지나친 경쟁은 해가 될 수도 있다.
- **목표 수용성**: 상부에서 일방적으로 강요하는 목표보다 구성원이 자발적으로 수용한 목표가 더 큰 동기를 유발시킬 수 있다.

목표의 설정이 과업을 성취하는 동기를 유발하는 원천이라는 것은 많은 연구결과에 의하여 지지되고 있다. 이 이론은 초기에는 실험실에서 주로 실시되었으나 오늘날에는 조직의 실제 상황에서도 이루어지고 있다. 그러나 이 이론도 다음과 같은 문제점을 가지고 있다.

첫째, 직원이 목표를 수용하도록 하는 요소가 무엇인지를 명료하게 규명하지 못하고 있다. 또 가치가 어떻게 결정되고 정서가 어떻게 목표로 전환되는가에 대해서도 언급이 없다.

둘째, 목표를 설정하는 데 참여하는 것이 성취에 영향을 미치는가에 대하여 명료하게 결론을 제시하지 못하였다.

셋째, 결과가 구체적으로 나타나는 직무에서는 적용 가능하나 과업이 복잡하고 결과가 구체적으로 나타나지 않는 직무에서는 적용하기가 어렵다. 특히 교육행정과 같은 복합적이고 무형의 산출을 요구하는 직무에서는 이론의 적용이 어렵다.

4) Adams의 공정성이론

애덤스(Adams)의 공정성이론(equity theory)은 개인이 직무수행에 대해 어느 정도 공정하게 대우를 받고 있는가에 관한 지각에 초점을 둔 이론이다. 일종의 사회적 비교이론으로서, 이 이론에 따르면 다른 사람에 비해 개인은 부족한 보상을 받게 되면 불만을 가지게 되고, 과도한 보상에 대해서는 부담감을 느끼게 된다. 투입과 산출이 동등할 때 피고용자는 고용자와 공정한 거래를 하고 있다고 느끼며 직무만족을 하게 된다. 과대보상이나 과소보상을 느낄 때 직무에 긴장하거나 불만감을 갖게 된다. 공정성이론에 의하면 불공정성은 유쾌하지 못하며 긴장과 불만감을 조성한다. 이러한 긴장이 고조되면 불공정성을 감소시키기 위한 행동이 취해지는데 이를 간단히 설명하면 다음과 같다.

- 투입의 조정: 개인은 불공정성이 유리한 것이냐 또는 불리한 것이냐에 따라 투입을 증가시키거나 감소시킨다. 이를테면 과소성과를 느낄 때는 직무 노력을 덜할 것이고, 과대성과의 경우는 노력을 증가시킬 것이다.
- 산출의 조정: 자기의 산출기준을 조정한다. 불공정을 줄이기 위하여 적은 봉급수준에 만족하려고 하거나 투입의 조정 없이 다른 산업이나 조직과의 불공정성을 없애기 위하여 임금인상이나 작업조건 개선을 요구한다.
- 투입이나 산출의 인지적 왜곡: 실제로 투입이나 산출을 변경하지 않고도 불공정에 대하여 인지적으로 이것을 왜곡시킴으로써 같은 결과를 얻을 수 있다. '나는 타인보다 더 열심히 하고 있다. 또는 타인이 나보다 능력이 많다.' 등의 인지적 왜곡이 있다.
- 비교대상의 변경: 비교대상을 다른 쪽으로 변경함으로써 심리적인 불공정성을 줄이는 방법이다.
- 직장 이탈: 불공정성을 일으키는 조직을 떠남으로써 아예 불공정성을 없애 버리는 것이다. 이는 불공정성을 극복할 다른 방법이 없을 때 극단적으로 취하는 입장이다.

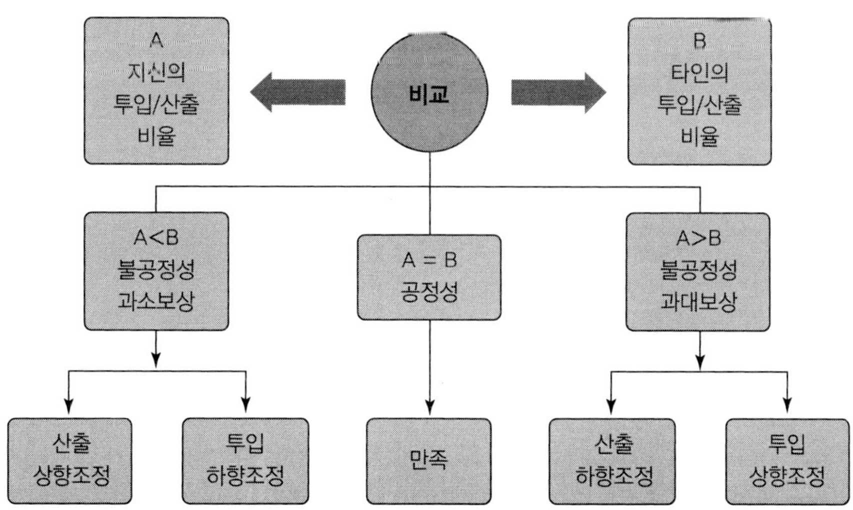

[그림 3-8] 공정성이론의 모형

출처: 위키백과사전.

연구 및 토의 · 토론 문제

1. 학교조직에서 교사가 열의와 만족감을 갖고 학생을 가르칠 수 있도록 개인의 요구에 적절한 보상이 되는 동기의 내적 요인과 외적 요인에 대하여 말해 보자.

2. 동기의 내용이론을 근거로 하여 어떤 요인이 동기유발에 작용하는가에 대해 검토하고, 일에 보람을 얻을 수 있는 동기가 어떤 것인지 토의해 보자.

3. 동기의 과정이론을 근거로 하여 동기가 어떤 과정을 통해서 발생하는가에 관하여 발표해 보자.

4. 내재적 동기부여와 외재적 동기부여의 차이점을 예로 들고, 차등적인 성과급제가 조직구성원들의 인간관계 문화와 조직의 성과달성에 미치는 영향에 대해 토론해 보자.

04 지도성이론

1. 지도성
2. 전통적 접근의 지도성이론
3. 현대적 접근의 지도성이론

학습개요

1. 지도성이론의 발달과정을 고찰하고 특성이론과 행위이론, 상황이론의 리더십의 본질적 의미를 이해한다.
2. 특성이론, 행동이론, 상황이론으로 전개되는 전통적인 지도성이론을 이해하고 각각의 비판점을 찾아본다.
3. 지도성이론에 관한 현대적 접근을 통하여 교육조직의 리더십을 발휘하는 데 적용할 수 있는 방안을 모색한다.

1. 지도성

1) 지도성의 개념

지도성(leadership)은 조직의 성공과 생존을 결정하는 중요한 요인이다. 교육행정의 연구에서 지도성만큼 많이 연구된 주제도 찾기 힘들다. 지도성은 관점이나 접근방법에 따라 다양하게 정의되고 있다. 베니스(Bennis, 1989)는 "지도성이란 미(美)와 같아서 정의하기는 어려워도 그것을 보고 나면 알 수 있는 추상적인 개념이다."라고 말했다.

지도성에 관한 대표적인 몇 가지 정의를 살펴보면 다음과 같다. 에치오니(Etzioni, 1961)는 지도성은 본질적으로 규범적인 것이고 주로 개인의 특성에 기초한 권력이라고 보았으며, 리프햄(Lipham, 1964: 122)은 지도성을 조직의 목적과 목표를 달성하거나 변화시키기 위하여 새로운 구조나 절차를 창출하는 것으로 보았다. 스토그딜(Stogdill, 1950: 4)은 목표설정과 목표달성을 위하여 조직화된 집단의 활동에 영향을 주는 과정으로 지도성을 정의하고 있다.

한편, 지도성을 '과업을 성취하는 과정에서 소집단을 관리하는 능력'으로 보거나 단순히 '생산을 높이는 수단'으로 보는 기존의 관점은 지도성을 관리의 측면에서만 규정하고 과업성취에 초점을 두어 추종자의 요구와 요구조건을 다루지 않았다는 점에서 지도성에 대해 근본적으로 오도된 접근으로 본다(Foster, 1986: 196).

허시와 블랜처드(Hersey & Blanchard, 1977)는 지도성을 일정한 상황하에서 목적달성을 위하여 개인이나 집단의 활동에 영향을 미치는 과정으로 정의하였다. 그들은 지도성(L: leadership)을 지도자(l: leader)와 추종자(f: follower) 및 상황변인(sn: situation 1, 2, 3, …… n) 간의 함수관계(function)로, L=f(l, f, sn)로 공식화하였다.

지도성의 개념과 관련하여 이론적으로나 실증적으로 현재까지 확인된 바를 깁슨(Gibson, 1991: 363) 등의 이론을 참고하여 다음과 같이 제시할 수 있다.

- 지도성의 개념은 경영이나 관리의 개념과 밀접하게 관련되어 있지만, 동일한 것은 아니다.
- 지도성의 개념은 이를 형성하고 유지하는 다양한 요인과 관련되어 있어 단순하지 않고 매우 복잡하다.

- 지도성의 속성은 지도자의 고정적인 재능이라기보다는 반복적인 경험과 계획적이고 체계적인 훈련과정 및 분석과 연구를 통해 개발될 수 있다.
- 지도성의 효과는 지도자와 추종자 그리고 상황에 따른 환경변인 사이의 적합성에 따라 달라진다.
- 지도성은 다양한 조직 및 상황에 따라 다르다. 즉, 지도성은 조직의 운영과 목표달성에 있어서 매우 큰 영향력을 발휘하지만 어떤 상황에서는 의의 있는 영향력을 발휘하지 못하는 경우도 있다.

이상에서 논의한 내용을 중심으로 지도성의 개념을 정의하면, 지도성이란 '집단이나 조직의 목표를 달성하기 위하여 조직의 지도자가 구성원들로 하여금 그들의 신념과 행동을 지도자가 원하는 방향으로 변화시킬 수 있도록 영향을 주는 지도자의 능력과 행동이다.' 라고 할 수 있다.

2) 지도성이론의 발달

지도성 연구의 접근방법이나 이론은 학자에 따라 다르다. 전통적 지도성이론은 특성이론, 행동이론, 상황조건이론 등으로 발전하였다. 특성이론은 효과적인 지도자는 그렇지 못한 지도자와 다른 일련의 특성을 지니고 있다는 가정하에 지도자와 지도자가 아닌 사람을 구분하는 것이 무엇인지를 탐색하였다. 행동이론은 가장 효과적인 지도자의 행동유형이 있다는 가정하에 지도자의 행동이 추종자에게 어떤 반응을 일으키는가를 연구하였다. 상황조건이론은 '모든 상황에 적합한 최선의 지도성은 존재하지 않는다.'는 가정하에 지도자의 행동과 추종자의 반응, 상황의 차이에 따른 지도성의 효과를 연구하였다. 하지만 1980년대 초까지 지배적이었던 이들 이론에 대해 비판적 입장이 제기되었다. 최근 들어 기존 이론을 확장하고 수정하는 연구가 계속되어 더 복잡하고 어려운 환경 속에서 지도성의 역할을 철저하게 탐색하게 되었다(Bovee et al., 1993: 489).

이러한 지도성이론의 발달과정을 Hoy와 Miskel(1991: 253-256)의 관점에 근거하여 신철순(1998: 418)은 〈표 4-1〉과 같이 정리하였다.

〈표 4-1〉 지도성이론의 발달과정

기간	접근 이론	주요 내용
과거~1950년	특성이론	타고난 개인적 특성
1950~1970년	행동이론	지도자의 행동적 특성에 따른 지도성의 효과
1970~1980년	상황조건이론	상황에 따른 지도성의 효과
1980~현재	현대적 접근이론	추종자로 하여금 스스로를 지도자로 만들게 하는 비전

2. 전통적 접근의 지도성이론

전통적 지도성 접근이론은 특성이론, 행동이론, 상황조건이론으로 구분하여 살펴보고자 한다.

1) 특성이론

특성이론(특성론, trait theory)은 1950년대까지 지도성 연구를 주도해 온 초기 지도성 이론으로 이는 지도자의 독특한 선천적 특성 또는 자질에 초점을 맞추고 있다. 이 이론은 지도자는 선천적으로 높은 수준의 지능, 창의력 신장, 적응력 등의 능력이 나타난다고 보았다. 주로 위인들에게서 지도자의 자질을 발견하려 했기 때문에 '자질이론' 또는 '위인론'이라고도 한다.

특성이론가들은 훌륭한 사람이나 위대한 사람은 근본적으로 추종자가 소유하고 있지 않은 독특한 특성을 가지고 태어나기 때문에 집단이나 상황의 변화에 관계없이 항상 성공적인 지도자가 될 수 있다고 보았다. 따라서 지도자만이 가지고 있는 고유한 특성을 가려내어 그것을 규명해 보고자 하였다. 즉, 위인(a great man)의 전기나 실록을 분석하여 성공적인 지도자들이 공통적으로 지니고 있는 지적 · 정서적 · 신체적 · 개인적 특성 자체를 규명하고자 하였다.

좋은 지도자와 나쁜 지도자를 관찰하고 그들의 개인적 속성이 다른 사람과 어떻게 다른지를 확인하여 성공적인 지도자는 어떤 특성을 많이 가져야 하는지를 알아보고자 하였다. 그들은 또한 지도성 훈련을 시킨다 하더라도 지도자로서의 특성을 타고난 사람에게만 효과가 있다고 보았기 때문에 그러한 선천적 자질을 갖춘 사람을 골라 지도자 직위에 임명

하면서 동시에 교육 · 훈련을 시키면 성공적인 지도자가 될 수 있다고 보았다.

특성이론의 접근은 스토그딜(Stogdill), 버드(Bird), 젠킨스(Jenkins), 마이어스(Myers) 등에 의해 연구되었다(Newell, 1978: 228-229). 특히 Stogdill은 1904년부터 1947년 사이에 수행되었던 120개 지도자의 특성에 대한 연구를 하면서 지도성과 관련된 인간의 특성을 5개 범주로 분류하여 다음과 같이 제시했다.

- 지능, 기민성, 언어의 유창성, 독창성, 판단력을 포함하는 재능
- 학문, 지식, 운동을 포함하는 성취
- 활동성, 사교성, 협동성, 적응성, 유머를 포함하는 참여
- 사회 · 경제적 위치와 인기를 포함하는 지위
- 신뢰성, 주도성, 지구력, 진취성, 자신감, 탁월성을 포함하는 책임

이러한 특성이론은 지도자가 구비해야 할 자질과 능력이란 측면에서 일부 호응을 얻었지만 지도자의 특성을 계량적으로 측정하기가 어렵고, 측정기술도 신뢰할 수 없으며, 자료의 비교가 어렵다는 점 등을 지적하였다. 특성이론은 구성원의 성격과 욕구를 무시하고 오로지 지도자만을 관심의 대상으로 삼았으며 특성 간의 상대적 중요도를 구체화하지 못하였다. 또한 이러한 특성을 비지도자들도 가지고 있다는 점이나 상황적 요인을 무시하였다는 점에서 비판을 받고 있다.

요약하면, 특성이론의 접근은 지도자의 특성에 초점을 두고 지도자의 역할수행과 지위 확보에 관련되는 지도자의 특성을 분석하였다. 지도자만 관심의 대상이 되었고 구성원과 상황에 관하여 언급하지 않았다는 점에서 한계를 드러냈다고 할 수 있다(신중식 외, 1984: 106). 그러나 지도성의 초기 연구단계 그 자체로서 의미가 있으며 이후의 지도성 연구에 디딤돌 역할을 했다는 점에서 의의가 있다.

2) 행동이론

행동이론(행위이론, behavioral theory)은 조직 내에서 성공적인 지도자가 구성원의 사기와 조직의 생산성에 영향을 주기 위하여 어떠한 행동을 하느냐에 초점을 두고 지도자가 어떠한 종류의 사람인가를 밝히기보다는 지도자가 어떤 상황에서 어떤 행위를 나타내는가에 관심을 집중하고 있다. 지도자의 특성에 대한 탐구가 행동에 대한 탐구로 그 방향

이 전환되면서 성공적인 지도자의 행동방식을 알아내기 위한 방법으로 효과적인 지도자와 비효과적인 지도자를 비교하여 지도자가 나타내는 행동양식을 유형화하는 지도성 유형론이 제기되었다. 여기에 사용된 연구절차는 일반적으로 공식적인 지도적 지위에 있는 대상을 선정하여 평정, 면접, 관찰을 통해 지도성 행동을 평가하고, 지도성 행동과 관련된 개인, 집단조직 변인을 평가하며, 개인상황 및 행동변인 간의 상호 관련성을 검토하는 것 등이다(Lipham & Hoeh, 1974: 181). 이에 대한 실증적 연구를 살펴보면 다음과 같다.

(1) 레빈의 연구

지도성에 대한 행동과학적 접근의 효시를 이루는 연구는 1938년에 레빈(Lewin)의 지도하에 리피트와 화이트(Lippit & White, 1958: 496-511)에 의해 수행된 '지도성과 집단생활에 관한 실험적 연구(Experimental Study of Leadership and Group Life)'이다. 이 연구에서는 지도자 행위의 유형을 분류하고 각 유형이 집단의 태도와 생산성에 미치는 영향을 분석하였다. 지도자 행위의 유형을 권위적인 전제형(autocratic), 민주형(democratic), 자유방임형(laissez faire)으로 분류하였다(Lippit & White, 1958: 271-299).

그들은 11세의 소년을 다섯 명씩 네 집단으로 구성하여 한 집단은 통제집단으로, 세 집단은 실험집단으로 구분한 후 각종 재료를 주고 장난감을 만들게 하였다. 사전에 훈련받은 교사들로 하여금 전제형, 민주형, 자유방임형의 지도자 역할을 연출하도록 하였다. 그리고 각 유형의 지도성이 아동들에게 미치는 영향과 지도자가 바뀔 때 집단과 그 구성원(아동)들에게 미치는 영향을 분석하였다.

이 실험에서 지도자가 독단적으로 의사결정을 하며 강압적 방법을 사용한 전제형 집단에서는 지도자에 대한 반감과 구성원 간의 공격성, 공동체 의식의 결여 등이 나타났다. 생산성은 초기에는 상승하였으나 시간이 흐름에 따라 급격히 감소하였다. 그리고 완전한 자율을 허용하여 모든 것을 위임한 자유방임형 집단에서는 좌절과 방향감 상실, 지도자에 대한 타인 시, 낮은 생산성, 독자적 행동 등이 나타났다. 이에 비해 집단토의를 거쳐 의사결정을 하며 동기유발적 방법을 사용한 민주형 집단에서는 지도자에 대한 존경, 원만한 인간관계, 강한 공동체 의식 등이 나타났다. 아동들은 민주형 지도자를 가장 선호하였다.

이 연구는 민주형 지도자가 이끄는 집단은 생산성과 구성원의 만족도가 가장 높으며 민주형 지도자는 존경을 받으면서 집단을 지속적으로 이끌고 나갈 수 있으며, 상이한 지도성 유형은 상이한 반응을 초래한다는 점을 보여 주고 있다. 또한 지도자의 행동과 관련한 최초의 연구였다는 점에서 그 의의가 있으며, 그들이 제시한 지도성 유형의 개념은 전 세계적인 관심을 불러일으켰다. 그러나 피험집단을 환경의 폐쇄된 개체로 간주하여 사회환경과의 상호작용을 무시하였으며, 소집단을 대상으로 한 실험이었기 때문에 사회문화적 배경과 시대적 상황이 다른 현대의 역동적인 대규모 조직에 그대로 적용하기에는 어려움이 있다.

(2) 오하이오 주립대학교의 연구

1945년 오하이오 주립대학교 경영연구소(Bureau of Business Research)와 인사연구위원회(Personnel Research Board)에서 지도성 연구를 통하여 지도자 행동차원을 밝혀내는 작업이 시작되었다. 1950년에 헴필(Hemphill)과 쿤스(Coons)는 지도자 행동기술 질문지(Leader Behavior Description Questionnaire: LBDQ)를 개발하여 다양한 집단과 상황에서의 지도자 행동을 객관적으로 분석하는 데 획기적 전기를 마련하였다.

핼핀과 위너(Halpin & Winer, 1952)는 공군지휘관의 지도성 행동에 대한 승무원의 LBDQ 반응을 요인 분석(factor analysis)하여, 지도자의 행동을 과업(구조)중심 차원(initiating structure dimension)과 인화(배려)중심 차원(consideration dimension)으로 구분하여 제시하였다. 과업중심 차원과 인화중심 차원이라는 용어는 1953년에 플래시먼(Fleisman, 1953: 205-222)에 의해 처음으로 사용되었다. 1962년에는 스토그딜(Stogdill, 1989)이 개발한 LBDQ-XII라는 개정판이 나오기도 하였다.

과업중심 차원이란 조직수행 목표에 초점을 두고 과업을 조직하고 설정 · 할당하며 과업집단의 성취를 평가하기 위하여 노력하는 지도자의 행동을 말한다. 한편, 인화중심 차원은 지도자와 구성원의 관계에서 우정, 상호신뢰, 존경 그리고 온화함을 나타내는 지도자의 행동을 말한다. LBDQ 문항은 〈표 4-2〉와 같다.

Halpin(1958)은 과업중심 차원과 인화중심 차원을 결합한 사분도를 개발하였다.

[그림 4-1]과 같이 인화와 과업에서 모두 평균점수 이상을 얻은 I상한의 지도성이 가장 효과적이며, 인화와 과업 중심 차원에서 평균 이하를 받은 III상한이 가장 비효율적인 지도자로 평가된다. 이 사분도는 지도성 유형을 평가적 의미로 분류한 것으로 그 후 연구자들에 의해 편의상 I상한은 효과적 지도성, II상한은 인화중심 지도성, III상한은 비효과적 지도성, IV상한은 과업중심 지도성으로 분류되었다. 이 연구결과에 따르면 과업과 인화가 모두 높은 I상한에 해당하는 지도자들은 높은 성과, 낮은 불만, 낮은 이직률 등을 보이는 반면, 과업과 인화가 모두 낮은 지도자들은 낮은 성과, 높은 불만과 이직률을 나타냈다.

〈표 4-2〉 LBDQ 문항표

지도자	문항
과업(구조) 중심 지도자	1. 그는 직원에게 자기의 태도를 분명히 한다. 2. 그는 직원과 함께 새로운 아이디어를 짜낸다. 3. 그는 냉정하게 다스린다.* 4. 그는 일을 잘못하면 비판한다. 5. 그는 질문의 여지가 없이 분명히 말한다. 6. 그는 직원에게 특정한 일을 맡긴다. 7. 그는 계획 없이 일한다.* 8. 그는 일을 수행하는 데 일정한 수준을 유지한다. 9. 그는 기한을 엄수하도록 강조한다. 10. 그는 획일적인 절차를 이용하게 한다. 11. 그는 조직에서의 자기의 역할을 모든 구성원이 분명히 이해하도록 한다. 12. 그는 직원들에게 표준적 규칙과 규정을 준수하라고 요구한다. 13. 그는 직원들에게 자기에게 기대되는 것이 무엇인지를 주지시킨다. 14. 그는 직원들이 능력껏 일하도록 보살핀다. 15. 그는 직원들의 업무가 잘 조정되도록 보살핀다.
인화(배려) 중심 지도자	1. 그는 직원들에게 개인적인 호의를 베푼다. 2. 그는 직원들을 즐겁게 하는 일이라면 작은 일이라도 한다. 3. 그는 이해를 잘한다. 4. 그는 직원들의 이야기를 듣는 시간을 가지려 한다. 5. 그는 대화가 적고 비밀이 많다.* 6. 그는 개개인의 개인적 복지를 돌본다. 7. 그는 자기의 행동에 대해 설명하기를 싫어한다.* 8. 그는 직원들과 상의하지 않고 행동한다.* 9. 그는 새로운 아이디어를 받아들이기를 주저한다.* 10. 그는 모든 직원들을 자기와 동등한 사람으로 대우한다. 11. 그는 기꺼이 변화를 촉진시킨다. 12. 그는 다정하며 접근하기 쉽다. 13. 그는 직원들과 이야기할 때 그들을 편하게 한다. 14. 그는 직원들이 제의한 것을 실제에 반영한다. 15. 그는 중요한 문제의 실행에 앞서 직원들의 동의를 얻는다.

주: *는 부정적으로 계산한다.
출처: Hoy & Miskel (1996), p. 182: 이명주(2003). 교육행정의 이론과 실제에서 재인용.

지도자 자신이 이러한 두 가지 형태의 지도성 가운데 어느 하나를 선택할 수 있으나 과업과 인화가 동시에 높은 지도자가 더 나은 조직성과를 가져오는 것으로 밝혀지고 있다(김

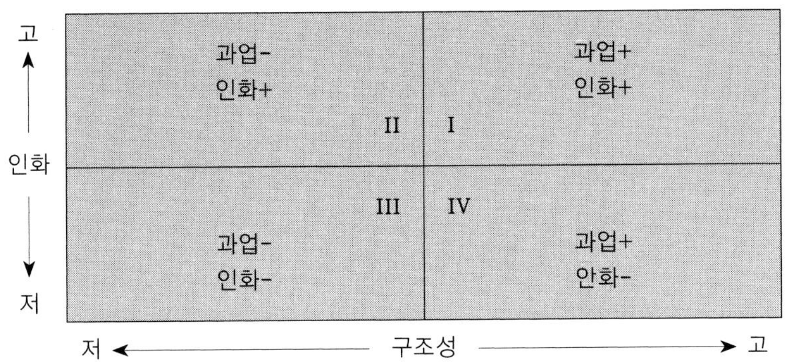

[그림 4-1] 구조성과 배려성 차원의 지도성 유형표

출처: 이명주(2003). 교육행정의 이론과 실제에서 재인용.

창걸, 2003). 이 연구는 LBDQ가 지도자의 행동 특성을 두 차원에서 실증적으로 밝혀냈다는 데 그 의의가 있다.

(3) 미시간 대학교의 연구

1947년에 미시간 대학교의 사회조사연구소 초대 소장이었던 리커트(Likert, 1981: 7)가 그의 연구자들과 함께, 정부기관을 비롯한 다양한 조직에서 일하고 있는 지도자와 종업원에게서 자료를 수집하여 분석하였다. 이 연구의 목적은 조직의 목표달성과 구성원의 만족을 위하여 개인의 노력을 효과적으로 관리할 수 있는 최선의 방법을 알아보려는 것이었다. 효과적인 지도성의 원리와 방법을 발견하기 위하여 작업시간당 생산성, 구성원의 직무만족, 이직, 무단결근, 고충처리 신청 건수, 비용, 손실, 동기부여 등의 항목이 사용되었다. 자료를 분석한 결과, 지도성 유형을 직무중심(job-centered) 지도자와 종업원중심(employee-centered) 지도자로 나눌 수 있다고 보았다.

직무중심 지도자는 종업원에게 업무를 분담시켜 주고 철저한 감독을 하며 생산을 독려하기 위한 유인체제를 강구한다. 또한 종업원을 조직목표 달성의 도구로 보면서 합법적이고 강압적인 권력을 사용하는 과업지향적 입장을 보였다. 이에 반하여 종업원중심 지도자는 의사결정을 종업원에게 위임하며, 종업원의 복지 및 당면문제에 관심을 갖고 작업환경을 조성해 주며 종업원의 욕구와 개인적 성장을 중시하는 인간지향적 입장을 취하였다.

Likert는 다양한 업종을 대상으로 그곳에서 일하고 있는 종업원과 감독자를 분석한 결과에 따르면 생산성이 높은 부서의 감독자들은 종업원중심 지도자였으며 생산성이 낮은 부서의 감독자들은 직무중심 지도자였다.

생산성이 낮은 부서의 장들은 종업원을 직접적으로 철저히 지시 · 감독하는 미시적 입장을 취하여 단기적인 생산성의 증가를 지향한 것으로 나타났다. 생산성이 높은 부서의 장들은 목표만을 분명히 제시하고 직무수행을 자유롭게 하는 거시적 입장을 취하여 장기적인 생산성의 증가를 지향하고 있었다. 구성원의 기대와 가치에 부응하는 분위기와 여건을 조성하면서 언제나 구성원을 중심으로 지도성을 발휘해야만 직무성과가 높아진다는 것이다.

미시간 대학교에서 수행한 일련의 연구는 지도성의 유형이 상황에 따라 변화한다는 점을 간과하였으며 집단의 응집력, 구성원과 과업의 특성 등과 같은 상황적 요소를 고려하지 않고 직무중심 행동과 종업원중심 행동이라는 지도성의 두 측면만을 검토하였다는 점에서 비판을 받고 있다.

(4) Blake와 Mouton의 관리망이론

블레이크와 머튼(Blake & Mouton, 1984: 10)은 지도성을 새롭게 개념화하였다. 과업중심 차원과 인화중심 차원의 개념을 토대로 [그림 4-2]와 같이 생산에 대한 관심(concern for production)과 인간에 대한 관심(concern for people)의 두 차원에서 지도성의 유형을 분류하여 각각 횡축과 종축으로 하는 관리망(managerial grid)을 개발하였다. 그들은 각 축을

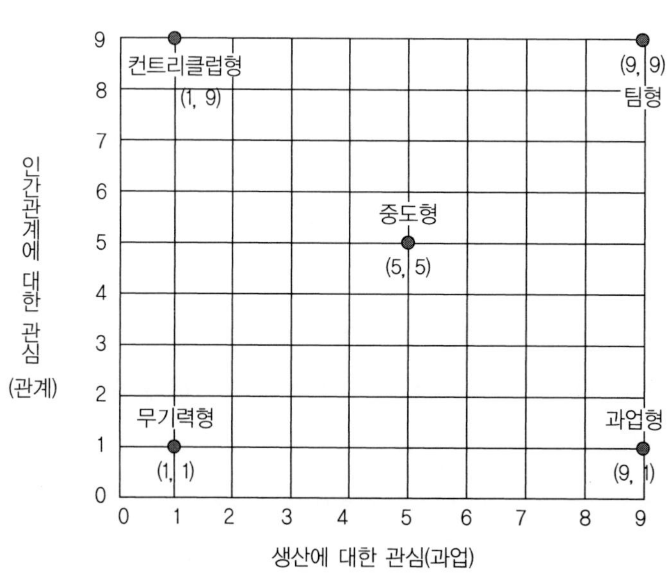

[그림 4-2] Blake와 mouton의 관리망

출처: Blake & Mouton (1984). *The Managerirl Grid*.

1에서 9까지 격자망으로 구분하여 1은 관심의 최저 상태, 9는 관심의 최고 상태로 정하고 각 격자망을 직선으로 이어서 총 81(9×9)개의 격자도를 만들었다. 두 차원은 서로 독립적인 것으로 간주하여 지도자의 관심이 두 차원에서 모두 높거나 낮을 수 있으며, 또 한 차원은 높고 다른 차원에서는 낮을 수도 있기 때문에 이론적으로는 81개의 지도성 유형이 가능하게 되지만 [그림 4-2]와 같이 전형적인 지도자 유형을 다섯 가지로 제시하였다.

- 무기력형(impoverished Style, 1, 1형): 생산과 인간에 대한 관심이 둘 다 적은 유형이다. 이 유형은 조직구성원의 자격만 유지될 정도로 되도록 내버려 둔다. 어느 누구와도 접촉을 삼가하고 비개입적 태도를 취한다.
- 과업형(task style, 9, 1형): 생산에 대한 관심은 높지만 인간에 대한 관심은 적은 유형이다. 이 유형은 생산성을 높이기 위하여 엄격한 규칙과 과업 예정표에 의하여 명령과 통제를 가중시킨다. 지도자들이 결정하면 구성원들은 단지 추종할 뿐이다.
- 중도형(middle of the road style, 5, 5형): 생산에 대한 관심과 인간에 대한 관심이 적당한 정도로 균형을 유지하려는 유형이다. 이 유형은 공정하지만 확고한 표준을 고수하면서 절도 있는 유화강경책(carrot and stick)을 써 나가며 과업을 수행하는 구성원의 능력을 신뢰한다.
- 컨트리클럽형(country club style, 1, 9형): 이 유형은 구성원들의 사회 · 심리적 욕구충족을 중시하면서 원만한 인간관계를 중심으로 조직을 유지해 나가려고 한다. 지도자와 구성원 간에 '함께 어울린다(togetherness)'는 것을 강조하며 상호 간의 의견 불일치나 비판을 삼가도록 노력한다.
- 팀형(team style, 9, 9형): 생산과 인간 두 차원에 모두 지대한 관심을 보이는 통합형적 지도자 유형이다. 이 유형은 구성원의 자아실현 욕구를 만족시켜 주고 높은 생산성을 가져올 수 있다고 기대한다. 인간의 창의성을 존중하고 고무시킨다. 조직의 지속적인 개선과 구성원의 발전이 목표이며 지도자의 가능한 결과라고 예측한다.

이러한 유형은 지도자가 자기 자신을 어떠한 지도자라고 생각하는지를 묻는 질문지를 통하여 계량적 수치에 따라 분류된다. Blake와 Mouton은 팀형이 가장 이상적인 유형이라고 하였다. 만일 어떤 지도자의 지도성이 (8, 2)로 나타났다면 인간에 대한 관심이 부족한 것으로 볼 수 있으므로 여러 훈련기법을 동원하여 이상형(9, 9)에 접근하게 만든다는 것이 이 이론의 기본적인 발상이다. 그러나 팀형이 항상 효과적인지에 대해서는 의문이 제기된다. 하지만 이 이론은 망(grid)을 통하여 지도성 유형을 분류하고 있다는 점에 그 특색이 있다.

이상에서 살펴본 행동적 접근방법(behavioral approach)들은 어느 한 지도성 유형이 효과적인가에 대해서는 답을 내리지 못하고 있다. 일반적으로 사람에 대한 관심이 높을 때 효과도 높을 것으로 생각되지만 반드시 그러한 결과가 나오는 것은 아니기 때문이다. 특정 상황에서 관찰된 지도성 행동의 결과가 다른 상황에서도 같은 결과로 나타날 것으로 보는 데는 한계가 있다. 따라서 여러 상황적 요인을 고려하여 유효한 지도성 유형을 찾아보려는 상황조건이론이 나타나게 되었다.

3) 상황조건이론

상황조건이론(상황이론, contingency approach)은 지도성 연구에서 특성이론이나 행동이론에서 지도성이 발휘되는 시간, 장소 및 조직이나 집단의 성격이 고려되지 않았음을 지적하였다. 효과적인 유일한 지도성이란 존재하지 않으므로 어떤 상황에서 복잡한 상황적 변수가 지도성의 효과와 어떠한 관계가 있는가를 다차원적으로 알아보고자 하는 데 있다. 특정 상황에 적합한 지도성 유형이 있는 것으로 보고 지도자의 지도성이란 지도자의 인성특성, 지도자의 행위, 과업구조, 지위권력, 직원의 기술이나 태도가 상황에 부응하게 되면 그때 효과적인 지도성이 발휘된다고 보고 있다. 생산과 인간이라는 두 축에다 효과성이라는 또 하나의 축을 덧붙여서 상황적 변수를 강조하고 있다는 점에 그 특색이 있다. 따라서 지도성의 효과는 복잡한 상황변수가 지도자의 행동과 어떻게 조합되느냐에 따라 결정되므로 지도자에게 가장 효과적일 수 있는 상황의 여러 측면을 확인하는 데 연구의 초점이 있다.

(1) Fiedler의 상황조건이론

피들러(Fiedler)의 상황조건이론(contingency theory)에서는 지도자 유형은 지도자 동기체제(motivational system)에 의해 결정되며 조직의 효과성은 지도자 유형과 상황의 호의성 간의 결합에 의해 결정된다고 가정하였다. 그는 지도자 유형을 측정하기 위하여 '가장 싫어하는 동료척도 LPC(Least Preferred Coworker)'를 개발하였고, 그 점수에 따라 지도성 유형을 과업지향형과 관계지향형으로 구분하였다.

〈표 4-3〉 가장 싫어하는 동료척도

쾌활한 사람	8 7 6 5 4 3 2 1	쾌활하지 못한 사람
친절하고 다정한 사람	8 7 6 5 4 3 2 1	불친절하고 다정하지 못한 사람
거부적인 사람	1 2 3 4 5 6 7 8	수용적인 사람
긴장하고 있는 사람	1 2 3 4 5 6 7 8	긴장을 풀고 여유 있는 사람
거리를 두는 사람	1 2 3 4 5 6 7 8	친근한 사람
냉담한 사람	1 2 3 4 5 6 7 8	다정한 사람
지원적인 사람	8 7 6 5 4 3 2 1	적대적인 사람
따분해진 사람	1 2 3 4 5 6 7 8	흥미가 있는 사람
싸우기 좋아하는 사람	1 2 3 4 5 6 7 8	화목하고 잘 조화되는 사람
우울한 사람	1 2 3 4 5 6 7 8	늘 즐거워하는 사람
서슴지 않고 개방적인 사람	8 7 6 5 4 3 2 1	주저하고 폐쇄적인 사람
험담을 잘하는 사람	1 2 3 4 5 6 7 8	너그럽고 관대한 사람
신뢰할 수 없는 사람	1 2 3 4 5 6 7 8	신뢰할 만한 사람
사려 깊은 사람	8 7 6 5 4 3 2 1	사려 깊지 못한 사람
심술궂고 비열한 사람	1 2 3 4 5 6 7 8	점잖고 신사적인 사람
마음에 맞는 사람	8 7 6 5 4 3 2 1	마음에 맞지 않는 사람
성실하지 않는 사람	1 2 3 4 5 6 7 8	성실한 사람
친절한 사람	8 7 6 5 4 3 2 1	불친절한 사람

출처: Fiedler (1987). A Theory of Leadership Effectiveness: 주삼환 외(2010). 교육행정 및 교육경영에서 재인용.

상황의 호의성(situational favorableness)이란 상황이 지도자로 하여금 집단에 대하여 영향력을 발휘할 수 있도록 하는 정도를 의미한다. 상황에는 지도자와 구성원의 관계, 과업구조, 지도자의 지위권력의 세 가지 요소가 포함된다. 그는 지도자의 동기유발 구조를 측정하여 지도성 유형을 분류하고 집단의 목표를 성취하는 데 부응하는 환경상황이 얼마나 호의적인가를 측정하였다(Fiedler, 1987: 13-14).

LPC 척도는 18문항으로 구성된 의미변별척도인데, 지도자는 함께 일하기가 가장 싫은 동료 작업자 한 사람을 선택한 다음, 그 사람에 대한 지도자 자신의 정서적인 반응을 문항별로 평가하도록 되어 있다. LPC 점수가 낮은 과업지향형 지도자들은 지시적 · 통제적이었고 과업목표 달성 및 직무의 훌륭한 완수에 우선적으로 동기를 부여하였다. 반대로 LPC 점수가 높은 관계지향형 지도자들은 온화하고 사려심이 깊으며 대인관계를 밀접하게 가지려는 동기성향이 우세하였다(Fiedler, 1987: 35-50).

Fiedler에 의하면 어떤 상황에서는 관계지향형 지도자가 보다 효과적이며, 다른 상황에서는 과업지향형 지도자가 보다 효과적이다. 지도자 유형과 효과성의 관계는 상황적 요소인 지도자-구성원의 관계, 과업구조, 지위권력의 세 가지 변수에 따라 달라진다는 것이다.

- **지도자-구성원 관계(leader-member relations)**: 지도자와 구성원 간의 관계의 질을 의미한다. 이는 구성원에 대한 지도자의 신뢰, 지도자에 대한 구성원의 존경도 등에 따라 평가된다.
- **과업구조(task structure)**: 과업의 특성을 의미하며 과업이 명확하게 규정되고 수행방법이 체계화되어 있으면 구조화되었다고 하고 그렇지 않을 경우 비구조화되었다고 한다. 과업의 구조성은 과업의 명료도, 목표달성의 복잡성, 수행에 대한 평가의 용이도, 해결책의 다양성에 따라 구분된다.
- **지위권력(position power)**: 지도자가 합법적 · 보상적 · 강압적 권력을 가지고 구성원의 행위에 영향력을 미치는 정도를 의미한다.

이들 상황변인의 조합관계에 따라 8개의 집단상황(8 octants)이 가능하게 되며 이를 그림으로 나타내면 [그림 4-3]과 같다.

Fiedler의 이론은 상황변수를 도입한 최초의 이론이며 지도성 효과를 상황변수와 지도

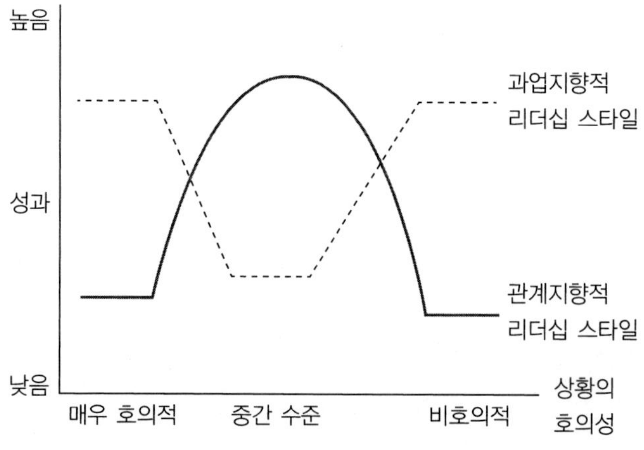

• Least Preferred Coworker(LPC) questionnaire

LPC척도: 가장 일하기 싫어하는 동료 작업자 선정 설문
(쾌활, 친절, 수용, 여유, 지원, 흥미, 조화, 성실 등)
점수: 고-관계지향적, 저-과업지향적

[그림 4-3] Fiedler의 리더십 상황이론

성 유형에 의해 결정함으로써 효과성을 높이는 데 공헌하였다. 지도성에 대한 과학적 연구의 새로운 계기를 마련함으로써 이를 검증하기 위한 많은 연구가 이후에 수행되었다는 점 등에서 그 의의를 인정받고 있다.

(2) Reddin의 3차원 관리유형이론

레딘(Reddin)은 상황조건이론을 3차원 관리유형이론(3-D management style theory)으로 발전시켰다. 그는 오하이오 주립대학교의 지도성 연구와 Blake와 Mouton의 관리망 연구 결과를 기초로 하여 지도자의 행동차원을 과업중심(구조성) 차원과 관계중심(배려) 차원으로 나누고 여기에 효과성 차원을 추가하여 통합형, 관계형, 분리형, 헌신형으로 구분하고, 지도성 유형과 특수한 환경적 · 상황적 요구의 통합을 시도하였다(Reddin, 1970: 11-18). 지도성 유형에 영향을 주는 상황변수로 과업수행 기술, 조직 철학, 상급자, 동료, 부하직원의 다섯 가지를 제시하였다. 지도성 유형은 상황에 따라 효과적일 수도 있고 비효과적일 수 있다는 것이 Reddin의 기본 전제이다. 이를 근거로 지도자 유형은 상황이 적절할 경우에는 효과적이라고 하고 상황이 부적절할 경우에는 비효과적이라고 한다. 지도성 유형을 그림으로 나타내면 [그림 4-4]와 같다.

Reddin은 상황적 요소에 따라 지도성의 효과가 달라진다고 하였다. 지도자의 행동은 상황의 적절성과 관련을 맺을 때에 그 의미가 살아난다고 보았다. 즉, 상황이 달라지면 지도성 유형도 달라져야 하며, 어느 한 유형의 지도성 효과는 그것이 어떠한 상황에서 행사되었느냐에 따라 좌우된다는 것이다. 여기서 과업차원이란 조직의 목표달성을 위하여 힘

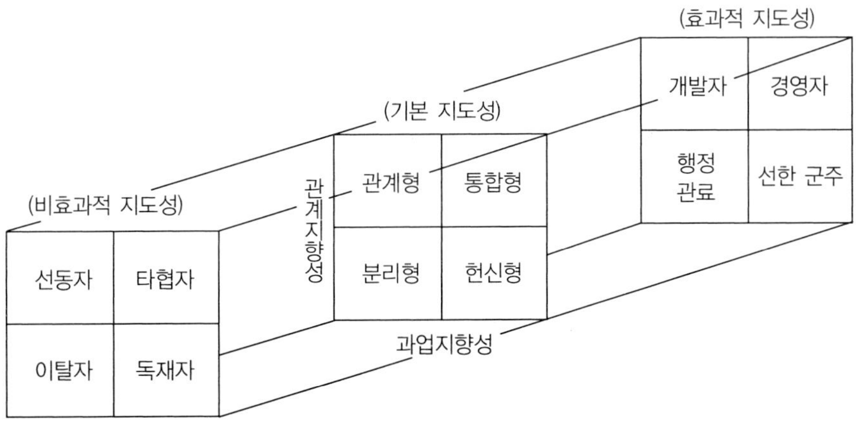

[그림 4-4] Reddin의 3차원 리더십 모형

출처: Lunenburg & Ornstein (1991). *Educational Administration: Concepts and practices.*

〈표 4-4〉 효과성과 결합된 네 가지 기본적 지도자 유형

기본적 유형	효과적	비효과적
통합형	• 경영자 부하직원에게 동기를 부여하고 높은 표준을 설정하며 개인차에 관심을 두고 팀 접근 방법을 선호하는 자	• 타협자 부당한 압력에도 지나치게 영향을 받는 우유부단한 의사결정자, 제약과 문제에 너무 쉽게 굴복하는 자
분리형	• 행정관료 공명정대하고 규칙과 규정을 성실하게 수행하는 자	• 이탈자 무관심하면서 때로는 남의 일에 간섭하며 책임을 포기하는 자
헌신형	• 선한 군주 해야 할 일을 하고 적개심을 유발하지 않으면서 그것을 효율적 · 역동적이고 적극적으로 추진하는 자	• 독재자 무감각하고 고압적이고 완고하고 타인을 불신하며 단지 현안 문제만 관심을 가진 자
관계형	• 개발자 타인을 신뢰하는 온화한 인간이며 타인의 개인적 발전에 관심을 가진 자	• 선동자 기본적으로 조화에 관심을 두지만 조직이 목적 없이 표류하는 동안에 선의만 떠드는 자

쓰는 지도자의 행동을 말한다. 관계성 차원은 구성원에게 신뢰, 존경 그리고 정서적 배려를 하고 인간관계를 중요시하는 지도자의 행동을 뜻한다. 그리고 효과성 차원은 지도자가 자신의 책임하에 있는 목표를 달성하는 정도를 뜻하는 것으로, 현실적으로 지도성이 발휘되는 지도자의 환경을 의미한다. 지도성 유형의 효과성은 그것이 사용되는 상황에 따라 달라지기 때문에 효과적 · 비효과적 유형 간의 차이는 지도자의 실제적 행동이 아니라 그 행동이 사용되는 상황에 대한 지도자 행동의 적합성 여부를 나타내는 경우가 많다.

Reddin의 이론은 이차원적 지도성 모형에 효과성 차원을 추가하여 최초로 3차원적 모형을 제시하였다는 점, 지도성 유형의 효과성에 대한 상황변수의 중요성을 암시하고 있다는 점, 모든 상황에 적절한 유일한 지도성 유형은 없다고 보고 있는 점 등에서 그 의의를 인정받고 있다.

(3) Hersey와 Blanchard의 상황적 지도성이론

Hersey와 Blanchard는 Blake와 Mouton의 관리망 이론, Reddin의 3차원 관리유형이론을 확장하여 상황적 지도성 모형을 개발하였다. 오하이오 주립대학교의 연구 등의 선행연구를 토대로 지도성 행위를 과업 행위(task behavior)와 관계성 행위(relationship behavior)

로 구분하였다.

- 과업행동(task behavior): 지도자는 부하직원에게 무슨 과업을 언제, 어떻게 수행해야 할 것인가를 설명함으로써 일방적인 의사소통에 전념한다.
- 관계행동(relationship behavior): 지도자는 사회 · 정서적 지원, 즉 '심리적 위로 (psychology strokes)'를 제공하고 일을 촉진하는 행동을 함으로써 쌍방향 의사소통에 전념한다.

이들은 구성원의 성숙도에 따라 지도자의 과업행동과 관계행동을 효과성과 관련시켜 상황적 지도성 모형과 같이 종 모양의 곡선으로 나타내었다. 이 모형은 구성원의 성숙수준에 따라 효과적인 지도성 유형이 결정된다는 것이다. 그리고 구성원의 성숙도 유형을 직무성숙도(job maturity)와 심리적 성숙도(psychological maturity)의 두 가지 유형으로 구체화하였다.

- 직무성숙도(job maturity): 교육과 경험에 영향을 받아 직무를 수행하는 구성원의 성숙도 = 교육의 정도, 경험
- 심리적 성숙도(psychological maturity): 책임감에 대한 의지와 성취 욕구에 대한 구성원의 동기수준 = 책임감, 성취동기, 심리적 자신감

이 이론적 모형은 구성원의 성숙도는 직무성숙도와 심리적 성숙도를 결합한 것을 의미하며, 구성원의 성숙수준에 따라 효과적인 지도성 유형이 결정된다는 것이다. 구성원들의 성숙수준이 연속선상에서 미성숙으로부터 성숙으로 진보해 감에 따라 그에 알맞은 지도성 유형이 곡선의 방향에 따라 이동해야 한다는 것이다. 그러므로 주어진 상황에서 어떤 지도성 유형이 가장 효과적인가를 결정하기 위해서는 구성원의 성숙도를 측정한 후, 성숙도를 나타내고 있는 연속선상의 한 점에서 위쪽으로 90도 각도의 직선을 그으면 효과성 곡선의 어느 한 점과 교차하게 되는데 바로 이 점이 있는 상한에 해당되는 지도성 유형이 되며, 그 상황에서 가장 적절한 지도성임을 나타낸다는 것이다. 이때 지도자는 성숙의 정도에 따라 지도성을 발휘하게 된다. Hersey와 Blanchard는 구성원의 성숙도에 따라 지도성 유형을 다음 네 가지로 분류하였다.

- 지시형 지도자: 높은 과업, 낮은 관계행동성 유형이며, 구성원의 동기와 능력이 낮을 때 효과적이다.
- 지도형 지도자: 높은 과업, 높은 관계행동성 유형이며, 구성원이 적절한 동기를 갖고 있는 데 비해 능력이 낮을 경우에 효과적이다.
- 지원형 지도자: 낮은 과업, 높은 관계행동성 유형이며, 구성원이 적절한 능력을 갖고 있는 데 동기가 낮은 경우에 효과적이다.
- 위임형 지도자: 낮은 과업, 낮은 관계행동성 유형이며, 구성원이 높은 능력과 동기를 가지고 있는 경우에 효과적이다.

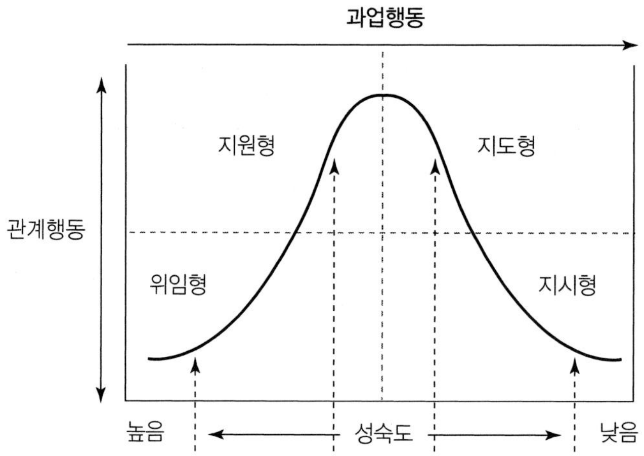

상황 요인	M_4	M_3	M_2	M_1
	능력: 높음 의지: 높음	능력: 높음 의지: 낮음	능력: 낮음 의지: 높음	능력: 낮음 의지: 낮음

[그림 4-5] Hersey & Blanchard의 상황적 리더십 모형

- 성숙도 낮을 때(M_1), 지시형 리더십: 높은 과업, 낮은 관계성 행동
- 성숙도 중간일 때(M_2), 지도형 리더십: 높은 과업, 높은 관계성 행동
- 성숙도 중간일 때(M_3), 지원형 리더십: 낮은 과업, 높은 관계성 행동
- 성숙도 높을 때(M_4), 위임형 리더십: 낮은 과업, 낮은 관계성 행동

Hersey와 Blanchard의 상황적 지도성이론은 지도자가 조직구성원의 성숙도에 따라 지

도성 유형을 변화시켜 나감으로써 지도성 효과를 극대화할 수 있다는 점을 제시한 점에서 융통성 있고 적응적인 이론으로 인정받고 있다. 하지만 이 이론의 문제점으로는 상황변수로 구성원의 성숙도만을 다루고 있다는 점과 구성원의 성숙도를 각기 다른 상황에서 측정하기가 어렵다는 점을 들 수 있다.

이상의 전통적 지도성이론을 비교하면 다음 〈표 4-5〉와 같다.

〈표 4-5〉 전통적 지도성이론의 비교

구분	특성론	행위론	상황론
기본 관점	지도성은 개인적·천부적 자질로, 효과적인 리더는 신체적·사회심리적으로 더 우월한 특성을 가진다.	성공적인 리더는 독특한 지도행동의 패턴이 있다. 다양한 상황에 따른 리더의 지도행동이 성공적인 리더를 만든다.	모든 상황에 적합한 하나의 지도성은 존재하지 않으며, 지도성의 효과는 처한 상황에 따라 달라진다.
리더십 이론	지도자는 지적 능력, 상황판단력과 적응력, 창의력, 조직력, 결단성, 책임감, 인간관계 능력 등이 탁월하다.	지도자 행동유형을 권위형·민주형·자유방임형 또는 과업중심과 인간중심으로 구분한다.	상황에 따라 리더십 유형을 업무능력과 직무동기에 따라 지시형·지도형·지원형·위임형으로 구분한다.
시사점	리더십을 효과적으로 발휘하기 위해서는 리더의 자질과 능력을 발전시켜야 한다.	리더의 조직행동을 개발·학습함으로써 조직성과를 높일 수 있다.	바람직한 리더십을 결정하는 것은 구성원들의 자발적 참여의지(성숙도)이다.

3. 현대적 접근의 지도성이론

최근 지도성 연구는 전통적 지도성에서 소홀히 하였던 카리스마, 비전, 변화, 영감, 가치 등과 같은 요소를 중시하는 경향이 있다. 카리스마적·변혁적·영감적 등의 비슷한 개념을 근거로 하면서 여러 가지 명칭으로 불리는 새로운 유형의 지도성이론이 등장하게 되었다. 이러한 새로운 지도성 연구의 경향에서 발전된 카리스마적 지도성, 교환적 지도성, 변혁적 지도성에 대하여 살펴본다.

1) 카리스마적 지도성

'카리스마(charisma)'는 예언이나 기적을 나타낼 수 있는 초능력, 절대적 권위, 신의 은총을 뜻하는 그리스어에서 유래되었다. 따라서 카리스마적 지도자는 맹목적인 추종자를 거느린 독재자를 연상하는 부정적 측면이 있지만, 이를 긍정적으로 활용할 때는 조직의 효과성에 지대한 영향을 미치기 때문에 지도성 연구에 매우 중요하게 다룰 필요성이 제기된다. 카리스마는 부하들에 의해 만들어진 귀속적 특성이 있다. 따라서 부하직원에 의해 관찰된 지도자의 행동에서 카리스마적 자질이 해석될 수 있다.

카리스마적 지도성(charismatic leadership)의 연구는 베버(Weber, 1947)의 이론에서 그 근원을 찾을 수 있다. Weber는 사회적 권위체제(societal authority system)를 전통적 권위, 합법적 · 합리적 권위, 카리스마적 권위로 분류하고, 카리스마의 개념을 사용하여 카리스마적 지도성이 카리스마적 권위에서 발휘됨을 제시하였다.

Weber에 의하면 카리스마는 사람들이 한 개인에 대해 초월적 존재이며, 초자연적 · 초인적인, 적어도 예사롭지 않은 힘과 능력을 가지고 있는 것으로 여기는 개인의 자질을 말한다(Bryman, 1992: 24).

Etzioni(1975)는 복잡한 조직상황에서 카리스마에 관한 매우 일반적인 정의에 의하면 "카리스마는 어떤 행위자가 다른 행위자의 규범적 성향에 강력한 영향력을 발휘하는 능력"이라고 주장하였다.

슈타인(Stein, 1980)은 카리스마의 개념에 관하여 논의된 것들을 종합하여 다음과 같이 제시하였다.

- 신에게서 받은 천부적인 재능 또는 힘
- 많은 사람에게 개별적인 권위를 갖는 특별한 자질
- 지도성에서의 비범한 능력, 존경의 가치성 등을 지닌 사람에게 제공되는 어떤 관직, 지위 등의 특별한 덕목

이러한 이론은 최근 하우스(House) 등에 의해 정교하게 발전하였다. 하우스(House, 1977)는 카리스마의 개념을 형식 조직에 적용하였다. 하우스와 하우웰(Howell)은 카리스마적 지도성이 인성적 특징, 행동적 특징 그리고 상황적 요인에서 발생할 수 있음을 제시하였다.

- **인성적 특징**: 성취지향성, 창의성과 혁신성, 높은 열정과 참여, 자신감, 높은 사회적 욕구, 높은 수준의 업무 참여와 모험성향, 민감성과 배려심
- **행동적 특징**: 미래 비전의 제시, 인상관리, 자기희생, 개인적인 모험 감수, 구성원들이 모방할 수 있는 행동모형 제시(모델링), 탈인습적인 행동, 권력의 분담
- **상황적 요인**: 위기, 격동, 변화 요구의 긴장된 상황

콩거(Conger)와 카눈고(Kanungo)는 지도자의 카리스마를 '부하의 지각에 의해서 이루어지는 귀속적 현상(attributional phenomenon)'으로 설명하고, 카리스마적 지도성을 개념화하여 카리스마 개념을 기업이나 조직 현장에 적용하는 데 중점을 두었다. 이와 같은 지도성의 귀속적 특성은 지도자에 대한 부하의 관찰에 따라 카리스마적 또는 카리스마적 지도자로 구분된다. 따라서 지도자는 부하에게 카리스마적 지도자로 보이고자 어떤 종류의 행동을 이용하는데 이와 같은 행동이 카리스마적 지도성의 행동적 요소가 된다. Gonger와 Kanungo(1998: 47-50)는 조직 및 개인의 결과를 성취하기 위한 단계적 카리스마적 지도성 행동을 강조하면서 카리스마적 지도성 모형을 제시하고 있다. [그림 4-6]에서 보는 바와 같이 카리스마적 지도성 행동과정은 다음 세 단계로 개념화할 수 있다.

- 제1단계: 지도자들이 기존의 상황을 평가하고, 하위자의 욕구와 만족수준을 진단하

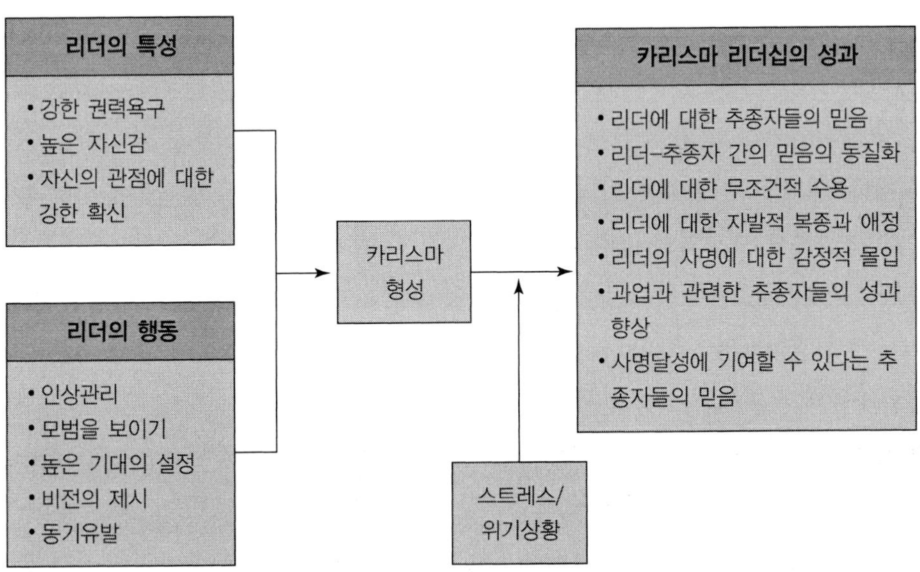

[그림 4-6] 카리스마 리더십 모형

며, 기존자원이 조직목적에 어떻게 영향을 미칠 것인가를 결정한다.

- 제2단계: 지도자들이 조직의 목표를 공식화하고 제시한다.
- 제3단계: 지도자들이 종종 자기희생적으로 행동하고 개인적 위험을 감수한다. 이는 부하직원의 신뢰를 구축하고 목표가 어떻게 성취될 수 있는가를 입증하는 것이다.

카리스마적 지도자는 제1단계에서 환경적 제약요건에 대한 민감성과 현재 상태의 결핍을 확인하는 능력, 제2단계에서 이상적인 미래의 비전설정과 폭넓은 비전제시 및 인상적인 경영기술, 제3단계에서 비전을 성취하고 구별된 특성을 지닌 부하직원에게 영향을 미치기 위한 개인적인 힘을 사용할 수 있는 수단을 지닌 자로서 비카리스마적 지도자와는 구별되는 특성을 지닌다.

요컨대, 카리스마적 지도자는 현실과 환경을 정확히 파악한다. 부하직원의 요구를 충족시킬 수 있는 대책을 강구하며 미래에 대한 비전을 제시하고 난국을 해결하기 위하여 변화를 주도함으로써 그의 탁월한 능력을 보여 줄 수 있는 지도자라고 할 수 있다.

2) 교환적 지도성

교환적 지도성(transactional leadership)은 지도자가 구성원들의 노력과 봉사에 대한 보상을 제공하면서 그들을 동기화하고, 구성원들은 지도자의 보상을 기대하고 순응하는 거래적 관계에 기초하여 성립된다. 이는 지도자가 하위자에게 어떤 것을 다른 것과 거래하는 시각으로 보아 '거래적 지도성'이라고도 한다. 이러한 교환적 지도성에서 지도자와 부하는 서로의 만족을 거래하며 자신들의 이익의 극대화를 추구하려는 상호 교환자 또는 거래자(barganiner)의 관계이다. 이러한 관계는 단기적이고 피상적이며 사소한 것으로서 거래적 만족 자체이고, 규칙에 순응하는 지도성이다(Burns, 1978: 4).

교환적 지도성은 현재 하위자의 심리적 · 물질적 욕구를 만족시킴으로써 현 상태를 유지하는 것에 집착하며, Maslow(1954)의 욕구계층에서 보상, 봉급, 인정 등을 제공하여 하위욕구 수준을 만족시키는 것이다.

배스(Bass)에 의하면 교환적 지도자는 '부하가 제공하는 계약된 서비스(contracted service)'에 대하여 현재 하위자의 물질적 · 정신적 욕구를 충족시켜 주기 위한 비용-수익적 · 경제적 교환을 성취하는 자이다. 따라서 거래적 지도자의 가치는 정직성, 공정성, 책임감, 호혜성 등에 국한된다.

Bass는 다음과 같이 교환적 지도자의 역할을 제시하였다(Bass, 1985: 26-40: 주삼환, 2005에서 재인용).

- 교환적 지도자들은 하위자가 직무에서 얻으려는 것이 무엇인가를 인식하며, 하위자의 과업 성과에 대해 하위자가 원하는 것을 알려 준다.
- 교환적 지도자들은 하위자들의 역할과 과업 요건을 명료화한다.
- 교환적 지도자들은 하위자의 노력이 확대되고 어떤 결과가 실현되도록 하위자의 욕구를 지각하고 이들 욕구가 어떻게 충족될 수 있는가를 명료화한다.

교환적 지도성 요인에서 Bass는 상황적 보상과 예외의 관리(management by exception) 요인, House와 Howell(1992: 81-108)은 사회적 교환행위, 지시행위, 지원행위 등과 같은 관료적 권한에 바탕을 둔 전통적 지도성 요인을 제시하였다.

교환적 지도성의 근원은 홉스(Hobbes)와 루소(Rousseau)의 '사회계약설'에서 찾을 수 있다. 사회계약은 사회적 존재로서의 인간의 삶에서 본능으로 작용한다. 즉, 계약이 없는 사회는 존재하지 않으며, 사회계약을 통하여 인간관계가 이루어진다는 것이다. 따라서 교환적 리더십에서는 부하가 한 행동에 대해서 지도자가 상과 벌을 주면서 그의 행동을 부추기고, 부하는 그러한 상과 벌 체제에서 자기상승을 하기 위하여 지도자의 요구를 수용한다. 지도자는 부하의 이기적 심리를 잘 이용하여 성과를 내도록 유도하는 것이다.

이러한 거래에 따른 보상의 조건, 제재사항을 미리 약속함에 따라 리더십의 효과는 상당하나 제약을 받는다. 즉, 구성원들의 자발적인 문제해결이나 조직에의 적극적인 헌신을 통한 조직의 질적 변화는 어렵다는 것이다. 상벌체제 중심의 지도성의 한계는 '상 안 받고, 진급 안 하면 그만'이라는 식의 구성원들의 극단적인 결정에 무기력해지고 만다. 결국 오늘날 그 이상의 리더십이 요청되는 것이다. 이에 따라 단순히 일을 하도록 외재적 동기로 부추기는 것보다 어떻게 하면 고차원적 내재적 동기를 부여할 수 있을 것인가가 관건이다.

3) 변혁적 지도성

(1) 변혁적 지도성의 개념

변혁적 지도성(변화지향적 지도성, transformational leadership)이론은 번즈(Burns, 1978)에 의하여 맨 처음 시도되었고 Bass에 의해 발전하였다. Bass의 변혁적 지도성의 개념이 조작적으로 정의되어 경영조직, 군대조직 그리고 교육조직에도 적용되고 있다. 지도성 연구의 현대적 접근방식은 대부분 환경의 격변을 전제로 하고 변화를 주도하는 데 관련된 내용을 중점적으로 다룬다. 이러한 관점에서 변혁적 지도성이론은 지도자는 단순히 상황에 부합되는 특성을 지니고 그에 맞는 적절한 행동을 해 나가는 것이 아니라 자신의 특성과 행동 스타일에 맞도록 상황 자체를 변혁해 나가는 것이 더 중요하고 필요하다(조동섭, 2002)는 생각에서 발전한 지도성이론이다.

Burns(1978)는 그의 저서 『Readership』에서 지금까지의 지도성을 교환적 지도성이라고 하고 새로운 개념의 변혁적 지도성이라는 내용을 발표하였다. 가치 개념에 준거하여 지도성을 교환적 지도성과 변혁적 지도성으로 구분하였다.

라이언토스(Liontos, 1992)는 두 가지 형태의 지도성이 상보적인 관계로서 어떠한 조직에서든지 발생할 수 있는 필수불가결한 요소임을 주장하였다.

이러한 변혁적 지도성을 앞의 교환적(거래적) 지도성과 비교하면 〈표 4-6〉과 같다.

〈표 4-6〉 거래적 리더십과 변혁적 리더십

구분	거래적 리더십	변혁적 리더십
현상	현상을 유지하기 위하여 노력	현상을 변화시키기 위하여 노력
목표지향성	현상과 너무 괴리되지 않는 목표 설정	보통 이상의 높은 이상적인 목표 설정
시간	단기적인 전망, 기본적으로 가시적인 보상으로 동기부여	장기적인 전망, 부하들에게 장기적 목표를 위하여 노력하도록 동기부여
동기부여 전략	부하들에게 즉각적이고 가시적인 보상으로 동기부여	부하들에게 자아실현과 같은 높은 수준의 개인적 목표를 설정하도록 동기부여
행위표준	부하들은 규칙과 관례를 따르기를 좋아함	변환적이고 새로운 시도에 도전하도록 부하를 격려함
문제해결	부하들을 위하여 문제를 해결하거나 해결방안을 알려 줌	부하들이 스스로 해결책을 찾도록 격려하거나 함께 해결방안을 모색함

변혁적 지도성은 지도자의 높은 이상과 자신감으로 새로운 비전을 제시하고, 인간의 가치를 존중하는 솔선수범자로서 구성원의 욕구나 목적을 충족시켜 더 높은 수준으로 끌어올리려고 시도하는 '초월적 지도자(extraordinary leaders)'에 관한 것으로 부하에게 기대 이상으로 과업수행을 하도록 영감을 불어넣는 자들에 관한 연구이다. Burns에 의하면 변혁적 지도자는 교환적 지도성을 이용하며 부하의 잠재적 동기와 고차적 욕구충족을 추구하

며 성숙한 하위자가 되도록 이끈다. 변혁적 지도성의 결과는 하위자를 지도자로 변환시키고 지도자를 도덕적 대행자(agents)로 변환시키기 위한 상호 자극과 평가와 관련되어 나타난다. 변혁적 지도자는 하위자가 원래 기대한 것 이상으로 과업을 수행하도록 동기화시킨다(Burns, 1978).

(2) 변혁적 지도성의 구성요인

변혁적 지도성의 구성요인은 연구자에 따라 다양하게 제시되고 있다.

- Bass는 카리스마, 감화적 행위, 개별적 관심, 지적인 자극을 제시하였다.
- 코우지스와 포스너(Kouzes & Posner)는 현실에 대한 도전, 비전 제시 및 공유, 비전 실천을 위한 여건조성, 솔선수범, 비전구현, 격려 등을 제시하였다.
- 포자코프(Podsakoff)는 비전의 설정 및 정교화, 솔선수범, 조직의 목표공유, 높은 성과기대, 인간적 지원, 지적 자극을 구성요인으로 제시하였다.
- 리스우드(Leithwood)는 변혁적 지도성을 교육조직에 적용하여 설명하면서 협동적 문화 조성, 교사발전의 촉진, 교사들의 문제해결 능을 제시하였다.
- 노종희(1994a: 135-154)는 변화선도, 인간존중, 솔선수범을 제시하였다.
- 권인탁(1994)은 결속 촉진, 카리스마, 지적인 자극, 개별적 관심 등을 제시하였다.
- 각 연구자들의 변혁적 지도성 요인은 〈표 4-7〉과 같다.

〈표 4-7〉 변혁적 지도성 구성요인 종합

구성요인 / 연구자	카리스마	영감	지적 자극	개인적 배려	비전제시	신뢰	학습촉진	솔선수범	여건조성	변화촉진	용기	대처능력	성과기대	목표수용	학교문화	집단참여	권한위임	공동가치
Bass & Avolio (1990)	○	○	○	○														
Bennis & Nanus (1985)					○	○	○											
Kouzes & Posner (1987)					○			○	○									
Tinhy & Dvanna (1990)					○	○	○			○	○	○						
Podsakoff 외 (1990)			○	○	○			○					○	○				
Sergiovanni (1990)					○									○	○		○	○
Leithwood (1994)			○	○	○			○		○	○		○	○	○	○	○	

Leithwood & Tomlinson 외 (1996)	○	○	○	○	○			○					○	○	○	○		
노종희(1994a)				○				○		○								
노종희(1996)			○	○	○			○					○	○	○	○		
권인탁(1995)	○	○	○	○											○			
조평호(1998)				○	○			○					○					
종합	3	3	6	8	9	2	2	7	1	3	2	1	5	5	5	3	2	1

출처: 김창걸(2003): 안병환 외(2011). 교육행정 및 교육경영에서 재인용.

Bass(1990)가 제시한 변혁적 지도성의 구성요인 카리스마, 감화적 행위, 지적 자극, 개별적 관심에 대한 설명은 다음과 같다.

① 카리스마(charisma)

지도자는 부하직원들에게 높은 기대감을 갖고 비전과 사명감 및 긍지를 심어 주며 신뢰감과 존경을 확보한다. 부하직원들은 지도자가 추진하는 일에 대한 강력한 지지와 몰입, 지도자를 모델링으로 생각하는 경향이 있다.

② 감화적 행위(영감, 靈感, inspiration)

부하직원에게 비전을 제시하고 직무동기를 부여하며 격려를 통하여 그들의 과업에 헌신하도록 하는 것이다.

③ 지적 자극(intellectual stimulation)

지도자는 새로운 아이디어를 제시함으로써 부하직원들에게 도전감을 느끼게 하여 문제점을 새로운 방식으로 보도록 자극한다. 부하직원들은 문제해결을 위한 새로운 방법으로 구안하고 비판적으로 사고하며 창조적인 방법을 생각하도록 하는 것이다.

④ 개별적 관심(배려, individual consideration)

지도자가 부하직원의 욕구에 개인적 관심을 보이고, 부하직원을 신뢰하고 존중하며 책임감을 고취시킴으로써 부하직원들이 개인적 욕구를 스스로 확인하게 만들고, 보다 높은 차원의 욕구를 가질 수 있도록 하는 것이다.

(3) 변혁적 지도자의 역할

변혁적 지도성이란 지도자가 부하직원에게 잠재능력을 계발하도록 도움을 주고 내재적 만족감을 갖게 하는 지도성이다. 따라서 변혁적 지도자는 ① 보다 고차적인 변화를 지향하고, ② 조직 내부와 외부의 상황을 판단하여, ③ 장기적 전략계획을 세우고, ④ 조직의 목적을 보다 크게 성취하도록, ⑤ 적극적인 동기유발 방안을 제시해야 한다.

서지오반니(Sergiovanni, 1990)는 변혁적 지도성의 핵심적인 가치를 다음과 같이 제시하고 있다(이병진, 2010: 112).

- 조직의 목표 또는 비전의 설정을 통해 리더십을 발휘한다.
- 구성원들에 대한 권한위임을 통해 리더십을 발휘한다.
- 리더십 행위를 구성원들에 대한 지배나 통제를 위한 권력으로서가 아니라 조직의 목표달성을 위하여 지원해 주는 권력으로 생각한다.
- 조직의 질 관리 차원을 관리적인 차원이 아닌 문화적인 차원으로 생각한다.
- 공동가치의 유지를 철저하게 관리하는 반면, 이의 실천에 있어서는 폭넓은 재량권과 융통성을 발휘한다.
- 리더십을 도덕적인 행위로 생각한다.

Bass(1990)가 제시하는 변혁적 지도자의 지도방법은 다음과 같다.

- 높은 생산성이나 능률성 등과 같은 결과의 중요성에 대한 구성원들의 의식수준을 높여 준다.
- 구성원들로 하여금 조직 전체의 이익을 위하여 그들의 개인적인 이해관계를 초월하도록 유도한다.
- 구성원들의 상위수준 성장의 욕구인 도전감, 책임감, 성취의 욕구를 자극하고 충족시켜 준다.

이상의 조건이 하나로 융합됨으로써 구성원들은 특정 결과를 위하여 더 많은 노력과 높은 조직헌신성을 발휘하게 된다. 또한 변혁적 지도자는 구성원들에게 자신감을 심어 줌으로써 높은 성과를 달성할 수 있다는 기대감을 상승시켜 구성원들의 의식의 변화로 조직문화가 변화되어 기대 이상의 성과를 달성하게 한다.

리스우드(Leithwood, 1994)는 학교 재구조화를 위한 리더십으로 변혁적 리더십을 다음과 같이 종합적으로 제시하였다(이병진, 2010: 112).

- **조직목표**: 폭넓게 수용되는 학교비전을 제시하며 학교목표와 우선순위에 대한 합의를 형성한다. 또한 성과에 대한 높은 기대를 부여한다.
- **조직구성원**: 개별적인 지원과 지적 자극을 제공한다. 교직생활에서 모범을 보인다.
- **조직구조**: 책임과 권한을 분산시키며, 의사결정 권한을 공유하도록 한다.
- **학교문화**: 학교비전을 명확하게 하고 수월성을 추구함으로써 학교문화를 강화한다.

이에 따라, 조직 내 변혁을 일으키기 위한 지도자의 행동은 다음과 같다.

- 조직의 내 · 외부 상황 변화를 예측하고 감지한다.
- 상황에 맞는 비전을 제시하고 제도화한다.
- 구성원의 잠재능력을 파악하고 각성시킨다.
- 구성원들의 업무에 대한 동기를 부여한다.
- 구성원들의 자아실현에 대한 욕구를 충족시킨다.

4) 그 외의 지도성

지도성은 여러 가지 측면을 가지고 있다. 각각 독특한 형태로 조직의 효과성과 수월성에 기여한다. 예를 들면, 학교조직에서 다양한 업무를 처리하는 데 사용하는 행정가나 교사들의 힘이라고 할 수 있다. 이러한 힘은 학교의 발전과 개선에 필요한 변화를 일으키거나 유지하기 위하여 행정가나 교사들이 유용하게 사용하는 수단이라고 할 수 있다. 이러한 지도성을 여러 가지로 구분할 수 있다.

(1) 문화적 지도성(cultural leadership)

조직문화는 지도자의 지도성과 조직이 어떻게 운영되어야 하는가에 관한 뿌리 깊은 신념을 가지고 있다. 따라서 조직문화적 관점에서 조직은 문화적 규범, 가치, 신념 및 가정(假定) 등에 의해서 통제를 받는 것으로 본다. 따라서 조직 지도자의 주요한 역할 중의 하나는 조직이나 집단의 문화와 풍토를 창조하고 개발하는 것이다(Schein, 1985: 이병진,

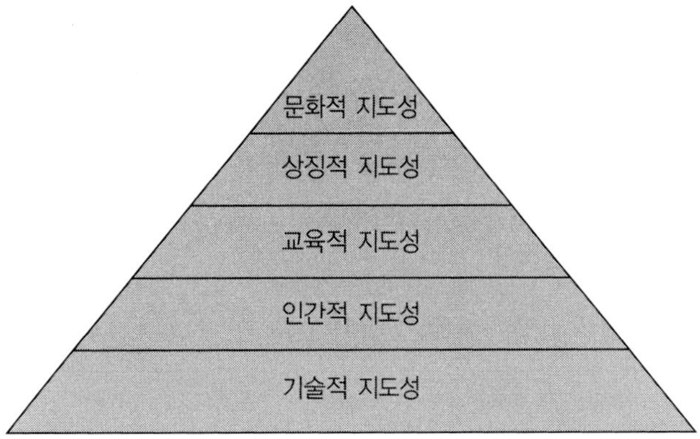

[그림 4-7] 리더십의 영향력 위계

출처: 윤정일 외(2016). 교육행정학 원론(6판).

2010: 118에서 재인용).

Sergiovanni는 특히 문화적 지도성을 강조하였다. 사전적 의미의 문화란 일정한 목적 또는 생활이상을 실현하고자 사회구성원의 의해 습득, 공유, 전달되는 행동양식이나 생활양식의 과정 및 그 과정에서 이루어 낸 물질적 · 정신적 성과를 통틀어 의미한다. 또한 조직문화는 어떤 조직의 구성원을 다른 조직의 구성원과 구별하는 집합의식과 정신을 만드는 것으로 묘사할 수 있다.

교육행정에 있어서 문화적 지도성은 독특한 학교문화를 창출하는 것에서 나오는 지도성이다. 이러한 지도성을 가진 지도자는 학교로 하여금 독특한 정체성을 갖게 만드는 가치와 믿음 그리고 관점을 창조하고 강화하고 유지하는 것을 중요시하고 이를 통해 전통을 만들고 무용담을 전파한다. 이들은 일종의 '성직자(Priest)' 역할을 수행한다고 할 수 있다.

학교문화는 특정한 교사, 학생, 학부모를 하나의 집단으로 묶는 공유된 가치, 신념, 의미체계라고 말할 수 있다. 효과적인 지도자는 이러한 과정에서 가장 중요한 역할을 수행한다. 그는 지도성의 영향력을 [그림 4-7]과 같이 위계화하여 문화적 지도성을 가장 상위에 위치시켰다.

(2) 도덕적 지도성(moral leadership)

Sergiovanni(1992)는 문화적 지도성이론을 확대하여 학교에서의 지도성을 도덕적 지도성으로 개념화하고 학교의 가치와 효율성에 대한 논의를 전개하였다. 그는 학교의 도덕적 측면의 '선의(good-will)'와 경영관리 측면의 '성공(success)'이라는 두 개의 축을 토대로 유

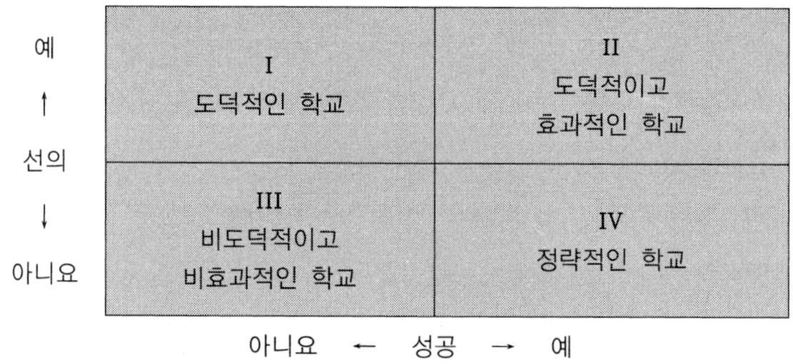

[그림 4-8] Sergiovanni의 학교의 네 가지 유형

출처: 이병진(2010). 새로운 교육의 패러다임 교육리더십.

형화해 볼 때 다음과 같은 네 개의 유형으로 구분된다고 했다.

- Ⅰ수준(도덕적인 학교): 도덕적인 면에서 교직원들의 선의는 높으나 목적의 성취를 위한 성공률이 낮은 학교조직. 교직원들은 선의에 기초한 학교장의 리더십을 이해하면서 점차 성공할 가능성이 높아진다.
- Ⅱ수준(도덕적이고 효과적인 학교): 선의와 성공이 모두 높은 도덕적이고 효율적인 학교조직. 교직원들은 선의에 의한 학교장의 리더십에 의하여 동기가 유발될 뿐만 아니라 목적도 성공적으로 달성한다.
- Ⅲ수준(비도덕적이고 비효과적인 학교): 선의도 성공도 모두 낮은 비도덕적이고 비효율적인 학교조직. 교직원들은 선의에 의하여 동기유발이 되지 않으며, 목적도 성공적으로 달성하지 못한다.
- Ⅳ수준(정략적인 학교): 선의는 낮으나 성공이 높은 정략적인 학교조직. 교직원들의 선의에 의해 동기는 유발되지 않지만, 목적달성에 있어서는 성공적이다. 단기적으로 성공을 지향하는 이러한 학교는 도덕적인 학교(Ⅰ수준)보다 성공할 가능성이 낮다.

Sergiovanni에 의하면 학교는 바람직한 가치를 전수하는 곳이고 행정이란 도덕적 기술이므로 Ⅰ과 Ⅱ유형만이 본질적인 의미에서 학교이다. 따라서 학교행정가의 지도성은 높은 가치와 윤리를 바탕으로 둔 도덕적 지도성에 토대를 두어야 한다. 그럴 때에만 학생의 복지와 학교의 발전에 기여할 수 있는 참다운 지도성을 발휘할 수 있다고 하였다.

(3) 감성적 지도성(emotional leadership)

골먼(Goleman)은 감성지능이 리더십 유효성에 중요한 요소이며, 특히 팀을 이끄는 지도자에게 더욱 중요하고, 조직의 상위계층으로 가면 갈수록 감성지능이 더욱 중요하다고 주장하였다. '감성적 지도자'는 자기인식능력, 자기관리능력, 사회적 인식능력, 관계관리능력이 뛰어난 지도자를 가리키며, 이러한 감성적 지도자가 발휘하는 지도성을 감성적 지도성이라 부른다(Goleman et al., 2002: 주삼환 외, 2015: 128에서 재인용). 따라서 감성적 지도성은 지도자가 자신이 가지고 있는 감성적이고 사회적인 능력을 개발하고, 구성원들의 감성을 이해하고 배려함과 동시에 비전을 제시하고 자연스럽게 조직구성원들에게 영향력을 행사하는 것이다.

(4) 분산적 지도성(distributed leadership)

분산적 지도성은 엘모어(Elmore)에 의해 한 사람이 조직 변화에 책임을 지는 가정에서 벗어나 다양한 개인이나 집단이 지도성을 대체하거나 공유할 수 있다고 보는 가정에서 시작되었다. 분산적 지도성의 핵심은 지도성이 어떤 특정인의 영역이 아니라 조직 안에서 여러 지위에 놓여 있는 구성원들의 환경과의 다양한 상호작용의 결과라는 개념이 자리잡고 있다. 분산적 지도성은 지도자들, 교사들 그리고 이들이 수업실행에 영향을 미치는 상황 간의 상호작용을 통해 구성되는 것이다. 따라서 분산적 지도성은 많은 조직구성원을 포함하는 지도성 실행의 한 형태이고, 지도자 개인의 역량이나 시스템 안에 머물러 있는 것이 아니라 교장, 교사 그리고 학교 상황, 교사의 상호작용에 의해 리더십이 분산되어 발휘되는 것이다(문성윤, 2013; 주삼환 외, 2015: 130).

(5) 슈퍼 리더십(super leadership)

자율경영이 강조되는 사회적 변화에 따라 학교에도 학교중심 자율경영제가 이루어지면서 공식적인 권력이나 권한, 통제를 요구하는 지시적 · 통제적인 전통적 지도방식에서 벗어나 학교조직 구성원 개개인이 스스로 능력을 기르고 잠재력을 발휘해야 하는 시대가 되었다. 이에 따라 조직의 지도자는 구성원들의 셀프 리더십(self leadership)을 개발하여 구성원들을 셀프 리더로 만들어 주는 지도성이 요구된다. 즉, 슈퍼 리더십의 대두이다. 슈퍼 리더십의 중요성을 제기한 만즈와 심스(Manz & Sims, 1989)는 슈퍼 리더를 "부하가 자기 자신을 스스로 이끌어 갈 수 있도록 해 주는 리더로, 부하에게 자율성과 권한을 부여하여 셀프 리더로 만드는 리더"로 정의하고 있다. 즉, 슈퍼 리더로서의 리더의 역할은 구성원 각자의 내적인 셀프 리더십의 에너지를 발현하게 하여 스스로를 이끌도록 도와주는 것이다(이병진, 2010: 125).

(6) 피그말리온 지도성(pygmalion leadership)

로젠탈과 야콥슨(Rosenthal & Jacobson: 1968)은 교사의 고양된 기대가 해당 학생의 학업성취의 향상을 유발하는 현상을 '피그말리온 효과(pygmalion effect)'라고 하였다. 학교조직에서의 지도성과 관련하여 피그말리온 효과는 학교장의 열성과 기대가 조직구성원의 성취에 그대로 반영되는 효과를 말한다. 즉, 조직에서 자기충족적 예언의 효과를 통하여 구성원들로 하여금 높은 기대에 부응하는 역할을 다하도록 할 수 있다. 따라서 피그말리온 지도성은 구성원들에 대한 계속적인 격려, 지원, 강화를 의미한다(이병진, 2010: 123).

(7) 기술적 지도성(technical leadership)

견고한 관리기술에서 나오는 지도성이다. 이 지도성을 가진 지도자는 계획, 조직, 조정, 시간관리 등을 강조하며, 우수한 관리기술능력을 가지고 있다. 이들은 일종의 '전문 경영자(management engineer)'로 간주할 수 있다.

(8) 인간적 지도성(human leadership)

유용한 사회적 · 인간적 자원을 활용하는 데 나오는 지도성이다. 이러한 지도성을 가진 지도자는 인간관계, 사교능력, 동기화 능력 등을 강조하고 지원, 격려, 참여적 의사결정 등을 통해 사람들의 사기를 높이며 조직의 성장을 도모한다. 이들은 일종의 '인간공학 전문가(human engineer)'로 간주할 수 있다.

(9) 교육적 지도성(educational leadership)

교육에 대한 전문적 지식에서 나오는 지도성이다. 이러한 지도성을 가진 지도자는 효과적인 교수-학습, 교육 프로그램 개발, 임상장학 등에 대한 전문적 지식과 능력을 통해 교육문제를 진단하고 교사들을 지도하며, 장학, 평가, 직원능력, 교육과정 개발을 효율적으로 수행한다. 이들은 일종의 '현장교육 전문가(clinical practitioner)'로 간주할 수 있다.

(10) 상징적 지도성(symbolic leadership)

학교의 중대사에 대해 다른 사람에게 주의를 환기시키는 데서 나오는 지도성이다. 이러한 지도성을 가진 지도자는 학교견학, 교실방문, 학생과의 간담회, 학생교육에 대한 특별한 강조, 행사나 의전의 관장 등 상징적 행사와 언사를 통해 학교의 비전과 목표에 주의를 환기시키고 특별한 행동을 유도한다. 이들은 일종의 '대장(chief)' 역할을 수행한다고 할 수 있다.

이 밖에도 최근에는 학교는 교육적 상황에 적합한 다양한 지도성을 연구하고 이를 교육에 적용하려는 교육지도성에 관한 연구와 프로그램이 지속적으로 개발되고 있다.

연구 및 토의 · 토론 문제

1. 고전적 지도성이론인 특성이론, 행위이론, 상황이론의 발달과정에 따른 특성을 비교하고, 각 이론이 주는 시사점을 파악해 보자.

2. 변혁적 지도성의 구성요인을 검토해 보고, 교육지도자로서 갖추어야 할 변혁적 지도자로서의 인성적 특성이 어떤 것인지 토의해 보자.

3. 다양한 지도성 중에서 가장 마음에 드는 지도성 하나를 선택하고, 이 지도성의 원리를 이용하여 학교조직 또는 학급조직의 발전을 위한 방안을 제시해 보자.

4. 소속 학교에서 학교장이 지도성을 발휘하는 데 고려해야 할 상황변인이 무엇인지 찾아보고, 상황에 부적절하게 나타나는 지도성 유형과 적절한 지도성을 발휘할 수 있는 개선책을 토의해 보자.

05 의사결정과 의사소통

학습개요

1. 의사결정의 개념과 과정을 이해하고, 다양한 의사결정 모형에 따른 교육조직에서의 이상적인 의사결정 모형을 찾아본다.
2. 조직의 의사결정에 대한 조직구성원 참여의 필요성은 무엇이며, 이로써 얻는 효과에 어떤 것이 있는지 알아본다.
3. 의사소통의 개념과 기능을 이해하고, 의사소통을 방해하는 요인과 학교조직에서의 효과적인 의사소통의 방안을 찾아본다.

1. 의사결정

1) 의사결정의 개념

의사결정은 문제점을 인식하고 그 문제를 해결할 수 있는 여러 대안 중에서 최적의 대안을 선택하고 실행하는 과정이다. 또한 여러 가지 문제를 내포하고 있는 상황에서 다양한 행동과정 중 가치관이나 기준에 비추어 하나 또는 여러 행동과정의 조합을 선택하는 행위를 말한다. 그리피스(Griffiths, 1959)는 "의사결정이란 어떤 목적을 달성하기 위하여 가장 적절한 대안을 선택하는 연속적인 과정이다."라고 했으며(안병환 외, 2011에서 재인용), 루당스(Luthans, 1981: 48)는 '여러 대안 중 어느 대안의 선택'으로 보았다.

우리는 일상생활에서 해결해야 할 어떤 문제가 생기게 되면 그 일을 어떻게 해결해야 할 것인지를 생각하고 행동에 옮긴다. 한 개인의 경우, 삶의 수많은 행로 중 어떤 길을 선택하느냐에 따라 운명이 바뀌기도 한다. 의사결정은 조직의 중요한 활동으로서 조직의 목표달성을 위하여 여러 대안 중에서 최선으로 생각되는 대안을 선택하고 실행하는 과정이다. 그러므로 어떤 조직이든지 조직의 목표를 달성하기 위해서 경영자는 반드시 일정한 형태의 이러한 행위과정을 거쳐야 하므로 의사결정은 행정의 핵심이라 할 수 있다.

오늘날 의사결정론의 필요성이 더욱 강조되고 있는 이유는 그것이 개인의 선택문제뿐만 아니라 조직의 선택문제, 경영자의 선택문제까지도 설명해 주기 때문이다. 경영자는 개인적 선택의 경우보다 더 중대하고 심각한 결정을 내려야 할 때가 많다. 경영자가 경영문제에 관여하여 무엇인가를 선택한다고 할 때 그 선택결과는 조직 또는 사회 전반에 영향을 주는 심각한 것으로 나타날 수 있다. 때때로 경영자는 의사결정이라는 힘든 과업 때문에 심각한 스트레스를 받으면서 살아간다. 경영자의 선택상황은 보다 복잡하고 문제의 규모가 크기 때문에 설명하기 어렵지만, 어려운 만큼 의사결정이론의 공헌과 의의도 크다고 하겠다. 요컨대, 의사결정은 결정을 의미할 뿐만 아니라 결정을 실행하는 데 필요한 행위까지를 포함하는 것으로, 의사결정이론은 민주사회에서 선택의 자유를 지키게 해 주고 나아가 보다 더 선택권을 획득하게 해 주는 지식체계이며 지혜의 보고라고 할 수 있다(이재관, 1995: 3-4).

2) 의사결정의 과정

사이먼(Simon, 1974)은 의사결정과정을 다음과 같이 개념화하였다.

- 의사결정과정은 택일할 수 있는 모든 전략의 열거이며 다양한 선택행위의 인식이다.
- 의사결정과정은 각 전략에 부수되는 모든 결과의 결정이며 선택행위로부터 초래될 결과의 예측이다.
- 의사결정과정은 각 결과에 대한 비교 · 평가와 선택, 즉 각 결과가 가져올 수 있는 만족, 유용성, 복지 등에 비춘 결과의 비교 · 평가와 선택 행위이다.

가재환과 김충력(2005)이 제시한 의사결정의 7단계 과정은 다음과 같다.

- 1단계: 문제파악
- 2단계: 해결해야 할 목표 확정
- 3단계: 해결 대안들의 도출
- 4단계: 대안 평가
- 5단계: 대안 선택
- 6단계: 대안 실행
- 7단계: 실행 후 검토

여러 가지 대안 중에서 완전한 정보를 가지고 가장 합리적인 선택을 하는 것을 전제로 한다. 즉, 최소 비용으로 최대의 효과를 얻으려는 최적성에 근거하여 그중에서 가장 유용한 대안을 선택하여 실행해야 한다는 것이다.

3) 의사결정의 유형

개인이나 집단 조직에서 의사결정을 하는 상황은 매우 다양하나, 그때마다 약간씩 다른 과정을 거쳐 의사결정을 하게 된다. 다양한 의사결정 유형을 살펴보면 다음과 같다.

(1) 전략적 · 관리적 · 업무적 의사결정

① 전략적 의사결정: 조직의 외부문제에 관련된 의사결정으로 조직의 목적이나 목표의 설정, 경영의 다각화 등에 대한 결정을 의미한다.

② 관리적 의사결정: 최대의 업무수행능력을 발휘하도록 조직의 자원을 조직화하는 문제에 관한 결정으로 조직기구에 관한 결정과 자원의 조달 및 개발에 관한 결정을 말한다.

③ 업무적 의사결정: 조직자원의 전환과정에서 효율을 최대로 하기 위한 의사결정으로, 업무의 최대 수익성을 목적으로 한 업무일정의 계획화, 통제활동 등에 대한 결정을 의미한다.

(2) 정형적 · 비정형적 의사결정

의사결정의 사안이 예측되는 결정인지, 전혀 예상하지 못한 돌발적 결정인지에 따라 구분한 것이다.

① 정형적 의사결정

반복적이고 일상적인 문제에 대한 의사결정이다. 이는 정형화되어 있으며 결정해야 할 사안이 예측되는 결정으로 선례를 바탕으로 하기 때문에 위험도가 적고, 일반적으로 규칙이나 표준화된 업무수행 절차 및 조직의 구조 등을 통해서 이루어지게 된다. 입학식, 소풍, 체육대회, 졸업식 등 학교의 연중계획표에 따라 이루어지는 의사결정이 이에 해당한다.

② 비정형적 의사결정

일상적이지 않으며 중요하고 긴급한 문제가 발생하였을 때 내리는 의사결정이다. 이는 비구조적이고 불확실한 상황에서 의사결정이 이루어지기 때문에 대안의 탐색과 결과를 예상하기 어려우며 의사결정에 작용하는 변수들이 일정하지 않아 계량화하기 어렵고 위험부담이 많다. 이러한 예로는 연구시범학교의 수용문제와 같이 교원 전체가 논의하고 동의를 구해야 하는 문제도 있고, 소규모 학교의 통폐합과 같은 단위학교 차원에서 결정하기 어려운 문제도 있다.

(3) 참여적 의사결정

학교경영에서 참여적 의사결정은 의사결정과정에 교사의 참여폭을 넓히려는 노력의 일환으로 누가, 어떤 문제에 대하여, 어떤 목적을 가지고, 어떤 방식으로 참여하느냐가 의사결정의 질을 높이고 민주성을 확보하는 결정적 요인이 된다. 사실상 의사결정에의 참여는 긍정적 결과를 초래할 수도 있고 부정적 결과를 유발할 수도 있다.

유클(Yukl, 1987)은 구성원들의 의사결정 참여의 효과를 다음과 같이 설명하고 있다(백기복, 2000에서 재인용).

- 이해와 수용: 변화에 대한 저항이 있을 경우, 구성원들이 의사결정을 보다 잘 이해하고 수용할 수 있게 해 준다.
- 헌신유발: 의사결정의 결과를 효과적으로 수용하는 데 요구되는 구성원들의 헌신을 유발하게 한다.
- 계획의 이행: 조직목표 달성을 위하여 마련된 행동계획을 보다 잘 이해하고 이행하게 한다.
- 동기유발: 의사결정의 참여로 구성원들의 과업동기를 높일 수 있다.
- 만족도 향상: 구성원들의 흥미와 욕구에 부합하도록 하여 만족감을 높인다.
- 결정에의 순종: 합법적인 과정을 통한 의사결정으로 구성원들에게 결정에 따르도록 순종하게 한다.
- 공동협력: 구성원들로 하여금 공동문제를 해결하기 위한 협력의 기회를 갖게 한다.
- 아이디어 제공: 관리자에게 적절한 정보나 해결방안을 제공하여 보다 좋은 의사결정을 하게 한다.

(4) 단독결정과 집단결정

① 단독결정

최고경영자나 관리자 개인 또는 극히 소수인이 결정하는 의사결정 유형으로, 신속한 결정을 요하는 경우나 결정에 따른 이의에 논쟁이 없는 경우 또는 결정에 비밀을 요하는 경우에 적합하다.

② 집단결정

집단결정은 결정의 내용에 관련된 사람들이나 전문가들을 참여시켜 결정하는 것이다.

대체로 위원회의 성격을 갖고 이루어져 단독결정과 같이 신속하지는 못하지만 이해관계에 대한 충분한 논의를 거치므로 오류를 범하지 않고, 다른 사람에게 수용될 가능성이 높다. 또한 집단결정에서 참여는 토론, 논쟁 그리고 종종 갈등을 수반하기도 한다. 집단결정의 성공은 강한 응집력을 가져올 수도 있지만 지나친 응집력과 획일성은 집단 내에서 무비판적으로 의견을 모으려는 마음을 불러일으키기도 한다. 이를 '집단사고 증후군(group think syndrome)'이라고 한다.

브룸(Vroom)과 예튼(Yetton)은 의사결정방법을 〈표 5-1〉과 같이 분류하고 있다.

〈표 5-1〉 의사결정방법

형태	방법
단독결정	행정가가 현존하는 모든 정보를 이용하여 단독으로 결정한다.
정보수집 후 단독결정	행정가는 구성원들로부터 정보를 구하고 나서 단독으로 결정한다. 구성원들은 정보만 제공할 뿐 대안 탐색이나 평가에 관여하지 않는다.
개별자문 후 결정	행정가가 구성원들과 개별적인 의견교환을 통해 아이디어와 제안을 얻고 나서 의사결정을 한다. 구성원들의 의견은 반영될 수도 있고 반영되지 않을 수도 있다.
집단자문 후 결정	행정가가 구성원들과 집단적으로 만나 함께 문제를 논의하여 그들의 집약된 아이디어와 제안을 얻고 나서 의사결정을 한다.
집단결정	참여적 방법으로 행정가가 집단적으로 문제와 상황을 함께 논의하여 결정한다. 구성원들은 함께 대안을 탐색하고 평가하며 해결책에 대한 합의점에 도달하기 위해서 노력한다.

(5) 의사결정을 보는 관점에 따른 네 가지 유형

① 합리적 관점: 합리적 판단으로서의 의사결정

합리적 관점은 합리성에 대한 절대적 믿음하에 모든 선택과 의사결정에는 가장 최적의 방식이 존재한다고 가정한다. 이 관점에서 의사결정이란 목표달성을 위한 수많은 대안 중에서 최적의 대안을 선택하는 것이다.

목표의 세분화 → 대안의 확인 → 대안의 선택에 따른 결과의 평가 → 목표를 극대화하는 대안의 선택 등과 같이 일련의 체계화된 단계에 따라 언제나 최적의 대안이 선택될 수 있다고 본다. 이는 합리성을 가지고 구현되기 때문에 가장 적합한 조직은 관료제 조직과 체계화된 조직구조를 가지고 계서제(階序制)에 의해 조직되는 중앙집권 조직이다.

② 참여적 관점: 참여로서의 의사결정

참여적 관점은 공동의 가치에 대한 인식, 전문가의 식견에 대한 신뢰, 관련자 등의 합리성에 대한 신뢰 등이 전제되는 토대 위에 결정이 이루어질 수 있는 조직상황에 적합한 의사결정 방식이다. 합리적인 관점과 유사하지만 의사결정을 합리적인 이성적 판단보다 당사자 간의 논의를 통한 합의의 결과로 본다는 점에서 차이가 난다. 이는 관료제적 조직보다는 구성원의 능력과 자율이 보장되는 전문직 조직에 적합하다.

③ 정치적 관점: 타협으로서의 의사결정

정치적 관점은 조직에 대하여 영향력을 행사하는 수많은 이익집단에서 이루어지는 이해집단 간의 타협의 결과가 의사결정이라고 본다. 조직이 달성하고자 하는 목표가 특별히 존재하는 것이 아니라 이익집단의 이질적인 목표로 경쟁하고 타협하여 특정한 목표를 지향하게 된다는 점, 폐쇄체제가 아닌 개방체제를 선택한다는 점에서 합리적 관점이나 참여적 관점과 차이가 있다. 하지만 달성하고자 하는 의도적인 목표가 있다는 점에서는 앞의 관점과 같다. 이 관점은 항상 갈등이 존재하고 협상과 타협이 기본적 규칙으로 되어 있는 조직의 분석에 적합한 의사결정 모형이다.

④ 우연적 관점: 우연적 선택으로서의 의사결정

우연적 관점은 의사결정이 목표달성을 위한 체계적인 과정이라기보다 필연적인 결과와는 무관한 수많은 요소가 동시에 우연히 한곳에 모일 때 이루어진다고 본다. 즉, 의사결정이 목표를 달성하기 위한 과정이라는 가정을 부정하고, 여러 가지 요인이 복잡하게 조합된 결과로 나타난 하나의 우연적인 현상이라는 점을 강조한다. 목표가 불분명하고 목표달성을 위한 방법적 체제나 관련 당사자의 참여체제가 제대로 정비되어 있지 않은 '무질서 속의 질서' 혹은 '쓰레기통'으로 비유되는 특정한 조직상황하의 결정과정 분석에 적합하다.

4) 의사결정의 모형

의사결정의 이론모형은 여러 가지가 있으나 여기에서는 합리적 모형, 만족화 모형, 점증적 모형, 혼합적 모형, 최적화 모형 및 쓰레기통 모형에 대해 살펴보고자 한다. 이 중에서 합리적 모형은 규범적 · 이상적 접근방식에 해당되고, 나머지 모형은 기술적 · 실증적 접근방식에 해당된다.

(1) 합리적 모형

합리적 의사결정 모형은 의사결정이 완전히 합리적이어야 한다고 가정하는 고전적 모형이다. 의사결정에 필요한 모든 지식과 정보를 수집하고 이를 객관적으로 분석·종합하여 최적의 대안을 선택할 수 있다는 인간의 전능성을 전제로 조직의 목표달성을 극대화하기 위한 최선의 해결책을 합리적으로 선택할 수 있다는 것이다. 합리적 모형에 의하면 의사결정자가 문제해결이나 목표를 달성하기 위하여 가장 바람직한 결정을 하려면 의식적으로 다음의 다섯 단계를 밟아야 한다.

① 문제 확인 및 목적과 세부목표 설정: 해결해야 할 문제나 달성하고자 하는 목표를 정확히 정의한다.
② 대안 탐색: 문제를 해결할 수 있는 또는 목표를 달성할 수 있는 모든 대안을 탐색한다.
③ 대안 결과 예측: 대안들이 추진되었을 때 나타날 모든 결과를 예측한다.
④ 대안 분석: 대안의 모든 결과를 평가·비교·분석한다.
⑤ 대안 선택: 평가결과에 근거하여 목표달성을 극대화하는 최선의 대안을 선택한다.

합리적 모형의 비판점은 의사결정자를 전능자로 전제하는 너무 이상적이며 비현실적인 모형이라 평가되고 있는 것이다. 실제상황에서 의사결정자들은 모든 관련 정보를 확보할 수 없다. 더욱이 모든 가능한 대안과 결과의 예측은 사실상 불가능하다. 또한 인간의 복잡한 심리적 요소가 고려되지 않고, 객관적이고 논리성만 강조함으로써 현실적인 측면에 수용하기 어려운 최종대안을 선택하는 경우가 발생할 수 있다.

(2) 만족화 모형

완전무결한 최적화 전략을 추구하는 고전적 이론인 합리적 의사결정 모형의 심각한 제한점을 보완하여 사이먼(Simon, 1974)은 만족화 모형을 소개하였다. 이 모형은 의사결정을 통하여 문제에 대한 최선의 해결보다는 만족스러운 해결책을 찾는 것을 전제로 한다. 인간의 인지적·정서적 요소를 많이 고려함으로써 보다 실제에 적합한 이론모형을 개발했다는 점과 의사결정이 실제로 일어나는 상황에 대한 실증적 연구를 했다는 점에서 의의를 지닌다.

사람들은 일반적으로 합리적 의사결정을 내리려고 노력한다. 그러나 조직의 의사결정은 여러 가지 이유로 합리성이 제한될 수 있다. 조직의 문제는 복잡하고 대안도 너무 많다. 미래의 결과를 정확하게 예측하기는 쉽지 않다. 이러한 이유로 의사결정자들은 최적의 대안보다는 실제상황의 복잡한 상호작용들을 단순화시켜 가장 중요하다고 생각하는 몇 가지 요인을 통하여 만족할 만한 대안을 선택하게 된다.

Hoy와 Miskel은 의사결정의 만족화 모형을 다음과 같은 다섯 단계의 의사결정활동 주기로 제시하였다.

① 문제의 인지와 정의 단계

이 단계는 문제가 무엇인가를 정확히 인지하고 명확히 정의한다. 의사결정의 성패는 문제가 무엇인지를 정확히 정의하느냐 못하느냐에 달려 있다 해도 과언이 아니다. 그럼에도 이는 많은 행정가가 소홀히 하기 쉬운 단계이다. 유능한 행정가와 그렇지 못한 행정가의 차이는 행정의 과정에서 발생하는 다양한 문제에 대하여 문제가 정확히 무엇인가를 제대로 이해할 수 있는 사람과 그렇지 않은 사람의 차이라고 볼 수 있다. 문제의 인식과정에서 행정가에게 요구되는 능력은 문제의 감지능력, 예리한 지각력, 행정에 대한 전문적 지식, 공식적 · 비공식적 조직에 대한 이해 등이다. 문제의 인지와 문제를 얼마나 정확하게 정의하느냐에 따라 문제의 분석과 해결방안은 달라진다.

② 문제의 분석 단계

이 단계는 문제의 정의 단계와 직접적으로 관련이 있다. 따라서 학자에 따라서는 이 두 단계를 하나의 과정으로 통합하여 설명하기도 한다. 이 단계의 주요 관심은 문제가 독특한 것인지 또는 일반적인 것인지를 분류하고 자료를 수집하며, 문제를 구체화하는 데 있다. 드러커(Drucker, 1966: 113-142)는 의사결정에서 문제는 일반적인 것과 특수한 것이 있다고 보았다. 일반적 문제는 조직의 규정과 관례에 따라 해결될 수 있는 문제로 단지 표현양식만 달리한 문제이다. 반면에, 특수한 문제는 이전에 없었던 것으로 규정이나 관례로 적용하기 어려운 문제를 말한다. 따라서 특수한 문제는 창의적인 문제해결능력을 요한다. 이 단계에서 행정가는 육하원칙에 입각하여 문제를 분석하며 명료화하고 문제의 중요도 및 성질에 따라 필요한 정보를 획득하여야 한다.

③ 문제해결을 위한 준거설정의 단계

이 단계는 행정가가 문제해결의 기준을 수립해야 한다. 문제해결의 준거설정 시 고려해야 할 요소는 최소 및 최대 수준의 목표설정, 만족수준의 정도와 그 준거, 이상과 현실과의 격차 등이다. 이 단계에서는 만족감을 완벽하게 충족시켜 줄 수 있는 의사결정은 현실적으로 매우 어려우므로 행정가의 타협, 절충, 양보, 조정 등의 정치적 수완과 능력이 요구된다. 따라서 행정가는 한계영역(boundary condition)을 정하고 적절한 선에서 현실성 있는 만족수준을 정해야 한다. 이때 행정가가 유의해야 할 점은 일정한 준거가 조직의 목표와 일관성을 유지해야 한다는 것이다.

④ 실행 전략과 계획의 개발 단계

이 단계는 의사결정의 핵심적 단계이다. 문제가 무엇인지 파악하고, 정보를 수집하고, 문제를 구체화하고, 해결을 위한 현실성 있는 준거를 설정하고 나면 행정가가 해야 할 일은 실행을 위한 체계적이고 논리적인 실행계획을 개발하는 것이다. 특히 실행을 위한 전략을 개발할 때 행정가가 유의해야 할 점은 Barnard(1938: 194)가 지적하였듯이 지금 현재 적절하지 않은 문제, 확신이 서지 않는 문제, 효과를 발휘할 수 없는 의사결정, 다른 사람이 결정해야 할 문제에 대해서는 직접 의사결정을 하지 않는 것이다.

⑤ 계획의 실행 단계

계획의 실행은 의사결정의 마지막 단계로 대개 프로그램 작성, 의사소통, 조정 그리고 평가의 단계로 이루어진다.

- **프로그램 작성**: 프로그램 작성이란 실행계획서를 작성하는 것을 말하는데, 실행계획서 작성은 주로 컴퓨터로 하기 때문에 프로그램이란 용어를 사용한다. 이때 유의할 점은 프로그램이 현실적이고 실현 가능한 것이어야 한다는 것이다 여기에 포함되어야 할 요소는 달성목표 수준, 예산편성, 조직기구표, 인적 · 물적 소요 계획, 협조부서, 컴퓨터 활용방법과 절차 등이다.
- **의사소통**: 계획은 모든 관계직원의 협조가 있어야 성공적으로 달성할 수 있기 때문에 프로그램이 작성되면 관련된 모든 사람과 계획서의 전체 내용, 각자의 역할과 책임 등에 관하여 의사소통이 충분히 이루어져야 한다.
- **조정**: 조정은 계획의 실행이 계획대로 진행되고 있는지를 확인하고 감독하며 필요시

에는 적절히 변화시키는 것을 말한다.

- 평가: 의사결정이 일단 프로그램화되고 의사소통되고 조정 · 감시되었더라도 결과는 그 의사결정이 얼마나 성공적이었나를 결정하기 위하여 평가될 필요가 있다. 이는 의사결정이 계획대로 만족스럽게 진행되고 있는가를 점검하는 마지막 단계이다. 그러나 평가단계는 평가결과에서 얻은 것을 환류과정을 통하여 보다 발전된 의사결정에 재투입해야 하기 때문에 의사결정의 새로운 시작을 의미하기도 한다.

만족화 모형은 교육행정 상황에서 발생 가능한 대부분의 의사결정 문제를 처리하는 데 적절한 모형이다. 그러나 때때로 어떤 상황에는 특수한 전략이 필요하다. 만약 관련된 대안에 대하여 정의를 내리기가 어렵고 기대수준과 관련하여 각 대안의 결과를 예측하기 어려운 상황에는 만족화 모형 또한 한계가 있다(Grandori, 1984: 192-208).

(3) 점증적 모형

점증적 모형은 점증적인 작은 변화가 조직에 예상치 못한 부정적 결과를 가져오지 않을 것이라는 점을 가정한다. 점증적 모형은 일반적으로 문제가 복잡하고 불확실하며 갈등이 높을 때 활용될 수 있는 접근방법이다. 점증적 모형에 의한 의사결정은 대안의 결과에 대한 철저한 분석을 하지 않는다. 그 대신에 기존 상황과 유사한 소수의 대안을 각각의 결과에 계속하여 비교함으로써 의사결정자들은 행동방안을 결정한다. 점증적 모형을 최초로 이론화한 사람은 린드블룸(Lindblom)이다. 그는 의사결정은 각각 상황에 알맞게 대처하는 것이 중요하다고 보고, 특수 상황적 조건모형을 제의하였으며, 문제가 복잡하고 불확실하며 갈등이 많을 때 효과적이라고 주장하였다. 이 모형의 특징을 살펴보면 다음과 같다.

- 목표의 설정과 대안 개발이 동시에 일어난다. 따라서 목적과 목표는 결정의 분석에 앞서 먼저 수립되지는 않는다. 오히려 대안과 행동의 경로가 탐색됨에 따라 목표를 향한 행동 노선이 나중에 정해진다.
- 좋은 결정이란 의사결정자가 목표에 구애받지 않고 동의할 수 있는 수준의 결정을 말한다.
- 대안의 탐색은 현존 상황과 유사한 대안에 제한된다. 따라서 소수의 대안만 고려한다.

- 대안의 결과에 대한 분석은 현재의 상황과 그 대안의 결과만의 차이에 초점을 둔다. 대안 분석을 단순화하여 분석에 소요되는 시간과 에너지를 절약하고, 결과에 대한 예측력을 높인다.
- 제한된 소수의 대안을 연속적으로 비교하는 방법은 구체적이고 실제적인 도움이 된다.

이 모형은 구체적이고 실제적인 대안의 계속적 비교를 선호하기 때문에 지나치게 이론적인 것을 피한다. 인간의 지적 능력의 한계 및 의사결정 수단의 기술적 제약을 인식하는 동시에 현실적인 의사결정과정을 모형화하려고 시도한 데에서 생겨난 것이다. 이러한 접근방법은 전년도까지의 실적을 기초로 하며, 현실을 긍정하면서 거기에 약간씩 적산하고 향상된 정책을 추구하는 방법이다.

전년도의 결정은 일반적으로 적합하다고 인정하고, 다만 증가된 부분에 대한 조사에 주의를 집중하는 것이다. 따라서 부분적 점증주의의 처방은 보수적이고 대중적인 결정이라는 평가를 받는다. 또한 선택된 대안에 대하여 얼마나 폭넓은 동의를 얻을 수 있느냐에 관심이 많고 적극적인 새로운 목표추구보다는 현상에 대하여 이의를 가지고 있는 불만해소에 주력하여 적극적 선의추구보다는 소극적 악의제거에 주된 관심을 두고 있다.

(4) 혼합적 모형

혼합적 모형은 Etzioni에 의해 제시된 것으로 합리적 모형의 비현실성과 점증적 모형의 보수주의를 비판하면서 이 두 모형을 혼합한 제3의 모형으로 나타난 것이다. 혼합형은 우선 기본적인 방향의 설정과 같은 결정은 합리적 모형방법을 택하고 특정 문제의 결정은 점증적 모형의 입장을 취하는 것이 현실적이라고 본다. 복잡하고 불확실한 상황에 실용적으로 접근해 가는 의사결정 모형이 혼합적 모형이다. 혼합적 모형의 접근방법은 조직에서의 비현실성을 축소하고 보수성을 극복하며, 조직환경에 따르는 조직의 신축성을 살리는 데 도움이 되며, 넓고 개략적인 탐색과 좁고 치밀한 탐색을 되풀이하게 된다(Etzioni, 1987: 385-395). 이 모형의 특징을 살펴보면 다음과 같다.

- 넓은 영역을 개괄적으로 탐색하고 특별한 주의를 기울여야 할 좁은 영역을 골라 다시 면밀하게 탐색한다.
- 각 단계의 탐색에 어느 정도의 시간과 자원을 배분할 것인가 하는 문제는 여러 요인

을 고려하여 융통성 있게 해결한다.

- 기본적 결정을 할 때는 주요 대안만을 고려하여 결정하고, 점증적 결정은 기본적 결정에서 설정한 조건의 범위 내에서 행한다.
- 의사결정자는 어느 전략이 더 효율적인가를 결정할 수 있는 능력을 가지고 있다.

혼합적 모형에 의한 결정은 기본적 결정과 부분적 결정의 지속적인 상호작용에 의해 이루어진다. 또한 이 모형은 인간의 결정 형태에 대한 설명으로 국한하지 않고 사회지도 체제(social guidance system)에 대한 조직원칙으로까지 발전된다. Etzioni에 의하면 합리적 모형은 전체주의 사회체제에 적합하며, 점증적 모형은 다원적이고 합의지향적인 민주주의 사회체제에 적합하다. 그리고 혼합적 모형은 활동적 사회(active society)가 갖추어야 할 전략이다. 이 모형은 장기적 전략과 단기적 변화를 동시에 이룰 수 있는 장점이 있으나 전혀 새로운 모형이 아닌 절충 · 혼합한 모형에 불과하다는 비판도 받고 있다.

(5) 최적화 모형

최적화 모형은 계량적인 측면과 질적인 측면을 구분하여 검토하고 난 다음 이들을 결합하는 질적 모형이며, 합리적 요인과 초합리적인 요인을 동시에 고려하는 최적치(optimality) 중심의 규범적 모형이다. 최적(optimum)이란 '모든 것이 고려되었다.'는 뜻에서 최량을 의미하지만, '진정한 최량(the very best)'을 의미하는 것은 아니고 어떤 주어진 목표에 도움이 되는 가장 호적한 상태를 의미한다. 이 모형은 드로어(Dror)가 제시한 것으로, 만족화 모형이나 점증적 모형과 같은 보수적인 모형에 대한 비판으로 나타난 것이다. 그는 이 모형이 비록 의사결정에서 비현실적이라고 해도 언제나 이상을 갖고 가능성의 영역을 부단히 개척하여 합리적 요소 또는 국면을 확대 · 발전시켜 평가와 진단을 계속하며, 최적수준에 도달하는 방법이라고 설명하였다(Dror, 1988: 123-125).

최적화 모형은 직관, 판단, 창의와 같은 초합리성(extra-rationality)을 중요시하며, 초합리적 과정이 정책결정에서 적극적이며 불가결한 역할을 하는 것으로 파악하고 있다. 제한된 자원, 불확실한 상황, 지식 및 정보의 결여 등이 항시 결정과정에서 합리적 요인을 제약하므로 직관이나 판단과 같은 초합리적 요인을 중요시해야 한다는 것이다. 이 모형의 특징을 살펴보면 다음과 같다.

- 목적, 가치기준, 결정기준 등을 어느 정도 분명하게 규정한다.
- 새로운 대안을 고려할 수 있도록 의식적으로 노력하고 창의적인 대안 개발을 조장한다.
- 여러 대안이 가져올 효과를 검토하고 점증적 전략을 채택할 것인가 또는 쇄신적 전략을 채택할 것인가를 결정한다.
- 점증적 전략을 채택할 때는 점증적 모형에 입각하여 의사결정을 하고 쇄신적 전략을 채택할 때는 지식과 직감에 의지하여 새로운 대안의 기대되는 결과를 확인한다.
- 최적의 의사결정 기준은 여러 분석가가 충분히 토론한 후 합의하여 결정한다.
- 문제의 중요성에 비추어 철저한 분석을 다시 해야 할 것인지의 여부를 의식적으로 결정한다.
- 이론과 경험 그리고 합리적 방법과 초합리적 방법을 다 같이 활용한다.
- 경험, 창안, 훈련, 지적 활동의 조장 등을 통하여 체계적으로 배우고 의사결정의 질을 개선할 수 있도록 하는 장치를 마련한다.

이 모형은 초합리성의 개념을 도입하여 합리적 모형을 한층 더 체계적으로 발전시키는 데 크게 공헌하였으며, 사회적 변동상황에서 혁신적 정책결정을 거시적으로 정당화할 수 있는 이론적 근거를 마련하였다. Dror의 최적화 모형은 정책학(policy science)이라는 대명제의 실현을 위한 '거시적인 정책결정론'임에는 틀림없으나 너무 이상적이고 소위 '초합리성'이라는 것의 구체적 달성방법도 명확하지 않으며 정책결정에서 사회적 과정에 대한 고찰이 불충분하다는 비판을 받고 있다.

(6) 쓰레기통 모형

쓰레기통 모형(garbage can model)은 현대 조직이 합리적으로 예측 가능한 단순한 조직이 아니라 매우 불확실한 구조를 가지고 있으며, 조직의 의사결정도 정형화되지 않은 다양한 결정의 흐름 속에서 이루어진다는 인식에서 출발한다. 이러한 불확실한 조직은 '조직화된 무정부 상태'의 특징을 보이며, 조직의 의사결정은 합리적이고 체계적인 절차에 의하기보다는 비합리적이고 우연적인 상태에서 이루어지는 경우가 많다(이병진, 2010: 231).

코헨 등(Cohen et al., 1972)에 의하면 목표의 모호성, 목표달성을 위한 방법적 체계의 불분명성, 유동적 참여 등을 특징으로 하는 '조직화된 무정부 조직(organized anarchies)'의 상황에서 일어날 수 있는 의사결정 모형이다. 즉, 의사결정이 합리성에 근거하여 목표달성을 위한 체계적인 가정에 의해서 이루어진 것이 아니라 의사결정의 요소들인 ① 문제, ② 해결책, ③ 참여자, ④ 선택의 기회들이 서로 다른 시간에 우연적 요인에 의하여 통(can) 안에 모일 때 의사결정이 이루어진다는 것이다. 이 모형은 비합리적이고, 우연적 선택으로 의사결정이 이루어진다고 보는 관점에서 다른 모형과 구별된다(주삼환 외, 2015: 187).

이러한 모형의 한계점은 일부 조직에서 일시적으로 일어나는 현상으로, 반드시 의사결정이 이루어진다는 보장이 없다는 것이다. 앞에서도 언급하였듯이 학교조직은 교육목표가 분명하지 않고, 교육활동의 목적달성을 위한 방법도 학교나 교사에 따라서 제각각이며, 교육행정가와 교원, 학생, 학부모의 참여도 유동적이며 제한적이다. 이러한 학교조직과 같은 조직에서 이와 같은 쓰레기통 모형에 따른 의사결정이 일어날 가능성이 높다는 것이다.

2. 의사소통

1) 의사소통의 개념

의사소통은 사람들 간에 생각 또는 의견, 감정 등을 서로 주고받는 총제적인 행위이며 주고받는 양방향적 과정이다. 의사소통은 집단행동에 있어서 집단구성원들 사이를 연결해 주고 상호작용에 가장 중심적인 역할을 하는 중요한 요소이다(송화섭, 1994).

크너츠비히(Knerzevich, 1975)는 의사소통을, 첫째, 인간의 능력이나 기술 매체를 사용하여 태도, 생각, 정보를 교환하는 것, 둘째, 아이디어를 교환하는 것, 셋째, 사상과 의견을 교환하는 것, 넷째, 사실, 생각, 느낌을 주고받는 과정이라고 정의하였다(신재흥, 2010에서 재인용).

따라서 교육행정에 있어서 의사소통이란 조직의 목표와 관련하여 조직의 구성원이 목적을 성취하기 위하여 다른 사람에게 의사를 전달하여 무엇인가를 하도록 시도하는 역동적인 과정으로 말의 교환 그 이상이라고 볼 수 있다.

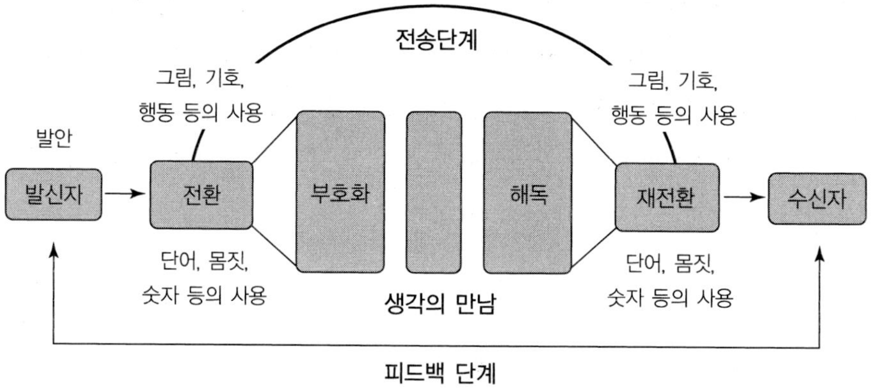

[그림 5-1] 의사소통의 과정

2) 의사소통의 기능

의사소통이 효과적으로 이루어질 때 조직구성원은 각자의 개성·태도·가치를 이해하게 된다. 의사소통의 기능은 다음과 같다(Scott, 1976: 193: 박수연, 박정애, 2000: 408-411에서 재인용).

첫째, 협동의 전제조건이며 조정의 수단이다. 조직에서 의사소통이 없으면 신경계통이 없는 인간과 같아서 조직은 모든 기능이 마비된 상태가 된다. 조직에서는 의사소통이 조직의 여러 요소에 영향을 주므로 협동적 행동이 가능하며 의사소통은 조정의 수단으로서 기능을 한다.

둘째, 정보의 제공과 합리적 의사결정의 수단이다. 조직의 활동은 의사결정의 연속적인 과정이다. 의사소통을 통하여 필요한 정보를 제공하고 교환함으로써 양질의 의사결정에 도움을 준다. 합리적인 의사결정을 효율적으로 집행하기 위해서는 의사소통의 내용이 정확·신속·적절하며 전달의 질이 우수해야 의사결정의 질도 확보될 수 있다.

셋째, 조직구성원을 동기화하는 수단이다. 지도자는 의사소통을 함으로써 조직구성원을 동기화한다. 의사소통이 조직구성원을 동기화하는 수단이 되는 것은 기대이론과 목표설정이론과 관련이 있다. 기대이론은 노력과 수행의 연계 및 수행과 결과물 획득의 연계 등 각각의 절차에서 조직구성원이 기대를 하게 되는데, 기대를 현실적인 감각으로 갖게 하는 작용이 지도자와 구성원 사이의 의사소통이다. 그리고 목표설정이론에 의하면 지도자는 조직구성원의 목표를 설정할 때 의사소통을 통해 구체적이고 어려운 목표를 설정하도록 하고 있다.

넷째, 갈등해소의 수단이다. 조직에서는 개인 간, 부서 간의 갈등이 있게 마련이다. 갈등은 여러 가지 원인에서 발생하는데 의사소통으로 해소할 수 있다.

다섯째, 통솔과 사기앙양의 수단이다. 조직구성원들은 의사소통을 통하여 참여감, 귀속감, 책임감, 인정감, 유대감 등 사회 · 심리적 욕구를 충족하며, 이러한 과정에서 자발적 통솔이 이루어지고 사기가 앙양되며 근무에 대한 동기가 유발된다.

여섯째, 분위기와 감정의 표현이다. 직무 분위기는 조직구성원들이 직무를 수행하는 매일 매 시간에 직무수행자가 경험하는 기분을 의미한다. 분위기와 감정에 대한 의사소통은 조직구성원이 상호 이해하도록 도와주며 직무수행을 하도록 하고 목표를 달성하도록 한다.

이와 같이 의사소통은 협동과 조정, 합리적 의사결정, 갈등해소, 사기앙양의 수단이며 직무수행에 적합한 분위기를 이끄는 표현의 기능을 한다.

윤정일 등(2008: 166-167)은 의사소통이 다음의 네 가지 기능을 수행한다고 보았다(주삼환 외, 2015: 197에서 재인용).

- 조정 및 통제를 위한 수단: 구성원의 행동을 일사분란하게 하고, 질서를 확보하기 위한 수단으로 이용할 수 있다. 또한 구성원의 직무와 관련하여 책임과 권한의 소재를 명확하게 규정하는 것과 관련이 있다.
- 합리적인 의사결정의 수단: 구성원이 조직의 의사결정과정에 참여할 수 있다. 특히 의사소통의 내용이 정확하고 신속 · 적절하며 그 정보의 질이 우수할 경우, 의사결정의 수준을 높일 수 있다.
- 조직통솔과 리더십 발휘: 구성원을 통솔하고 조직목표에의 공헌과 추종을 유도할 수 있다.
- 사기앙양 및 동기유발: 구성원을 자극하고 격려함으로써 구성원의 동기유발과 사기를 앙양할 수 있고, 조직목표를 달성하기 위한 구성원 간의 협동과 몰입을 불러일으킬 수 있다.

3) 의사소통의 형태

(1) 언어적 의사소통과 비언어적 의사소통

의사소통에 사용하는 메시지 기호의 종류에 따라 언어적 의사소통(verbal communication)과 비언어적 의사소통(non-verbal communication)으로 분류된다. 언어적 의사소통은 언어를 매개체로 하여 의사소통이 이루어지는 것을 말한다. 이는 다시 언어 의사소통(oral communication)과 문서 의사소통(written communication)으로 나뉜다. 언어 의사소통은 직접적인 말을 수단으로 하여 정보의 교환이나 메시지를 전달하는 것을 의미한다. 대면적 의사소통이 대부분 여기에 속한다. 대면적 의사소통은 즉시성, 신축성, 융통성, 비밀보장성 등의 장점이 있으나 전달대상이 제한되어 있으며, 전달내용이 복잡하고 어려울 때는 소통되기 어렵다.

문서 의사소통은 문서를 통한 의사소통으로서 공문서, 보고서, 지침, 메모, 편지, 회람, 안내서 등이 여기에 포함된다. 문서 의사소통은 장기적으로 보존할 필요가 있을 때(보존성), 중요하고 복잡한 내용을 정확하고 획일적으로 전달할 필요가 있을 때(정확성, 획일성), 구성원이 지리적으로 분산되어 있을 때 효과적이다. 그러나 수신자의 반응을 확인하고, 다양한 욕구를 고려하기가 어렵다. 또한 비밀이 누설되기 쉽다는 단점도 있다.

비언어적인 의사소통은 언어나 문자를 사용하지 않고 메시지를 전달하는 의사소통이다. 물리적인 언어인 교통신호, 사이렌, 도로 표지판 등과 같은 것은 비언어적 의사소통의 수단이 된다. 그리고 상징적 언어인 사무실 크기, 의자의 크기, 자동차의 크기, 색깔 등도 비언어적 의사소통의 수단이 된다. 또한 신체적 언어(body language)인, 얼굴 표정, 몸짓, 목소리, 눈동자, 하품, 옷차림 등도 상대에게 메시지를 전달할 수 있는 비언어적인 의사소통의 수단이 된다. 때로는 이러한 비언어적인 의사소통이 언어적인 의사소통보다 더 효과적일 수 있다.

(2) 일방적 의사소통과 쌍방적 의사소통

의사소통은 발신자와 수신자 사이에 의사소통 흐름이 일방적이냐 혹은 쌍방적이냐에 따라 일방적 의사소통(one-way communication)과 쌍방적 의사소통(two-way communication)으로 구분된다. 일방적 의사소통은 의사전달이 한 방향으로만 이루어지는 형태이다. 이때 발신자는 의사소통을 주도하고 수신자는 듣는 입장에 있으며, 연설, 강연, 설교, 강의, 발표, 공식적인 인사와 같은 것은 일방적 의사소통의 형태들이다. 일방적 의사소통에서는 발신자가 자신의 생각, 감정, 의도, 정보 등을 정확히 전달하기 위해서 많은 준비가 필요하고, 많은 사람에게 그것들을 신속하게 전달할 수 있는 장점이 있다. 반면에, 일방적 의사소통은 피드백이 이루어지지 않으며 수신자를 수동적 위치에 놓이게 하는 단점이 있다.

쌍방적 의사소통은 최소한 두 사람이 서로 메시지를 주고받는 상호작용적 의사소통의 형태이다. 인사, 대화, 상담, 면담, 토론 등과 같은 것이 쌍방적 의사소통의 형태이다. 쌍방적 의사소통은 말하기와 듣기를 통해 상호 간의 이해와 의미 공유 그리고 학습과 변화를 촉진하는 장점이 있는 반면에, 주고받는 시간이 많이 걸리는 단점이 있다.

(3) 수직적 의사소통, 수평적 의사소통과 대각(사선)적 의사소통

의사소통은 그것이 전달되는 방향에 따라 수직적 의사소통(vertical communication)과 수평(횡)적 의사소통(horizontal communication)으로 분류된다. 수직적 의사소통은 다시 하향적 의사소통(downward communication)과 상향적 의사소통(upward communication)으로 분류된다(김윤태, 1994: 400-403).

수직적 의사소통은 하향적 의사소통(상의하달)과 상향적 의사소통(하의상달)으로 나누어진다. 하향적 의사소통은 조직 내의 지휘, 명령 계통을 따라서 상사가 부하에게 메시지를 전달하는 명령, 지시, 방침, 규칙, 업무 정보 등의 전달을 포함하는 상의하달식 의사소통 방식이다. 상향적 의사소통은 부하가 상사에게 메시지를 전달하는 하의상달식 방식인 보고, 의견조사, 제안 등이 포함된다.

수평(횡)적 의사소통은 조직 내에서 같은 계층에 있는 개인 또는 부서 간에 이루어지는 상호작용적 의사소통으로서 회람, 통지, 회의 등이 포함된다. 수평적 의사소통은 구성원 또는 부서 간의 활동을 조정하거나 갈등을 해소하는 데 매우 중요한 기능을 한다.

대각(사선)적 의사소통은 상향적 · 하향적 · 수평적 의사소통의 경로가 비효과적일 때 발생하며 조직 내의 여러 기능과 기준을 가로질러 이루어지는 의사소통이다. 조직구성원들이 다른 채널을 통해서 효과적으로 의사소통할 수 없는 상황에서 중요하다. 조직의 구

〈표 5-2〉 수평적 의사소통과 수직적 의사소통

구분	수평적 의사소통	수직적 의사소통
의미	동일 위계의 구성원 사이에서 이루어지는 의사소통	수직적 위계에 의한 하향적 명령 및 상향적 보고, 전달
효과적인 경우	조직의 분업이 심하여 부서 간 갈등이 많아 의견조정이 필요한 경우	부서 간 역할이 분명하고 빠르고 일사불란한 업무처리가 필요한 경우
특징	조직의 기본목표 및 정책에 대한 이해를 높이고, 부서 간의 갈등 요인을 제거	하향전달은 구체적이고 자세하나, 상향전달은 압축적이고 요약됨
문제점	의사소통의 효과성을 높이기 위한 지도자의 리더십 요구	중간관리자의 여과 과정에서 삭제 및 전달의 왜곡 가능성

조가 복잡하고 다원적인 경우에는 의사소통의 경로가 다양해진다. 대각(사선)적 의사소통 방식은 필요한 자료를 확보하는 과정에서 시간 지연을 최소화한다.

(4) 공식적 의사소통과 비공식적 의사소통

의사소통 방식은 공식적 의사소통(formal communication)과 비공식적 의사소통(informal communication)으로 구분된다(김윤태, 1994: 399-400). 공식적 의사소통은 공식적 조직 내에서 공식적인 의사소통의 경로와 수단을 통해서 정보가 유통되는 것이다. 보통 계서제의 명령계통을 따라 공문서 또는 서면이나 구두의 명령 보고 등의 방법으로 이루어진다. 공식적 의사소통의 목적은 조직구성원에게 조직의 목표, 방침 및 지시사항 등을 알리고 직원들의 의견과 보고 내용을 관리자와 모든 직원에게 알리는 데 있다. 의사소통이 공식화되면 권한관계가 명확해지고 의사소통이 확실하고 편리하다. 발신자와 수신자가 명확하여 책임소재가 분명해지는 장점이 있다. 그러나 공식적 의사소통은 융통성이 없고, 소통이 느리고, 또한 그것만으로 조직 내의 합리적 의사소통을 하기는 어렵다.

비공식적 의사소통은 비공식적 조직인 자생적 집단 내에서 비공식적인 방법으로 이루어지는 의사소통으로, 풍문 · 유언 · 전화 · 접촉 등의 형태로 나타나므로 통제하기 어려우며 추궁하기도 어렵다. 이것은 공식적 직책을 떠나 친분, 상호신뢰 등 인간관계를 기초로 하여 의사소통을 하는 것으로, 극히 제약된 조직이나 사회에서는 많은 의사소통이 발생한다. 이러한 비공식적 의사소통은 구성원들의 여론과 감정 등을 그대로 나타내므로 유익한 정보를 전달하는 수단이 된다. 뿐만 아니라 공식적 의사소통으로 전달될 수 없는 표현을 가능하게 함으로써 유익한 정보를 전달하는 수단이 되기도 한다.

〈표 5-3〉 공식적 의사소통과 비공식적 의사소통

구분	공식적 의사소통	비공식적 의사소통
의미	조직 내의 공식적 체제를 통해 상호 간 메시지 이동	비공식적 방식으로 상호 간 메시지가 이동되는 의사소통
전달방법	공문서, 서면, 구두명령, 보고 등 정형화된 방법	소문, 은밀한 언어, 개인적 접촉 등 비정형화된 방법
장점	의사소통이 확실하고 명확하며, 책임한계가 분명함	구성원의 여론 · 감정 등을 반영, 개인적인 의사표현 가능
문제점	개인적인 의사표현 및 조직의 경직성 · 엄격성 · 비융통성 · 획일화 초래 가능성	헛소문이나 구설수로 인한 사실왜곡, 상급자의 권위 손상 및 조직 내 사기저하 우려

4) 의사소통의 장애요인

의사소통의 효과를 높이기 위해서는 이러한 장애요인이 무엇인지 찾아내어 이를 제거하거나 최소화하여야 한다. 일반적으로 의사소통의 장애요인은 수신자, 즉 듣는 이에게서 찾을 수 있다. 그러나 개인적인 원인 외에도 다양한 요인이 있을 수 있다. 의사소통의 장애요인은 크게 개인 내 요인, 개인 간 요인, 조직요인, 기술적 요인으로 분류할 수 있다(Bedeian, 1980: 박병량, 주철안, 2011: 263에서 재인용).

(1) 개인 내 요인

개인 내 요인(intra person factors)은 개인의 선택적 지각—여과(filtering)—과 관련되는 개인의 속성이다. 여기에는 연령, 성(性), 신념, 가치관, 사고방식, 문화적 배경, 언어사용 습관, 지식, 태도, 심리적 불안 등이 포함된다. 이른바 '세대 차이'라는 연령 차이에 따른 관념의 차이, '화성에서 온 남자와 금성에서 온 여자'라는 말처럼 성별에 따른 생각의 차이, 청소년들의 축약된 언어로 기성세대와의 소통의 어려움 등이 그 예라 할 수 있다. 또한 말하는 이의 언어구사력, 표현력은 의사소통에 영향을 주는 개인 내 요인이다. 정확한 용어의 사용이 무엇보다 중요하다.

(2) 개인 간 요인

개인 간 요인(inter person factors)은 대인관계와 관련된 것으로 친밀감, 신뢰감, 편견, 고정관념, 분위기 등이 포함된다. 긍정적 분위기와 신뢰감은 의사소통의 효과를 높이고, 부정적 분위기와 불신은 의사소통의 효과를 감소시킨다. 무엇보다 편견이나 고정관념은 상대방에 대한 허상의 이미지를 임의로 설정함으로써 의사소통의 의미를 왜곡시키고, 대화의 결과를 일방적이고 섣불리 단정 짓는 위험에 빠질 수 있다. 따라서 무엇보다 이를 경계하고, 공정하며 수용적인 태도를 가져야 한다.

(3) 조직요인

조직요인(organization factors)은 조직 내에서 위계와 관련된 것으로 직위, 전달체계나 전달방식, 환경적 요인 등이 포함된다. 일반적으로 대화를 함에 있어서 상위자 · 연장자가 대화를 주도하는 경향이 있다. 계층화된 권력구조의 조직사회에서 이러한 윗사람 주도의 대화는 그 결과가 주도하는 이에게 유리한 쪽으로 종결되는 경우가 발생한다. 하위자는 분위기에 압도되거나 연령, 신분상의 한계 등을 극복하지 못하기 때문이다. 따라서 공정한 결과를 위해서는 대화의 장소나 대화방식, 상대방의 수 등을 고려해서 상위자의 일방적인 주도에서 벗어나는 배려가 필요하다.

(4) 기술적 요인

기술적 요인(technical factors)에는 언어와 경로상의 장애가 있다. 부정확한 언어, 의미가 모호한 언어, 해석이 다양한 언어, 경로상의 물리적 장애는 의사소통을 방해한다. 기술적 요인은 주로 발신자, 즉 말하는 이가 원인이 되는 경우가 많다. 물리적 장애요인은 의사소통에 부정적인 영향을 주는 환경적 요소로서 회의장의 집기, 조명, 소음 등 청각적 · 시각적인 것들이 있다.

5) 효과적인 의사소통

효과적인 의사소통은 쌍방적 과정이다. 쌍방 혹은 양방으로 개방하기 위해서는 발신자와 수신자 양쪽이 협동할 필요가 있다. 다음에 제시한 방식은 기본적인 몇 가지 규칙으로서 의사소통을 원만하게 하는 데 도움을 줄 수 있다.

(1) 감정이입을 한다

타인을 이해하고 타인과 소통하기 위해서는 무엇보다 자기가 타인의 입장에서 듣고, 타인에게 자기의 온정과 이해를 전달하는 능력을 가져야 한다. 감정이입을 한다는 것은 타인의 경험을 자기의 경험 속에서 재창조하는 것을 말한다. 이는 타인의 관점에서 세상을 보려는 삶의 태도이다. 사람은 다른 사람과 똑같은 경험을 할 수는 없다. 그러나 감정이입을 통해 타인의 기쁨을 나름대로 볼 수 있고, 타인의 슬픔을 '내면화'할 수 있으며, 타인과 '동반자 의식'을 느낄 수 있다. 타인에게 다가가고 타인과의 관계를 강화시켜야 소통의 발판을 마련하게 된다.

(2) 장애물을 의식한다

바람직한 의사소통을 방해할 수 있는 장벽을 가능한 한 제거해야 한다. 고정관념이나 기타 선입견을 버려야 한다. 특히 서로 간의 차이점이 있다고 해서 의사소통이 되지 않을 것으로 생각해서는 곤란하다. 중요한 것은 의사소통을 자발적으로 하려는 태도이다. 자신의 마음을 개방한 상태에서 타인의 이야기를 들어보되, 선입견을 갖고 판단하면서 의사소통의 과정에 참여하지 말아야 한다. 최대한 타인의 관점에서 상황을 보도록 노력한다. 자신이 갖고 있는 가정적 배경, 과거의 경험, 자기의 사적인 가치, 신념, 흥미 등이 자신의 지각에 영향을 줄 것이라는 것을 인식하고 그러한 시각에서 메시지를 고찰하도록 노력해야 한다. 왜냐하면 사람들은 자신이 갖고 있는 왜곡된 태도로 인해 때때로 말하지 않았던 것들을 알게 되면서 의도했던 메시지를 듣지 못하게 되기 때문이다.

(3) 피드백을 주고받는다

쌍방적인 의사소통이 아무리 잘된다고 할지라도 피드백은 매우 중요하다. 발신자가 전하려는 의도나 의미를 이해했다는 확신을 갖지 못했다면, 다시 물어보아야 한다. 예를 들어, "제가 정확하게 이해했는지 모르겠습니다."라고 말하고 나서 발신자가 말하고자 했던 것을 자신의 지각을 반사시켜 주거나 피드백해 줄 수 있다. "선생님께서 이렇게 말씀하신 것으로 들었습니다. 맞습니까?"라고 말하고 나서 자신이 이해한 것을 말해 줄 수도 있다. 이와 같은 방법으로 의사소통 당사자들 간에 공통된 이해를 가져야 하고 함께 협동할 수 있는 분위기를 만들어야 한다. 때로는 상대편의 의도에 대한 해석 또는 메시지가 명확하게 전달되고 있는지 알아보기 위하여, 의사소통의 내용을 부분적으로 자세하게 검토할 필요가 있다. 발신자의 말을 들으면서 그 말을 자기의 말로 의역하고, 자신의 말에 반영하는 능력을 계발해야 한다. 그리고 피드백을 주고받을 때 자신에 대한 개방적 인식의 영역을 넓히고 새로운 통찰을 얻도록 노력해야 한다.

(4) 타인의 말을 경청한다

발신자의 말을 경청하는 행동은 타인에 대한 적극적인 책임의식이다. 귀담아 듣는다는 것은 단순히 듣기만 하는 수동적인 행동이 아니다. 우리는 의사소통의 과정에서 상대방이 말하는 경우 듣는 사람이 된다. 이때 단순히 그 사람이 하는 말뿐만 아니라 그 사람의 사상과 감정을 알아차리는 '마음의 귀(inner ear)'를 갖고 얘기를 들어야 한다. 그리고 메시지에 대한 자신의 지각을 피드백해야 한다. 진정한 배려를 위해서는 상대방의 말에 즉각적 반응을 보여 주며 진정으로 그들의 말을 경청하고 있음을 알게 해야 한다.

(5) 수용하려고 노력한다

타인을 수용하기 위해서는 상대방의 견해를 존중하고 배려해야 한다. 상대의 강점을 격려해 주고 강화해 주어야 한다. 수용한다는 것은 타인과 함께하려는 개방적이고 자발적인 태도를 포함한다. 타인이 갖고 있는 자아상을 키워 주는 것 또한 포함된다. 조건 없이 상대방을 수용하는 애정 어린 분위기는 의사소통을 원활하게 한다. 실수를 했을 때 쌀쌀맞지 않게, 책망이나 거절, 비난과 비웃음 없이 진실하고 솔직한 태도로 받아들이는 것이 존중이다. 존중은 대화를 나누는 사람들이 자신의 관심사를 자유롭게 말하고 토론할 만한 가치가 있고 수용될 수 있다는 믿음을 주는 토대가 된다.

(6) 자기를 존중하고 상대방을 신뢰한다

의사소통이 안 될 경우에는 자신과 상대방을 신뢰하는 자세를 점검해 보아야 한다. 열린 마음으로 정직하게 상대방의 욕구를 대처할 필요가 있다. 때로는 상대방에 의해 자신의 의견이 거절될 수도 있고 오해받을 수도 있다. 이러한 경우 낙심하거나 분노감정으로 소통장애 상황을 만들기보다는 역설적으로 생각하여 깊고 의미 있는 관계를 이룰 기회로 받아들일 수 있어야 한다. 효율적인 의사소통을 하려면 자신을 신뢰하고 존중해야 한다. 이것은 자신의 행동에 대한 책임감과 믿음을 갖고 생활할 때 가능하다. 상대방에게서 신뢰와 믿음을 발견하려면 먼저 신뢰받는 사람이 되어야 한다.

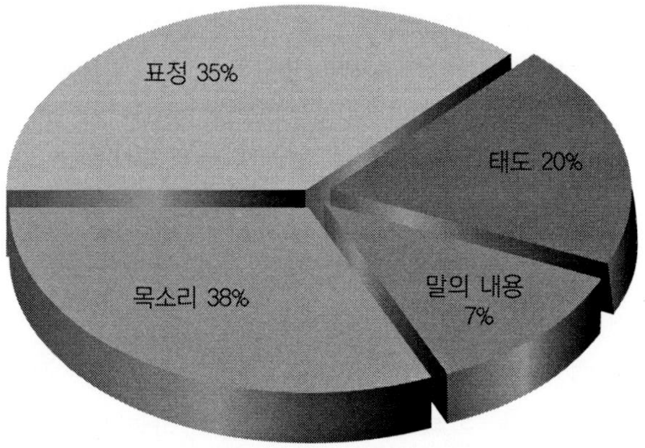

[그림 5-2] 의사전달 구성요소

레드필드(Redfield, 1958)는 의사소통을 원활히 하고 그 효과를 높이는 지침으로 다음과 같은 원칙을 제시하였다(박병량 외, 2012에서 재인용).

- **명료성의 원칙**: 의사소통에서 전달하는 내용이 보다 분명하고 정확하게 될 수 있도록

표시되어야 한다는 것이다.

- 일관성의 원칙: 의사소통에서 전달내용은 전후가 일치되어야 한다는 것이다.
- 적시성의 원칙: 의사소통은 적시에 이루어져야 한다는 것이다. 즉, 필요한 정보는 필요한 시기에 적절히 입수되어야 한다.
- 적정성의 원칙: 전달하고자 하는 정보의 양과 규모는 적당해야 한다는 것이다. 즉, 정보의 양이 너무 많거나 빈약해서도 안 된다.
- 배포성의 원칙: 의사전달의 내용은 비밀을 요하는 특별한 경우를 제외하고는 모든 사람들이 알 수 있도록 공개해야 한다는 것이다. 특히 공식적인 의사소통에서는 배포성의 원칙이 중요시된다.
- 적응성의 원칙: 의사소통의 내용은 환경에 적절히 적응할 수 있어야 한다.
- 수용성의 원칙: 의사소통은 피전달자가 수용할 수 있어야 한다. 그러므로 적극적인 반응을 보일 수 있도록 수용성이 있어야 한다.

의사소통의 개선을 위해서는 의사소통에 대한 계속적인 평가가 이루어져야 한다. 다음은 의사소통 과정의 핵심적 요소에 따라 학교 의사소통체제의 효과성을 평가하는 사항들로서, 학교조직의 의사소통체제를 개선하는 지침이 된다(St. John, 1989).

- 의사소통 분위기를 향상한다.
- 의사소통 경로를 개방한다.
- 광범위하고 다양한 의사소통방식을 사용한다.
- 의사소통의 적기(適期, timing)를 계획한다.
- 메시지 내용을 적합하도록 한다.
- 의사소통에 피드백을 권장한다.
- 정보의 근원(source of information)을 안다.
- 상급자와 하급자 간의 의사소통을 활성화한다.

연구 및 토의 · 토론 문제

1. 의사결정과정에 따라 분류한 유형과 의사결정을 보는 관점에 따른 유형을 구분하여 다양한 의사결정 유형에 관해 정리해 보자.

2. 의사결정 이론의 합리적 모형, 만족화 모형, 점증적 모형, 혼합적 모형 그리고 최적화 모형에 대해 살펴보고 각각의 모형에 관해 요약 · 정리해 보자.

3. 효과적인 의사소통은 쌍방적 과정이다. 쌍방 혹은 양방으로 의사소통을 원만하게 하는 데 도움을 주는 의사소통의 기본적인 규칙을 열거해 보자.

4. 학교조직에서 의사소통을 방해하는 요인에는 어떤 것이 있는지 찾아보고, 이를 극복하고 효과적인 의사소통이 이루어질 수 있는 방안을 토의해 보자.

5. 조직화된 무정부조직의 특성은 무엇이며, 학교조직에서 쓰레기통 모형에 의한 의사결정이 가능할 수 있는 이유가 무엇인지 발표해 보자.

제3부

교육행정의 실제

06 교육정책

1. 교육정책의 개념
2. 교육정책과 가치
3. 교육정책의 형성과정
4. 교육정책의 형성요인과 결정과정

학습개요

1. 교육정책의 개념과 특성을 알고, 교육활동에 있어서 정책이 필요한 이유를 알아본다.
2. 교육정책의 성과 면에서 추구하는 기본적 가치를 알아보고, 이러한 가치가 서로 대립하는 이유를 살펴본다.
3. 교육정책의 형성에 영향을 미치는 사람들은 누구이며, 교육정책은 어떤 과정을 거쳐 결정되는지 살펴본다.

1. 교육정책의 개념

1) 정책의 개념

정책은 정부가 권력을 매개로 하여 사회를 향하여 수행하는 모종의 활동으로(이종재 외, 2015: 15), 국민들의 삶에 있어서 국가의 정책이 미치는 영향은 절대적이다. 정부의 각 부처별 정책은 어느 하나 중요하지 않은 것이 없지만 그중에서도 교육은 국민들의 삶을 질을 높이고, 국가 미래인재 양성을 위한 막중한 임무를 지닌다.

주삼환 등(2015: 175-176)은 정책을 다음과 같이 정의하고 있다.

첫째, 정책은 '전체 사회를 위한 가치의 권위적 배분'이라고 정의될 수 있다. 이는 정책의 정치적 성격을 강조한 것으로, 정책결정과정에서 공식적인 권위를 가진 집단이 중심적인 영향력을 행사하는 것을 의미한다.

둘째, 정책은 '목표 · 가치와 행동노선을 담은 사업계획'으로 정의될 수 있다. 이 정의에서 보면 정책은 어떤 목표나 가치를 달성하기 위한 전반적인 행동계획으로 이해될 수 있다.

셋째, 정책은 규범적 사고와 행동에 대한 최초의 표현이며 지침적 이미지라고 정의되기도 한다. 이 정의는 정책의 규범성과 행동지향성 그리고 정책효과 등을 강조한다고 볼 수 있다.

이종열 등(1985: 39)은 정책이란 "권위 있는 공식기관이 문제해결이나 공적 이익을 달성하기 위하여 정치적 · 행정적 과정을 거치거나 당위성에 입각하여 의도적으로 선택한 장래의 행동계획"이라고 하였다(주삼환, 2015: 176에서 재인용).

정정길 등(2010)은 정책은 "바람직한 사회상태를 이룩하려는 정책목표와 이를 달성하기 위하여 필요한 정책수단에 대하여 권위 있는 정부기관이 공식적으로 결정한 기본 방침"이라고 하였다(신현석, 안선회, 2016: 212에서 재인용).

이러한 개념들을 종합하여 보면, 정책이란 ① 국가나 지방자치단체가 공공의 이익을 추구하기 위하여 ② 정치권력을 기반으로 ③ 국민의 뜻을 바탕으로 하여, ④ 공식적인 일련의 집행과정을 거쳐 ⑤ 체계적이고 조직적으로 계획하는 행정활동이라고 할 수 있다.

교육정책은 교육활동이 보다 원활하게 이루어지도록 방향을 제시하고 조건을 정비하는 역할을 한다. 교육정책을 이해하기 위해서는 먼저 정책의 개념을 알아볼 필요가 있다.

정책의 개념은 학자마다 다양하게 정의될 수 있기 때문에 한마디로 진술하기는 어렵다. 앤더슨(Anderson, 1984: 2-5)은 정책이 포함하고 있는 개념적 속성을 다음과 같이 말하고 있다(윤정일 외, 2016: 213에서 재인용).

첫째, 정책이란 목적지향적 활동이다. 어떤 결과를 산출하기 위한 의도적 활동이 아닌 무의도적인 활동이나 우연적 결과는 정책과는 무관한 것이다.

둘째, 정책이란 정부에 의해 이루어지는 체계적인 활동이다. 정책은 개인의 계획이나 방침이 아니라 법률이나 공적 활동 등에 의해 이루어지고 조직적 활동을 통해 체계적으로 집행되는 결정인 것이다.

셋째, 정책이란 실제로 이루어지는 활동이다. 일에 대한 계획은 정책이라고 할 수 없으며, 적어도 의도된 목적달성을 위한 실제적인 행동과정을 포함하고 그를 의식적으로 추진해야만 정책이라고 할 수 있는 것이다.

넷째, 정책은 공공성을 가지고 있다. 정책은 그 추진 결과로 영향을 받게 되는 국민의 이익을 고려하고, 그에 합치되어야 하는 것이다.

다섯째, 정책이란 권위를 바탕으로 한다. 정책은 공익에 기초한 국민의 동의를 바탕으로 국가가 정치권력을 동원하여 강제하는 결정이고 활동인 것이다.

안해균(1982: 211)은 정책의 개념 속에는 다음과 같은 요소가 포함되어 있다고 보았다(박세훈 외, 2012: 169에서 재인용).

첫째, 정책은 실현하고자 하는 특정 목표가 있다. 그것은 하나일 수도 있고 복합적인 형태를 띤 것일 수도 있다. 그러한 목표의 내용은 정치적 · 경제적 · 사회적 · 문화적 특성을 반영한다. 이러한 점에서 정책은 가치 함축적인 개념이다.

둘째, 정책에는 목표를 실현하기 위한 바람직한 행동경로가 있다. 이러한 점에서 정책을 행동지향적이라 한다.

셋째, 정책에는 공공성이 내포되어 있다. 정책은 주로 공공기관에 의해 이루어지는 국민에 대한 장래의 약속이다. 따라서 이것은 하부 부서의 세부적 결정 또는 다른 사적 부문에서의 결정에 대해 기본적 방향을 제시하는 지침의 역할을 한다.

행정과 정책의 관계를 살펴보자면, 행정에 관한 전통적인 개념은 정치체제하에서 결정한 기본 방침인 정책을 집행하는 행위를 말한다. 즉, 행정은 단지 수립된 정책을 집행하는 수동적인 의미의 해석으로, 정치의 하위개념이 행정인 셈이다. 그러나 행정은 정책을 수립하는 바탕이 되고, 근거를 제공한다는 점에서 오늘날 행정은 정치와 동등한 개념으로 인식되고 있으며, 따라서 행정과 정책은 상호 영향을 미치는 불가분의 밀접한 관계인 셈이다.

2) 교육정책의 의의

위와 같은 정책의 개념적 특성은 교육정책의 경우에도 그대로 적용되는 것으로서 결코 예외일 수 없다. 교육정책도 다른 정책들과 마찬가지로 의사결정과정을 통하여 이루어지는 하나의 정치적 산물이다. 그러나 그 목적이 교육활동을 장려하고 지원한다는 점에서 일반정책과 다른 특성을 지닌다. 교육정책은 그 대상이나 문제가 교육 분야에 관한 것이기 때문에 다른 분야의 정책과는 다른 특수성을 가지고 있다.

교육정책이란 사회적 · 공공적 · 조직적 활동으로서 교육활동을 위하여 국가와 공공단체가 국민 또는 관련 주민의 동의를 바탕으로 하여 공적으로 제시하며, 공권력을 배경으로 강행성을 가지는 기본 방침 또는 지침을 의미한다(김종철, 1989: 680). 즉, 교육목적 달성을 위하여 정부가 공익과 국민의 동의를 바탕으로 결정한 교육에 관한 기본적 지침이다.

김종철(1950: 680-681)은 교육정책의 속성을 다음과 같이 제시하고 있다(임연기, 최준렬, 2017: 73).

- 교육정책은 교육활동을 대상으로 하며, 교육활동을 위하여 봉사하는 수단적인 면을 지닌다.
- 교육정책의 주체는 정치체제(political system)를 형성하는 국가 또는 지방자치단체가 된다.
- 교육정책은 교육활동과 내용의 지침을 제시한다.
- 교육정책은 교육문제를 해결하기 위한 합리적인 의사결정과 최적의 대안을 탐색하는 과정이다.
- 교육정책은 국가나 지방자치단체가 설정하는 교육이념을 구현하는 수단이며, 집행성격으로서의 교육행정에 대한 기본적인 지침이나 방향제시가 된다.

교육행정과 교육정책의 관계를 살펴보면 다음과 같다. 광의의 교육행정 개념 속에는 교육정책이 포함되며, 정책결정은 교육행정의 과정요인의 하나로 중요한 위치를 차지한다. 이 경우 교육행정은 정책을 포괄하는 상위개념이라고 볼 수 있다. 그러나 협의의 교육행정은 정책을 시행하는 과정으로 이해되며, 이때 정책은 행정의 기본 방침 또는 지침이 된다(박세훈 외, 2012: 170).

이러한 교육정책은 다음과 같은 내용을 함축하고 있어야 한다(송미섭, 나동환, 1993: 96-97).

첫째, 교육정책은 정치적 과정을 통해 결정되는 국가의 통치작용이다. 교육정책은 정치권력에 의해 특정한 목적달성이나 산출을 위하여 결정되는 통치행위의 의미를 갖는다. 다만, 민주국가에서는 그 공권력의 행사가 국민의 동의에 기초해야 한다는 원칙이 있다.

둘째, 교육정책은 교육제도와 그 운영에 관한 기본 지침이 된다. 교육정책은 그를 통하여 수립되거나 개편 · 운영되는 교육제도의 지침이 된다. 그러나 때로는 교육제도가 법규나 관습에 의한 교육활동의 틀이기 때문에 교육정책의 기반이 되기도 한다.

셋째, 교육정책은 교육문제 해결을 위한 대안의 선택이다. 교육정책은 교육문제 해결을 위한 적절한 수단을 강구하는 일, 즉 여러 가지 수단 혹은 대안 중에서 가장 합리적인 대안을 선택하는 과정이라고 할 수 있다.

넷째, 교육정책은 교육이념을 구현한다. 교육정책은 교육목적의 실현을 위한 수단으로 강구하여 교육 발전을 도모함으로써 궁극적으로 교육이념을 구현하는 역할을 한다. 그러나 때로는 교육정책이 교육이념에 대한 결정작용을 할 수도 있다.

다섯째, 교육정책은 교육행정의 기본 지침이 된다. 교육정책은 이를 기본 지침으로 삼아 그 구체적 목표를 실현하게 하는 교육행정 활동의 기초가 된다. 물론, 이러한 생각에는 교육행정을 정책의 집행과정으로 보는 협의의 교육행정 관점이 내재되어 있다.

교육정책은 교육제도와 긴밀한 관계를 형성한다. 교육활동은 사회적 · 공공적 · 조직적 활동으로서 많은 규칙이나 절차, 관행에 따라 이루어지는데, 이런 모든 것을 교육제도라고 통칭할 수 있다(이종재 외, 2015: 62). 교육정책은 교육제도에서 나오지만, 정책이 오히려 기존의 교육제도를 변화시키기도 한다. 즉, 교육제도를 운영하는 과정에서 문제가 발생하거나, 보다 나은 대안이 나타나면 이것이 새로운 정책을 만드는 계기가 되기도 한다. 이러한 의미에서 교육정책과 교육제도는 생성과 산물이 되는 상호작용을 하는 것이다.

3) 교육정책의 필요성

국민들에게 교육정책이 필요한 이유는 다음과 같이 생각해 볼 수 있다.

첫째, 교육에 관한 행정 및 제도의 통일을 위함이다. 우리나라 국민들의 교육과 관련한 가장 민감하고도 관심이 높은 사항은 대학입시제도와 관련한 것이라고 볼 수 있다. 「헌법」 제31조 ④에서는 "교육의 자주성 · 전문성 · 정치적 중립성 및 대학의 자율성은 법률이 정하는 바에 의하여 보장된다."라고 하였다. 그러나 만일 교육의 자주성과 자율성만을 강조하여 학생평가나 선발을 전적으로 학교에만 맡긴다면 제각기 다른 기준에 따라 큰 혼란이 일어날 수 있다. 이에 따라 국가에서 관련 제도를 마련하여 통일된 정책을 제공하고 있는 것이다.

둘째, 교육에 접할 수 있는 기회를 제공하기 위함이다. 「헌법」 제31조 ①에 "모든 국민은 능력에 따라 균등하게 교육을 받을 권리를 가진다." 또한 「헌법」 제31조 ②에 "모든 국민은 그 보호하는 자녀에게 적어도 초등교육과 법률이 정하는 교육을 받게 할 의무를 가진다."라고 하여 교육이 국민으로서 권리인 동시에 의무임을 명시하고 있다. 이러한 교육에의 기회는 균등성, 형평성을 원칙으로 하며, 의무교육 이후인 고등학교와 대학교육에서는 피교육자의 능력에 따라 다양한 선택을 할 수 있도록 하고 있다.

셋째, 교육에 관한 전문성을 확보해 주기 위함이다. 앞서 언급하였듯이 교육의 전문성 보장은 「헌법」에서도 나타나고 있으며, 교직이 전문직을 지향함에 있어서도 드러난다. 윌슨(Wilson, 1971)은 교육자의 기본적 권리로, ① 일반행정으로부터의 독립, ② 전문가로서 자유롭게 교육할 권리, ③ 교육과정의 제정 및 운영에의 참여, ④ 부당한 지배로부터의 자유, ⑤ 교육학의 학문적 자유, ⑥ 자주적인 단체결성 등을 들고 있다(강기수, 김희규, 2012: 65에서 재인용). 이러한 교육의 전문성을 확보하기 위하여 시대적 요구에 부합하는 다양한 교육정책이 뒷받침되어야 한다.

4) 교육정책의 특성

한국교육행정학회(1990)는 교육정책기능의 특수성은 기본적으로 교육정책의 존립기반이 되는 교육활동의 특수성에서 비롯된 것이라고 보고 있는데, 교육활동의 특수성은 코헨(Cohen) 등이 말한 다음과 같은 '조직화된 무질서'로서의 특징과 연관이 있다.

- 교육활동은 그 목적이 구체적이지 않으며 또 분명하지도 않다. 학교급별, 학년별, 교과별로 교육목표가 있지만 최종 학습목표는 개개 교사가 설정한다. 따라서 교육목표 달성을 위한 우선순위도 개인과 조직에 따라 다르다.
- 교육목적을 달성하기 위하여 사용하는 방법이나 기술이 과학적으로 명확하지 않다. 교사와 교과, 학교에 따라 다양한 교수법과 교육방법을 활용한다.
- 교육조직의 구성원들이 한 자리에 오래 머물지 않고 유동적이다. 교육공무원은 주기

적으로 순환 근무하고, 학생들은 진급하면서 구성이 바뀌고 학령에 맞추어 입학하고 졸업한다.

이러한 교육활동의 특수성과 관련하여 교육정책의 특수성을 다음과 같이 생각할 수 있다.

첫째, 교육활동은 목표와 성과가 그 특성상 장기적이고 계량적으로 측정하기 어렵다는 특성을 가진다. 따라서 교육정책을 수립하거나 평가할 때 장기적인 측면을 충분히 고려해야 한다. 지금까지 우리나라 교육정책들은 정권이 바뀌고 장관이 바뀌면 이전 정부, 이전 내각에서 고심하여 수립하였거나 추진해 오던 정책들이 정치적 이념논리에 의해 '없던 일'로 허무하게 사라지거나, 국민들이 전혀 예상하지 않았거나 교육공동체의 의견을 수렴하지 않은 정책이 임명권자의 '선거공약 이행'이나 행정부의 독단적인 행정철학에 따라 무리하게 집행되어 온 경우가 한두 번이 아니다. 하급 정치논리에 따라 정책이 수난을 당한 셈이다. 교육은 국가의 장기적인 공공사업이다. 따라서 하나의 정책을 수립할 때 그 결과에 따라 교육에 주는 영향과 사회에 미치는 파급효과를 심사숙고해야 한다. 그래야만 탁상공론이 아닌 국민을 위한 정책이 될 수 있을 것이다.

둘째, 교육활동에 참여하는 참여자들의 성격이 다른 분야와는 매우 다르다. 교육활동의 핵심적 주체인 교원들은 전문적 성향을 지니고 있으며, 이에 따라 교육정책의 기본 방향은 이들이 자율적으로 자신들의 업무를 수행할 수 있도록 조장하는 것이 되어야 한다. 이를 무시하고 지시와 통제 일변도로 간다면 자율성을 핵심으로 하는 교육활동이 제대로 이루어질 수 없다.

교직이 일반행정직과 다른 점은 미래사회의 주역이 될 미성숙자인 학생들을 대상으로 하여, 그들을 성숙하고 전인적인 인격체로 길러 내는 숭고한 직업이기 때문이다. 이윤식 등(2009: 23-24)은 타 직종과 구별되는 교직의 특수성을 다음 몇 가지로 설명하고 있다.

- 교육조직의 목적인 교육의 가치가 특수하다는 점이다. 교육의 가치는 본질적 가치와 도구적 가치로 구분하여 볼 수 있다. 교직이 타 직종과 다른 점은 교육조직에서의 목적은 교육의 본질적 가치를 중시한다는 점이다.
- 교사에게 요구되는 특정 전문영역의 과업이 있다는 점이다. 교사들은 각 교과에 따른 학문적 영역의 교수기술뿐만 아니라 생활지도와 학사업무 등 교육활동 전반에 관한 과업의 수행을 요구한다.

- 교육성과를 평가한다는 것이 어렵다는 점이다. 즉, 가시적–불가시적 효과, 질적–양적 평가 그리고 단기적–장기적 효과를 아울러 평가해야 한다는 점이다.
- 교직관련 집단의 다양성과 대규모성을 특수성으로 들 수 있다. 교직은 다른 전문직에 비하여 종사자의 인원이나 학교 및 교육관련 기관의 수가 많은 편이다.

셋째, 학교조직은 일반 행정기관과는 다르다. 공통의 교육목적을 달성하기 위하여 밀접하게 상호 연관되어 있으면서도 느슨하게 결합되어 독자적인 자율성이 보장되어 있는 조직적 특성을 지니고 있다는 측면에서 교육정책의 또 다른 접근이 요청된다. 와익(Weick)은 학교의 모습을 '이완결합체제(loosely coupled systems)'라고 묘사하였다. 즉, 서로 연결은 되어 있으나 각자가 독자성을 유지하면서 어느 정도 분리되어 있는 모습을 표현한 것이다. 학교조직은 특성상 자율성과 자유 재량권을 가지고 있으며, 때로는 교사도 형식적인 교장의 지시와 통제를 받을 뿐이라는 것이다(주삼환 외, 2015: 82).

넷째, 교육은 교수–학습활동과 진로·생활지도 활동이라는 두 가지 핵심적 과제를 그 본질적 과업으로 삼고 있는데, 이 본질적 과업의 내용은 다른 분야에서 요구되는 소양과는 매우 다른 특수한 전문적 소양을 통해서만 이해될 수 있다. 따라서 이러한 전문적 소양 없이 교육정책을 결정하고 집행한다면 교육활동의 본질이 크게 왜곡될 수 있다.

교육정책은 정치적 과정을 통해 교육문제의 해결을 위한 방안을 모색한다는 특성을 지닌다. 이에 따라 교육정책은 다음과 같은 특징을 가진다(윤정일 외, 2016: 214–216).

(1) 행위의 측면: 의사결정

교육정책은 정책행위라는 측면에서 정부가 수행하는 교육에 관한 공식적인 의사결정이라는 특징을 가진다. 이러한 공식적인 의사결정은 다음과 같은 특성을 가진다.

- 교육정책은 국민의 이익에 부합되도록 타당성과 합리성을 지니며, 목적지향적인 특성을 갖는다.
- 교육정책은 교육문제의 해결을 위한 대안을 제시한다는 의미에서 과학적인 문제해결 과정을 기반으로 한다.
- 교육정책은 최적의 대안을 채택하는 일이라는 점에서 최적화를 지향하는 선택행위라는 특성을 갖는다.

(2) 형성 혹은 과정의 측면: 정치적 과정

교육정책은 그 형성과정에서 정치적 과정을 통해 이루어지고, 정치 · 행정체계를 통해 수립 · 추진되기 때문에 본질적으로 권력의 문제와 깊은 관련을 맺는다. 따라서 이러한 정치적 과정은 다음과 같은 특징을 가진다.

- 교육정책은 필연적으로 정치적 과정을 통해 형성되고, 심의 · 합법화되는 과정을 거치기 때문에 그 형성과 추진은 정치권력과 밀접한 관련을 갖는다.
- 교육정책은 그 형성과정에서 국가의 기본 이념과 교육이념을 토대로 한 국민의 이익 실현과 동의를 통해 이루어진다.

(3) 효과의 측면: 교육목적의 실현

교육정책은 교육활동을 이끌고 조장하며 지원하기 위한 기본 지침을 제시하려는 근본적인 목적을 가지고 있다. 이러한 교육목적의 실현은 다음과 같은 특성을 갖는다.

- 교육정책은 교육목적의 실현을 통해 교육에 의해 영향을 받는 대다수 사람의 이익과 복지증진에 기여해야만 그 의미와 가치를 지닌다.
- 교육정책은 교육의 외적 조건을 정비하고 교육의 환경을 개선하는 데 얼마나 기여하였는가를 살펴봄으로써 그 타당성과 효율성을 평가할 수 있다.
- 교육정책은 경제적 성장이나 사회적 통합과 같은 국가발전이나 사회공헌에 대한 기여도에 따라 성과를 평가한다.

2. 교육정책과 가치

교육정책의 가치를 과정 면과 성과 면으로 양분하고 각기 추구하는 기본적 가치를 살펴보기로 한다(주삼환 외, 2015: 177-178; 한국교육행정학회, 1996: 29-35).

1) 과정 면에서 추구하는 기본적 가치

우리나라 교육정책의 수립과 집행의 과정에서 추구되는 기본적 가치로서 ① 적합성,

② 합리성, ③ 민주성, ④ 효과성, ⑤ 능률성, ⑥ 책무성 등의 가치를 생각할 수 있다.

① 적합성이란 교육정책이 교육의 목표에 부합하고 그 시대의 사회적 요구에 부응하고 있는 정도를 의미한다.
② 합리성은 교육정책의 수립과 집행 및 평가의 과정에서 이치에 맞고 상식이 통하는 것이어야 한다는 것으로, 지성의 원리, 과학적 문제해결방식이 존중되고 계획의 논리가 존중되어야 함을 의미한다.
③ 민주성이란 전횡과 독단을 배제하고 책임과 권한을 분산시키며, 조직구성원의 참여의 폭을 넓히는 것을 의미한다.
④ 효과성은 교육정책의 목표성취 정도를 의미한다.
⑤ 능률성이란 교육 및 교육행정조직에 있어서 조직구성원의 심리적 욕구를 충족시키는 정도를 의미한다.
⑥ 책무성은 교육정책을 수립하거나 집행한 사람들이 그들이 속하는 집단이나 공동체에 대하여 스스로의 행동을 책임지고 설명할 수 있음을 말한다.

2) 성과 면에서 추구하는 기본적 가치

교육정책의 성과 면에서 추구하는 기본적 가치는 형평성(equity)과 수월성(excellence), 공익성(public interest)과 자율성(autonomy)으로 나누어 생각해 볼 수 있다. 이에 대한 의미를 살펴보면 다음과 같다.

(1) 형평성

형평성(equity)이라 함은 균형·공정·평등 등과 상통되는 개념이다. 형평성은 학교교육을 위하여 사용할 수 있는 자원을 공평하게 분배하는 것을 의미한다(진동섭 외, 2016: 34). 모든 국민에게 교육에 접근할 수 있는 기회를 균등하게 보장하며, 나아가 교육의 여건에 있어서 균등화를 꾀하고자 하는 것이다. 「헌법」 제31조 ①의 "모든 국민은 능력에 따라 균등하게 교육을 받을 권리를 가진다."와 「교육기본법」 제4조의 "모든 국민은 성별, 종교, 신념, 사회적 신분, 경제적 지위 또는 신체적 조건 등의 이유로 교육에 있어서 차별을 받지 아니한다."의 규정은 교육의 형평성에 관한 기본 지침이 된다.

지역 간 고등학교 수준의 격차 완화 차원에서 도입하여 1974년부터 시행하고 있는 '고등학교 평준화정책'은 교육의 형평성 개념에 따른 대표적인 예라 할 수 있다. 그러나 시행된 지 45년이 지난 이 정책은 '고등학교 하향평준화'라는 비난과 함께 입시과열 해소와 사교육부담 경감, 교육의 평등이라는 애초의 목적을 달성하는 데 기여하지 못하고 있다는 지적에 따라 꾸준히 문제가 제기되고 있다.

결국, 교육에 있어서 형평성만을 추구하면 모든 학생에게 같은 양과 질의 교육을 제공하여야 하고, 일부 학생에게 우선권이나 특혜를 주어서는 안 된다는 문제가 제기될 수 있다. 따라서 학업과진아나 부진아, 특정 분야에 탁월한 자질을 가진 영재에 대한 별도의 교육방안이 고려되어야 한다.

(2) 수월성

수월성(excellence)이란 교육의 성과가 훌륭히 나타나는 정도를 의미한다(주삼환 외, 2015: 178). 수월성 교육은 남들보다 월등히 높은 학습수행능력을 보이는 학생이나 특정 분야에 남다른 능력을 가진 이들에 대한 교육과 아울러 학습부진아나 지체장애아와 같은 그늘진 곳의 학생들을 위한 교육을 함께 하자는 의도로 해석될 수 있다. 교육에 있어서 수월성의 높음과 낮음의 차이는 동일한 양과 질의 교육서비스를 제공했을 때 나타나는 학생의 결과로 볼 수 있다. 똑같은 교수방법과 학습환경에서도 학생의 능력에 따라서 다른 결과가 나타날 수밖에 없다. 이러한 차이를 극복하고 우수한 인재를 발굴하여 사회에 기여할 수 있도록 하자는 것이 수월성의 개념이다. 앞서 고교평준화에 따른 단점을 보완하기 위하여 등장한 영재교육, 특수목적교육, 특성화교육, 특수교육 등은 수월성 교육의 대표적인 예라 할 수 있다.

(3) 공익성

공익성(public interest)이란 공공의 이익을 앞세운다는 뜻으로, 사회를 구성하는 대다수의 일반 이익을 개인의 그것에 앞세운다는 뜻이다. '선공후사(先公後私)'라는 말도 있듯이 교육행정은 정책을 수립하고 집행하는 과정에 있어서 기본적으로 공익을 우선한다. 공익성은 효과성과 통하는 개념으로서 개인보다 조직과 집단에 비중을 두는 관료제적이고 중앙집권적인 개념이다. 공익성에 중점을 두어 중앙집권적인 교육정책을 추진하면 자원의 낭비를 줄일 수 있어 일관성 있고 신속하며 경제적인 행정을 집행할 수 있다. 예컨대, 모든 교과서를 국정교과서로 단일화하고 교육과정을 학교급별 또는 지역별로 획일화하거나 교과 선택권을 전적으로 교육행정기관이나 학교의 권한으로 부여한다면 교육행정은 간결화되고 신속한 결정으로 인하여 행정의 효율성이 높아질 것이다.

그러나 교육정책의 추진에 있어서 이러한 공익성에 치중하다 보면 교육자치제의 정신에 어긋날 수 있고 지역이나 단위학교의 특색, 학생 개인의 특성과 소질 등이 무시되는 경우가 발생할 수 있다. 이에 따라 오늘날의 교육정책은 갈수록 공익성보다는 단위학교와 학생의 자율성에 비중을 두는 입장으로 바뀌고 있는 추세이다.

(4) 자율성

자율성(autonomy)이란 다양성의 개념으로 개인이나 기관이 스스로 선택하고 결정하는 자주적 결정의 정도를 의미하며 자주결정, 자기책임, 자기규율을 포함한다. 교육정책의 집행에 있어서 지역분권과 단위학교의 자치결정 그리고 교육수요자의 선택을 존중하여 자율성을 추구하면 행정은 느리고 복잡해지며 인적 · 물적 자원이 많이 소요되어 효율성은 낮아질 수밖에 없다.

오늘날 교육에 있어서 포스트모더니즘의 영향으로 지식의 다양성이 강조되고 소집단별, 개인별 교육이 강조되고 있다. 학교교육에 있어서 단위학교자율경영제나 학교의 교육과정 선택, 다문화교육, 학생의 교과 선택권의 확대, 집단평가와 수행평가의 강조 등은 이러한 경향의 예라 할 수 있다.

이상의 네 가지 가치 추구에서 문제점은 [그림 6-1]에서 보는 것처럼 형평성과 수월성이 상반되며, 자율성과 공익성이 대치되는 개념을 이룬다. 형평성에 따라 모든 사람들에게 똑같이 교육기회를 주고, 같은 교육과정을 거치게 하고, 같은 교육적 성취를 얻게 하다 보면 교육의 질이 낮아져 수월성이 떨어질 수 있다. 반대로 수월성을 추구하다 보면 그늘

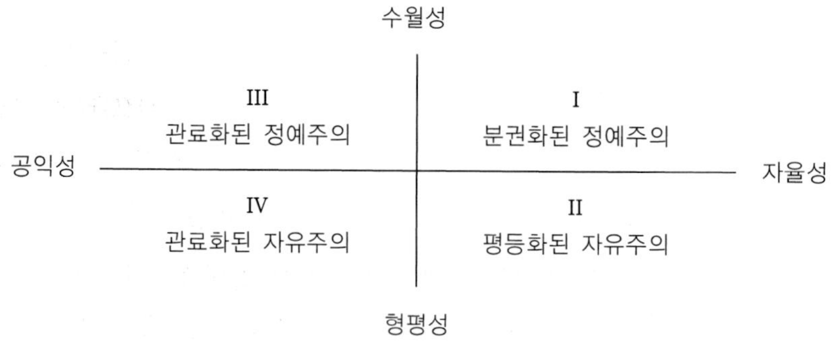

[그림 6-1] 교육정책의 성과 면에서 추구하는 가치

출처: 진동섭 외(2016). 교육행정 및 학교경영의 이해.

진 곳이 가려지고 교육의 혜택을 골고루 나누어 주기 어려워 형평성에 위배되기 쉽다.

또한 공익성에 따라 중앙집권화 중심의 행정편의 우선정책을 시행하다 보면 단위학교나 개인의 자율성이 무시되어 국민에게 다양한 교육프로그램을 제공하는 충분한 선택의 자유를 보장해 주기 어렵다. 반대로 행정의 분권화에 따른 개인의 자율성을 강조하면 교육행정의 효율성이 떨어져 공익성에 위배될 수 있다. 따라서 교육행정의 집행에 있어서 이 네 가지를 모두를 만족하는 데에 어려움이 따르는 것이다.

오늘날 교육행정에서 경영의 관점이 강조되고 교육소비자의 요구충족을 중시하면서 학교교육의 여러 분야에서 공익성보다 자율성을 추구하는 경향으로 옮겨지고 있다. 과거 국정교과서 중심에서 현재 다양한 검인정교과서로의 채택 변화라든지, 고등학교의 제2외국어교과나 과학교과, 실업교과 등의 학생선택권 확대, 단위학교의 학교교육과정 편성권 등을 그 예로 들 수 있다.

결국, 교육행정의 실제에서 갈등하는 이 네 가치 간의 조화를 이루고 그 시대, 그 지역의 상황과 실정에 맞는 가치를 추구해야 하는 것이다. 우리 교육에 있어서 교육의 형평성을 기본적으로 추구하되, 이를 보완하기 위한 방편으로 수월성 교육을 적용하고 있으며, 교육의 공익성을 바탕으로 하되, 자율성에 따른 학생 선택의 자유를 넓혀 가고 있다.

따라서 교육행정의 효과성과 효율성을 함께 높이기 위해서는 교육의 기회균등이 이루어진 바탕 위에 수월성 교육을 추구하고, 공공의 이익을 해치지 않는 전제 아래에서 개인의 자율성을 보장하는 방향으로 시행되어야 하는 것이다. 또한 정책의 수립과 집행에 있어서 민의를 적극 반영하고 교육의 특성에 맞는 장기적인 안목으로 행정을 집행해야 할 것이다.

3. 교육정책의 형성과정

하나의 교육정책이 만들어지기까지는 대개 오랜 기간과 다양한 요인의 영향을 받게 된다. 일반적으로 교육정책은 유기체와 같이 생성-변화-소멸의 과정을 거치게 된다. 교육정책의 과정에 관한 다양한 학자의 의견 중에서 라스웰(Lasswell, 1956, 1963)의 모형을 중심으로 살펴본다(Nakamura, 1987: 142에서 재인용; 신현석 외, 2016: 219).

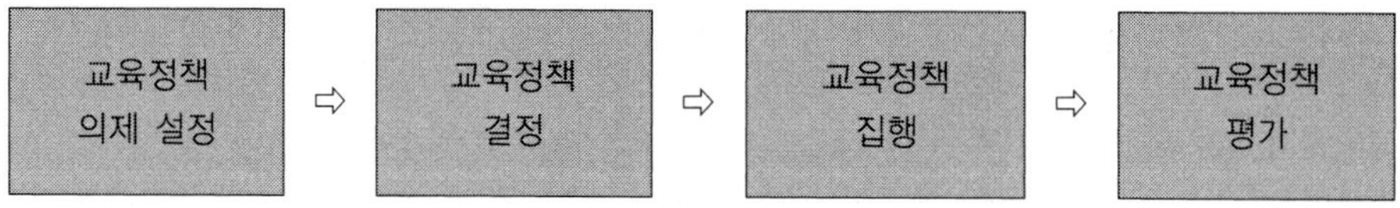

[그림 6-2] 교육정책과정 모형

출처: 신현석 외(2016). 교육행정 및 교육경영.

1) 교육정책 의제 설정

교육정책을 형성하는 단계로 정부가 교육에 관한 여러 문제 중에서 정책의 문제로 받아들여 검토하는 단계이다. 의제 설정의 첫 단계는 단순한 사회문제가 사회적 쟁점으로 발전되어 나가는 단계이다. 예를 들면, 요즘 논란이 되고 있는 무상급식이나 자립형 사립고등학교의 존폐 여부에 관한 문제가 그것이다. 이런 문제가 사회적 이슈화되면서 특정 집단의 의견이 나타나고, 이해당사자들 간에 논란이 뜨거워지면서 매스컴에 언론화된다. 이해당사자들은 대중의 관심을 불러일으키면서 '정부 의제화'를 위한 다양한 전략을 사용한다. 언론매체를 통한 기사화는 그 대표적인 방법이다. 경우에 따라서는 이해당사자들이 특정 분야에 대해서 정부에게 손을 떼도록 요구하는 '무(無)의사결정(non-decision making)'을 요구하기도 한다(권기헌, 2009). 정책의제 설정은 이렇게 사회문제가 사회적 쟁점으로 전환되고, 또한 정부의제로 발전하는 과정에서 발생하는 다양한 현상을 설명하는 것이 주된 목적이라고 볼 수 있다(신현석 외, 2016: 222; 정정길 외, 2010).

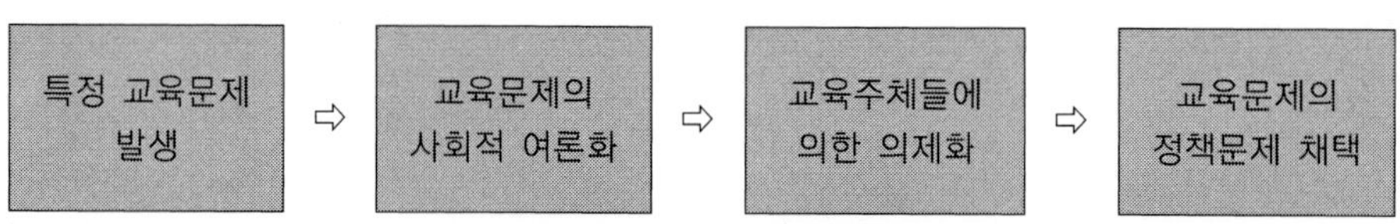

[그림 6-3] 교육정책 형성과정

출처: 이종재, 이차영, 김용, 송경오(2012). 한국교육행정론.

2) 교육정책 결정

정책결정이란 정책의제 설정단계에서 정부의제로 채택된 정책문제에 대해 이를 해결할 수 있는 대안을 개발하고 분석하는 과정을 거쳐 최종적으로 선택하는 행위이다(권기헌, 2009). 이 단계는 교육정책 문제의 명확한 규명, 교육정책의 대안 탐색 · 개발, 정책대안의 결과 예측, 정책대안의 비교·평가, 최선의 정책대안 선택의 과정을 거치게 된다. 그러나 실제 정책결정은 항상 합리적으로 이루어지는 것만은 아니다. 법학전문대학원(로스쿨) 설치, 무상급식 확대, 누리과정 도입 등의 교육정책 결정에서 보듯이 교육정책이 정치적 이해관계나 정책결정자의 개인적 신념에 따라 결정되기도 한다.

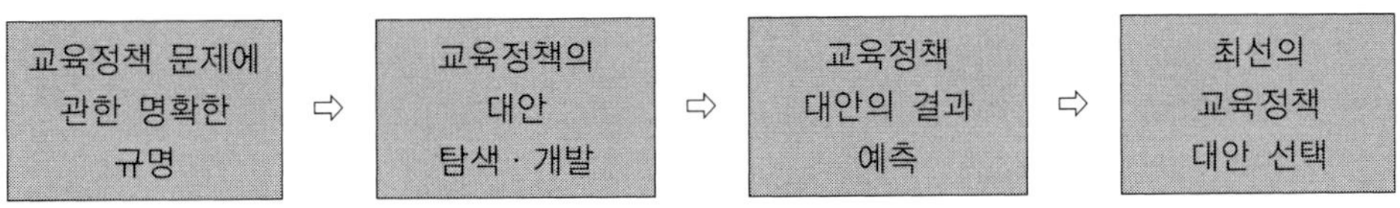

[그림 6-4] 교육정책 결정과정

3) 교육정책 집행

교육정책 집행단계는 결정된 정책의 내용을 구체적으로 실현해 나가는 과정을 의미한다. 정책의 내용은 크게 정책목표와 정책수단으로 이루어지는데, 정책의 내용을 실현시킨다는 것은 핵심의 정책목표를 달성하기 위하여 선택된 정책수단을 구체적으로 실행하는 것을 의미한다(정정길 외, 2010: 511).

정책결정 과정에서 일반적·추상적으로 결정된 내용이 정책집행과정에서 보다 실질적이고 구체적으로 결정되는 경우가 많다. 정책결정자들은 이념에 따른 가치갈등이나 합의의 어려움으로 추상적이며 합리성이 낮은 내용을 결정하는 경우도 많은데, 이는 정책결정자들이 집행과정에서 결정의 책임을 미룬 것이라고도 할 수 있다. 이러한 경우, 집행을 하기 위해서는 어쩔 수 없이 집행자가 정책의 내용을 결정하게 된다. 로스쿨 도입과 관련한 최대쟁점이었던 '총정원 규모 결정'은 바로 이러한 경우라고 볼 수 있다(신현석 외, 2016: 225).

이종재 등(2012: 283-284)은 성공적인 정책 집행을 이끄는 요인으로, ① 교원들의 정책이해능력과 수행능력, ② 교원들의 정책내용에 대한 동의 및 실행의지, ③ 충분한 인적·물적·사회적 자원 등을 들고 있다(주삼환 외, 2015: 180에서 재인용).

4) 교육정책 평가

정책은 예정되어 있는 방식으로 제대로 작동하고 있는지 여부를 결정하기 위하여 평가를 받는다. 정책평가는 그 정책을 통과시킨 부서에 의해 또는 외부의 컨설팅 업체나 평가 관련 전문기관에 의해 이루어진다. 교육정책에 관한 평가가 다른 정책에 비해 어려운 것은 바로 교육이 이루어지는 것부터 효과가 나타나기까지 상당한 기간을 요하는 장기적 특성 때문이다.

교육정책 평가단계는 교육정책의 결정에 따라 집행된 결과가 본래 의도한 정책목표에 비추어 제대로 달성되었는가를 평가하는 단계이다. 만일 의도한 대로 목표가 달성되지 않았다면 어느 단계에서의 어떤 문제 때문인지 점검하고 그 원인을 파악하여 분석하고 이후의 정책수립과 집행에 시행착오를 줄이는 노력을 하게 된다.

그러나 실제 교육정책의 목표달성 여부를 단기간에 정확히 파악·분석하는 것은 쉽지 않다. 이는 앞서 언급하였듯이 교육활동은 장기적인 인간의 성장변화를 지향하는 봉사적 활동이고, 교육의 성과는 수량화하여 계측하기 어려우며, 교육정책을 학교현장까지 적용하고 교육행정을 집행하는 데 있어서 다양한 인적·기술적·환경적 요인이 작용하기 때문이다. 그렇다 하더라도 교육정책의 평가는 후속 교육정책의 성공률을 높이고, 교육공무원의 책무성 확보와 공교육의 질을 높이는 차원에서 반드시 필요하다고 본다.

교육정책의 일반적 유형은 국가의 통치형태와 관련시켜 통제적 교육정책, 자유주의 교육정책, 민주적 교육정책 등으로 나눌 수 있다.

- **통제형**: 과거 일본이나 독일에서 볼 수 있었던 엄격한 국가의사 투철형으로, 현재도 일부 개발도상국가에서 존재한다.
- **자유형**: 19세기 말까지 영국에서 전형을 보여 온 것으로, 국가는 재정적 보조에는 힘을 기울이지만 교육 자체에는 직접적인 관여를 피하는 방식이다.
- **민주형**: 국가 기준에서 대강(大綱)을 제시하면서도, 구체적 사항에 대해서는 지역이나 국민의 노력에 기대하는 유형이다.

우리나라의 교육정책은 「교육법」이 명시하고 있는 바와 같이 기본적 정신과 제도 면에서 민주형이라고 할 수 있다(박세훈 외, 2012: 175).

4. 교육정책의 형성요인과 결정과정

교육활동은 사회적 · 공공적 · 조직적 활동으로서 교육정책의 형성에 있어서 사회적인 상황변화에 영향을 받게 된다. 또한 교육은 모든 국민을 대상으로 하기 때문에 교육정책을 실현하기 위해서는 사회 내의 다양한 조직의 참여와 조직구성원들의 활동을 필요로 한다.

1) 교육정책 형성의 참여자

교육정책 형성의 참여자란 정책형성 단계부터 정책평가 단계에 이르기까지 교육정책을 형성하는 데 상당한 영향력을 행사하는 주체가 되는 '교육정책의 행위자(policy actor)'를 의미한다. 실제로 교육정책이 이루어지는 과정은 여러 이해관계자의 복잡한 상호작용이 존재하는 정치적 과정이므로 정책참여자의 활동과 영향력에 의해서 교육정책 과정에 직간접적 영향을 미치게 된다. 교육정책 행위자는 정책과정에 합법적으로 영향을 미칠 수 있는 권한을 가진 공식적 행위자와 비공식적 자격으로 영향력을 행사하는 행위자로 나눌 수 있다(이종재 외, 2015: 134).

- 공식적 행위자: 대통령, 국회, 교육부, 교육청, 대법원과 헌법재판소 등
- 비공식적 행위자: 정당, 한국교원단체총연합회, 전국교직원노동조합, 사학재단연합회, 한국대학교육협회, 언론기관, 시민단체, 연구기관, 교육전문가 등

이들 교육정책 행위자의 역할에 관하여 살펴본다.

(1) 대통령

대통령은 국가의 최고통치자이자 행정수반으로서 교육정책과정 전반에 걸쳐 강력한 법률적 권한을 행사하는 정책결정자이다. 특히 우리나라는 대통령중심제의 중앙집권적 정치체제에서 대통령은 정책결정의 최종적인 권위를 부여받는다. 국회가 정책의제 설정 및 결정과정에서 특정 업무를 행정 각료에게 위임하게 되면 대통령은 「헌법」상의 고유권한으로 정책결정에 대한 영향력을 행사하게 되고, 행정부 내에서도 교육정책 결정에서 교육부와 대통령비서실의 정책보좌관 등의 건의와 조언을 수용하여 정책을 결정하게 된다.

(2) 교육부

교육부는 국가교육행정의 최상위에 있는 기관으로서 교육과 관련한 방대한 자료와 정보가 축적되어 있다. 교육부 공무원들은 교육행정 전문가로서 누구보다도 교육에 관한 문제와 쟁점을 잘 알고 있으며, 교육정책을 기안 · 심의 · 의결하여 수립하는 활동으로 교육정책에 직접 관여한다. 뿐만 아니라 교육정책을 직접 발의하고 이를 검토하여 결정된 정책을 시행하는 역할을 하고 있기 때문에 교육정책의 형성에 중심적인 역할을 하고 있다.

(3) 국회

정부제출 법률안의 경우, 교육부에서 입안한 법률안을 국무회의에 제출하면 관계 부처 협의가 이루어지고, 이후 여당과의 당정협의과정을 거쳐 입법을 예고한다. 이후 규제심사와 법제처의 심사, 차관회의와 국무회의 심의를 거쳐서 대통령이 서명하여 국회에 제출한다.

국회의원이 직접 교육정책을 발의하는 의원발의법률안의 경우는 국회의원이 자료수집과 공청회 등을 거쳐 교육정책에 대한 입법준비를 하고 법률안의 초안을 작성하여 국회 법제실의 검토 및 수정 · 보완을 거쳐 법안을 제출한다.

(4) 이익집단

교육이 전 국민을 대상으로 하는 공공적인 것이기에 교육정책 관련 이익집단도 사회 각계각층에 다양하게 존재한다. 이들 이익집단은 교육정책 형성에 비공식적이지만 적지 않은 영향력을 행사한다. 자신들의 이익을 위한 압력단체로서의 역할을 하기도 하고, 국가교육의 발전을 위한 국민의 대표자로서의 역할을 하기도 한다.

한국교원단체총연합회, 전국교직원노동조합을 비롯한 교원조합, 사학재단협의회 등과 같이 교원들로 구성된 단체는 교권확보와 교원으로서의 사회적 지위향상, 사학의 정책수립 등에 각각 영향력을 가지고 있으며 구성원들의 권익을 보호하고 전문성을 높이며 자신들의 이익을 관철하기 위하여 다양한 활동을 전개하고 있다.

(5) 언론기관

정부와 국민 사이에 정보를 전달하는 언론은 국민들의 눈과 귀가 되는 가장 밀접하고 자주 접하게 되는 도구로서 그 영향력이 직접적이고 빠르다. 언론은 정책에 관한 정보를 전달하기도 하지만 해석하고 비판하기도 한다. 따라서 언론이 국민들에게 미치는 영향은 절대적이라 할 수 있다. 언론은 국민 또는 이익단체의 뜻을 대변하거나 정부에 전달하는 역할을 하기도 한다. 따라서 언론기관은 전달자, 해설자 또는 비판자가 된다. 정책에 관한 전문적인 식견이 부족한 국민들은 늘 언론에 귀를 기울이고 이를 받아들인다. 따라서 언론기관은 공정한 보도를 통하여 정책에 관한 편파적인 해석이나 지나친 비판을 경계하고 정치 면에서 중립적인 자세를 취해야 할 필요가 있다.

(6) 연구기관과 학자

공익을 추구하는 교육정책은 그 범위가 광범위하고 복잡한 과정을 거쳐 형성되기에 정책결정자에게는 높은 전문적 지식과 통찰이 요구된다. 국민들의 높은 교육열에 따른 우리 교육환경의 민감성과 특수성을 고려할 때에 더더욱 그러하다. 교육정책을 전문적으로 연구하는 기관에는 한국교육개발원, 교육과정평가원, 교육학술정보원, 직업능력개발원 등 정부출연 기관이 있고, 교육대학이나 사범대학, 각 대학의 교육관련 연구소, 교육관련 민간연구소 등이 있다. 이러한 교육정책 문제를 연구하는 기관이나 학자는 전문적인 능력을 바탕으로 한 정책연구를 통하여 정부가 합리적 정책결정을 하는 데 필요한 자료를 제공하게 된다.

(7) 국민 또는 학부모

교육은 모든 국민을 위한 것이며, 국민은 개인 또는 집단으로 그들의 교육적 요구가 정책결정과정에 반영될 것을 요구한다. 교육과 가장 맞닿아 있는 대상은 수혜자인 학부모이다. 학부모는 교육정책에 가장 크게 영향을 받는 대상이기도 하지만, 한편으로는 정책결정에 영향을 주기도 한다. 전국적으로 학부모의 인원수는 매우 많고, 그들의 교육에 관한 요구는 강렬하다.

이러한 교육수요자로서 학부모의 교육에 대한 다양한 요구는 저마다의 입장차로 인한 이해관계에 따라 갈등적 요소를 내포하기도 한다. 국민들 중에는 취학 중인 자녀가 있는 이와 그렇지 않은 이, 유·초등학생 자녀 학부모와 고등학생 자녀 학부모의 입장이 다를 수 있다. 따라서 정책결정자는 여론화된 수요자의 제각기 다른 교육적 요구를 신중하게 분석하여 규명하여 가장 공정하고 타당한 쪽으로 해석하고 결정할 필요가 있다.

2) 교육정책 형성의 제약요인

공익을 추구하는 교육정책은 높은 합리성을 지향하지만 현실적인 제약으로 인하여 원래 목표하였던 모습을 그대로 수립하고 집행하는 것이 쉽지 않다. 이른바 이상과 현실 간의 차이에서 오는 현상이다. 그 이유는 무엇보다 교육문제와 관련한 당사자들 간의 이해관계에 얽힌 첨예한 대립과 갈등이 많기 때문이다. 이러한 정책형성의 제약은 교육의 특수성에 관하여 코헨(Cohen) 등이 말한 '조직화된 무질서'로서의 특징인 ① 교육목표의 불명확성, ② 목적달성을 위한 불분명한 과학적 기법, ③ 교육조직구성원 참여의 유동성과 연관이 있다. 이러한 내용과 관련하여 교육정책 형성에서의 제약요인을 인적 요인, 조직적 요인, 환경적 요인으로 나누어 살펴본다(유평수 외, 2014: 255-256).

(1) 인적 요인

정책결정자나 정책참여자들의 성향이나 전문적 지식과 기술, 경험의 정도 등에 의하여 교육정책을 수립하는 데 영향을 미칠 수 있다. 특히 정책결정자들의 권위주의적 태도와 안일한 행정풍토는 합리적인 정책형성을 저해할 수 있다. 또한 다양한 정책참여자들의 각기 다른 이해관계는 정책형성에 매우 복잡하고 까다로운 요인으로 작용한다.

(2) 조직적 요인

중앙집권적인 조직구조와 행정의 관료제적 특성, 의사소통 체제의 비합리성, 정보와 시간의 부족 등 조직과 관련된 합리적인 정책결정을 제약한다. 교육정책이 교육부의 관련 공무원에게 한정되고, 계선조직 중심의 통제위주 행정에 따라 이루어지는 경우가 많아 합리적인 정책결정에 방해가 되기도 한다. 또한 정책결정에는 상당한 인적 · 물적 자원이 필요하나 한정된 자원으로 인한 제약이 있다.

(3) 환경적 요인

첫째, 교육정책의 결정과정에서 정치풍토, 사회관습, 법률적 · 문화적 요인 등이 교육 이외의 비합리적 요인으로 작용한다.

둘째, 교육정책의 결정에 대해 여론, 언론, 전문가집단, 이익단체, 정당, 국회 등이 너무 민감하게 반응함으로써 합리적인 결정을 저해할 수 있다.

셋째, 공무원 순환근무제에 따른 정책결정자들의 재임기간이 짧아 장기적이고 책임 있는 활동에 집중하기 어렵고, 전시행정과 평가나 감사를 의식한 면책위주의 보신(保身)적인 관료풍토가 교육정책의 질을 저하시킨다.

3) 교육정책의 결정과정

(1) 국가수준 교육정책

교육부나 국회의원은 교육관련 정책문제를 의제화하여 새로운 교육정책을 발의할 수 있다. 대부분의 교육정책은 법을 제정하거나 개정하는 입법과정을 통하여 실현되는데, 이러한 입법과정을 교육정책 결정과정이라고 한다.

한편, 교육정책 중에는 법률을 제·개정을 하지 않고도 현행 법률하에서 시행할 수 있는 경우도 있다. 이런 정책은 대부분 국회의 관련 예산심의가 통과됨으로써 승인이 이루어질 수 있다.

국가수준의 교육정책의 입법과정은 [그림 6-5]와 같다.

국가수준 교육정책은 다음과 같은 세 가지 양식으로 집행된다. 첫째, 교육부 자체가 집행자가 되는 경우이다. 고등교육기관 평가 또는 재정지원 사업, 시·도교육청 평가정책 등이 이에 속한다. 둘째, 국가수준에서 결정된 정책을 교육청이 전달하고 교육청이 집행하도록 하는 경우이다. 셋째, 국가수준에서 결정된 정책을 교육청에 전달하고, 교육청에서 이 정책을 다시 학교로 전달한 후, 학교에서 집행하도록 하는 경우이다. 초·중등교육 분야의 대부분의 교육정책은 이러한 방식으로 집행된다. 국가수준 교육정책을 집행하는 과정에서 상당한 재량을 행사할 수 있다. 그러나 법치행정의 원리에 따라 행정의 합법성이 준수되어야 하며, 재량권을 벗어나거나 남용하지 않는 범위에서 행정이 합목적성을 추구할 수 있다(이종재 외, 2015: 76-77).

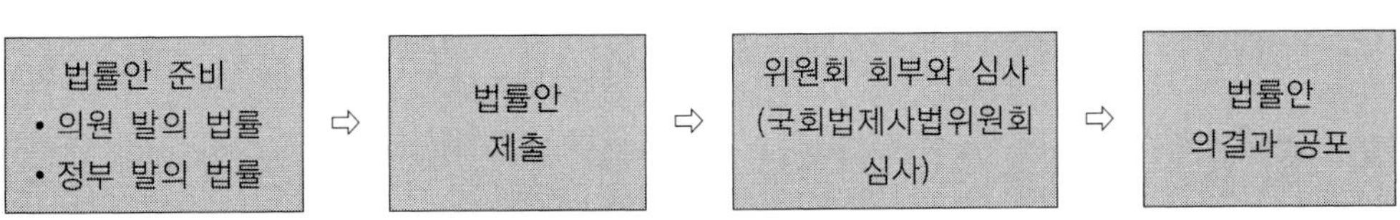

[그림 6-5] 교육정책의 입법 절차

출처: 이종재 외(2015). 교육정책론.

(2) 지방자치단체수준 교육정책

「지방교육자치에 관한 법률」 제18조에 따라 교육감은 시 · 도의 교육 · 학예에 관한 집행기관으로서 지역의 문제를 해결하기 위한 교육정책을 결정할 수 있다. 지방자치단체는 법령의 범위 안에서 자치에 관한 규정을 제정할 수 있으므로 지역수준의 교육정책은 대체로 조례 제 · 개정 형식으로 결정된다.

한편, 지방자치단체의 교육정책 중에는 반드시 조례나 규칙의 제 · 개정을 하지 않고도 현행 자치법규하에서 시행할 수 있는 것도 있다. 이런 정책은 지방의회의 예산심의가 통과됨으로써 승인이 이루어질 수 있다.

지방자치단체 수준의 조례안 제정 절차는 [그림 6-6]과 같다.

지방자치단체 수준의 교육정책은 교육청에서 직접 집행하는 정책과 학교로 전달하여 학교에서 전달하는 정책으로 구분할 수 있다. 지방자치단체 역시 교육정책을 집행하는 과정에서 상당한 재량을 행사할 수 있다. 그러나 국가수준 교육정책 집행과 마찬가지로 교육정책 집행의 합법성과 합목적성을 확보하여야 한다(이종재 외, 2015: 78-79).

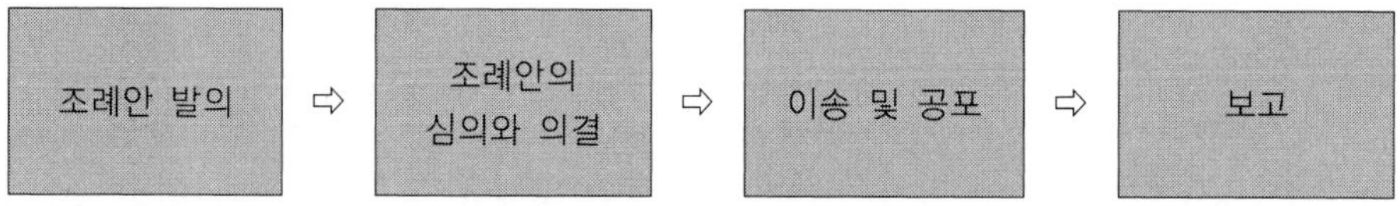

[그림 6-6] 조례안 제정 절차

출처: 이종재 외(2015). 교육정책론.

연구 및 토의 · 토론 문제

1. 정책이란 무엇이고, 교육정책이 정치와 어떤 관련성을 가지고 있으며, 교육정책이 필요한 이유는 무엇인지 말해 보자.

2. 교육정책의 성과 면에서 추구하는 기본적 가치인 형평성과 수월성, 공익성과 자율성의 네 가치가 서로 대립하는 이유는 무엇인지 구체적인 교육제도상의 예를 들어 설명해 보자.

3. 현재 우리 사회에서 쟁점이 되고 있는 교육정책 중 하나를 찾아서 그것이 사회적 문제가 된 이유는 무엇이며, 이러한 쟁점과 관련된 정치적 · 사회적 · 교육적 배경과 앞으로 어떻게 해결되는 것이 바람직한지 토론해 보자.

4. 현재 우리 교육에서 가장 시급하게 해결해야 할 정책적 과제를 하나 들고, 어떤 과정을 거쳐서 어떤 방법으로 해결해야 할지 방안을 토의해 보자.

07 교육행정조직

학습개요

1. 조직의 개념과 원리 · 형태 · 유형을 이해하고, 이를 토대로 학교조직은 어떤 성격을 띠며 어떤 유형에 속하는지 알아본다.

2. 학교조직의 구조와 특징을 파악하고, 조직문화와 조직풍토, 발전론을 통해 학교조직을 바르게 이해한다.

3. 교육행정조직의 형태 분석 및 비교를 통하여 교육행정조직을 정확히 이해하며, 중앙교육행정조직과 지방교육행정조직을 체계적으로 이해한다.

1. 조직의 이해

1) 조직의 개념

조직 속에서 인간은 각자의 욕구를 충족하면서 동시에 공동의 이익을 추구한다. 이러한 관점에서 보면 조직은 개인의 욕구충족과 아울러 공동의 이익을 효과적으로 달성하기 위하여 구성원들 사이의 화합과 협력을 이끌어 내야 할 필요가 있다. 교육조직에 관한 이해를 돕기 위해서 먼저 일반적인 조직에 관한 정의를 여러 학자별로 그 개념을 나누어 살펴보면 다음과 같다(윤정일 외, 2016: 121-123에서 재인용).

- 바너드(Barnard, 1938: 73-82)는 구성원에 초점을 맞추어 조직을 "두 사람 이상이 의식적으로 만든 활동 혹은 힘의 체제"라고 정의하였다. 조직의 구성요소로는 ① 의사소통, ② 봉사 · 협력하려는 의지, ③ 공동의 목적을 들고, 조직이 유지되려면 대외적인 균형과 효과성 및 능률성을 유지하고 있어야 한다고 하였다.
- 베버(Weber, 1947: 136-153)는 조직을 "협동집단으로서 계속적이고 의도적인 특수한 종류의 활동체제"라고 정의하였다. 조직의 속성으로는 ① 경계가 있고, ② 구성원의 상호작용이 조직마다 특이하며, ③ 조직 내에는 권한의 계층과 업무의 분담현상이 있고, ④ 조직 내의 질서는 관리기능을 맡은 특정한 구성원에 의해서 유지되며, ⑤ 조직 내의 상호작용은 공생적인 것이 아니라 연합적이고, ⑥ 특정한 종류의 목적지향적인 활동을 계속적으로 수행하며, ⑦ 구성원의 생애를 초월하여 존재한다는 점 등을 들었다.
- 셀즈닉(Selznick, 1957: 5)은 "인간의 힘을 동원하여 특정한 목적을 지향하게 하는 기술적 도구이며, 조직구성원과는 별개의 생명을 지닌 존재"라고 조직을 정의하고, 조직의 생존은 환경에 대한 적응에 의존한다는 점을 강조하였다.
- 에치오니(Etzioni, 1964: 3)는 조직을 "특정의 목적을 성취하기 위하여 의식적으로 구성되고, 재구성되는 사회적 단위"라고 정의하고, 다른 사회적 단위와 구별되는 조직의 특성으로는 ① 업무, 권한, 의사소통 및 책임의 분담, ② 조직구성원의 행위를 목표지향적으로 규정하는 권력중심체의 존재, ③ 구성원의 교체 가능성을 들었다.
- 카츠와 칸(Katz & Kahn, 1978: 18-23)은 조직을 "사회적 조직이며, 생산구조와 생산지

원 및 유지구조, 공식적 역할구조, 통제 및 관리구조 등을 가진 사회적 체제"라고 하였다.

- 샤인(Schein, 1980: 228-229)은 "업무와 기능의 분담, 그리고 권위와 책임의 위계를 통한 명시적인 공동의 목적이나 목표를 성취하기 위하여 여러 사람의 활동을 계획적으로 조정한 것"이라고 조직을 정의하였다. 그러나 조직에 대해 하나의 정의를 내리는 것은 무의미하며, 다만 ① 외부 환경과 끊임없이 다양한 상호작용을 하는 개방체제로서, ② 역동적으로 상호작용하는 많은 하위체제로 구성되고, ③ 여러 개의 다른 체제로 구성된 환경 속에서 영향을 주고받고 있기 때문에 경계를 명백히 한정하기 어렵다는 등의 일반적인 특성을 지니는 것으로 이해하는 것이 필요하다고 하였다.
- 신현석 등(2015)은 조직을 "둘 이상의 사람들이 공유한 목표를 달성하기 위하여 과업과 역할 및 권한 관계 등을 구조화한 사회체제"라고 정의하였다. 조직의 특성으로는 ① 특정 목표를 가지며, ② 의도적으로 만들어진 것으로, ③ 둘 이상의 사람으로 구성되어 구성원 간에는 서로 알거나 같은 구성원이라는 인식이 공유되고, ④ 공식구조와 규범을 가지며, ⑤ 환경과 구분되는 경계가 있어서 지속적인 상호작용을 통해 적응하고 발전한다고 하였다.
- 윤정일 등(2016)은 조직을 "둘 이상의 사람이 일정한 목표를 추구하기 위하여 의도적으로 구성한 사회체제로서, 목표달성을 위한 특정한 과업, 역할, 권한, 의사소통, 지원구조 등을 갖는 체제"라고 정의하였다.
- 주삼환 등(2015)은 조직을 "공동의 목표를 달성하기 위하여 둘 이상의 구성원들이 규칙과 규정에 따라 서로의 역할을 분담하여 상호 협력하는 체제"라고 정의하였다.

이상의 내용을 간추려 보면 조직이 다음과 같은 속성을 가지고 있음을 알 수 있다.

- 모든 조직은 크든 작든 나름의 목적 또는 목표를 지니고 있다.
- 하나의 조직은 개개인 구성원의 존재와는 다른 특유의 실체를 형성한다.
- 조직 속에는 공식적인 위계에 따른 구조와 과정이 있으며, 그 속에 자생적인 비공식적 조직을 가진다.
- 조직이 처한 환경과 조직은 서로 영향을 주고받으며 상호작용하고, 조직이 유지되기 위해서는 상당 부분에서 정부 관료제의 원리에 따른다.

2) 조직의 원리

조직의 원리란 주어진 과업의 능률을 향상시키는 데 직접 도움이 된다고 보는 유형화된 업무수행의 원리이다. 조직의 업무를 효과적으로 수행하기 위한 조직의 공통적인 기본 원리로 페이욜(Fayol, 1949: 17-50)은 ① 분업의 원리, ② 권한과 책임의 원리, ③ 규율의 원리, ④ 명령통일의 원리, ⑤ 지휘통일의 원리, ⑥ 개인보다 전체 이익 우선의 원리, ⑦ 보상의 원리, ⑧ 집중화의 원리, ⑨ 권위계층의 원리, ⑩ 질서의 원리, ⑪ 공평의 원리, ⑫ 신분보장의 원리, ⑬ 솔선수범의 원리, ⑭ 단체정신의 원리를 들어 설명한다.

여기서는 분업의 원리, 계층제의 원리, 통솔범위의 원리, 명령통일의 원리, 조정의 원리, 적도집권의 원리를 중심으로 소개하고자 한다(김종철, 1982: 144-149; 김창걸, 1994; 유평수 외, 2014: 156-161).

(1) 분업의 원리

분업의 원리(principle of division of work)는 업무수행의 효율을 높이기 위하여 업무를 성질별로 나누어, 가능하면 한 사람에게 한 가지의 주된 업무를 분담시키자는 원리로, 테일러(Taylor)에 의해 주장되었다. '전문화의 원리(principle of specialization)'라고도 한다. 분업의 형태는 동일 계층 내에서 기능의 성질에 따라 직무를 배분하는 수평적 분업과, 계층과 계층 사이에서 업무가 분담되도록 권한과 책임을 위임하는 수직적 분업으로 나눌 수 있다.

분업의 원리는 능률적인 업무수행을 위한 원리로, 다음과 같은 장점을 지닌다.

- 개인의 작업능률을 향상시킬 수 있다.
- 도구와 기계의 발달을 가져와 기계화를 촉진시킬 수 있다.
- 인간의 능력을 기계적으로 이용할 수 있다.

그러나 분업의 원리는 다음과 같은 단점을 지녀 비판을 받기도 한다.

- 단순 업무의 계속적인 반복으로 인하여 일에 대한 흥미와 창의성을 잃기 쉽다.
- 맡은 업무 외에는 관심을 두지 않아 시야가 좁아진다.
- 지나친 분업은 각 단위의 조정과 의사소통을 어렵게 한다.

• 분업이 세분화될수록 많은 자원이 소요된다.

(2) 계층제의 원리

계층제의 원리(principle of hierarchy)란 권한과 책임의 정도에 따라 직무를 등급화하여 상·하 조직단위 사이에 직무상 지휘·감독 관계에 서게 하는 것을 의미한다. 즉, 조직구조의 상하관계와 형태를 조직하기 위하여 요구되는 원리이다. 계층제란 공식조직구성원들 간의 의무, 권한, 책임의 정도에 따라 등급이나 계층을 설정하여 각 계층 간의 권한과 책임을 분배하며, 명령계통과 지휘감독 체계를 확립하는 것을 의미한다.

계층제의 순기능은 다음과 같다.

• 명령 및 의사전달·의사소통의 통로가 뚜렷하다.
• 권한과 책임 위임의 통로를 가진다.
• 행정적 결정의 검토 및 책임 소재 규명의 수단이 된다.
• 행정목표의 설정과 업무분담의 효율성을 가진다.
• 조직 내의 분쟁 조정과 해결의 수단이 된다.
• 질서와 통일을 쉽게 확보하기 위한 조직 내부 통제의 통로 역할을 한다.

계층제의 역기능은 다음과 같다.

• 조직의 경직화를 초래할 수 있다.
• 역동적인 인간관계 형성을 저해할 수 있다.
• 의사소통의 왜곡을 가져올 수 있다.

(3) 통솔범위의 원리

통솔범위의 원리(principle of span of control)란 한 사람의 상관이 효과적으로 다스릴 수 있는 직접적인 부하의 수에는 제한이 있음을 의미한다. 많은 학자가 상층부는 4~6명, 하층부는 12~20명으로 제시하고 있으나, 오늘날에는 획일적으로 통솔범위를 정하기는 어렵고, 주어진 상황에 따라 달라질 수 있다고 보고 있다. 그러므로 통솔범위의 수는 직무의 성질, 시간적·공간적인 요인, 통솔자의 능력, 구성원의 성향, 관리기술의 수준과 상태 등에 따라 달라질 수 있다.

(4) 명령통일의 원리

명령통일의 원리(principle of unity of command)란 한 사람의 상관에게서만 명령을 받고, 또 그에게만 보고한다는 원리이다. 이 원리는 명령을 주고받는 과정에서 중복을 피하게 하여 계층의 질서를 확립시키며, 능률적인 업무처리와 분명한 책임소재를 가지게 하는 데 도움을 준다. 명령통일의 원리는 계층제가 전제가 된다. 행정조직의 권위가 한 사람의 통솔자로부터 나오게 정비된 계층제이어야 하고, 그에게 모든 책임과 권한이 집중되어야 한다는 것이다. 현대사회에서는 막료조직의 역할 증대로 명령통일의 원리의 중요성이 줄어드는 경향을 보이고 있다.

(5) 조정의 원리

조정의 원리(principle of coordination)란 조직체의 각 부분이 공통된 목적을 달성하기 위하여 행동의 통일과 집단적 노력을 질서 있게 결합 · 배정하여 조화를 이루게 하는 원리이다. 이는 공동의 목적을 달성하기 위하여 기능 및 업무의 수행을 조화 있게 배열하는 집단적 노력으로, 업무 간, 상 · 하위 간, 기능 간의 상호관계를 조화 있게 유도해 나가는 원리이다. 분업의 원리를 제외하고는 위에서 다룬 조직의 모든 원리는 조정을 위한 수단이 된다고 볼 수 있는데, 이러한 조정의 방법으로는 목표 · 책임한계의 구체화, 계층제로서의 권위 확립, 조정기구의 설치, 계획에 의거한 조정 등이 있을 수 있다.

(6) 적도집권의 원리

적도집권의 원리(principle of optimum centralization)란 집권과 분권 사이에 적절한 권한의 균형을 유지하고자 하는 원리이다. 집권제는 중앙의 부서에 권한을 집중시킴으로써 능률은 높일 수 있으나 획일주의를 초래할 위험이 따르게 되고, 분권제는 하부기관으로의 권한 분산으로 다양성과 자율성은 촉진시킬 수 있으나 효율적이지 못하게 될 우려가 있다. 이러한 이유로 이 두 제도의 적정한 균형을 지향하는 것이 '적도집권의 원리'이다.

3) 조직의 형태

학교를 포함한 모든 조직은 그 형태가 조금씩 다르다. 조직의 목표를 달성하기 위하여 맡고 있는 개인과 집단이 어떻게 연결되느냐에 따라 조직의 형태와 구조가 달라지는데, 가장 기본적인 형태로 공식조직과 비공식조직, 계선조직과 참모조직, 집권화조직과 분권화조직을 들 수 있다.

(1) 공식조직과 비공식조직

공식조직(formal organization)이란 과학적인 합리성에 근거해 인위적으로 제도화한 조직으로, 그 행정적인 기능이 세분화되어 수직 · 수평적으로 전문화되어 있다. 공식조직은 직무, 책임과 권한을 중심으로 작업집단을 분류하고, 목표를 효과적으로 달성하기 위하여 체계를 가지게 된다. 공식화된 명확한 역할과 권한의 계층, 공식적인 의사소통의 경로, 분업의 계통과 인원의 배치가 설정되어 있어서 외면적이며 가시적이다. 또한 공식조직은 능률이나 비용의 논리에 의해 구성 · 운영된다. 그리하여 이 공식조직을 '형식조직'이라고도 하며, 이 조직을 좀 더 깊이 이해하기 위해서는 과학적 관리론의 관점을 필요로 한다.

이에 반해 비공식조직(informal organization)이란 인간관계나 행동, 태도 등을 중심으로 구성원들 사이의 소속감과 정서적 유대 등에 의해 만들어지는 자연발생적 조직으로, 혈연 · 지연 · 학연 · 취미 · 종교 · 이해관계 등으로 얽힌 소집단이며, 내면적이고 비가시적이다. 또한 감정의 논리에 의해 구성 · 운영된다. 그리하여 이 비공식조직을 '자생조직'이라고도 하며, 이 조직을 좀 더 깊이 이해하기 위해서는 인간관계론의 관점이 필요하다.

이러한 공식조직과 비공식조직이 서로 조화를 이루게 되면 조직의 의사소통이 원활하게 이루어지게 되고, 구성원 개인의 정체성을 높여 주게 되어 조직의 효율성도 높아지게 된다. 하지만 그렇지 못할 경우에는 의사소통의 왜곡과 단절이 생기기 쉬워서 의사결정에 어려움이 생기기도 한다.

현대의 조직구조를 이해하기 위해서는 비공식조직의 중요성 인식과 효과적인 활용여부가 무엇보다도 중요하게 되었다. 자유로운 의사소통의 경로와 긴밀한 협조가 공식조직의 기능을 활성화시킬 수 있다는 관점 때문이다. 이러한 이유로 비공식조직에 대해 좀 더 자세히 알아보면 다음과 같은 순기능과 역기능을 가진다(김창걸, 1994; 이찬교, 김재웅, 2005).

비공식조직의 순기능은 다음과 같다.

- 공식조직의 경직성 완화에 기여한다. 즉, 법규에 의하여 운영되는 공식적 조직에 융통성을 부여하며 대인관계에서 오는 개방적 풍토가 형성된다.
- 조직원들에게 주어진 업무를 능률적으로 수행하게 한다. 즉, 조직구성원들 간의 원활한 협동관계와 지식 · 경험의 공유, 집단적 결정에의 참여 그리고 유기적인 상호의

존관계 등을 가능하게 하여 능률적인 업무수행이 되도록 돕는다.

- 조직구성원에게 만족감을 주고 직무집단을 안정시켜 준다. 즉, 구성원들의 누적된 심리적 욕구불만의 해소처가 되므로 귀속감과 안정감을 부여한다.
- 조직구성원의 좌절감과 심리상의 불평, 욕구불만에 대한 배출구 역할을 한다. 즉, 공식적 구조만으로는 불충분하기 쉬운 의사전달을 비공식적 의사전달의 통로를 통하여 보충해 줌으로써 의사전달의 원활화에 기여한다.
- 공식조직의 책임자에 대한 능력보완에 기여한다. 즉, 공식조직의 책임자에 대한 자문기관이나 협조자의 역할을 하기도 한다.
- 구성원 간의 행동기준 확립에 도움을 준다. 즉, 구성원 간에 서로 권고하고 조언함으로써 상호 통제기능을 가지게 되어 나름의 행동기준을 제공한다.

비공식조직의 역기능은 다음과 같다.

- 파벌을 조성할 위험이 있을 수 있다.
- 공식조직의 목표와는 배치(背馳)되는 의견을 가짐으로써 공식조직의 효율성을 떨어뜨릴 수 있다. 또한 비공식조직 간에 적대감정이 야기될 때에는 공식조직의 기능이 마비될 수도 있고, 구성원이 불안감을 가질 때에는 이것이 조직 전체에 확대되어 공식조직이 해체될 수도 있다.
- 비공식적 접촉을 통하여 개인적인 이익을 도모하기 쉬우며, 따라서 정실(情實)이 조장될 우려가 있다. 또한 이것은 조직단위 사이의 간격이 생길 가능성을 가진다.
- 비공식적 의사전달에 따라 왜곡된 정보 및 구설(gossip) 등에 의해 조직의 분위기가 흐려지는 경우도 있다.

공식조직과 비공식조직의 개념을 정리하면 〈표 7-1〉과 같다.

〈표 7-1〉 공식조직과 비공식조직

구분	공식조직	비공식조직
발생	인위적 · 의식적	자연발생적
가시성	외면적 · 가시적	내면적 · 비가시적
생성조건	조직기구와 직제에 의해 문서화	구성원들의 행동이나 태도 속에서 생성

논리근거	기계적 · 비인정적 능률의 논리	감정적 논리
질서	마땅히 따라야 하는 전체적 질서	인식하고 있어야 하는 부분적 질서
지도자의 권위	상부에 의해 주어짐	구성원 사이의 동의에 의한 추대
강조점	조직 · 체계적 측면 중시	사회 · 심리적 측면 중시
성격	공적(公的) 성격	사적(私的) 성격
형태	논리성 · 합리성에 의한 대규모	대면적인 인간관계에 의한 소규모
규모의 변동	규모의 확대현상이 가능	현실적 · 친밀한 관계의 소집단 유지

(2) 계선조직과 참모조직

계선조직(系線組織, line organization)이란 행정의 명령, 집행, 결정 등의 수직적인 지휘명령계통의 목적을 이루기 위하여 직접적으로 기여하는 일차적 조직을 말한다. 이는 행정조직의 최고 책임자를 정점으로 하여 하위단계의 국장 · 과장 · 계장 · 계원에 이르는 명령복종의 관계를 가진 수직적인 집행조직 형태로서, 명령적 · 집행적 기능을 갖는다. 즉, 명령계통을 세우기 위한 수직적 권한관계를 가지고 업무를 수행한다.

계선조직의 장점은 다음과 같다.

- 조직구성원 상호 간의 권한과 책임의 한계가 명백하며, 업무수행의 효율성을 제고할 수 있다.
- 통일되고 단선적인 의사소통 경로를 가지고 있어 의사결정이 신속하게 이루어지고, 강력한 통솔력도 발휘될 수 있다.
- 명령계통과 집행경로가 비교적 단순하여 경비를 절감할 수 있다.
- 단순하고 비용이 적게 드는 업무를 수행하는 조직이나 업무가 다양하게 분화되어 있지 않은 소규모 조직에 유리하다.

계선조직의 단점은 다음과 같다.

- 대규모 조직에서 최고관리자에게 계선조직만으로 업무를 수행하기를 요구하게 되면 자칫 주관적 · 독단적인 조치를 취할 가능성이 높아진다.
- 특수분야의 고도의 전문화 · 기술화된 합리적 의사결정에 전문가의 지식과 경험을 활용할 수 없다.
- 조직이 지나치게 경직성을 띠게 된다. 명령계통을 중심으로 하는 수직적 조직이므로

구성원들과의 다양한 의사소통에 어려움이 있고 융통성을 발휘하기 어렵다.
- 조직 내 각 부처 간의 업무나 의사결정 내용에 대한 효과적인 조정이 어렵다.

참모조직(參謀組織, staff organization)은 막료조직이라고도 하며, 계선조직이 원활하게 그 기능을 수행하여 조직의 존립목적을 달성할 수 있도록 지원 · 보조하는 부차적 조직이다. 그러므로 명령 · 지휘계통에서 벗어난 측면적 조직이다. 이에 참모는 명령 · 집행 · 결정을 행할 수 있는 독자적인 권한을 갖고 있지는 않지만 조직의 장에게 업무집행에 관한 전문적인 지원을 하게 되므로 조직의 목적을 달성하는 데 간접적으로 기여하게 된다. 현대에 이르러서는 복잡하고 다양해진 조직의 업무진행을 원활하게 하기 위한 참모의 직무는 그 중요성이 점점 커지고 있다.

참모조직에는 다음과 같은 유형이 있다.

- **보좌를 위한 참모:** 관리자의 신변적 업무를 보좌하기 위한 조직이다.
- **정책조언을 위한 참모:** 정책형성 및 정책결정에 조언하는 조직이다.
- **통제 · 조정을 위한 참모:** 최고관리자들의 통제 · 조정 업무를 원활히 하도록 보조하는 조직이다.
- **보조를 위한 참모:** 일상적 업무를 지원하고 보조하는 조직이다.
- **정보 참모:** 합리적 의사결정을 돕기 위한 최신의 정보를 입수하여 제공하는 조직이다.

참모조직의 장점은 다음과 같다.

- 조직의 장(長)의 인격을 확장하여 그의 대내적 업무인 조정 · 통제 업무를 지원함으로써 통솔범위를 확대시킨다.
- 업무추진에 필요한 전문적 지식 및 기술, 경험을 제공함으로써 보다 합리적인 지시와 명령을 내릴 수 있게 한다. 즉, 조직에 다양한 정보를 제공함으로써 주관적 독선을 배제하며, 집단적 사고를 활용할 수 있게 한다.
- 수평적인 업무의 조정과 협조가 가능한 지원을 한다.
- 조직의 경직성을 완화하고 신축성을 부여한다.

참모조직의 단점은 다음과 같다.

- 조직의 복잡성으로 조직 내의 알력과 불화가 생길 수 있다.
- 명령계통, 의사전달의 경로를 혼란에 빠뜨릴 가능성이 있다.
- 참모는 책임을 지지 않으므로 계선의 권한을 침범할 우려가 있고, 양자가 서로 책임을 전가할 우려가 있다.
- 일의 진행이 늦어질 수 있고, 경비 지출이 많아질 수 있다.

계선조직과 참모조직의 개념을 정리하면 〈표 7-2〉와 같다.

〈표 7-2〉 계선조직과 참모조직

구분	계선조직	참모조직
형태 면	계층적 구조 또는 수직적 조직	횡적 지원을 하는 측면 조직
기능 면	실제 집행하는 기능	지원 · 보조하는 기능
능력 면	일에 대한 권한과 책임	지식 · 기술 · 경험 등의 전문성
태도 면	현실적 · 실제적, 보수적	이상적 · 이론적 비판, 개혁적
핵심용어	결정 · 명령 · 지휘 · 집행 · 실시	권고 · 조언 · 지원 · 보조

출처: 주삼환 외(2015). 교육행정 및 교육경영.

(3) 집권화조직과 분권화조직

집권화(centralization)는 조직의 지휘권한과 의사결정권이 상부에 집중해 있는 경향을 가리키며 ① 통일된 정책 수행이 가능하고, ② 강력한 통솔력을 발휘할 수 있으며, ③ 대량의 업무를 신속하게 처리하여 경비를 절감할 수 있고, ④ 위기 대처가 쉬우며, ⑤ 통합적 조정을 기하기 쉽다. 그러나 ① 권위주의가 되기 쉽고, ② 형식주의로 흐르기 쉬우며, ③ 개별의 특수성을 살리지 못해 창의성과 적극성이 결여되고, ④ 각 부서의 실정에 맞는 행정이 어렵다.

분권화(decentralization)는 집권화와 상대되는 현상으로 지휘권한과 의사결정권이 하부에 분산되거나 위임되는 경향을 가리키며 ① 각 부서의 실정에 맞는 행정을 할 수 있고, ② 자발적인 참여로 인한 사기와 창의성을 발휘시킬 수 있으며, ③ 관리자 훈련 등을 실시하기 쉽다. 그러나 ① 경비의 지출 과다, ② 행정체계의 문란, ③ 업무의 중복 등이 초래된다. 이러한 점을 고려해 볼 때 집권과 분권 사이에 균형을 취할 필요가 있다.

이러한 집권화와 분권화는 의사결정의 권한이 상부나 하부에 집중되거나 분산 또는 위임되는 현상으로, 어느 쪽도 조직의 구조에 바람직하지 못한 영향을 미치게 된다. 집권화와 분권화 사이에 적절한 권한 배분과 균형을 유지하는 것이 효율적이라는 의미에서 '적도집권(適度集權)의 원리'가 요구된다.

4) 조직의 유형

일반적으로 학교조직과 기업이 다른 점을 설명하기 위하여 조직을 유형화하여 비교해 보기도 하는데, 이를 '조직유형론(typology)'이라고 한다.

학교조직이 어느 유형에 속하는지 알아보면 다음과 같다.

〈표 7-3〉 Parsons(1960)의 사회적 기능 유형

조직의 수혜자가 누구인가에 따라	
생산조직	기업체 등
정치적 목표 지향조직	정부기관이나 은행 등
통합조직	법원, 정당, 사회통제기관 등
유형유지조직	공립학교, 대학, 교회, 박물관 등

〈표 7-4〉 Blau & Scott(1962)의 1차적 수혜자 유형

조직의 수혜자가 누구인가에 따라	
호혜조직	정당, 노동조합, 종교단체, 교원단체 등
사업조직	기업체, 보험회사, 금융기관, 도·소매상 등
봉사조직	학교, 병원, 사회사업기관 등
공공복리조직	경찰, 군대, 소방서 등의 공공 관공서 등

〈표 7-5〉 Carlson(1964)의 봉사조직 유형

조직의 고객선발권과 개인의 참여선택권 유무에 따라	
조직과 고객이 독자적인 선택권을 가짐	대학, 병원, 공공복지기관 등
조직만 고객선발권을 가짐	이론적으로만 가능하고 봉사조직으로는 실제로 존재할 수 없음
고객만 조직선택권을 가짐	미국의 주립대학
조직과 고객 모두 선택권이 없음	학교, 정신병원, 형무소 등

〈표 7-6〉 Etzioni(1967)의 순응 유형

조직이 사용하는 권력과 개인의 참여 형태에 따라	
강제적 조직	형무소, 포로수용소 등
보상적 조직	기업, 경제단체 등
규범적 조직	학교, 종교단체, 법원 등

〈표 7-7〉 Katz & Kahn(1978)의 본질적 기능 유형

조직의 본질적 기능의 내용에 따라	
생산적 · 경제적 조직	1차 산업(농업, 어업, 축산업 등) 2차 산업(건설업, 제조업 등) 3차 산업(서비스업, 통신 분야 등)
유지조직	학교, 병원, 종교단체, 문화단체 등
적응조직	대학, 연구 · 조사기관, 문화 · 예술연구소 등
관리적 혹은 정치적 조직	정부의 기관, 정당, 노동조합 등

2. 학교조직

1) 학교조직의 구조와 특징

학교조직을 설명하기 위해서 일반적으로 행정조직 이론이나 기업조직 이론을 적용하기도 하지만, 좀 더 정확한 학교조직의 구조와 특징을 이해하기 위해서는 일반적인 행정조직 이론이나 기업조직 이론과는 다른, 학교조직의 특수성을 감안한 다양한 관점에서 접근해 볼 필요가 있다.

학교를 고도의 관료제로 본 에보트(Max Abbott, 1969)도 학교와 같은 교육조직은 일반적인 조직에서 볼 수 없는 특성을 가지고 있다고 보았는데, 그에 대하여 다음과 같은 근거를 제시하면서 학교조직을 설명하였다.

- 학교는 전문화와 과업의 세분화의 필요에 의해 영향을 받고 있다.
- 학교조직은 명확하고 엄격하게 규정되어 있는 권위의 계층을 가지고 있다.
- 학교조직은 조직구성원들의 행동을 통제하고 과업수행의 통일성을 기하기 위하여

규칙에 의존한다.

- 학교조직은 인화단결을 내세우지만 조직관계에서 보면 몰인정성이 넓게 적용되고 있다.
- 교사들의 채용은 전문적 능력에 기초하며, 대부분의 경우 전문적 경력으로 이어진다.

이와 같이 학교는 분업과 전문화, 계층제, 문서주의 등의 관료제의 특징을 가지고 있는 교육조직이다. 그리고 관료제적인 성격을 가진 이외에 전문적 조직, 규범적 조직, 봉사조직과 같은 복합적 특성도 가지며, 다음과 같은 특성을 함께 지닌 교육조직이기도 하다.

(1) 전문적 관료제

관료제(bureaucracy)는 행정조직의 가장 일반적인 형태이다. 조직에 관한 연구를 행하는 학자에 따라서는 행정관리를 위한 가장 이상적인 도구로 관료제를 꼽기도 하나, 인간의 기본적인 자유를 해치는 권위적 · 독선적인 도구라는 비판을 받는 경우도 있다. 그러나 실제 대부분의 현대의 행정조직은 관료제적 성격을 띠고 있다. 관료제의 특징으로는 베버(Weber)의 관료제 모형을 정리하여 ① 분업과 전문화, ② 비인간 지향성, ③ 권위의 계층, ④ 규칙과 규정, ⑤ 경력지향성의 다섯 가지로 설명하기도 한다(Hoy & Miskel, 2013: 95-97).

① 분업과 전문화

조직의 목적달성에 요구되는 정상적인 활동은 개인적으로 성취하기에는 너무나 복잡한 과업이므로 분업을 통해서 능률을 향상시킬 수 있으며, 전문화(specialization)를 촉진시켜 능률을 증진시킨다.

② 비인간 지향성

인간의 애증(愛憎)이나 정실(情實) 또는 감정에 치우치지 않고 과업을 합리적으로 수행해야 하고, 과업수행에 있어서 인간적 · 사적인 것과 공적인 것을 엄격히 구분한다. 그리고 개인적인 선호나 감정에 치우치지 않고 합리적 · 공식적 · 표준화된 절차에 따라야 한다.

③ 권위의 계층

하위직을 상위직의 통제와 감독하에 놓이도록 하여 권위의 계층(hierarchy of authority)을 형성하며 이로 인해 지위의 구조가 수직적으로 편성된다. 이는 조직의 다양한 과업과 기능을 수행하기 위해서 상사가 지시하고 부하는 이에 복종하도록 하기 위함이다.

④ 규칙과 규정

관료조직은 반드시 의도적으로 마련한 규칙과 규정(rule and regulations)의 체계가 있다. 규칙과 규정은 각자의 직위에 수반되는 권리와 의무를 규정하고, 각자의 활동을 조정하는 기능을 한다.

⑤ 경력지향성

조직원의 충원은 기술적인 자질을 근거로 하기 때문에 조직원은 자기의 일을 경력(career)으로 생각한다. 관료제에는 연공서열과 성취에 따른 승진제도가 있어서 이를 뒷받침한다.

학교조직이 관료제적인 성격을 띠게 되는 이유로는 학교조직과 기능이 복잡해지고 행정적인 업무도 계속 증가하며, 단위학교의 자율성이 확대됨에 따라 책무성도 강조되어 학교조직의 효율성도 함께 높여 가야 하기 때문일 것이다. 그리하여 학교조직의 운영이 「교육기본법」「초·중등교육법」「고등교육법」「교육공무원법」「사립학교법」, 교육과정령, 교칙 및 학칙, 각종 예규 및 지침 등에 의하여 운영되고 있는데, 이는 관료제의 특성을 드러내고 있는 단적인 예가 될 수 있다.

학교조직이 기본적으로는 관료제적 특성을 가지고 있으나, 다음과 같은 이유로 일반행정조직의 관료제와는 다른 관점으로 볼 필요가 있다.

- 학교교육 목표가 모호하다.
- 학생의 교육에 학교교육 이외의 요인이 영향을 미칠 수 있다.
- 학교조직의 관료제는 고도의 전문적 교육을 받은 교사가 주 구성원이다.
- 교사는 각각 독립된 교실에서 상당한 교육적 재량권을 가진다.
- 교사는 감독이나 직무수행의 통일된 표준을 가지기 어렵다.

그러므로 학교조직을 관료제만으로 해석하는 데에는 다소 어려운 점이 있어 '전문적 관료제'로 보는 관점이 바람직하다.

(2) 조직화된 무정부 조직

조직의 현상을 일컬을 때 '무정부 조직(organized anarchies)'이란 조직화는 되어 있지만 구조화되어 있지 않거나 합리적이나 논리적으로 파악될 수 없는 면을 가지고 있음을 강조하기 위함이며, 조직의 목표나 구성원들 간의 관계가 충분히 기능하지 못하고 있다는 의미까지를 포함한다.

코헨 등(Cohen et al., 1972: 17)은 학교조직을 "조직화된 무정부 조직"이라고 개념화하여 매우 혼란스럽고 통제되지 않는다는 특성을 부각시키면서 다음과 같은 요인을 가지고 있다고 설명하였다.

첫째, 목표의 모호성이다. 목표의 모호성은 교육조직의 목적이 구체적이지도 분명하지도 않음을 의미한다. 이는 교육목표가 추상적이라서 분명한 방향을 제시해 주지 못하기 때문이다.

둘째, 불분명한 과학적 기법이다. 목표를 달성하기 위하여 사용하는 조직의 기법이 과학적으로 분명하게 설명되지 않는다는 것이다. 교사의 교수법도 주로 과거의 경험을 바탕으로 이루어지며 적용하는 방법도 교사마다 차이가 있다.

셋째, 유동적 참여는 학교조직에서 학생, 교사, 행정가 등이 유동적이라는 것이다. 이로 인해 의사결정을 할 때에도 참여하는 구성원에 따라 다른 결정이 내려질 수 있다.

학교조직을 일반조직과 구분 지어 말할 때 '조직화된 무정부 조직'에 빗대어 설명한다. 이것은 조직구성원들의 강한 개성과 전문성이 자율적 견제와 조정으로 작용하게 되어 의도적인 통제가 필요하지 않는 조직으로 본 것으로, 이는 학교조직이 하나의 조직으로서의 체계는 갖추고 있으나 목표, 기술, 참여의 측면에서는 다소 혼란스럽고 무질서한 양상도 보이기 때문일 것이다.

(3) 이완결합체제

'이완결합'이란 연결된 각 부분이 서로 반응적이기는 하나 동시에 각각 자체의 정체성을 가지며 물리적 · 논리적으로는 독립성을 갖는 것을 의미한다. 그러므로 '이완결합조직'이란 조직의 하위체제와 수행할 업무들이 상호 관련되어 있으나 그것들이 각각 자주성과 개별성을 유지하며 느슨하게 결합되어 있는 조직이다. 거의 모든 조직은 목표를 달성하기 위하여 구성원들이 조직의 과업을 분담하여 처리하게 된다. 그러기 위해서 과업을 수행하는 사람들 간에 서열이 생기게 되고 과업 또한 기능적으로 구조화된다. 그러나 학교조직은 각자의 자주성과 개별성을 유지하되 질서정연하게 기능적으로 연결되어 있지 않다는 것이다.

와익(Weick, 1982)은 이러한 학교조직을 '이완결합체제(loosely coupled system)'라는 표현을 빌려 설명하였다. 즉, 조직직제상으로는 모든 부서가 연결되어 있으나 이들과의 관계는 각자가 정체성 · 독자성을 유지하면서 기능적 또는 논리적으로 분리되어 하위체제와 활동들이 느슨하게 결합되어 있는 상태를 의미한다. 또한 학교조직은 특성상 자율성과 자유재량권을 가지나 때로는 형식적인 지시나 통제를 받는다는 것을 표현한 것이다.

메이어와 로완(Meyer & Rowan, 1983: 71)도 학교의 가장 중심적 활동인 수업이 조직구조의 통제에서 벗어나 있음을 지적하면서 학교조직을 이완결합체제 측면에서 이해하려고 하였다. 그러므로 교육행정가는 교육평가, 교수방법, 교육권 등에서 교사를 통제하기 어렵기 때문에 신뢰의 논리를 기반으로 운영해야 한다고 보았다.

2) 학교조직의 조직문화와 조직풍토

(1) 학교의 조직문화

조직문화(organizational culture)는 '조직이 가진 고유의 신념, 감정, 행동 및 상징을 의미하며, 조직이 함께 가지는 철학, 이념, 전제, 기대, 태도, 규범 및 가치'로 정의된다. 일반적으로 '문화'란 사회에 속한 사람들 사이의 전통적인 가치, 규범, 신념, 행동양식, 생활습관, 기대 등이 오랜 시간에 걸쳐 형성된 것이다. 그렇기 때문에 내부의 구성원들이 사회에 속하여 살아가면서 어떻게 행동해야 하는지에 대한 하나의 암묵적인 지침이 되는 것이다. 조직에 따라 이러한 문화는 독특한 형태로 형성되기 때문에 다양한 문화가 존재하게 된다.

조직문화의 개념에 대한 몇 가지 공통점을 요약하면 다음과 같다(이석열, 1997).

첫째, 조직문화는 조직이 외부환경에 적응하고 조직 내부의 문제를 해결하는 과정을 반복하면서 오랜 시간에 걸쳐 형성된다.

둘째, 조직문화는 가정, 신념, 가치, 규범과 관습, 의례와 의식, 상징, 전통, 언어 등이 중심개념으로 표현되고, 조직구성원들이 보편적으로 공유하고 있으므로 조직구성원 간에 일체감을 형성해 준다.

셋째, 조직문화는 조직 속에서 구성원들이 어떻게 행동해야 하는가를 규정하는 지침으로 무의식적이고 당연하게 받아들인다.

결국, 조직문화는 '조직구성원들이 사회를 살아가면서 다양한 삶의 문제를 해결해 가는 과정에서 반복적인 경험을 통하여 당연하게 받아들이게 된 가정, 신념, 행동규범의 총체'라고 할 수 있다. 호이와 미스켈(Hoy & Miskel, 2013)은 여러 가지 구성요소 중에서 구체성과 추상성 및 심층성과 표면성의 정도에 따라 이러한 조직문화의 수준을 3단계의 수준으로 구분하여 설명하고 있다.

〈표 7-8〉 조직문화의 수준

표면적/구체적	공유된 규범 동료 간의 지원과 화합, 학생 및 학부모에 대한 지원 등
↕	공유된 신념과 가치 구성원 간의 개방성, 친밀감, 협력관계 등
심층적/추상적	암묵적 가정 인간성과 인간관계의 본질, 진리와 현실의 본질, 환경과의 관계 등

출처: Hoy & Miskel (2013). *Educational Administration: Theory, Research and Practice* (9th ed.).

① 공유된 규범으로서의 문화

구성원들의 행동에 직접적 영향을 주는 비공식적 기대를 의미하며, 의식이나 대화를 통해 전달된다. 이때 규범은 문화의 수준에서 가장 표면적이고 구체적이기 때문에 가시적이며, 성문화되어 있지는 않지만 일반적으로 조직구성원들이 그렇게 행동하도록 하는 원리나 법칙이다. 따라서 규범은 구성원들의 행동이나 조직생활의 측면을 이해하는 데 중요한 수단이자 방법을 제공한다. 규범의 특징은 조직구성원들이 규범을 인정하면 할수록 더욱 강화된다. 즉, 사람들이 조직의 규범을 따랐을 때 보상이나 격려를 받게 되거나 어겼을 때 곤란을 당하게 되면 그 규범은 더욱 강화되는 경향을 보이게 된다.

② 공유된 신념과 가치로서의 문화

조직의 기본 특성을 규정하는 가치를 의미하며, 조직구성원들이 공유하고 있는 판단의 중심이 되는 것이다. 가치는 바람직한 것에 대한 개념이고, 이는 문화에 대한 기본적 가정을 반영한 것으로, 이를 공유함으로써 구성원 간의 일체감을 느끼게 된다. 구성원들이 공유하고 있는 가치에 따라서 그들의 행동이 달라질 수 있는데, 기업이 추구하는 가치와 학교가 추구하는 가치는 분명히 차이가 있으며, 이러한 가치에 따라서 모든 의사결정도 달라진다는 것이다. 결국 공유하는 가치는 조직구성원이 그 조직의 일원이라는 자부심을 느끼게 하고, 그 조직에 속하는 것에 대해 중요한 의미를 두게 한다.

③ 암묵적 가정으로서의 문화

암묵적 가정이란 조직구성원들이 오랜 조직생활을 통하여 익힌 것으로, 인간관계의 본질이나 진리나 환경 등에 대해 당연시하는 전제를 말한다. 구성원들 사이에서 오랫동안 공공연하게 거론되거나, 거론되지 않아도 당연한 것으로 받아들이는 수준으로, 문화수준 가운데 가장 심층적이며 추상적인 것이다. 예를 들어, 조직구성원들이 인간성의 본질을 어떻게 보는지, 즉 인간을 선천적으로 선하다고 보는지 또는 악하다고 보는지에 따라 조직의 문화는 달라진다. 그리고 인간관계를 위계적으로 보는지 또는 평등하다고 보는지와, 인간이 환경을 통제할 수 있다고 보는지 또는 인간이 환경의 지배를 받는다고 보는지에 따라 조직문화의 속성은 크게 달라질 수 있다. 그러나 이 암묵적 가정은 가장 심층적이고 추상적이기 때문에 쉽게 발견하기 어렵다.

학교의 조직문화는 내부의 문제해결과정과 외부의 환경에 적응해 가는 과정에서 만들어지는 것이다. 이를 좀 더 자세히 살펴보기 위하여 학교조직의 문화유형을 적극적-소극적, 유연성-경직성 차원에 따라 혁신문화, 합리문화, 집단문화, 위계문화로 나누어 살펴보고자 한다(주삼환 외, 2015: 88-90).

첫째, 혁신문화를 가진 학교조직에서는 교사들이 외부환경의 변화에 적극적으로 반응하며 문제해결과정에서도 유연성을 보인다. 그러므로 외부환경의 변화에 두려움을 갖기보다는, 의욕적이고 모험적으로 아이디어나 교육프로그램을 개발하려는 창의성을 발휘한다. 그리고 이러한 과정에서 교장이나 교감의 의견과 반대되는 것이라 할지라도 교사 상호 간에 의견교환이 자유롭게 이루어진다. 그러므로 학생들의 학습효과를 높이기 위해서는 결과가 다소 불확실하더라도 새로운 교수방법을 적용해 보기도 한다. 그리고 이러한 교수방법에 대한 교사들의 수용정도가 높아 혁신적인 방법으로 환경변화에 반응하고자 한다.

둘째, 합리문화를 가진 학교조직의 교사들은 외부환경의 변화에 대하여 적극적으로 반응하나 문제해결과정에서는 다소 경직성을 보인다. 그러므로 학교운영과 조직의 편성은 체계적이고 일관된 관리체계를 바탕으로 하며 교육목표 달성만을 강조한다. 일을 처리하는 데에 있어 최소한의 투입에 최대한의 산출이 중요한 규범으로 작용한다. 따라서 교사들 상호 간의 인간관계보다는 과업달성을 위한 실리적인 관계가 유지된다. 결국 인간관계

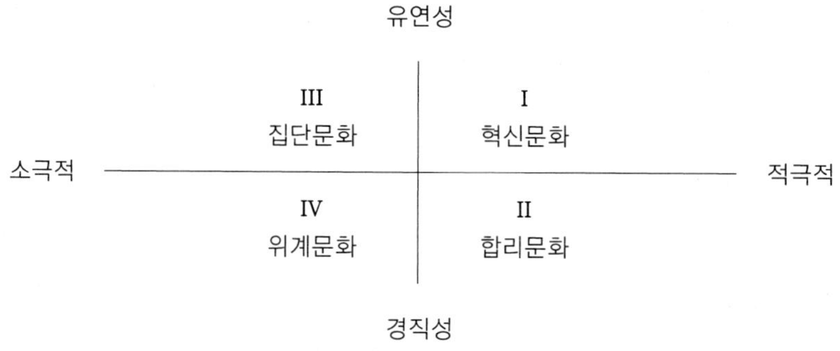

[그림 7-1] 학교조직문화 유형의 구분

출처: 주삼환 외(2015). 교육행정 및 교육경영.

나 주어진 여건보다는 성공 여부에 대한 결과를 중요하게 여긴다.

셋째, 집단문화를 가진 학교조직의 교사들은 외부환경의 변화에 대하여 소극적으로 반응하나 문제해결과정에서는 유연성을 보인다. 외부환경에 대하여 능동적이지 못하지만 교사 상호 간에 협조적이다. 따라서 학교운영의 중요한 지표도 교사들 간에 가족과 같은 결속력을 강조한다. 그러므로 교사들 사이에 업적 위주의 경쟁보다는 상호 간의 팀워크나 협동이 강조된다. 그래서 교사들은 서로의 개인적 사정이나 어려움을 자신의 일로 받아들이고 관심을 가지며 교장이나 교감은 위계적인 상사이기보다는 친근한 직장선배로 느낀다.

넷째, 위계문화를 가진 학교조직의 교사들은 외부환경의 변화에 대하여 소극적으로 반응하며 문제해결과정에서도 경직성을 보인다. 조직구성원인 교장과 교감 그리고 교사들 간에 서열의식이 강조되며, 엄격한 결재과정을 통한 매우 체계적이고 일관된 관리체제가 형성되어 있어 이로써 조직 전체의 통솔과 통제가 이루어진다. 그러므로 업무처리에 관련된 절차나 규정이 세밀하게 정해져 있으며, 이는 좀처럼 변경하기 어렵다. 새로운 방법을 모색하기보다는 규정을 철저히 따르면서 실수 없이 수행하는 것을 강조하므로 교사들은 독자적으로 일을 처리하기보다는 일일이 교장이나 교감의 지시를 받아서 처리한다.

(2) 학교의 조직풍토

일반적으로 학교풍토라고 일컫고 있는 학교의 조직풍토(organizational climate)는 학교 구성원들이 공유하는 가치관, 신념, 행동의 표준이 되는 특성으로 볼 수 있는데, 이러한 조직풍토는 다른 조직과 구별되는 그 조직만 갖고 있는 독특한 분위기로, 인간행동에 영향을 미치는 사회 · 심리적 실체로서 조직과 조직구성원의 행동을 이해하는 중요한 요인이 된다. 아울러 조직풍토는 조직문화를 보다 구체적으로 나타내는 유형이라고 할 수 있다. 학교의 조직풍토는 조직요인, 인간요인 및 주변 환경요인에 영향을 받아 생성되는 사회 · 심리적 분위기로, 학교조직에서도 조직풍토는 학교조직 구성원들의 행동에 영향을 미치는 것으로 밝혀졌다(Pace, 1973: 5-7: 김창걸, 1992에서 재인용).

일반적으로 학교의 조직풍토는 개방성이 강하게 나타나는지 또는 폐쇄성이 강하게 나타나는지로 구분하여 설명할 수 있다. 개방성이 강하게 나타나는 학교의 조직풍토는 민주적이며 발전적 경향을 보이고, 폐쇄성이 강하게 나타나는 학교는 기능적인 면을 강조하며 다소 전제적인 풍토로 나타나게 된다. 개방풍토의 특징은 학교조직 구성원 사이에 협동과 존경이 존재한다는 것이다. 학교장은 교사들의 제안을 경청하고 받아들이며, 교사들의 전문적 능력을 존중하며 업무수행에 일일이 간섭하지 않으며 자율적이고 전문적인 능력을 발휘하도록 지원한다. 이에 반해 폐쇄풍토는 학교장이 틀에 박힌 사소한 일과 불필요한 잡무를 강조하고 교사들은 최소한의 반응을 보이며 거의 헌신하지 않으려 한다.

핼핀과 크로프트(Halpin & Croft, 1962)는 '조직풍토 기술질문지(Organizational Climate Description Questionnaire: OCDQ)'를 개발하여 학교의 조직풍토에 관해 연구하였다. OCDQ는 교사집단의 특징과 함께 교장의 행동에 대한 교사들의 지각을 조사하여 학교의 조직풍토를 기술한 것으로, 교사들의 학교조직에 대한 관심도이며 또한 교사들의 자기평가라 할 수 있다. 교사집단의 특성을 측정하는 변인으로는 장애(hindrance), 친밀(intimacy), 방임(disengagement), 사기(esprit)를, 교장의 행동 특성을 측정하는 변인으로는 과업(production emphasis), 냉담(coldness), 인화(consideration), 추진(thrust)을 설정하였는데, 여기서 나온 결과를 바탕으로 학교의 조직풍토를 개방적 풍토, 자율적 풍토, 통제적 풍토, 친교적 풍토, 간섭적 풍토, 폐쇄적 풍토의 여섯 가지로 나누어 설명하였다.

초기의 OCDQ는 학교의 조직풍토를 측정하는 도구로 널리 사용되었으나 자체의 논리가 명확하지 못하고 정밀함이 결여되어 있다는 한계점이 드러나게 되어, 호이와 미스켈(Hoy & Miskel, 1996)은 교사의 행동 특성(단체적, 친밀한, 일탈적)과 교장의 행동 특성(지원적, 지시적, 제한적)에 대한 하위검사 점수로서 학교의 조직풍토를 네 가지로 구분하여 개방-폐쇄의 연속선상에서 설명하였다.

- 개방풍토(open climate): 교직원 간, 교직원과 학교장 간에 상호 협동하고, 존경 · 신뢰함으로써 학교장은 교사의 제안을 경청하고 전문성을 존중하며, 교사는 학교에 헌신

하는 풍토

- **몰입풍토(engaged climate)**: 한쪽에서는 학교장의 통제가 비효과적으로 시도되고, 다른 한쪽에서는 교사들의 높은 전문적 업무수행이 이루어지는 풍토
- **일탈풍토(disengaged climate)**: 몰입풍토와 반대되는 풍토로, 학교장은 개방적이고 관심이 많으며 지원적인 데 반하여, 교사는 학교장을 무시하거나 최악의 경우 태업하거나 무력화하려 하고, 교사 간에도 불화하고 편협하며 헌신적이지 않은 풍토
- **폐쇄풍토(closed climate)**: 개방풍토와 반대되는 풍토로, 학교장은 일상적이거나 불필요한 잡무만을 강조하는 엄격하고 통제적인 리더십을 발휘하려고 하고, 교사는 학교장과 화합하지 않고 업무에 대한 관심 및 책임감이 없으며 헌신적이지 않은 풍토

학교풍토를 보는 또 하나의 틀이 '조직건강(organizational health)'이다. 이는 인간의 건강에 대응하는 조직의 건강으로 보면서, 조직이 자체 유지능력을 가지고 환경과의 역동적인 상호작용을 통해 구성원의 사기를 진작시키고 생산성을 제고할 수 있는 능력을 가진다고 설명하는데, 건강한 조직은 높은 생산성을 유지하고 새로운 환경에 적절히 적응하면서 발전해 나간다고 하였다(윤정일 외, 2016). 또한 조직건강의 핵심적인 관심은 변화에 대처해 나가고, 미래에 적응하기 위한 조직의 능력을 지속적으로 향상시키는 데 있다고 하였다(노종희, 1994: 394).

마일즈(Miles, 1965: 18-21)는 건강한 조직이란 효과적으로 기능을 수행하고, 보다 완전하게 그 기능을 수행할 수 있는 체제로의 발전과 성장을 지속하는 노력을 갖춘 조직이라고 보면서 학교조직의 건강측정 변인을 과업달성변인, 조직유지변인, 성장발전변인의 세 가지로 구분하여 제시하고 있다(윤정일 외, 2016: 139-141에서 재인용).

① 과업달성변인

- **목표에 대한 관심(goal focus)**: 건강한 조직에서는 조직목표가 합리적이고 명료하며 구성원에 의하여 잘 수용된다. 그러나 목표의 합리성과 명료함 그리고 구성원에 의한 수용이 반드시 조직건강으로 이어지는 조건은 아니다. 보다 건강한 조직이 되기 위하여서는 목표가 현재의 능력 혹은 가용자원으로 달성이 가능해야 하고 그 내용이 적절해야 한다.
- **의사소통의 적절성(communication adequacy)**: 조직은 소집단처럼 동시에 직접적인 대면을 통해 운영되는 체제가 아니기 때문에 조직 내 정보의 원활한 흐름이 매우 중요하

다. 건강한 조직은 왜곡되지 않는 수직적 · 수평적 의사소통이 이루어지며, 외부 환경과의 정보교환도 원활하게 이루어진다. 또한 구성원들은 그들이 필요로 하는 적절한 정보를 신속하고 쉽게 얻을 수 있다.

- 권력의 적정한 분산(optimal power equalization): 건강한 조직은 영향력의 배분이 비교적 공정하다. 부하직원은 상사와 영향력을 주고받을 수 있고, 그들의 상사도 또 그의 상사와 영향력을 주고받을 수 있다고 생각하고 있다. 이러한 조직에서는 집단 간의 갈등이 있을지라도 집단 간 권력투쟁은 심각하지 않고, 조직구성원은 협동적인 태도를 기본으로 한다.

② 조직유지변인

- 자원의 활용(resource utilization): 건강한 조직은 구성원을 효과적으로 활용한다. 효과적인 활용이란 사람을 지치게 하거나 권태롭게 하지 않는 것이다. 건강한 조직에서는 구성원들이 열심히 일하며 자신이나 조직의 이익에 반하는 일을 하지 않는다고 느낀다. 그들은 자신의 과업에 대하여 즐거움을 느낄 뿐만 아니라 조직에 공헌하는 과정에서 배우고, 성장하고, 발전한다는 느낌을 가진다.
- 응집력(cohesiveness): 건강한 조직에서는 구성원들이 그 조직을 잘 알고 좋아하며, 조직 내의 다른 구성원에 대해서도 매력을 느끼고 애정을 갖는다. 그래서 그들은 조직에 머물기 원하고, 조직의 영향을 받기 원하며, 협동적인 활동에서 자신의 영향력을 발휘하기 원한다. 조직과 구성원에 대한 신뢰를 바탕으로 평생토록 근무하게 하는 끈끈한 애착이 있는 것이다.
- 사기(morale): 사기는 행복이나 만족감을 의미한다. 구성원의 행복과 만족감이 조직건강을 위한 충분조건은 아니지만, 조직 수준에서 사기를 유발하는 데는 절대적으로 필요하다. 사기란 행복, 만족, 즐거움을 포함하는 개인의 정서적 성향으로 불안, 스트레스, 불만 등의 정서와는 반대되는 것이기 때문이다.

③ 성장발전변인

- 혁신성(innovativeness): 건강한 조직은 새로운 절차를 만들고 새로운 목표를 향하여 부단히 움직이며, 새로운 종류의 산출을 만들어 조직 자체를 끊임없이 다양화하려는 경향이 있다. 따라서 건강한 조직은 관습과 일상에 젖어 정체된 상태로 남아 있기보다는 끊임없이 변화하면서 성장과 발전을 도모하는 조직이라 할 수 있다.

- **자율성**(autonomy): 건강한 사람은 스스로 주체가 되어 환경에 적절하게 반응하는 것처럼, 건강한 조직은 외부의 요구에 수동적으로 반응하지 않고 그 자체를 환경을 변화시키는 도구로 느끼며, 환경의 요구에 대하여 적대적이 아니라 주체적으로 반응한다. 이러한 조직은 환경으로부터 어느 정도 독립성을 갖는다.
- **적응력**(adaptation): 건강한 조직은 조직의 자원으로서 환경의 요구에 부응할 수 없을 때에는 자원획득과 욕구충족을 위하여 스스로 조직구조를 조정하며, 환경의 요구를 변화시켜 나간다. 이러한 변화의 결과로 보다 적절하고 계속적인 조직의 대처능력이 생긴다. 따라서 건강한 조직은 충분한 안정성과 함께 적응과정에서 발생하는 어려움을 관리하기 위한 내성을 갖추고 있다.
- **문제해결력**(problem-solving adequacy): 건강한 조직이라도 항상 여러 가지 문제와 긴장, 어려움을 가지고 있다. 문제는 문제점이 있느냐 없느냐가 아니라 문제에 대응하는 방식이다. 건강한 조직은 문제를 감지하고 가능한 해결책을 강구하며, 그들의 효과성을 측정하기 위한 훌륭한 구조와 절차를 가지고 있다.

건강한 조직풍토를 가지고 있는 학교의 교장은 교사들에 대해 지원적이면서 학교가 가고자 하는 방향을 명확히 제시하고, 높은 수행수준을 유지한다. 교사들도 교수-학습 활동에 헌신적이며 높은 성취수준을 유지한다. 한편, 건강하지 못한 조직풍토를 가지고 있는 학교의 교장은 교사들에게 방향을 제시해 주지 못하고, 배려와 지원도 제한적이며 리더십도 발휘하지 못한다. 교사들의 사기는 낮고, 교사들 간에 혹은 일에 대해서 좋은 느낌을 가지고 있지 않다.

3) 학교조직 발전론

일반적으로 조직은 생성된 이후로 끊임없는 변화를 통하여 성장하고 발전하거나 소멸되기도 한다. 이에 따라 조직의 성장과 발전에 대한 많은 연구가 이어져 왔고 그에 따른 이론도 나타나게 되었다. 조직의 발전에 관한 다양한 이론 가운데 여기서는 오웬스와 스타인호프(Owens & Steinhoff, 1976: 142-148)의 '조직발전론'에 대하여 알아본다(윤정일 외, 2016: 152-153에서 재인용).

조직발전론은 본래 1960년대 미국 사업가들이 그들의 당면 문제를 효과적으로 해결하기 위하여 개발 · 적용한 기법이다. 구체적으로 말해, 사회의 급속한 변화에 따른 조직변화의 필요에 직면하여 조직구성원의 문제발견 및 해결능력을 증진시키고 변화에 잘 적응하는 관리능력을 증진시키기 위한 계획적 · 체계적 조직관리 기법인 것이다. Owens와 Steinhoff는 조직발전(organizational development: OD)이 학교혁신의 가장 핵심적인 과정이라고 하면서, 그 과정을 특징짓는 다음과 같은 열 가지의 개념을 통해 조직발전론을 전개하고 있다.

- 발전목표: 조직발전의 주된 목표는 조직자체의 기능을 개선하기 위한 것이다. 조직 생산성과 효과성의 개선은 조직의 업무에 관하여 보다 효과적인 의사결정을 할 수 있는 조직의 능력에 달려 있다. 따라서 조직의 능력을 효율화할 수 있는 풍토의 개선, 의사결정의 참여폭 확대, 새로운 프로그램의 고안, 조직의 재구조화 등을 구체적인 목표로 설정하고 추진해야 한다.
- 체제의 혁신: 조직발전론에서는 조직이 결국 소멸하는 것이라는 사고를 배격한다. 조직은 언제나 그 자체를 혁신할 수 있고 자체 능력을 증대시킬 수 있으며, 변화에 적응하고, 목표달성 수준을 제고할 수 있다는 긍정적인 견해를 가지고 있어야 한다.
- 체제적 접근: 조직발전론은 조직을 복잡한 사회체제로 보는 관점에 근거를 두고 있다. 따라서 조직체제의 전체를 강조하고, 하위체제 구성요소인 인간, 구조, 기술, 과업 간의 역동적인 상호 관련성을 강조한다.
- 인간중심주의: 조직발전의 핵심은 과업, 기술, 구조적 차원이 아니라 인간적 차원이다. 특히 조직발전의 초점은 인간행동에 영향을 미치는 신념의 체계로 요약되는 조직문화에 있다. 태도, 가치관, 감정, 개방적인 의사소통 등이 조직발전의 핵심적 관심사이다.
- 교육을 통한 혁신: 조직발전은 교육을 통하여 조직 내 구성원들의 행동을 의미 있는 방향으로 변화시킴으로써 조직의 혁신을 자극하는 것이다. 조직발전의 교육적 전략과 과정은 주로 조직풍토와 조직의 문화를 형성하는 요인에 초점을 둔다.
- 경험을 통한 학습: 조직생활에서 실천학습 개념의 적용이 조직발전을 위한 학습의 기초이다. 실천학습은 사람들로 하여금 공통의 경험을 공유하도록 하고, 그 경험에서 무엇을 배울 수 있는가를 알기 위하여 경험을 재검토하는 것을 강조한다.
- 실제적인 문제 취급: 조직발전론은 현존하는 긴급한 문제를 해결하기 위하여 조직에 적용해 보는 것이다. 따라서 교육과정과 관련이 없는 어떤 특정한 문제나 보편적인 문제를 포함시키지 않고 조직의 구체적인 문제를 취급하게 된다.

- **체계적인 계획**: 조직발전의 또 하나의 특성은 노력이 체계적으로 계획된 것이어야 한다는 것이다. 이에 목표집단 설정, 시간계획 수립, 그것을 달성하기 위한 구체적이고 체계적인 자원조달 계획 등이 포함되어 있어야 한다.
- **변혁주도자의 참여**: 조직발전은 변화 노력의 초기 단계에서 핵심적인 역할을 수행하는 변혁 주도자의 참여에 의해 좌우된다. 조직의 변화 청사진을 구상하고 조직발전 프로그램의 수행을 돕는 자는 조직의 외부에서 올 수도 있고 내부에서 임명할 수도 있다.
- **최고 의사결정자의 참여**: 최고 행정가가 조직발전에 관심을 가지고 헌신하며 가시적으로 참여할 때에 부하직원의 참여동기가 더욱 높아지고 발전을 향한 노력이 성공할 수 있다.

3. 교육행정조직

교육행정조직은 교육에 관한 행정의 목적을 달성하기 위하여 운영하는 제반 교육제도 및 협동체제이다. 교육을 목적으로 하는 교육행정조직이야말로 운영하는 인적 자원이 무엇보다 중요하므로 조직구성원들 간의 관계를 보다 명확하게 규명해 두어야 한다. 이 교육행정조직의 체계는 그 나라의 교육행정의 기반이 기본적으로 얼마나 중앙집권적인가 혹은 지방분권적인가의 성격에 따라 크게 달라진다.

1) 교육행정조직의 형태 및 비교

우리나라의 현행 교육행정조직은 중앙집권적 교육행정조직과 지방분권적 교육행정조직의 형태로 나뉘어 있다. 이 두 가지 형태의 장단점 비교를 통하여 그 개념을 자세히 알아보고자 한다(김창걸, 1994).

중앙집권적 교육행정조직은 권한과 책임을 중앙에 집중시켜, 강력한 통제력과 지휘 · 감독권, 행정적 결정권이 중앙에 집중되어 있는 조직형태를 말한다. 일반적으로 행정관리 면에서는 대통령, 국무총리, 교육부장 · 차관, 기획관리실장까지 포함되는 최고관리층과 국 · 과 · 계장이 포함되는 중간관리층 및 계원으로 구성되는 사무관리층을 포함한다.

중앙집권적 교육행정조직의 장점은 다음과 같다.

- 신속하고 강력한 행정을 수행할 수 있다.
- 통일성과 안전성을 확보할 수 있다.
- 행정의 전문화를 기할 수 있어 행정능률을 향상시킬 수 있다.
- 전국의 교육적 기회균등을 이룰 수 있다.
- 행정의 중복을 방지하여 인적 · 물적 자원을 절약할 수 있다. 요컨대 중앙집권적 행정은 통일성, 강력성 및 능률성을 보장할 수 있는 장점을 지닌다.

그러나 중앙집권적 교육행정조직은 다음과 같은 단점도 가지고 있다.

- 지역의 특수성을 무시한 획일적인 행정체제에 빠질 우려가 있다.
- 지역민의 참여기회를 박탈하므로 자발적인 참여의식, 창의성을 발휘할 기회가 적다.
- 중요한 교육내용, 방법 등에도 획일주의와 통제 위주의 교육행정이 적용되어 발전 가능성을 저해할 수 있다.
- 사실상 광범위한 지방행정에까지의 지휘, 통제가 어려우므로 행정능률을 저하시킬 우려가 있다.
- 민주주의 원칙을 외면한 관료주의에 빠질 우려도 없지 않다.

한편, 지방분권적 교육행정조직은 교육자치제로써 민주주의 이상을 실현하는 방법으로 지역민의 의견에 의하여 교육문제가 결정되며, 그 집행에 있어서도 권한과 책임이 위임되는 형태를 말한다. 지방분권적 교육행정조직의 장점은 다음과 같다.

- 지방의 실정에 맞는 교육을 실시할 수 있다.
- 지역민의 적극적 참여를 유도하므로 발전적 행정이 가능하다.
- 교육 내용과 방법 등도 지방에 적합한 것을 채택 · 발굴할 수 있다.
- 중앙의 업무량 감소 등 행정의 효율화를 기할 수 있다.

그러나 지방분권적 교육행정조직은 행정의 통일성, 강력함, 능률성 등을 보장할 수 없다는 단점도 가지고 있다. 그럼에도 불구하고 지방분권적 교육행정조직은 종합적으로 평가할 때 교육의 자주성 보장을 위한 민주적인 지방분권제로 그 활용의 의미가 크다. 이에 따라 중앙집권적 교육행정조직과 지방분권적 교육행정조직의 장점을 결합시킨 절충적 교육행정조직의 활용 가능성을 발전시키는 것이 바람직할 것이다.

2) 중앙교육행정조직의 체계

일반적으로 교육행정의 체계는 중앙교육행정조직과 지방교육행정조직 그리고 학교단위 교육행정조직으로 구성되어 있다. 중앙교육행정조직은 지방교육행정조직의 상위체계이고, 학교단위 교육행정조직은 지방교육행정조직의 하위체계이다. 우리나라의 중앙교육행정조직은 '교육부'가 핵심적인 부서가 되고, 대통령-국무총리-국무회의-교육부장관의 지휘 · 권한 체계를 가진다.

(1) 대통령

대통령은 행정부의 수반으로서 중앙교육행정조직의 정점을 이루며, 중앙교육행정조직의 최고책임자, 최고 조직권자, 국무회의의 의장으로서의 권한을 가지고 있다. 대통령중심제의 중앙교육행정의 권한체계는 「헌법」과 「정부조직법」에 규정되어 있다. 「헌법」 제66조 제4항에 "행정권은 대통령을 수반(首班)으로 하는 정부에 속한다."라고 명시되어 있고, 동법 제78조에는 "대통령은 헌법과 법률이 정하는 바에 의하여 공무원을 임면한다."라고 정해 놓고 있다. 이처럼 대통령은 행정부의 최고 수반으로서 교육행정을 포함하는 모든 국가행정권의 정점에 있다. 특히 교육행정에 관한 주요 권한으로는 ① 교육에 관한 대통령령의 반포, ② 중앙교육행정기관에 대한 지휘 및 감독, ③ 주요 교육공무원의 임명, ④ 국무회의 의장으로서 교육정책 수립에 대한 영향력 행사 등을 들 수 있다.

(2) 국무회의와 국무총리

「헌법」 제88조에 "국무회의는 정부의 권한에 속하는 중요한 정책을 심의한다." "국무회의는 대통령, 국무총리와 15인 이상 30인 이하의 국무위원으로 구성한다." "대통령은 국무회의의 의장이 되고, 국무총리는 부의장이 된다."라고 되어 있다. 이로써 정부의 권한으로 중요한 정책을 심의하는 최고정책심의기관이 되고 있다. 국무총리는 대통령의 명을 받아 각 중앙행정기관의 장을 지휘 및 감독하는 행정감독권을 가진다. 아울러 국무회의의 부의장으로서 교육부에 영향력을 행사할 수 있다.

교육부 조직도

조직		
실	국 관	과(담당관)
3	4 · 10	49

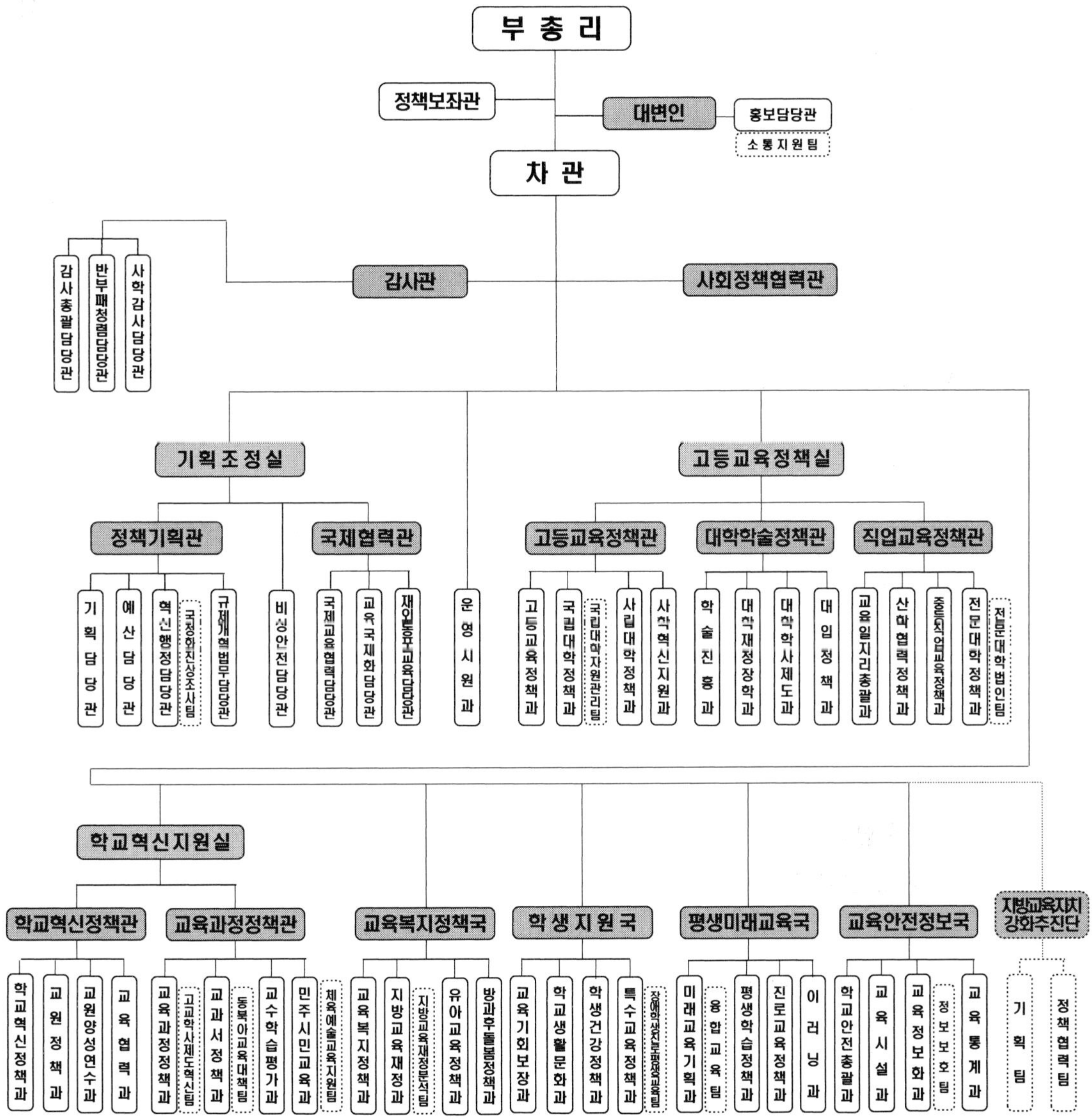

[그림 7-2] 교육부 조직구조

출처: 교육부(2018). 교육부 소개의 조직도(2018.1.4. 기준).

(3) 교육부장관

교육부는 교육관계 법령, 대통령의 지시 및 명령, 국무회의의 결정에 따라 국가의 교육에 관한 정책을 입안하고 집행하는 중앙교육행정조직의 핵심이자 최고교육행정기관이다. 교육부장관은 인적자원개발정책의 수립 · 총괄 · 조정, 학교교육 · 평생교육 및 학술에 관한 사무를 관장한다(「정부조직법」 제20조 제1항). 또한 교육부장관은 국무위원으로서 국무회의의 구성원임과 동시에 교육부의 장으로서 중앙교육행정조직의 사실상의 핵심이며, 중앙교육행정 사무를 관할하고 집행하는 최고책임자이다. 교육정책의 수립과 제반시책에 관하여 실질적인 의사결정의 책임을 가지고 있으며, 교육행정 전반에 관하여 최고의 조정과 통제를 한다. 2018년 1월 현재 교육부는 사회부문을 함께 관장하는 부총리인 장관을 중심으로 [그림 7-2]처럼 1차관-3실-4국-10관-49과(담당관)로 조직되어 있고, 정원은 593명이다.

3) 지방교육행정조직의 체계

우리나라의 지방교육행정조직은 많은 민주주의 국가에서 채택하고 있는 지방교육자치제도를 시행하고 있다. 이 제도에서는 교육위원회의 사무를 능률적이고 전문적으로 처리하기 위하여 교육위원회의 교육정책 집행기관으로서 교육행정 전문가인 교육감을 두고 있다. 지방교육자치제도는 교육위원회제도로서 대표되는데, 교육자치를 실시하기 위한 기관으로 「지방교육자치에 관한 법률」에 의하여 특별시 · 광역시 · 도에 설치되어 그 지방자치단체의 교육 및 학예에 관한 주요 사항을 심의 · 의결하는 기관이다. 또한 지방교육자치제도는 교육행정에서 민주적 지방분권의 원칙에 입각하여 일반행정으로부터 인사와 재정을 포함한 모든 교육행정을 분리 · 독립시킴으로써 교육의 전문성과 자주성을 확립하는 데 그 설치목적이 있다.

지방교육행정의 체계는 광역단위(특별시, 광역시 · 특별자치시 · 도 및 특별자치도)와 그 하부기관인 기초단위(시 · 군 · 구)로 되어 있다(「지방교육자치에 관한 법률 시행령」 대통령령 제27667호).

(1) 광역단위

전국 17개 시 · 도에서의 광역단위 교육행정은 1991년 「지방교육자치에 관한 법률」 제6626호로 만들어진 '지방교육자치제'를 특징으로 한다. '교육 · 학예에 관한 의안과 청원 등을 심사 · 의결하기 위하여' 광역지방의회에 상임위원회의 형태로 '교육위원회'를 두며, 교육 · 학예에 관한 사무의 집행을 위하여 시 · 도에 교육감을 두고 있으며, 교육감의 산하에는 교육감의 추천과 교육부장관의 제청을 거쳐 대통령이 임명한 부교육감과, 그 외에 보조기관(교육장)을 두고 있다.

지방자치에 의한 시 · 도의 교육 · 학예에 필요로 하는 경비는 교육에 관한 특별부과금, 기타 교육 · 학예에 관한 재산수입, 지방교육재정교부금, 지방교육양여금 및 당해 지방자치단체의 일반회계로부터의 전입금, 기타 교육 · 학예의 수입 등으로 충당하도록 정해 두고 있다. 이렇게 지방교육자치제가 실시되고 있다고 하나 교육부장관에게는 각 시 · 도의 교육 · 학예에 관한 사무에 대해 조언 및 권고, 지도, 자료제출 요구, 시정명령, 명령 또는 처분 취소, 집행정지, 자치사무에 대한 감사 등을 실행할 수 있는 권한이 주어져 있어서 어떤 식으로든 관여할 수 있다.

(2) 기초단위(하급 교육행정기관)

시 · 도의 교육 · 학예에 관한 사무를 분장하기 위하여 1개 또는 2개 이상의 시 · 군 · 구를 관할구역으로 하는 하급 교육행정기관으로 교육지원청이 있다. 교육지원청은 장학관으로 보임하는 교육장을 두는데, 교육장은 교육감으로부터 시 · 도의 교육 · 학예에 관한 사무를 위임받아 분장한다. 교육장의 각급 학교 운영 · 관리에 관한 지도 · 감독사무의 범위는 다음과 같다(「지방교육자치에 관한 법률 시행령」 제6조).

- 교수-학습활동, 진로지도, 강사 확보 · 관리 등 교육과정 운영에 관한 사항
- 과학 · 기술교육의 진흥에 관한 사항
- 특수교육, 학교부적응학생교육, 저소득층 학생지원 등 교육복지에 관한 사항
- 학교체육 · 보건 · 급식 및 학교환경정화 등 학생의 안전 및 건강에 관한 사항
- 학생통학구역에 관한 사항
- 학부모의 학교 참여, 연수 · 상담, 학교운영위원회 운영에 관한 사항
- 평생교육 등 교육 · 학예 진흥에 관한 사항
- 그 밖에 예산안의 편성 · 집행, 수업료, 입학금 등 각급 학교의 운영 · 관리에 관한 지도 · 감독 사항(자료 출처: 법제처 국가법령정보센터, 2018).

연구 및 토의 · 토론 문제

1. 학교조직을 바르게 이해하기 위하여 일반조직의 개념과 원리, 형태, 유형에 대해 알아보고 일반조직과 학교조직이 어떻게 다른지 발표해 보자.

2. 학교조직의 구조와 특징을 바탕으로 학교의 조직문화와 조직풍토에 대해 알아보고, 바람직한 학교조직문화 발전을 위하여 노력해야 할 점에 대해 토의해 보자.

3. 교육행정조직의 형태를 중앙교육행정조직과 지방교육행정조직으로 나누어 조직형태와 역할을 체계적으로 분석해 보자.

4. 우리 지역의 교육행정조직이 어떻게 구성되어 있는지 알아보고, 시(도)교육청과 교육지원청 그리고 교육연구기관의 조직구조와 핵심기능이 무엇인지 알아보자.

08 교육제도 및 교육자치

1. 교육제도
2. 학교제도
3. 한국의 학교제도
4. 지방교육자치제도
5. 학교자율경영

학습개요

1. 교육제도를 바탕으로 학교제도의 유형과 분류체계 및 원칙, 한국의 현행 학교제도에 대하여 알아보고, 우리의 학교제도가 안고 있는 과제에 대해 알아본다.

2. 교육자치제도가 실시된 의의를 알고, 우리 지방교육자치제도의 구조와 쟁점들을 파악하여 지방교육자치제도의 발전방안을 제시해 본다.

3. 단위학교자율경영제의 도입 배경과 개념, 특성에 대해 알아보고, 단위학교자율경영제에서 학교장의 역할을 살펴본다.

4. 학교운영위원회의 성격 · 구성 그리고 기능에 대해 살펴보고, 학교운영위원회의 발전 방안에 대해 알아본다.

1. 교육제도

1) 교육제도의 이해

교육제도는 사회제도의 하나로, 교육의 목적 · 내용 · 방법 · 조직 및 행정 · 재정 등 교육에 관한 전반적인 조직, 기구 및 법제 등을 말한다. 우리나라의 교육제도는 법률주의를 채택하고 있는데, 「헌법」 제31조 제6항에서는 "학교교육 및 평생교육을 포함한 교육제도와 그 운영, 교육재정 및 교원의 지위에 관한 기본적인 사항은 법률로 정한다."라고 규정하고 있다. 또한 「교육기본법」 제1장 제1조에 "교육에 관한 국민의 권리 · 의무 및 국가 · 지방자치단체의 책임을 정하고, 교육제도와 그 운영에 관한 기본적 사항을 규정함을 목적으로 한다."라고 밝히고 있다.

「초 · 중등교육법」 제1장 제2조에는 학교의 종류, 제3조에는 국립 · 공립 · 사립 학교의 구분, 제4조에는 학교의 설립 등, 제5조에는 학교의 병설에 관한 사항을 규정하고 있다. 교육제도의 하위체제 중의 하나인 학교제도는 교육제도의 중핵적인 영역을 차지하며, 교육행정 및 재정제도와의 상호작용 속에서 유지 · 발전되므로 교육제도와 밀접한 관계에 놓인다.

2) 교육제도의 형성과정

(1) 고대의 교육제도

교육제도의 시기 구분은 일반적으로 근대 공교육의 이전 시기와 그 이후의 시기로 나눈다. 이를 기준으로 근대 공교육의 이전 시기를 '고대', 그 이후 시기를 '근대' 혹은 '현대'로 보는 추세가 강하다. 이러한 시기 구분은 공교육제도나 학교제도의 성립기점으로 나누고 있는데, 사교육제도와 공교육제도가 분화되기 이전을 '고대'로 보면서, 교육과 종교, 가정, 정치, 사회, 문화 영역 사이에 구분이 분명하지 않던 시기를 의미한다. 고대의 교육제도가 사회적 제도로 정착된 것은 지배층을 위한 교육제도로서의 역할을 다하기 위함이었으며, 피지배층을 위한 교육제도는 문화 · 윤리적 규범의 형태로 유지되고 있었다. 즉, 지배층의 세대계승을 위한 제도로, 세습귀족제도의 유지를 위한 교육으로 이루어졌다. 여기서는 서양과 동양의 고대교육제도로 나누어 살펴보고자 한다(주삼환 외, 2015: 219-222).

① 서양의 고대교육제도

우선, 서양 중세의 사회계급은 크게 귀족, 승려, 기사, 농민 · 농노로 구성된다. 이 네 계급 중 실질적인 지배층은 귀족과 수도원의 승려인데, 귀족은 현실세계의 지배층이며, 승려는 사후세계의 지배층으로서 이 양 계급은 상호 의존적으로, 서로의 권위를 피지배층을 통하여 인정받고 이를 세습하고자 하는 방식을 유지하였다.

교육제도는 양대 두 계급의 지배문화를 전승하는 기능을 담당하였다. 우선 귀족의 경우는 가정교육이나 소규모 학교들을 통하여 그리스 · 로마시대 이후로 확립되어 온 자유학파(liberal arts)를 주로 가르쳤다. 이러한 일에 종사하는 사람들을 '가르치는 노예'라는 뜻을 가진 '페다고그(pedagogue)'라고 불렀는데, 일찍이 아리스토텔레스가 알렉산더 대제의 개인교사였던 사실은 바로 이러한 서양의 귀족교육체제의 원형을 보여 준다. 귀족들은 자녀들의 교양을 높이기 위하여 전문적 지식을 갖춘 사람들을 가정교사로 고용하였던 것이다. 이들이 가르친 역사와 언어, 음악과 미술은 실용적인 지식이기보다는 지배층의 문화를 익히는 데 필요한 과목들이었다.

한편, 또 다른 지배층이었던 수도원 승려, 곧 기독교의 사제들은 신학을 바탕으로 한 우주와 신의 섭리를 연구해야 했다. 사제들은 지배귀족으로부터 생산에 종사하지 않아도 되는 특권을 부여받는 대신 귀족의 지배논리를 이데올로기로 정당화시키는 역할을 감당해야 했으며, 이는 곧 기독교의 하나님에 의해 '기름부음 받은 자'의 논리를 의미했다. 이러한 논리는 사회 여러 계층으로부터 끊임없이 도전을 받을 수밖에 없게 되었으며, 따라서 이를 반박하고 옹호하기 위해서는 많은 지적 탐구에 몰두해야만 했다. 이러한 이유로 결국 교회는 서구 중세사회의 가장 중요한 교육기관이며 연구기관이 되었다.

② 동양의 고대교육제도

동양은 크게 중국과 인도 그리고 근동 아랍으로 구성된다. 그러나 통상 근동 아랍은 고대 이후 중세로 들어오면서 로마제국의 문화권, 곧 기독교문화권으로 편입되었고, 중국의 유교문화권과 인도의 힌두문화권이 동양을 대표하게 되었다. 이 가운데 인도문화권은 서양문화권과 마찬가지로 세습계급제도가 엄격하게 유지되어 왔기 때문에 지배 · 피지배계급의 질서유지라는 관점에서는 기본 골격에서 큰 차이가 나지 않는다. 그래서 여기서는 중국문화권만을 중심으로 살펴보고자 한다.

중국문화권은 중국과 한국 그리고 일본의 세 나라로 대표되며 이들의 공통점은 한자와 유교이다. 그래서 한자문화권 혹은 유교문화권으로 불리기도 한다. 이 중국문화권에서의 지배층은 세습귀족보다는 관료계층이 주류를 이루며, 관료는 '공맹(孔孟)사상'을 근간으로 하는 유교와 성리학의 체계에 따라 교육을 받은 지식인 계급이었다. 지배층의 재생산은 백성을 바르게 통치할 수 있는 지식과 덕을 갖출 수 있는가의 여부에 의해 결정되며, 관료층은 바로 그러한 지덕(智慧)을 겸비한 사람들로 받아들여졌다.

동양의 지배질서는 유학을 바탕으로 하는 사대부와 관료의 교양을 기초로 유지되어 왔기 때문에 지배층의 충원 또한 세습적이기보다는 개개인의 교양수준에 의해 결정되었으며, 제도적으로는 '과거(科擧)'라고 하는 공적 시험제도가 활용되었다. 한편, 일반 민중을 위한 교육기관은 서양에서처럼 별도로 존재하지 않았고 사회규범과 관습을 통하여 성리학적 '예학(禮學)'을 가르쳤다. 그러므로 동서양에서는 교육이 지배층의 경우 비교적 제도화된 공식적 교육기관을 통하여 이루어진 흔적들이 있으나 피지배층의 경우는 거의 비공식적 교육기관을 통하여 이루어졌다.

(2) 근대의 교육제도

근대 공교육제도는 서구의 3대혁명, 곧 문예혁명, 종교혁명, 산업혁명을 거쳐 고대국가가 근대국가로 바뀌는 과정에서 생겨난 산물이다. 그러므로 교육제도의 성립과정은 전통적 지배질서가 무너지고 새로운 사회질서가 형성되는 과정과 궤도를 같이한다. 즉, 계급적 질서가 아닌 시민적 질서, 다시 말해서 지배·피지배의 사회질서가 아닌 근대적 합리성에 기초한 민주사회 질서로 탈바꿈하는 과정에서 교육제도 또한 합리성과 민주성을 갖춘 모습으로 바뀌었다. 이러한 근대교육제도의 특성은 크게 세 가지 차원에서 살펴볼 수 있는데, 첫째는 국가제도화, 둘째는 세속화, 셋째는 보편화 과정이다(주삼환 외, 2015: 223-224).

① 국가제도화

3대혁명을 거치면서 서구의 왕조국가들은 점차 교황의 영향에서 벗어나 독립된 국민국가 또는 민족국가(a nation-state)로 탈바꿈하기 시작하였다. 산업혁명을 통해 새로운 지배층으로 등장한 자본가계층과 시민계층은 국민들을 통합해 줄 수 있는 새로운 질서를 필요로 했다. 학교라는 공교육기관이 등장함에 따라 국가가 이를 관리할 필요가 제기되었다. 그러므로 각 나라마다 국가의 전통적인 권력적 성격과 신흥자본계층의 권력적 속성에 따라 교육제도의 발전은 서로 다른 과정을 밟게 된다.

② **세속화**

근대교육제도의 형성사적 특성으로서의 '세속화(secularization)'는 산업혁명과 종교혁명 이후 급격한 노동생산성의 수요 증대로부터 유발된다. 즉, 공장제 노동이 보편화되면서 초기의 단순 노동능력을 넘어 최소한의 지적 능력이 노동자의 생산성을 좌우하는 요소로 등장하였으며, 이것은 전통적 교육체제로서는 도저히 대응할 수 없는 혁명적 요구증대였다. 이전까지는 문자적 지식으로부터 완전히 배제되어 왔던 민중에게도 지식에 대한 접근을 허용하지 않고서는 그들의 생산력의 원천인 지적 능력을 배양할 수 없게 된 것이다. 뿐만 아니라 새로운 지배계급으로 성장한 자본가 계급에서도 전통 귀족들만이 독점해 온 고급문화, 지식문화를 향유하려는 욕구가 높아졌는데, 이는 신흥 지배계층의 구 지배계층에 대한 도전수단이 되기도 했다.

③ **보편화**

생산력의 극대화는 자본주의 발전과 국민과 국가의 발전에 도움이 되었는데, 양적으로 확대된 노동자의 확보와 질적으로 향상된 교육받은 노동력은 생산력 극대화의 필수요건이 되었다. 그리하여 교육은 국민의 기본권이 되었으며, 국가는 모든 국민에게 일정한 교육기회를 제공할 의무를 갖게 되었다.

2. 학교제도

1) 학교제도의 유형과 분류체제

(1) 학교제도의 유형

학교제도의 유형은 계통성을 중심으로 하는 복선형과 단계성을 중심으로 하는 단선형으로 나눌 수 있으며, 복선형과 단선형의 중간적 형태로 분기형(分岐型)이 있다(김영식, 최희선, 1988: 280-283). 학교제도에서 복선형, 단선형, 분기형은 교육 기회균등의 확산과 밀접한 관련이 있다.

① **복선형**

상호관련을 가지지 않는 두 가지 이상의 학교계통이 병존하면서 학교계통 간의 이행을 인정하지 않는 학교제도이다. 여기서는 단계성보다 계통성이 중시되며, 사회계급 · 계층을 재생산하는 기능을 담당한다. 일반적으로 영국, 프랑스 등과 같은 유럽국가에서 발달해 왔다.

② 단선형

복선형에 반대되는 제도로서 학교계통이 하나뿐인 학교제도이다. 현실적으로 순수한 단선형은 존재하지 않으며, 공통의 기초학교 위에 수업연한이나 수료자격에 있어서 동등한 복수의 학교나 코스로 분화되는 형태를 취하는 경우가 많다. 계통성보다 단계성이 우선시된다는 점에서 복선형과 다르다. 단선형은 주로 미국, 한국, 일본에서 채택하고 있는 학제이다.

③ 분기형

복선형과 단선형의 중간적 형태로, 각 나라의 현실적인 학교제도를 설명하기 위하여 독일의 비교교육학자 힐커(Hilker)에 의해 분류된 학교제도의 한 유형이다(伊藤秀夫, 眞野宮雄, 1975: 30). 대체로 이는 기초학교 부분은 통일되어 전 국민에게 동일한 기초교육을 실시하고, 그 위에 동격이 아닌 복수의 학교계통이 병존하는 학교제도이다. 분기형은 영국, 독일을 비롯한 서구 유럽에서 찾아볼 수 있다.

(2) 학교제도의 분류체계

학교제도의 분류체계는 학교계통과 학교단계, 기본학제와 특별학제로 나눌 수 있다. 학교계통은 계열별로 구성된 수직적인 학교종별을 의미하는데, 복선형 학교계통과 단선형 학교계통으로 나뉘며, 학교계열별로는 일반계 학교계통과 특성화계 학교계통, 특수목적계 학교계통 등이 있다. 학교단계는 여러 유형의 학교를 수평적으로 구분하는 것으로, 학교에 다니고 있는 연령층을 대상으로 하거나 교육단계로 구분하여 일반적으로 취학 전 교육, 초등교육, 중등교육, 고등교육으로 구분한다.

기본학제는 학제의 주된 흐름을 이루고 있는 초등학교, 중학교, 고등학교, 대학교 및 대학원 등의 정규학교교육에 대한 제도를 가리키며, 기간학제라고도 불린다. 특별학제는 기본학제의 보완적 기능을 수행하거나 사회교육의 성격을 띠면서 정규학교의 교육과정에 준하는 교육을 실시하는 학교제도를 가리키며, 방계학제라고도 불린다. 방송통신중 · 고등학교, 방송통신대학교, 공민학교, 고등공민학교, 기술학교 등이 이에 속한다.

2) 학교제도의 원칙

학교교육은 공교육으로서 특정인이나 특정 기관의 가치관 혹은 요구에 따라 행해져서는 안 된다. 학교교육은 국민의 학습권을 보장하고 이를 저해하는 요소들을 제거하는 원칙에 따라 행해져야 하는 것이다. 학교제도의 원칙을 크게 공교육의 원칙과 기회균등의 원칙으로 구분하여 살펴보면 다음과 같다(유평수 외, 2014: 279-280).

(1) 공교육의 원칙

공교육이란 국가 및 지방자치단체 그리고 그에 준하는 기관에 의해서 관리되고 시행되는 교육이다. 학교제도는 국가의 발전과 국민의 복리증진을 전제로 확립되는 것으로, 그 운영을 위해서는 모든 국민에게 교육을 받을 수 있는 기회를 공적으로 마련해 주어야 한다. 교육을 받을 권리를 보장한다는 측면에서 공교육이 확보해야 할 원리로는 다음과 같은 것을 들 수 있다.

① 의무성

의무성은 학생을 가정이나 직장으로부터 해방시켜 교육기관에 접근시키는 의무를 성인들이 가지고 있다는 원리이다. 학생을 교육기관에 접근시키려면, 모든 학생을 교육할 만큼의 충분한 학교시설과 전문직인 교사를 확보해야 한다. 따라서 학교설치의 의무가 국가나 지방자치단체에 부과된다.

② 무상성

무상성은 교육에 필요한 경비는 원칙적으로 공공경비로 처리한다는 원리이다. 무상성이 교육을 받을 권리의 보장을 위한 것인 만큼, 그 대상이 의무교육에 한정되어서도 안 되며, 그 내용 또한 교육받을 권리를 적극적으로 보장할 수 있을 만큼 충실해야 한다.

③ 중립성

중립성은 교육내용이 성인사회의 기존의 종파나 당파의 가치관으로부터 자유로워야 한다는 원리이다. 학교의 교육적 기능이 교육 이외의 특정한 의도에 종속되는 일이 없도록 학교의 교육적 기능을 독립적으로 확보해야 함을 의미한다. 학교교육의 중립성이 실현되기 위해서는 학문의 자유와 교육의 자주성을 지키는 교육행정의 중립성이 보장되어야 한다.

(2) 기회균등의 원칙

학교제도는 교육을 받을 권리 보장의 제도적 장치로서 교육의 기회균등의 원리를 실현하도록 조직되어야 한다. 기회균등의 원칙은 같은 능력을 가진 사람에 대해서는 교육의 기회가 평등하게 주어진다는 것이다. 여기서 능력은 경쟁과 선발의 원리에 따른 능력주의와 결부되며, 이 능력주의는 능력에 의한 차별을 긍정하고 용인한다. 즉, 능력에 따라 교육을 받을 기회란 교육을 받을 기회가 균등한 것을 의미한다는 것이지, 균등한 교육을 의미하는 것은 아니다.

3. 한국의 학교제도

1) 한국의 현행 학교제도

한국의 현행 학교제도(이후 학제)는 1949년 12월에 제정된 「교육법」에 처음으로 형식화된 후 여러 차례 변화를 거듭해 왔다.

〈표 8-1〉 학제의 변천

학제의 적용 기간	변화된 내용
1949. 12. 31. ~ 1950. 3. 9.	• 초, 중, 고, 대학의 6-3-3-4의 기본 틀 형성
1950. 3. 10. ~ 1951. 3. 19.	• 2년 혹은 4년제 초급대학 신설 • 중고등학교가 중학교와 고등학교로 분리
1951. 3. 20. ~ 1963. 8. 6.	• 고등기술학교 전공과가 고등교육 수준에서 신설
1963. 8. 7. ~ 1968. 11. 14.	• 고등기술학교 전공과가 고등교육 수준에서 폐지
1968. 11. 15. ~ 1969. 12. 31.	• 초급대학 수준의 간호학교 신설
1970. 1. 1. ~ 1974. 12. 23.	• 2년 혹은 3년제 전문학교 신설
1974. 12. 24. ~ 1977. 12. 30.	• 실업고등전문학교와 전문학교 상호 연계
1977. 12. 31. ~ 1981. 2. 12.	• 실업고등전문학교 폐지 • 전문학교는 전문대학으로 변경
1981. 2. 13. ~ 1991. 12. 30.	• 교육대학이 2년제에서 4년제로 확대 • 개방대학 신설 • 방송통신대학이 서울대학교 부설체제에서 독립
1991. 12. 31. ~	• 법적으로 방송통신중학교 폐지

이러한 변화를 거듭해 온 한국의 학제는 기본학제와 특별학제로 나누어 설명할 수 있다.

(1) 기본학제

기본학제는 유치원에서부터 시작해서 초등학교, 중학교, 고등학교, 대학교로 이어지는 학제이다.

- 유치원: 「초 · 중등교육법」 제38조 및 39조의 '유아를 교육하고 유아에 알맞은 교육환경을 제공하여 심신의 조화로운 발달을 조장하는 것을 목적으로 하는' 취학 전 교육기관이다. 만 3세부터 초등학교 취학 전까지의 유아를 대상으로 한다.
- 초등학교: 「초 · 중등교육법」 제41조 및 제42조의 '국민생활에 기초적인 초등교육을 목적으로 하는' 초등의무교육기관이며, 수업연한은 6년이다.
- 중학교: 「초 · 중등교육법」 제45조 및 제46조의 '초등학교에서 받은 교육의 기초 위에 중등교육을 하는 것을 목적으로 하는' 전기 중등의무교육기관이며, 수업연한은 3년이다.
- 고등학교: 「초 · 중등교육법」 제44조의 '중학교에서 받은 교육의 기초 위에 중등교육 및 기초적인 전문교육을 하는 것을 목적으로 하는' 후기 중등교육기관으로, 수업연한은 3년이다. 「초 · 중등교육법 시행령」 제76조 3항, 제90조 및 제91조에 따르면, 고등학교에는 보통교육을 주로 하는 일반고등학교와 특정한 과목—과학, 외국어, 국제전문, 예술, 체육 등—에 우수한 인재를 육성함을 목적으로 하는 특수목적고등학교가 있으며, 소질과 적성 및 능력이 유사한 학생을 대상으로 특정 분야의 인재양성을 목적으로 하는 교육 또는 자연현장실습 등 체험 위주의 교육을 전문적으로 실시하는 특성화고등학교가 있다.
- 고등교육기관: 「고등교육법」 제28조에 의거해 '대학은 인격을 도야하고 국가와 인류사회의 발전에 필요한 학술의 심오한 이론과 그 응용방법을 가르치고 연구하며, 국가와 인류사회에 공헌함'을 목적으로 한다. 동법 제47조에는 전문대학의 교육목적이 '사회 각 분야에 관한 전문적인 지식과 이론을 가르치고 연구하며 재능을 연마하여 국가사회의 발전에 필요한 전문직업인을 양성함'이라고 밝히며, 직업인 양성에 그 중점을 두고 있다. 고등교육기관에는 대학원과 대학원대학교를 포함한 대학, 교육대학, 전문대학, 산업대학, 기술대학, 방송통신대학, 사이버대학과 대학과정의 각종학교 등이 있다.

(2) 특별학제

특별학제는 사회교육의 성격을 띠며 정규학교 교육과정에 준하는 교육을 행하거나 기본학제를 보완하는 기능을 수행하기 위한 학교제도이다.

- **초등학교과정**: 공민학교를 들 수 있는데, 초등교육을 받지 못하고 취학연령을 초과한 사람에게 국민생활에 필요한 교육을 하는 것을 목적으로 하는 교육기관이다(「초·중등교육법」 제40조). 공민학교 수업연한은 3년이다.
- **중학교과정**: 고등공민학교와 방송통신중학교, 근로청소년을 위한 특별학급, 산업체부설 특별학교가 있었으나, 1998년 이후 근로청소년을 위한 특별학급, 산업체부설 특별학교는 지원자가 없어 폐지되었다.
- **고등공민학교**: 중학교과정의 교육을 받지 못하고 취학연령을 초과한 사람 또는 일반 성인에게 국민생활에 필요한 중등교육과 직업교육을 하는 것을 목적으로 하는 교육기관이다(「초·중등교육법」 제44조). 고등공민학교의 수업연한은 1년 이상 3년 이하로 되어 있으며, 입학자격은 초등학교 또는 공민학교를 졸업한 사람, 초등학교 졸업인정시험에 합격한 사람 또는 동등 이상의 학력이 인정되는 사람이다.
- **방송통신중학교**: 중학교 또는 고등학교에 부설할 수 있는 학교로(「초·중등교육법」 제43조의 2), 수업연한은 3년이며 고등공민학교 입학자격과 같다(「방송통신중학교 및 방송통신고등학교 설치기준령」 제5조).
- **방송통신고등학교**: 원래 시·도별 고입선발고사에서 탈락한 학생들에게 진학의 기회를 제공해 주기 위하여 1974년에 설립된 것이다. 고등학교에 방송통신고등학교를 부설할 수 있으며(「초·중등교육법」 제51조), 수업연한은 3년이고 입학자격은 고등학교 입학자격과 같다(「방송통신중학교 및 방송통신고등학교 설치기준령」 제5조). 방송통신고등학교 과정을 수료한 사람에게는 고등학교 졸업의 학력을 인정한다(동 기준령 제6조).
- **근로청소년을 위한 특별학급**: 산업체에 근무하는 청소년을 대상으로 중학교·고등학교 과정의 교육을 위하여 산업체에 인접한 중학교·고등학교에 야간수업을 주로 하는 특별학급을 둘 수 있다(「초·중등교육법」 제52조).
- **산업체부설 특별학교**: 대통령이 정하는 산업체가 당해 산업체에서 근무하는 청소년에 대한 교육을 위하여 고등학교를 설립·경영하는 것이다. 현재는 중학교 과정은 지원자가 없어 운영되지 않고 고등학교 과정만 운영 중이다.
- **고등기술학교**: 국민생활에 직접 필요한 직업기술교육을 하는 것을 목적으로 하는 교

육기관이다(「초 · 중등교육법」 제54조). 따라서 고등기술학교는 특성화고등학교만으로는 불충분한 산업사회의 수요에 따른 기능공을 양성하기 위한 직업교육기관으로 볼 수 있다. 입학자격은 고등공민학교나 중학교 졸업자, 동등 이상의 학력인정자로 수업연한은 1년 이상 3년 이하이며, 교육부장관의 학력인정 지정 고등기술학교 졸업자는 정규 고등학교 졸업자와 동등한 학력이 인정된다. 고등교육기관으로는 산업대학, 원격대학, 기술대학이 있다.

- 산업대학: 산업사회에서 필요로 하는 학술 또는 전문적인 지식이나 기술의 연구와 연마를 위한 교육을 계속하여 받고자 하는 자에게 고등교육의 기회를 제공하여 국가와 사회의 발전에 기여할 산업인력을 양성함을 목적으로 하는 교육기관이다(「고등교육법」 제37조). 수업연한과 재학연한에 대한 법적 제한은 없다.
- 원격대학: 국민에게 정보 · 통신 매체를 통한 원격교육으로 고등교육을 받을 기회를 제공하여 국가와 사회가 필요로 하는 인재를 양성함과 동시에 열린 학습사회를 구현함으로써 평생교육의 발전에 이바지함을 목적으로 하는 교육기관이다(「고등교육법」 제52조). 한국방송통신대학교는 4개의 단과대학에 23개의 학과로 구성되어 있는 국내 최조의 유일한 국립 4년제 원격대학으로, 교직과정은 유아교육과에만 개설되어 있으며 수업연한은 4년이다(한국방송통신대학교 홈페이지, 2018, [2018. 1. 23. 수정자료]).
- 기술대학: 산업체 근로자가 산업현장에서 전문적인 지식 · 기술의 연구 · 연마를 위한 교육을 계속하여 받을 수 있도록 함으로써 이론과 실무능력을 고루 갖춘 전문인력을 양성함을 목적으로 하는 교육기관이다(「고등교육법」 제55조). 기술대학에는 전문학사학위과정과 학사학위과정을 두며, 두 과정의 수업연한은 각각 2년이다. 기술대학의 전문학사학위과정의 입학자격은 고등학교 졸업자나 법령에 따라 이와 같은 수준 이상의 학력 인정자이고, 학사학위과정의 입학자격은 전문대학 졸업자나 법령에 따라 이와 같은 수준 이상의 학력 인정자로서 대통령령으로 정하는 기간 이상의 산업체 근무자이다.
- 특수학교: 신체적 · 정신적 · 지적 장애 등으로 인하여 특수교육을 필요로 하는 자에게 유치원 · 초등학교 · 중학교 또는 고등학교에 준하는 교육과 실생활에 필요한 지식 · 기능 및 사회적응 교육을 하는 것을 목적으로 하는 교육기관이다(「유아교육법」 제15조, 「초 · 중등교육법」 제55조). 고등학교 이하의 각급 학교는 관할청의 인가를 받아 특수교육을 필요로 하는 학생들을 위한 특수학급을 둘 수 있으며, 특수학교의 수업연한,

입학자격 등에 관하여는 각 교육수준별 정규학교의 규정을 준용하도록 하고 있다. 국가와 지방자치단체는 특수교육이 필요한 사람이 초등학교 · 중학교 및 고등학교와 이에 준하는 각종 학교에서 교육을 받으려는 경우에는 따로 입학절차, 교육과정 등을 마련하는 등 통합교육을 하는 데에 필요한 시책을 마련하여야 한다(「유아교육법」 제15조, 「초 · 중등교육법」 제59조).

이상의 내용을 모두 아우르는 한국의 현행 학제는 다음과 같다.

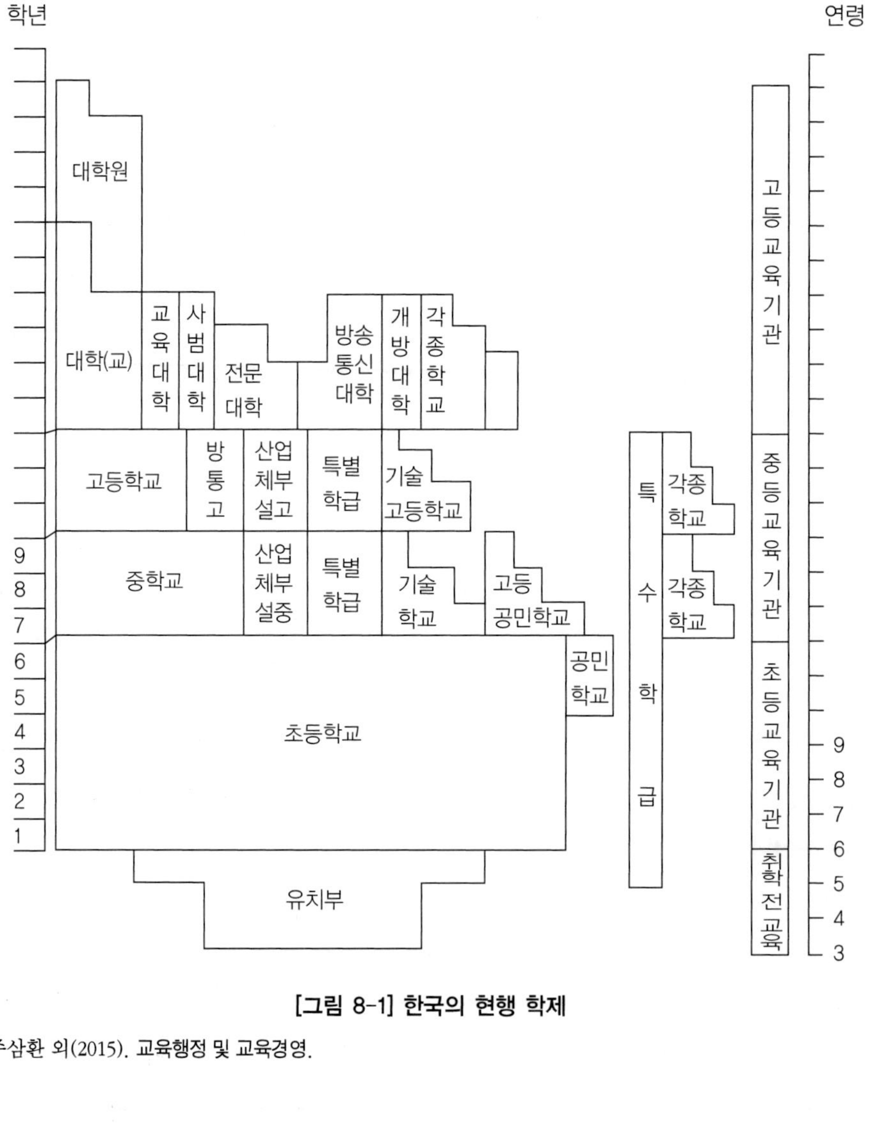

[그림 8-1] 한국의 현행 학제

출처: 주삼환 외(2015). 교육행정 및 교육경영.

(3) 학교 외 교육제도

한국의 현행학제에는 기본학제와 특별학제 외에 교육법규에서 규정하지 않은, 교육부 이외 부처 산하의 학교 · 훈련원 · 훈련소 등의 교육기관이 있다. 특히 과학기술정보통신부의 한국과학기술원, 광주과학기술원, 대구경북과학기술원, 국방부의 육 · 해 · 공군 사관학교, 국군간호사관학교, 육군3사관학교, 국방대학교, 문화체육관광부의 한국전통문화대학교, 고용노동부 지원의 한국폴리텍대학, 한국기술교육대학, 농림축산식품부 및 해양수산부의 한국농수산대학, 경찰청의 경찰대학 등은 정규 학제의 교육기관과 대등한 역할을 수행한다. 이 외에도 사법연수원, 중앙공무원교육원, 각 부처의 공무원교육원 등이 있다.

(4) 특성화학교

1990년 후반에 학교 부적응으로 인해 학업중도 탈락생이 급증하였고, 이 문제를 해결하기 위하여 새로운 형태의 학교가 만들어지게 되었다. 시민사회에서 이루어지던 대안교육 운동과 정부의 교육개혁 흐름이 결합해서 특성화학교라는 제4의 학교형태가 법의 테두리 내에서 생겨나게 된 것이다. 그 당시까지 고등학교의 세 가지 유형이었던 인문계, 실업계, 특수목적고에 특성화학교라는 새로운 형태의 학교가 더해진 것이다.

특성화학교는 일반학교와는 차별화된 다양한 교육을 하기 위하여 도입된 제도이다. 이에 따라 특성화학교는 현행 교육과정을 기준으로 융통성 있는 교육과정 편성 · 운영이 가능하다. 특성화 중학교의 경우 교육과정의 30% 정도, 특성화 고등학교의 경우 최대 70% 정도의 자율성을 갖는다.

특성화학교는 각 학교의 교육목표나 설립 취지에 따라 교과운영의 내용과 방식이 다양하지만 몇 가지 공통된 목표와 교육내용을 찾아볼 수 있다.

첫째, 공동체적인 삶을 강조한다. 공동체문화 속에서 더불어 살아갈 수 있는 지혜를 터득할 수 있도록 철학, 인권, 생태 및 노작, 봉사학습 등 교과를 개설하고 있다.

둘째, 주체적인 삶을 꾸릴 수 있도록 자율과 자주성을 강조한다. 이를 위하여 대부분의 특성화학교에서는 학생의 적성과 흥미를 고려한 다양한 현장체험과 사회체험활동을 마련한다. 특히 음식 · 집 · 옷 만들기, 인턴십, 통합기행 및 이동학습, 졸업 프로젝트 등을 통해 실제 삶과 연계된 활동을 추구한다.

셋째, 조화로운 발달을 추구한다. 창조적 지성, 풍부한 감성, 건강한 몸을 만들기 위하여 통합교과를 지향한다. 다양한 표현 · 예술 · 문화 영역, 산악등반, 전통무예, 성(性)교육 등을 통합적으로 운영하여 전인적 인격체를 형성하는 데 중점을 둔다.

대안교육(Alternative Education)은 19~20세기 개발중심의 생존경쟁 가치, 적자생존 가치로 인해 인간의 유대관계가 단절·비인간화되고, 공동체 의식이 와해되며, 자연환경과의 친화력이 약화되는 교육에 대한 반기로 나타난 운동이다. 기존의 교육 시스템, 교육이념 및 운영방식과는 다른 독특성을 가지고 기존의 학교교육의 한계와 문제점을 극복하고자 하는 취지에서 만들어졌다. 이 대안교육은 특별한 조직, 목적, 내용, 방법 등의 교육활동으로 이루어지고 있는데, 2005년 「초·중등교육법」 개정으로 「대안학교법」이 통과되어 동법 제60조 제3항의 각종 학교에 관한 규정 속에 대안학교 조항이 추가되면서 정착되었다. 이 내용에 관한 법 조항(「초·중등교육법」 제60조 제3항 대안학교)을 살펴보면 다음과 같다.

- 학업을 중단하게 되었거나 개인적 특성에 맞는 교육을 받으려는 학생을 대상으로 현장실습 등 체험 위주의 교육, 인성 위주의 교육 또는 개인의 소질·적성 개발 위주의 교육 등 다양한 교육을 실시하는 학교이다.
- 대안학교는 초등학교·중학교·고등학교의 과정을 통합하여 운영할 수 있다.
- 대안학교의 설립기준, 교육과정, 수업연한, 학력인정, 그 밖의 설립·운영에 관하여 필요한 사항은 대통령령으로 정한다.

기존의 학제와 달리 대안교육은 크게 '인가형'인 특성화학교와 위탁형 대안학교, '비인가형'인 중등과정의 전원형 및 도시형 대안학교, 초등과정의 대안학교, 그 외 통합형 대안학교가 있다(교육인적자원부, 2007). 인가형 대안학교는 2016년 기준 전국 25개교(공립 6개교, 사립 19개교)를 운영하고 있다(교육부, 2016).

① 위탁형 대안학교

위탁형 대안학교에서는 보통 위탁학생을 대상으로 별도의 교육과정을 편성·운영한다. 교육과정은 교과활동, 재량활동, 특별활동으로 편성하고, 교과는 보통교과와 대안교육교과로 구분하며, 각 교육청에서 기준으로 하고 있는 수업시수 또는 단위를 편성·운영해야 한다. 보통교과의 필수과목은 현행 교육과정에서 지정하고 있는 국민공통기본교과의 1/3 이하의 수준으로 운영하면 되고, 나머지는 인성과 진로 등의 분야로 다양한 교과를 배치할 수 있다. 단, 대안교육의 기초가 될 수 있는 과목을 교육청의 승인을 거쳐 편성·운영하는 경우에는 이를 국민공통기본교과의 이수로 간주할 수 있어 교육과정상 학교의 재량 운영의 폭이 넓은 편이다. 대안교육의 교과는 인성교육활동 및 진로교육활동으로 나누어 대안교육 위탁교육기관의 재량으로 편성 · 운영할 수 있으며, 이 프로그램은 학교의 평생교육원 또는 각종 대안학교 관련기관이나 시설에 위탁하여 운영할 수 있다.

② 중등 전원형 대안학교

전원형 대안학교에서는 획일화되고 정형화된 형식적인 교육과 인가된 특성화학교의 제약에서 벗어나 보다 자유로운 교육과정을 운영할 수 있는데, 상황과 대상에 따라 적절히 맞춘 프로젝트중심의 교육과정을 탄력적으로 운영할 수 있다. 대부분의 학교가 3년 6학기제로 운영되고, 무학년 통합과정을 추구하고 있으며, 각 학기마다 성취목표를 뚜렷이 제시하고 있다. 전원형 대안학교의 공통적인 교육목표는 학습과 삶을 일치시키는 것으로 자활, 자존, 공생능력을 기르며, 이를 위하여 다양한 인적 · 물적 자원을 활용한다. 학교 밖에서의 많은 경험을 쌓을 수 있는 기회를 마련하기 위하여 다양한 체험학습을 도입하고 있으며, 의식주를 위한 노작교육 및 실제적인 진로와 연계된 직업체험 및 인턴십 프로젝트를 진행한다.

③ 중등 도시형 대안학교

비인가 도시형 대안학교의 교육과정은 학교의 특성에 따라 매우 다양하며 정해진 틀이 없다. 문화예술교육에 중점을 두는 학교, 치유와 성장에 중점을 두는 학교, 진로지도에 중점을 두는 학교 등 각 학교의 특징에 따라 교육과정이 달리 구성된다. 정규 교육과정에는 포함되어 있지 않지만 검정고시 준비를 지원하는 학교가 많으며, 공동체 속에서 자신감을 갖게 하고 타인과의 의사소통 능력을 기르며 자립능력을 갖춘 건강한 시민으로 성장하도록 지원하는 것이 이들 도시형 대안학교의 설립목적이라고 할 수 있다. 학교의 수가 증가한 만큼 다양한 성격의 학교가 만들어졌으며 대상 청소년들도 점점 다양해지고 있다. 다양한 학교 밖 성장 프로그램을 개발해 왔고 가정 해체의 문제를 안고 있는 청소년들에게 가정과 같은 돌봄 공간이 되어 주기도 한다. 무엇보다 다양한 계층, 다양한 분야의 인적 자원들이 도시형 대안학교를 중심으로 네트워크화되어 있고, 청소년들에게 역할모델이 되어 줌으로써 기성세대와 사회에 대한 신뢰를 회복할 수 있도록 도와주고 있다.

④ 초등 대안학교

초등 대안학교는 수도권을 중심으로 공동육아, 종교단체, 지역운동 및 교육운동 등을 모태로 하여 생겨난, 초등학령의 학생들을 대상으로 하는 대안학교이다. 일반 초등학교에 들어갈 나이의 아이들을 대상으로 전일제로 운영하는 학교를 말하기 때문에, 방과후학교나 계절학교와는 구분된다. 초등과정은 의무교육이기 때문에 현재의 초등 대안학교들은 모두 비인가 상태이다. 중등 대안학교가 기존의 공교육에 대한 반발과 학교 부적응으로 인한 탈학교 양상으로 출발하였다면, 초등 대안학교는 전혀 다른 출발을 보였다. 즉, 기존 교육에 대한 성찰과 반성을 바탕으로 새로운 교육의 필요성을 공감하는 주체들이 생겨난 것인데, 새로운 철학, 이를테면 인권, 생태, 자율 등을 기반으로 한 교육활동에 공감하는 사람들을 주축으로 운영되고 있다.

⑤ 통합형 대안학교

통합형 대안학교는 학교급별이나 단계에 따라 구분하던 방식에서 벗어나 이수학년이나 학기제 혹은 무학년제로 운영된다. 물론 이러한 것들은 100여 년 전 발도르프학교가 먼저 시도한 것으로, 발도르프교육은 통합형 대안학교를 고민하는 사람들에게 신선한 자극제이자 모델이 되어 왔고, 한 학생에 대한 장기적이고 지속적인 성장에 대해 다각적으로 접근해 볼 수 있는 많은 상상력과 실천 모델을 제공하였다.

한국의 대부분의 비인가 대안학교의 경우는 통합형으로 운영되고 있거나 통합형을 지향하고 있다고 볼 수 있다. 이들 통합형 학교들에서는 입학과 진학, 졸업, 수업연한 등에 관한 제도가 훨씬 유연해서 학생들의 개별적인 상황과 능력에 따라 자유롭게 선택하고 결정할 수 있도록 지원하고 있다.

⑥ 홈스쿨링

우리나라에서 1990년대 후반부터 알려지기 시작한 홈스쿨링(homeschooling)은 미국에서는 이미 1970년대 후반부터 등장하기 시작하여 지금은 150만 명 이상의 학생들이 홈스쿨링을 하고 있다(김민환, 권동택, 2000: 257-280; 김재웅, 1999: 255-274). 미국뿐만 아니라 일본이나 서구 유럽에서도 홈슈레, 혹은 재택교육(home education)이라는 이름으로 학교를 다니지 않고 부모와 자녀가 함께 자신들에게 적합한 방식으로 가르침과 배움을 엮어 나가고 있다(Petrie, 1995: 285-296). 홈스쿨링은 보통 "자녀를 학교에 보내지 않고 부모가 직접 교육자가 되어 가정에서 가르치는 것"으로 정의되지만(Mayberry et al., 1995: 이혜영, 2000: 109-134에서 재인용), 이 정의는 홈스쿨링으로 지칭되는 현상들의 다양함을 제대로 포괄하지 못한다. 왜냐하면 이 이름과 정의는 학교에서 이루어지는 제반 활동 및 체험 모두를 지칭하는 것으로, 교육인 것과 아닌 것이 모두 포함된 학교태(schooling)가 단지 가정(home)이라는 공간으로, 그리고 교사와 학생의 관계가 부모와 자녀의 관계로 그대로 옮겨진 것 같은 이미지를 주기 때문이다. 홈스쿨링에 있어서 부모는 학교의 교사와 마찬가지로 교육의 주체로서 중요한 역할을 하나, 학교에서 교사가 하는 일을 그대로 부모가 가정에서 하는 것도 아니며, 학생으로서 부모와 관계를 맺는 것도 아니다. 또한 가정이라는 공간에 얽매이는 것도 아니며, 배움 역시 학교에서처럼 주어진 교육과정에 국한되지 않는다.

홈스쿨링은 드러나는 양상이 가정마다 매우 다양하여 한 마디로 정의 내리기 어렵다. 다만 '학령기 아동 혹은 청소년이 학교에 가지 않고, 부모와 자녀 간의 밀접한 상호작용을 통해 자신들에게 적합하다고 생각하는 방식으로 가르침을 구하고 배움을 체험해 나가는 과정'이라고 기술적으로 정의 내릴 수 있을 뿐이다. 홈스쿨링을 하는 부모와 자녀는 말 그대로 자신들의 교육적 요구에 따라 언제, 어디서, 무엇을, 누가 가르치고 어떻게 배울 것인가를 결정하고 구성해 나갈 수 있다. 그리하여 홈스쿨링은 '학습권' '교육권'의 재개념화와 그것의 실현방법에 대한 실제적 시사점을 제공한다(서덕희, 2006).

2) 한국 학교제도의 과제

현대사회로 접어들면서 가장 큰 변화의 하나로 들 수 있는 것은 근대산업사회에서 정보사회로의 흐름일 것이다. 이에 발맞추어 교육제도가 이 흐름을 어떻게 수용해 가는가가 교육계의 화두가 되고 있다. 아울러 100여 년의 짧은 교육제도의 역사를 가지고 있는 한국의 학교제도는 세계적인 흐름에 적응해 나가기 이전에 자체적으로 많은 문제를 안고 있는 것도 사실이다.

현행 학교제도의 주요 문제를 살펴보면 다음과 같다(김영식, 최희선, 1988: 윤정일 외, 2016에서 재인용).

① 경직성

- 기본학제와 특별학제의 기능적 연계성이 부족하며, 상급학교 입시제도가 하급학교 교육과정에 미치는 영향이 크다.
- 학교 학년제의 고정화로, 농촌의 과소학교나 도시의 과대학교에 효율적으로 대처하지 못하고 있다.

- 학교제도가 넓은 의미의 교육제도로 확장되고 있고, 유아교육을 공교육체제로 흡수하자는 주장이 제기되고 있지만 아직 이를 실현하지 못하고 있다.

② **비효율성**

- 교육연한이 경직되어 있어 사회의 교육적 요구에 부응하지 못하고 있다.
- 과열 입시경쟁에 따라 학부모의 교육비 부담이 과중되고 있다.
- 단선형 학제로서 편향적이며 과도한 진학수요를 유발하고 있다.
- 교육기간의 장기화로 사회진출 시기가 지연되고 있다.

③ **지체성**

- 중등교육의 정체성이 모호하고 산업사회의 교육적 요구를 수용하지 못하고 있다.
- 멀티미디어의 확산과 새로운 정보통신기술의 교육적 활용요구가 증대되지만, 그에 부응하는 교육체제의 개편이 이루어지지 않고 있다.

한국의 현행 학교제도는 이와 같은 교육의 근본적인 문제를 실현시켜 나아감과 동시에 정보사회화의 추세에 걸맞은 학교제도로의 변신도 도모해야 하는 중대한 시점에 놓여 있다. 여기서는 대표적인 네 가지의 과제를 중심으로 한국의 학교제도가 안고 있는 미래지향적 발전과제를 검토해 보고자 한다.

첫째는 평준화정책과 맞물린 고등학교 체제의 다양화이고, 둘째는 특성화계열 고등학교의 성향에 관한 문제이며, 셋째는 유치원 교육의 공교육화, 넷째는 전문대학원제도가 도입됨에 따른 고등교육제도의 개혁에 따른 문제이다.

(1) 평준화정책과 맞물린 고등학교 체제의 다양화

1973년 고교평준화정책이 도입된 이후로 우리나라의 학교제도에 대한 논쟁은 끊이지 않고 있다. 경제성장과 교육기회의 확장으로 선택되어 실시된 고교평준화정책은 1980년대에서 1990년대에 세계에서 보기 드문 고등교육 보편화로 진입하는 계기가 되기도 했으나, 하향평준화와 수월성 교육의 쇠퇴로까지 이어진다는 논쟁거리가 되기도 했다. 이에 특수목적고 설립과 지역별 평준화 갈등, 자립형 사립고에 대한 사안은 아직도 끊임없는 논쟁의 대상이 되고 있다.

2008년 이명박 정부의 고교다양화정책은 자율형 사립고, 마이스터고 및 기숙형 공립고를 실험적 운영으로 도입하였다. 고등학교의 다양성과 자율성을 확대하기 위한 교육공약 '고교다양화 300 프로젝트'의 일환으로 추진되는 기숙형 공립고는 학생들의 다양한 적성과 소질을 끌어내기 위한 고품질의 교육서비스와 함께 기숙사를 제공하여 보다 쾌적한 공간에서 밀도 높은 교육과 자기주도적 학습이 이루어지게 하기 위한 목적으로 설립된 것이다. 그러나 설립과정과 시행과정에서 많은 어려움을 겪고 있는 것이 사실이다. 이러한 고등학교 체제의 다양화를 시작으로 우리 교육제도는 큰 변환점을 맞고 있다.

(2) 특성화계열 고등학교의 성향

「초 · 중등교육법 시행령」 일부 개정(2001.10. 20.)에 의하여 '전문계고등학교'에서 명칭이 변경된 '특성화고등학교'는 직업인 양성을 교육프로그램으로 제공하는 기능을 가진 학교이다. 그러나 중학교를 졸업한 학생들 중 특성화고등학교로 진학을 희망하는 학생의 대다수가 취업을 목적으로 하기보다는 고등교육 단계로 가기 위한 차선책으로 선택하는 경우가 많다. 여기에는 여러 가지 이유가 있겠으나, 고등교육을 받지 않으면 취업경쟁력이 낮을 것이라는 생각이 작용한 것으로 추측됨과 동시에 현재의 특성화고등학교의 교육 여건상 취업준비 교육마저도 내실 있게 제공되고 있지 못하는 실정이 반영된 결과라 할 수 있겠다.

이로 인해 최근에는 기본적으로 특성화고등학교와 일반고등학교 간의 구분을 없애고 통합교육체제로 가는 편이 더 바람직할 수도 있다는 논의가 제기되기도 하고, 고등교육의 대중화 시점에서 특성화고등학교 교육의 성격을 근원적으로 재검토해 보아야 한다는 논의도 계속되고 있다. 이러한 내용은 향후 고등학교 진학 선택의 목적과 함께 특성화고등학교에서의 교육의 방향을 정하게 하는 잣대가 될 것이다. 해당 학교의 교육목적에 맞는 교육내용과 진로교육이 더욱 강조되는 이유이기도 하다.

(3) 유치원 교육의 공교육화

2004년 1월 8일 「유아교육법」이 통과되었다. 「유아교육법」 제24조에는 '무상교육에 필요한 비용을 유아의 보호자에게 지원하는 것을 원칙'으로 하고, 동법 제26조에는 '재정지원정책의 근간인 원아당 재정지원제도가 확립되어야 함'을 명시하면서 무상의 유아교육에 대한 제도적인 틀을 갖추게 되었다. 「유아교육법」의 제정으로 유아교육의 공교육화와 유아교육재정 배분제도로서의 '바우처제도(voucher system)'의 도입으로 국민의 교육선택권이 확장되는 큰 의미를 가지게 되었다. 유아교육제도는 교육중심의 유치원과 보육중심의 어린이집으로의 이원화가 큰 쟁점으로 대두되어, 2011년 누리과정으로 통합되었다. 그러나 누리과정의 예산을 재정제도의 신설 없이 지방교육재정교부금으로 충당하게 함으로써 각 지방자치 단위는 초·중등교육의 재원과 아울러 유아교육의 재원까지 확보해야 하는 어려움을 피할 수 없게 되었다.

(4) 전문대학원제도가 도입됨에 따른 고등교육제도의 개혁

우리나라의 입시위주 교육은 소위 일류대학을 향한 경쟁과 함께 자신의 적성보다는 법학과, 의학과라는 인기학과를 향한 경쟁이 고질적인 현상이 되어 왔다. 이러한 현상을 조금이나마 해결하기 위한 5·31교육개혁 제안 과제의 하나가 전문대학원제도를 통한 고등교육학제의 개편안이다. 법학과 의학 같은 특수 분야의 학과를 학부교육 단계가 아닌 전문대학원제도에 둠으로써 고등학교 단계에서의 과도한 경쟁을 피하자는 것이다. 2003년부터 국내의 대부분의 의·치학 대학들은 이미 의·치학전문대학원으로 전환하고 있으며, 2007년 7월 3일 관련 법률의 통과로 2009년 25개의 법학전문대학원이 개원하였고, 법학전문대학원 설치인가를 받은 대학의 종래 학부의 법과대학이 2017년을 끝으로 폐지되었다.

4. 지방교육자치제도

1) 교육자치제도의 의의

오늘날의 다원화된 사회에서는 국가가 모든 일을 중앙에서 결정하고 처리하는 집권체제로는 그 실효성을 더 이상 기대할 수 없게 되었으며, 지방정부 또한 지역적 여건을 고려하지 않고 중앙에서 결정된 사항을 따르는 것만으로는 그 효율성을 기대하기 어렵게 되었다. 이러한 배경에서 교육자치제는 중앙의 교육행정 권한을 지방으로 분산시켜 지방교육의 자율적인 교육 통치를 실현시키기 위하여 과거의 권위주의적 교육행정에서 벗어나 주민이 참여하는 민주적 교육행정을 가능케 하여야 함을 강조하게 되었다. 또한 지역의 여건과 실정에 맞는 교육행정 서비스를 도모할 수 있어 지방교육의 특성을 활성화할 수 있다는 점에서 그 중요성이 인식되고 있다.

우리나라는 「헌법」에 '교육의 자주성 · 전문성 · 정치적 중립성 및 대학의 자율성을 보장

해야 함'이 명시되어 있고, 「교육기본법」에도 "국가와 지방자치단체는 교육의 자주성과 전문성을 보장하여야 하며, 지역 실정에 맞는 교육을 실시하기 위한 시책을 수립 · 실시하여야 한다."라고 밝히고 있다.

교육자치가 일반 행정자치와 분리하여 운영되어야 하는 이유는 교육과 교육행정의 특수성에 기인한다고 보아야 한다. 교육이 인간의 성장을 목표로 하는 고도의 전문성을 필요로 하며, 그 대상이 되는 학생 개개인의 특성과 발달단계에 맞춘 다양한 요구와 필요를 반영할 수 있어야 한다는 특성을 가지고 있기 때문이다. 교육행정에는 일반행정의 시각으로는 실행하기 어려운 영역이 존재하므로 교육적 전문성을 행정과정에 접목시킬 수 있는 교육경험자들에 의해 이루어져야 함을 강조한 것이다. 또한 인간의 기본권 보장을 위하여서 교육에서만은 정치적인 협상이나 대상의 영역에서 자유로워야 함을 의미하기도 한다. 교육이 국가 권력통치의 영향을 벗어나기는 어려우나 어느 정도의 정치적 중립성은 보장됨으로써 교육의 자주성을 확보해야 한다는 취지에서, 대부분의 국가는 다양한 형태의 교육자치제를 실시하고 있다.

2) 교육자치제도의 변천

이러한 교육자치가 발전해 온 과정을 살펴보면 다음과 같다.

(1) 교육자치의 시기(1991. 6.~2010. 6.)

「지방교육자치에 관한 법률」이 제정되었던 1991년 당시에는 시 · 도의 교육 · 학예에 관한 중요 사항을 심의 · 의결하기 위하여 교육위원회를 설치하였고, 교육 · 학예에 관한 사무의 집행기관으로는 교육감을 두도록 하였는데, 이로써 교육위원회는 위임형 의결기관의 성격을, 교육감은 독임제 집행기관의 성격을 갖게 되어 완벽하지는 않지만 다소 실질적인 교육자치의 틀을 가지게 되었다.

(2) 교육자치의 일부 폐지(2010. 7.~2014. 6.)

2006년 12월 「지방교육자치에 관한 법률」 개정으로 교육위원회를 의회 내 상임위원회로 두도록 하여 시 · 도의 교육 · 학예에 관한 주요 사항을 심의 · 의결하게 하였다. 또한 시 · 도의회의원과 의원 과반수 이상의 교육의원으로 교육위원회를 구성하였다. 학교운영위원회에서 선출하던 교육감을 주민들이 직접 선출하는 방식으로 바뀌었고, 2010년

7월 이후 교육위원회가 시 · 도의회에 통합되었다.

3) 교육자치제도의 원리

교육자치제도란 지방분권주의를 원칙으로 하여 교육의 자주성과 정치적 중립성, 지역 나름의 특수성을 살리기 위하여 일반행정으로부터 교육행정을 분리 · 독립시킴과 동시에, 집행기관으로서의 교육감제와 의결기관으로서의 교육위원회를 두어 교육행정의 전문성을 살리려는 제도이다.

교육자치제도의 원리를 자세히 정리해 보면 다음과 같다.

(1) 자주성 존중의 원리

지방교육행정기구를 교육활동의 특수성에 비추어 자주성과 정치적 독립성이 보장되도록 일반행정기구와 분리 · 독립시키는 원리로, 교육행정에서의 인사, 재정, 장학 등을 자주적으로 운영한다는 데 의의가 있다. 교육의 자주성의 원리는 「헌법」 제31조 제4항에 "교육의 자주성 · 전문성 · 정치적 중립성 및 대학의 자율성은 법률이 정하는 바에 의하여 보장된다."라고 명시되어 있다. 또한 「교육기본법」 제5조 제1항에도 "국가와 지방자치단체는 교육의 자주성과 전문성을 보장하여야 하며, 지역 실정에 맞는 교육을 실시하기 위한 시책을 수립 · 실시하여야 한다."라고 밝히고 있다.

(2) 전문적 관리의 원리

지방교육행정조직에 있어서 교육감을 비롯한 중요한 교육행정인사에 교육적 또는 교육행정적 전문성이 보장되어야 함을 기초로 하는 원리이다. 교육활동의 본질과 특수성에 대한 인식을 가지고 교육행정에 대한 교양과 훈련을 쌓은 전문적인 인사들로 하여금 교육행정을 효율적으로 운영하게 하려는 것으로, 그 구체적 예로는 교육감제도가 있다.

(3) 지방분권의 원리

교육정책의 결정과 중요 시책의 집행에 있어서 중앙집권적 행정을 지양하고 지방교육행정기구에 그 권한을 분산하고 이양하고자 하는 원리이다. 교육행정에 있어서 중앙행정부의 획일적 통제와 처리를 지양하여 민주화를 도모하고, 지역사회의 실정과 다양한 요구에 맞는 교육정책 수립과 사무 처리를 통하여 지방교육의 특수성을 살림으로써 지역민의 교육활동에 대한 자율 · 자치정신을 배양하기 위한 원리이다.

(4) 주민자치의 원리

관료적 통제를 지양하고 공정한 민의를 반영하기 위하여 교육정책을 민의에 따라 결정하고 시행한다는 원리로, 지방교육의 특수성을 살림과 동시에 지역민의 교육에 대한 자치정신을 갖게 한다는 의미이다. 대의민주정치의 이념에 입각하여 관료적 통제를 배제하고 민의를 존중한다는 원리이다.

이상의 네 가지 원리 가운데 지방분권의 원리와 주민자치의 원리는 지방자치의 민주성을 살리고자 하는 원리에 해당하고, 자주성 존중의 원리와 전문적 관리의 원리는 교육자치의 필요성과 특성을 살리고자 하는 원리로 보아야 할 것이다.

〈표 8-2〉에서는 민주성의 원리와 전문성을 원리로 나누어 주민자치의 원리, 지방분권의 원리, 자주성 존중의 원리, 전문적 관리의 원리를 비교해 본다.

이러한 원리를 바탕으로 하는 교육자치제는 획일적인 중앙의 통제를 배제한 개방적인 지방분권제의 실행으로 이어져 교육의 독자성과 중립성을 살린 전문적인 교육활동이 이루어지도록 지원한다. 이는 주민의 참여에 대한 보다 많은 관심과 지원을 얻어낼 수 있다는 이점을 가진다. 그러므로 교육자치제는 교육의 자주성 보장과 아울러 정치적 중립성과 민주성을 실현할 수 있게 하며, 지역주민들의 교육에 대한 책임의식을 높여 지역의 특수성을 살린 교육이 가능하게 해 준다.

〈표 8-2〉 민주성의 원리와 전문성의 원리의 비교

민주성의 원리	전문성의 원리
① 지방자치에 보다 중점을 둔 원리 ② 민주성의 원리는 두 가지로 구체화 • 주민자치의 원리: 주민이 그들의 대표를 통해 교육정책을 결정 → 교육위원회 제도 • 지방분권의 원리: 중앙행정기관으로부터 권한을 위임받아 지방교육행정기관이 독자적 · 창의적 · 자율적으로 교육업무를 처리	① 교육자치에 보다 중점을 둔 원리 ② 전문성의 원리는 두 가지로 구체화 • 자주성 존중의 원리: 일반행정으로부터의 분리 · 독립, 정치적 중립성을 통해 자주성을 보장해야 한다는 원리 • 전문적 관리의 원리: 일반 관료가 아닌 전문가가 관리해야 한다는 원리 → 교육감(장) 제도

출처: 주삼환 외(2015). 교육행정 및 교육경영.

4) 현행 지방교육자치제도

우리나라 지방교육자치제도는 1949년 12월 31일 법률 제86호로 제정된 「교육법」에 명시되어 시행을 앞두고 있었으나 1950년 한국전쟁으로 인하여 그 시행이 지연되어, 1952년 4월 23일 대통령령 제633호로 「교육법 시행령」이 공포됨에 따라 비로소 교육자치제 시행의 법적인 기초가 마련되었다. 이로써 1952년에는 시 · 군 단위, 1964년에는 시 · 도 단위의 교육자치제로 바뀌었다. 1991년 직접선거에 의해 지방의회가 구성되고, 1992년 지방자치단체장이 선출됨으로써 지방자치가 본격적인 궤도에 오르게 됨과 동시에 지방교육자치제도가 정착되게 되었다.

현행 지방교육자치제도의 구성과 운영에 대해 알아보기 위하여 그 중심이 되는 교육감, 교육감의 보조기관 및 하급교육행정기관, 법제심의위원회에 대해 알아보고, 지방교육자치의 운영을 위한 지방교육재정에 대해 알아보고자 한다.

(1) 교육감

① 교육 · 학예사무에 관한 대표권

시 · 도의 교육 · 학예에 관한 사무의 집행기관으로 시 · 도에 교육감을 두며, 지역민들의 직접선거에 의해 선출되는 교육감은 교육 · 학예에 관한 소관 사무로 인한 소송이나 재산의 등기 등에 대하여 당해 시 · 도를 대표한다(「지방교육자치에 관한 법률」 이하 「교육자치법」 제18조).

② 국가행정사무의 위임

국가행정사무 중 시 · 도에 위임하여 시행하는 사무로서 교육 · 학예에 관한 사무는 교육감에게 위임하게 되는데, 다만, 법령에 다른 규정이 있는 경우에는 그 규정에 따른다(「교육자치법」 제19조). 아울러 교육감은 조례 또는 교육규칙이 정하는 바에 따라 그 권한에 속하는 사무의 일부를 보조기관, 소속교육기관 또는 하급교육행정기관에 위임할 수 있다(「교육자치법」 제26조 제1항).

③ 소속 직원의 임용

교육감은 소속 공무원을 지휘 · 감독하고 법령과 조례 · 교육규칙이 정하는 바에 따라 그 임용 · 교육훈련 · 복무 · 징계 등에 관한 사항을 처리한다(「교육자치법」 제27조).

(2) 교육감의 보조기관, 하급교육행정기관

① 보조기관

교육감 소속하에 국가공무원으로 보하는 부교육감 1인(인구 800만 명 이상이고 학생 170만 명 이상인 시 · 도는 2인)을 두되, 대통령령이 정하는 바에 따라 「국가공무원법」 제2조 제2항의 규정에 따른 고위공무원단에 속하는 일반직 공무원 또는 장학관으로 보한다. 부교육감은 당해 시 · 도의 교육감이 추천한 자를 교육부장관의 제청으로 국무총리를 거쳐 대통령이 임명하게 되며, 교육감을 보좌하여 사무를 처리한다(「교육자치법」 제30조).

② 하급행정기관

시 · 도의 교육 · 학예에 관한 사무를 분장하기 위하여 1개 또는 2개 이상의 시 · 군 및 자치구를 관할구역으로 하는 하급교육행정기관으로 교육지원청을 두며, 교육지원청에는 교육장을 두되 장학관으로 보하고 그 임용에 관하여 필요한 사항과 교육지원청의 관할구역 및 명칭은 대통령령으로 정한다(「교육자치법」 제34조, 개정 2013. 12. 30.). 이때 교육장이 위임받아 분장하는 각급 학교의 운영 · 관리에 관한 지도 · 감독사무의 범위는 다음과 같다(「지방교육자치에 관한 법률 시행령」 이하 「교육자치법 시행령」 제6조, 전문개정 2010. 6. 29.).

1. 교수학습활동, 진로지도, 강사 확보 · 관리 등 교육과정 운영에 관한 사항
2. 과학 · 기술교육의 진흥에 관한 사항
3. 특수교육, 학교 부적응 학생 교육, 저소득층 학생 지원 등 교육복지에 관한 사항
4. 학교체육 · 보건 · 급식 및 학교환경 정화 등 학생의 안전 및 건강에 관한 사항
5. 학생 통학 구역에 관한 사항
6. 학부모의 학교 참여, 연수 · 상담, 학교운영위원회 운영에 관한 사항
7. 평생교육 등 교육 · 학예 진흥에 관한 사항
8. 그 밖에 예산안의 편성 · 집행, 수업료, 입학금 등 각급 학교의 운영 · 관리에 관한 지도 · 감독 사항

이때 선결처분을 하여야 하는 '학생의 안전과 교육기관 등의 재산 보호를 위하여 긴급하게 필요한 사항'이란 다음의 어느 하나에 해당하는 사항을 말한다(「교육자치법 시행령」 제4조, 개정 2009. 1. 30.).

1. 천재지변이나 대형화재로 인한 피해의 복구 및 구호
2. 그 밖에 긴급하게 조치하지 아니하면 학생의 안전과 교육기관 등의 재산에 중대한 피해가 발생할 우려가 있는 사항

(3) 법제심의위원회

특별시 · 광역시 · 특별자치시 및 특별자치도(이하 '시 · 도') 교육감이 교육 · 학예에 관한 조례나 교육규칙을 제정 · 개정 · 폐지 또는 공포 등을 하려는 경우에 이를 심의하기 위하여 교육감 소속으로 법제심의위원회(이하 '위원회')를 두며(「교육자치법 시행령」 제2조, 개정 2016. 12. 13.), 다음 사항을 심의한다(「교육자치법 시행령」 제2조, 신설 2014. 6. 11.).

1. 교육감이 시 · 도의회에 제출하는 교육 · 학예에 관한 조례안
2. 시 · 도의회의 의결을 거친 교육 · 학예에 관한 조례공포안(다만, 교육감이 시 · 도의회에 제출하여 원안이 의결된 조례 공포안은 제외)
3. 주민의 교육 · 학예에 관한 조례의 제정 · 개정 · 폐지 청구를 받은 경우와 유효 서명의 확인 및 이의신청 및 청구요건에 관한 사항
4. 교육감이 제정 · 개정 · 폐지하려는 교육규칙안
5. 그 밖에 교육 · 학예에 관한 사항으로서 시 · 도의회에 제출하는 안건 중 교육감이 위원회의 심의가 필요하다고 인정하는 안건

(4) 지방교육재정

교육 · 학예에 관한 경비는 다음의 재원(財源)으로 충당한다(「교육자치법」 제36조, 개정 2016. 12. 20).

1. 교육에 관한 특별부과금 · 수수료 및 사용료
2. 지방교육재정교부금
3. 해당 지방자치단체의 일반회계로부터의 전입금
4. 유아교육지원특별회계에 따른 전입금
5. 제1호 내지 제4호 외의 수입으로서 교육 · 학예에 속하는 수입

또한 의무교육에 대한 경비로 의무교육에 종사하는 교원의 보수와 그 밖의 의무교육에

관련되는 경비는 「지방교육재정교부금법」이 정하는 바에 따라 국가 및 지방자치단체가 부담하며, 의무교육 외의 교육에 관련되는 경비는 「지방교육재정교부금법」이 정하는 바에 따라 국가 · 지방자치단체 및 학부모 등이 부담한다(「교육자치법」 제37조). 이와 함께 국가는 예산의 범위 안에서 시 · 도의 교육비를 보조하는데, 교육비 보조에 관한 사무는 교육부장관이 관장한다(「교육자치법」 제39조, 개정 2013. 3. 23.).

교육의 자주성과 특수성을 강조하는 교육자치의 실행에 있어서 현행 지방교육자치는 다양한 시각에서 논의의 대상이 되고 있다.

첫째, 교육의 자주성을 바탕으로 하는 독립된 형태의 교육위원회가 없다. 「헌법」 제31조 제4항에는 "교육의 자주성 · 전문성 · 정치적 중립성 및 대학의 자율성은 법률이 정하는 바에 의하여 보장된다."라는 내용이 명시되어 있으나, 현재는 이를 바탕으로 했던 과거의 독립된 형태의 교육위원회마저 존재하지 않게 되어 교육의 자주성은 오히려 퇴보되어 있다는 의견이 자주 거론되고 있다.

둘째, 지방교육재정에 관한 국가와 지방의 책임한계가 불분명하다. 지방교육자치가 안정적으로 실행되기 위해서는 무엇보다도 재정 확보가 중요한데, 재정에 관하여 국가와 지방에서 각각 관여해야 할 부분의 한계가 불분명하여 지방자치단체로의 교육비 전입금이 안정적이지 못하고 극히 적은 상황이다. 그러므로 지방교육에 지방자치단체가 재정적 지원을 할 수 있는 규정을 마련해야 할 것이다.

셋째, 교육감 후보자의 교육경력을 낮춤으로 인하여 교육의 전문성을 보장받기 어렵게 되었다. 교육자치가 교육에 대한 전문적 관리를 목표로 하고 있으나, 교육감에 입후보하기 위한 교육경력 또는 교육행정경력이 3년이거나 두 경력을 합한 경력이 3년이면 가능하게 되었기 때문이다.

넷째, 일반자치는 기초단위까지 실시하고 있으나 교육 분야에서는 상당한 경비가 소요된다는 이유로 광역단위에서만 실시하고 있음은 형평성에서 어긋난다. 일반자치와는 달리 아직은 국민들이 인식할 만큼의 실질적인 교육자치를 실시하지 못하고 있다.

5. 학교자율경영

1) 단위학교자율경영제

(1) 단위학교자율경영제의 도입 배경

교육부문에서는 지식기반사회에서의 국가경쟁력 제고를 위하여 교육개혁에 심혈을 기울이고 있다. 이제 학교는 단지 지식을 전수하던 교육기관으로서의 소극적인 역할에서 벗어나, 지식과 정보를 생성 · 확산하고 이에 따른 부가가치를 창출한다는 보다 적극적인 기능수행이 요구되고 있다. 국가발전과 지방분권화시대에 부응하는 교육자치의 실현이라는 목표의 효과적인 달성을 위해서도 중앙교육행정체제의 역할과 기능상의 변화가 요구되어 왔으며, 이를 위하여 무엇보다도 교육행정 분야가 주도가 되는 환경변화에 대한 정확한 인식의 필요성이 강조되어 왔다. 이와 함께 중앙집권적이고 획일화된 관료주의적 학교체제에서 탈피하여 다양성과 자율성이 더욱 보장되는 학교체제로의 변화도 요구되어 왔다. 이러한 요구에 대한 교육계의 움직임의 일환으로 다양한 경제, 경영의 원리를 학교조직경영에 적용해 보려는 시도가 나타나고 있다.

지금까지의 교육이 주로 인적 자원의 양적 팽창을 위한 것이었다면, 미래교육의 방향은 질적 향상으로의 전환을 통한 경쟁력 확보가 절실히 요구되기 때문에, 효율성과 획일성을 기본으로 하는 정부의 주도적 역할보다는 단위학교에서의 다양한 자율적 활동이 강조되고 있다. 지방분권화가 진행됨으로써 다양성과 자율성이 보장된 지역단위 교육행정이 강화되기를 요구하는 교육부의 역할 · 기능 검토에 대한 새로운 시각의 필요성이 제기되기도 한다.

그중의 하나로 단위학교의 자율성과 책무성을 바탕으로 단위학교 경영의 합리적 개선을 위하여 도입 · 실시되고 있는 것이 '단위학교자율경영제(School-Based Management: SBM)'이다. 이는 학교경영에 있어 교육관련 집단을 중심으로 단위학교가 조직, 인사, 재정, 교육과정 등에 있어서 자율권을 가지고 학교를 운영하며, 그 결과에 대해 스스로 책임을 지는 데 중점을 두는 것을 말한다(정일환, 주은경, 2000: 407-423).

우리나라에서는 지방교육자치제가 시행된 1991년 이후 단위학교 경영에 대한 관심 및 지역주민들의 요구가 확대되고, 아울러 자율적인 단위학교 중심의 경영에 대한 교원들의 요구도 커지게 되었다. 이에 따라 1995년 5월 31일에 교육개혁위원회에서는 세계화 · 정보화 시대를 주도하는 신교육체제 수립을 위한 교육개혁 방안을 제시한 바 있다. 5·31교육개혁 방안들 중에서 초·중등교육의 자율적 운영을 위한 학교공동체 구축의 방안으로 제시된 학교운영위원회 설치, 교원초빙제 실시 등은 단위학교의 교육자치를 활성화한다는 측면과 의사결정 구조의 변화라는 관점에서 볼 때 단위학교자율경영제와 밀접한 관계가 있다(박세훈, 2000: 33-68).

단위학교의 자율성을 높이기 위하여 자율학교를 지정하고 자립형 사립고등학교를 지정하는 등 학교체제를 다양화하였으며, 학교 체제에 따라 학교운영의 주요 사항에 대한 획일적인 규제를 완화함으로써 초·중등교육의 자율화 기반을 조성하였다. 사립학교에도 학교운영위원회 설치를 의무화하고 학교운영위원회의 기능을 확대하여 위상을 강화하는 등 단위학교 수준에서 지역의 실정과 특성에 따라 학교교육을 다양하고 자율적으로 운영할 수 있는 기반을 조성하였다. 또한 학교예산회계제도를 도입하여 단위학교 재정운영의 자율성과 효율성을 높임으로써 단위학교 운영의 자율성을 높일 수 있는 물적 기반을 확보하였고, 지역주민의 교육제도 운영에 대한 참여를 확대함과 동시에 학부모와 지역사회의 요구가 반영되는 방향으로 지방교육자치제도를 개선하여, 단위학교자율경영제를 점차 확대시켜 나가고 있다.

(2) 단위학교자율경영제의 개념

단위학교자율경영제란 '분권화, 즉 상급 관청의 의사결정 권한을 단위학교로 이양, 그 권한의 공유를 통해 학습자의 요구를 적절히 충족시킬 수 있도록 함으로써 학교교육의 효율성을 높임과 아울러 책무성을 다하도록 하는 경영체제'라고 정의할 수 있다. 이를 위하여 단위학교가 인적·물적·교육적·재정적 운영상의 자율권과 교육프로그램 제안권을 가지고, 학교교육 관련 당사자들의 학교운영에 대한 의사결정의 적극적 참여와 함께 결과에 대한 책임도 스스로 지는 학교경영체제를 의미한다고 볼 수 있다(한유경, 2003: 105).

단위학교자율경영제는 공교육체제의 혁신과 학교조직의 개혁을 통해 교육의 경쟁력을 향상시킬 목적으로 서구 선진국들이 실시하고 있는 대표적인 교육개혁 프로그램으로, 미국을 비롯한 서구 선진국에서 실시하고 있는 일종의 '학교 재구조화(school restructuring)' 프로그램의 한 형태라고 할 수 있다. 학교 재구조화는 1980년 후반부터 학교교육의 질적 향상을 위하여 도입하여 실행하고 있는 핵심적인 교육개혁 프로그램으로, 종래 교육조직의 구조에 대한 신념들을 본질적으로 변화시키는 의미를 내포하고 있다.

학교 재구조화의 핵심개념은 교육의 질적 향상을 위한 각종 권한의 위임으로 볼 수 있는데, 학교의 자율성 증진을 통한 교육수요자 중심의 다양한 교육과정 운영과 함께 개별화 학습을 지향하는 폭넓은 교수-학습 방법의 도입, 이에 상응하는 교사의 전문성 신장 등으로 요약할 수 있다. 단위학교자율경영제는 이러한 학교 재구조화 프로그램에서 중시하고 있는 교육조직의 변화를 의미하는 것으로, 중앙행정기관이나 지역교육청이 가지고 있던 의사결정 권한을 단위학교로 위임 · 이양하는 것을 주된 특징으로 하고 있다. 이는 과거의 공교육의 효과성에 문제가 있음을 인식하고 학교교육의 전반적인 의사결정 권한을 단위학교에 위임 또는 이양함으로써 그에 따른 책무성을 단위학교에 부여하여 학교교육의 질을 향상시키자는 의도를 내포하고 있다(박세훈, 2000: 33-68).

(3) 단위학교자율경영제의 위임 권한

단위학교자율경영제는 학교에 대한 지나친 집권화와 관료적 통제가 학교의 효율성을 저하시킨다고 믿고, 분권화를 통해서 단위학교의 자율적 경영제를 구축함으로써 학교의 효율성을 높이고자 하는 방안이다. 따라서 이 제도에서는 학교에 보다 많은 권한과 책임을 이양하고, 지역사회의 필요에 따라 학교설립을 자유롭게 하며, 교사, 학생, 학부모가 참여하는 학교운영위원회를 구성하여 단위학교가 자율적으로 자신들의 학교를 운영하도록 한다는 취지에서 나온 것이다.

단위학교자율경영제에서 학교에 위임되는 권한은 교육과정, 인사, 재정에 관한 권한 등을 들 수 있는데 이 모든 권한이 전적으로 단위학교로 넘겨지기는 어렵고, 지역의 형편과 특성에 따라 적정한 수준에서 위임된다.

- 교육과정: 표준 교육과정을 지키면서 여타의 교육과정 운영에 재량권을 발휘할 수 있다.
- 교원인사: 학교는 인사행정에 보다 많은 재량권을 행사할 수 있다. 단위학교에 교사, 학부모, 지역사회가 참여하는 학교운영위원회가 구성되어 있어 초빙교원, 공모제 교장 등의 인사에 관한 중요 사항도 결정하게 된다.
- 학교재정: 교육청이 예산을 일괄적으로 단위학교에 넘겨 주고, 학교는 예산을 자율적으로 운영할 수 있으며, 교육청은 예산운영의 결과에 대해 일선 학교에 그 책임을 물을 수 있다.

그러므로 단위학교자율경영제는 학교가 중앙집권적 · 관료적 통제에서 벗어나 지역사회의 통제와 영향을 받는 것을 원칙으로 하고, 단위학교의 책임하에 자율적으로 학교를 운영하는 제도이다.

(4) 단위학교자율경영제의 특성

단위학교자율경영제의 특성은 다음과 같다(박종렬, 2003).

① 자율적인 학교경영

학교경영에서 자율성이란 학교가 그 조직의 운영에 관하여 필요한 기준을 자주적으로 설정하고 집행하며, 학교발전에 필요한 제반시책을 자율적으로 결정하여 학생들의 요구에 맞는 독자적인, 개성 있는 체제가 되는 것을 의미한다. 즉, 교육과정 운영, 교수-학습방법, 학생생활지도, 교원인사, 시설관리, 재정운영 등 학교경영 전반에 걸쳐 지역사회의 요구에 부합되도록 끊임없이 개선해 나가며 그에 따르는 책무성을 지게 됨으로써 학교경영의 자율화를 촉진하는 것이다.

② 참여적인 학교경영

학교경영의 민주성은 학교경영의 의사결정과정에 교직원들의 활발한 참여가 보장되고, 각종 교장의 권한을 하부조직의 구성원들에게 적절하게 위임함으로써 가능하다. 즉, 교사, 학생, 학부모, 지역사회 주민의 광범위한 참여 속에 의사가 결정되고, 그 집행과정에서 권한의 위임과 업무의 분권화가 뒤따라야 함을 의미한다.

③ 전문적인 학교경영

'책무성(責務性)'이란 책임을 따지는 것이 아니라 그릇된 결과의 원인을 분석하여 치유하는 것이다. 해당 직무를 효율적으로 수행하는 데 필요한 전문적인 지식, 기술, 태도 등을 갖추고 있어야 책무성을 다할 수 있다. 따라서 전문가적인 지식과 경영기술을 가지고 학교교육활동을 체계적이며 조직적으로 기획하고, 실천하며, 평가하는 경영활동을 해야 한다.

(5) 단위학교자율경영제에서의 학교장의 역할

21세기는 자본주의에 입각한 자유경쟁 원리가 지배하는 사회이므로, 우리의 학교도 자유경쟁 원리에 기초한 다양한 프로그램을 준비하여 질 높은 교육을 제공하여야 할 것이다. 이러한 요청에 따른 학교장의 역할에 대해 알아보면 다음과 같다(박종렬, 2003).

① 최고경영자로서의 역할

우리나라의 학교에서 학교장은 교사로서 교장자격증을 가진 자가 승진하여 법률적으로 교무통할권을 가지고 학교를 운영하는 최고경영자이다. 그러므로 학교장은 교육활동 지원자이자 경영전문가여야 한다. 즉, 교육자치의 기본정신인 자주성, 전문성 및 민주성이 단위학교 차원에서 구현될 수 있도록 비전을 가지고 전문성과 지도성을 발휘하여야 한다. 책임경영에 필요한 인사권, 재정권, 교육프로그램 결정권, 학칙제정권 등은 심의기구인 학교운영위원회에 보장되어 있으며, 이에 대한 의제의 발의는 학교장이 하게 된다. 그러므로 학교장은 단위학교의 장기적 비전을 설정하고 이를 실행하는 적극적인 시도를 위하여 전문성을 키워 가야 할 것이다.

② 인사관리자로서의 역할

학교장은 법률적으로 교직원을 지도 · 감독하는 인사관리자의 역할을 한다. 인사관리자는 조직구성원들을 능력과 적성에 맞추어 적재적소에 배치하고, 그 능력이 최대로 발현될 수 있도록 동기를 유발하며, 더 나아가 객관적인 직무능력의 결과를 평가하여 그에 따른 적절한 보상을 하여야 한다.

③ 학교교육혁신자로서의 역할

학교장은 법률적으로 학생교육권을 행사하여 교육혁신을 선도적으로 수행하는 역할을 하여야 한다. 학교장은 학교의 본질인 교육활동이 질적으로 개선될 수 있도록 질 관리를 강화하여야 할 것이다. 질 관리는 교육의 질로 결정되고 교육의 질은 수업의 질 향상으로 나타나며, 결과적으로 학생교육의 만족도와 학업성취도에 의하여 판명된다. 이러한 이유로 학교장은 수업지도성을 발휘하여 장학활동을 최우선시하여야 하고, 학생들의 학업성취도를 향상하는 여러 가지 영향변인을 찾아 소속 학교에 적합한 다양한 방법을 연구 개발하고 실천하는 교육혁신자가 되어야 한다.

2) 학교운영위원회

(1) 학교운영위원회의 개념

「교육기본법」 제5조 제2항에 명시된 것처럼 학교운영의 자율성은 존중되어야 하며, 교직원 · 학생 · 학부모 및 지역주민 등은 법령으로 정하는 바에 따라 학교운영에 참여할 수 있다(전문개정 2007. 12. 21., 법률 제8915호). 교육부는 이러한 법률적 바탕 위에 운영되고 있는 학교운영위원회의 개념을 다음과 같이 정의하고 있다(교육부, 2016).

학교운영위원회는 학부모, 교원, 지역사회 및 학생의 요구를 학교교육에 적극 반영함으로써 학교운영에 대한 정책결정의 민주성 · 합리성 · 투명성을 제고하고, 학교의 자율성과 책무성을 강화하는 제도이다. 교육구성원들이 학교운영에 대해 함께 논의하는 법적 기구인 학교운영위원회는 모든 국 · 공 · 사립의 초 · 중 · 고등학교 및 특수학교에서 설치 · 운영하고 있으며, 개별학교의 실정과 특색에 맞게 다양하고 창의적인 교육을 실현할 수 있는 터전을 제공하고 있다. 최근 학교자율화 확대 등 단위학교 중심의 다양한 교육정책이 추진됨에 따라 단위학교자율경영제의 기틀을 마련하는 제도로서 학교운영위원회 역할의 중요성은 더욱 커지고 있다(교육부, 2016).

(2) 학교운영위원회의 도입 배경

학교운영위원회는 단위학교자율경영제의 대표적인 실천사례로, 단위학교의 자율성 보장과 아울러 학부모의 학교 참여를 활성화하자는 취지에서 운영되고 있다. 1996학년도부터 시 지역 이상의 국 · 공립학교에서 실시되기 시작하여, 이후 읍 · 면 지역의 학교로 확대되었다. 2000학년도부터는 사립학교에서도 의무사항으로 규정되어 현재는 전국의 모든 학교에서 운영되고 있다.

'신교육제체 수립을 위한 교육개혁 방안'(1995. 5. 31.)을 토대로 학교운영의 자율성 보장과 주민자치 정신을 구현하기 위하여 교직원, 학부모, 지역사회 인사가 학교운영에 참여하는 형태인 '학교공동체'를 구축해 가기 위함이다. 이로써 교사들은 교육활동에 대한 교육전문가로서의 의견을 제시할 수 있게 되었으며, 학부모들도 학교운영 및 정책결정에 능동적으로 참여할 수 있게 되었는데, 학부모의 의미를 법적 보호자로 한정할 것이 아니라 자녀에 대한 양육과 교육을 전적으로 책임지는 실질적인 보호자로 판단해야 한다는 국가인권위원회의 권고사항 등도 반영하게 되었다(교육부, 2016).

또한 학교발전과 교육에 대한 관심을 가진 지역사회 인사들의 의견이 반영될 수 있는 창구도 마련된 셈인데, 지역의 실정에 맞는 교육을 실시하기 위하여 학교단위교육에 교사와 학부모의 의사결정이 반영되게 함으로써 학교교육의 효과를 극대화시켜 학교단위의 교육자치를 활성화한다는 취지이다.

(3) 학교운영위원회의 성격

학교운영위원회는 수요자중심의 교육체제로 개혁하기 위한 학교운영 민주화, 학교공동체 구성원의 의견 수렴을 기반으로 하는 기구로 자리잡고 있으며, 국 · 공립학교에서는 심의기구로, 사립학교에서는 자문기구의 역할로 운영되고 있다. 이에 교육부는 학교운영위원회의 성격을 다음과 같이 밝히고 있다(교육부, 2016).

① 단위학교 차원의 교육자치기구

학교구성원들이 참여하여 학교운영의 중요한 사항에 대해서 민주적인 절차에 따라 자율적으로 결정하는 단위학교 차원의 교육자치기구이다.

② 학교 내외의 구성원이 함께하는 학교공동체

학교운영위원회는 학교의 구성 주체인 교사 및 학부모와 지역사회 인사 등 학교 내외의 구성원이 학교운영의 중요한 의사결정에 함께 참여하는 학교공동체이다.

③ 개성 있고 다양한 교육을 꽃피울 수 있는 제도적 장치

학교운영위원회 제도는 학교규모, 학교환경 등 개별학교가 처해 있는 실정과 특색에 맞게 다양하고 창의적인 교육을 실현할 수 있는 제도적인 장치이다.

④ 법적 성격

- 법정위원회: 학교운영위원회는 「초 · 중등교육법」 및 「초 · 중등교육법 시행령」 등에 근거하여 설치 · 운영하는 기구이다.
- 독립된 위원회: 학교운영위원회는 학교장(집행기관)과는 독립된 기구이다.
- 심의 · 자문기구: 학교운영위원회는 학교운영에 관한 주요 사항에 대해 국 · 공립학교의 경우는 심의하고, 사립학교의 경우는 자문하는 기구이다.

※ 학교발전기금의 조성 · 운용 및 사용에 관한 사항에 대하여는 국 · 공립 및 사립학교 모두 심의 · 의결하도록 하고 있음

(4) 학교운영위원회의 구성

① 학교운영위원회는 학부모위원, 교원위원, 지역위원으로 구성한다.

〈표 8-3〉 학교운영위원의 구성

구분	내용
학부모위원	‣ 당해 학교의 학부모를 대표하는 자
교원위원	‣ 당해 학교의 교원을 대표하는 자
지역위원	‣ 학교운영에 이바지하고자 하는 지역인사

② 학교운영위원회 위원의 정수(「초 · 중등교육법 시행령」 제58조)

〈표 8-4〉 학교운영위원의 정수

학생 수	위원 수
200명 미만	5~8명
200명 이상 1,000명 미만	9~12명
1,000명 이상	13~15명

③ 학교운영위원회 위원의 구성 비율(「초 · 중등교육법 시행령」 제58조)

학교운영위원회 위원의 구성 비율은 〈표 8-5〉의 범위 내에서 당해 학교의 학교운영위원회 규정으로 정한다.

〈표 8-5〉 학교운영위원의 구성 비율

구분	일반학교	산업수요 맞춤형고 및 특성화고
학부모위원	40~50%	30~40%
교원위원	30~40%	20~30%
지역위원	10~30%	30~50%

주: • 산업수요 맞춤형고 및 특성화고는 지역위원 중 1/2 이상을 당해 학교가 소재하는 지역을 사업활동의 근거지로 하는 사업자로 선출하여야 한다.
• 100명 미만의 소규모 학교의 경우, 학교운영위원회 위원의 구성 비율은 국립학교의 경우에는 학칙으로, 공립학교의 경우에는 시 · 도의 조례로 정하는 범위에서 위원회 규정으로 달리 정할 수 있으며, 이 경우 학부모위원, 교원위원 및 지역위원은 각각 1명 이상 포함되어야 한다(「초 · 중등교육법 시행령」 제58조 제4항).

(5) 학교운영위원회 위원의 자격

① 위원의 자격

〈표 8-6〉 학교운영위원의 자격

구분	자격
학부모위원	▸ 당해 학교에 재학하고 있는 자녀를 둔 학부모
교원위원	▸ 당해 학교에 재직하고 있는 교원
지역위원	▸ 당해 학교가 소재하는 지역을 생활근거지로 하는 자로서 예산 · 회계 · 감사 · 법률 등 전문가, 교육행정에 관한 업무를 수행하는 공무원, 당해 학교가 소재하는 지역을 사업 활동의 근거지로 하는 사업자, 당해 학교를 졸업한 자, 기타 학교운영에 이바지하고자 하는 자

② 위원의 자격상실(퇴직)

학교운영위원의 자격상실(퇴직)은 시 · 도의 조례별로 다소 차이가 있으나 대부분 〈표 8-7〉과 같은 규정을 두고 있다.

〈표 8-7〉 학교운영위원의 자격상실에 관한 규정

구분	자격상실 사유	공통 사유
학부모 위원	• 자녀 학생이 졸업, 휴학, 전학 및 퇴학하는 경우 • 위원이 제출한 신상 자료의 주요내용에서 거짓 사실이 발견되는 경우	• 회의소집 통지를 받고도 사전 연락 없이 3회 연속 회의에 불참하는 경우 • 위원이 사임하고자 사직서를 위원장에게 제출하는 경우 •「국가공무원법」 제33조의 공무원 결격 사유가 있는 경우 • 다른 학교의 위원을 겸임할 경우 •「초 · 중등교육법 시행령」 제59조 제6항의 규정을 위반, 그 지위를 남용하여 해당 학교와의 거래 등을 통한 재산상의 권리 · 이익을 취득하거나, 다른 사람을 위하여 그 취득을 알선한 경우, 학교운영위원회의 의결을 통해 자격 상실
교원위원	• 소속을 달리하는 경우	
지역위원	• 위원이 제출한 신상 자료의 주요내용에서 거짓 사실이 발견되는 경우	

주: • 자녀학생의 졸업으로 인한 경우 대부분의 시 · 도 조례는 임기만료일까지 자격을 유지하도록 규정하고 있음.
• 선거 공고 시 반드시 자격요건에 대하여 공지하고, 후보 등록 시 확인해야 함.

(6) 학교운영위원회 위원의 선출

① 학부모위원의 선출

- 학부모 중에서 민주적 대의절차에 따라 학부모 전체회의에서 직접 선출한다.
- 학부모 전체회의에 직접 참석할 수 없는 학부모는 학부모 전체회의 개최 전까지 가정통신문에 대한 회신, 우편투표 등 위원회 규정으로 정하는 방법 및 절차에 따라 후보자에게 투표할 수 있다. 다만, 학교의 규모 · 시설 등 객관적인 부득이한 사유로 인하여 직접선출이 곤란할 경우 학급별 대표로 구성된 학부모 대표회의에서 선출할 수 있다. 이러한 경우 당해 학교에서는 학교운영위원회 규정으로 그 사유와 선출방법을 명시적으로 정해야 한다.

② 교원위원의 선출

교원위원은 교직원의 요구를 수렴하여 학교운영위원회에 전달하고, 학교가 투명하고 민주적으로 운영되도록 노력하는 당해학교 교원의 대표자여야 한다. 특히 교원위원은 개인이나 집단 이익의 대변자로서가 아니라 학교의 발전을 위하여 교직원 전체의 의견을 수렴하여 학교운영에 반영해야 하는, 또한 학교운영위원회에서 결정된 사항을 교직원들에게 효과적으로 전달하는 연결고리의 위치에 있다. 따라서 교원위원을 선출할 때에는 교육에 관한 전문지식뿐 아니라 학교운영 전체를 보는 안목과 균형 감각이 자질로서 검토되어야 한다.

- 국 · 공립학교: 당연직 교원위원(학교장)을 제외한 교원위원은 교직원 전체회의에서 무기명 투표로 선출한다.
- 사립학교
  - 학교장을 제외한 교원위원은 정관이 정한 절차에 따라 교직원 전체회의에서 추천한 자 중에서 학교장이 위촉한다.
  - 선출절차는 국 · 공립학교를 참고하고, 교직원 전체회의에서의 추천은 적정한 범위를 넘지 않도록 하여 교원의 대표성이 보장되도록 하여야 한다.

③ 지역위원의 선출

지역위원은 학교가 지역사회의 다양한 요구에 부응할 수 있도록 지역사회의 교육적 수요와 정보를 학교에 전달하고, 학교교육 목표의 성취를 위하여 다른 위원들과 함께 노력하며, 나아가 학교와 지역을 연계하는 위치에 있다. 따라서 지역위원을 선출할 때에는 학교에 대한 관심과 이해뿐만 아니라 지역사회에 대한 식견도 고려해야 한다. 예산·회계·감사·법률 등 전문가, 지역을 근거지로 하는 사업자, 당해 학교 졸업생 등 학교운영에 이바지하고자 하는 다양한 사람이 참여할 수 있도록 해야 하며, 단순히 학부모들이나 학교장과 친분이 있는 자를 선출하는 것은 바람직하지 않다.

- 지역위원은 학부모위원 또는 교원위원의 추천을 받아 학부모위원 및 교원위원이 무기명 투표로 선출한다.
- 관할 교육지원청은 지역사회에 대한 식견과 교육이해도가 높은 사람이 지역위원으로 추천될 수 있도록 지역위원 후보자의 인재 풀(pool)을 구성, 안내하는 등 지역위원 선출을 지원한다.

(7) 학교운영위원회 위원의 권한과 의무

① 학교운영위원회 위원의 권한

- **학교운영 참여권**: 학교운영위원은 학교운영위원회를 통하여 학교의 운영에 참여할 권리가 있다. 즉, 학교운영위원들은 자신이 대표하는 학부모, 교직원, 지역사회의 다양한 요구를 수렴하여 학교운영위원회에 제안하고 건의할 수 있다. 학교운영위원들의 참여는 개인적 지위에서가 아니라 각 분야의 대표라는 공적(公的) 지위에 근거한 것이므로 반드시 학교운영위원회를 통하여 이루어져야 한다.
- **중요사항 심의·자문권**: 학교운영위원들은 「초·중등교육법」 제32조에서 정한 학교운영에 관한 중요 사항을 심의·자문할 권한이 있다. 위원들은 학교운영위원회에 상정된 안건에 대한 질의, 토론 및 표결 과정을 통해 학교운영을 민주화하고, 학교 실정에 맞는 다양한 교육을 실시할 수 있도록 하는 학교운영위원회의 본래의 취지를 실현할 수 있다.
- **보고요구권**: 학교장이 학교운영위원회의 심의결과와 다르게 시행하고자 할 때 그리고 학교운영에 중대한 차질이 예상되거나 천재지변 등 불가항력적인 사유로 심의·자문을 거치지 아니하고 시행한 경우에는 관련사항과 그 사유를 지체 없이 학교운영위원회와 관할청에 서면으로 보고하도록 한다. 또한 학교운영위원회 심의결과대로 시행하지 아니하는 경우, 심의를 거쳐야 할 사항을 심의를 거치지 아니하고 시행한 경우, 또는 심의결과와 다르게 시행한 때에도 학교장은 관련사항과 그 사유를 지체 없이 학

교운영위원회와 관할청에 서면으로 보고하도록 한다.

② 학교운영위원회 위원의 의무

- 회의 참여의 의무: 학교운영위원은 학교운영위원회 회의에 성실히 참여하여야 한다.
- 지위남용 금지의 의무: 학교운영위원이 그 지위를 남용하여 해당 학교와의 거래 등을 통한 재산상의 권리, 이익을 취득하거나 다른 사람을 위하여 그 취득을 알선한 경우에는 학교운영위원회 의결로 그 자격을 상실하게 할 수 있다. 학교운영위원은 학교운영위원회 활동의 대가로 반대급부의 성격을 띤 보수나 수당을 요구할 수 없다.

(8) 학교운영위원회의 기능

〈표 8-8〉 학교운영위원회의 기능

기능	내용
학교헌장과 학칙의 제 · 개정	• 학교구성원의 의견을 집약한 학교의 교육목표와 운영의 원칙이 명시되는 학교헌장의 제 · 개정을 심의 · 자문하고, 이를 통하여 학생들이 학교에 대한 자긍심을 높이고 각 학교만의 독특한 교풍을 만들어 가는 데 기여한다.
학교 예산안과 결산 심의	• 학교회계의 예 · 결산은 학교운영위원회의 중요 심의사항으로, 학교장의 재정운영 자율성을 확대하여 책임 있는 학교운영이 가능하도록 하는 재정계획, 집행평가 등의 과정에 관여한다.
학교교육과정의 편성 · 운영 심의	• 교과별 시간배당의 국가 및 시 · 도교육청 지침에의 부합 여부, 교육과정시수(단위) 배당 및 편성절차 준수 여부, 시수(단위) 증감 · 적용의 타당성, 창의적 체험활동 영역 시수 배정, 선택과목 편성(중등) 등을 심의한다.
학교계획의 수립 심의	• 기본계획 및 지역계획에 대한 세부집행계획 포함 여부, 학교(안전)계획 및 그 추진실적의 평가 결과에 대한 조치 계획 수립 여부, 그 밖에 학교안전사고 예방과 관련하여 학교장이 필요하다고 인정하는 사항 등을 심의한다.
교과용도서의 선정 심의	• 교과협의회 추천 검인정도서의 선정기준, 선정 절차 등을 심의한 후 순위를 정하여 학교장에게 통보한다.
교복 · 체육복 · 졸업앨범 등 학부모 경비 부담 사항심의	• 학교장이 제출한 교복 구매계획안에 대해 디자인, 품질기준, 입찰방법 등의 적정 여부를 심의한다. • 학교장이 제출한 앨범제작 건에 대하여 제작 방법, 사양, 가격 적정(상한선) 여부 등을 심의한다. • 수학여행 · 수련활동 등 현장체험학습 시기와 장소, 운영형태의 결정과 비용의 검토, 숙박시설의 선정, 안전사고의 대비책 마련 등을 심의한다.

방과후학교 운영의 적정성 심의	• 학생 · 학부모가 원하는 강좌의 개설 유무, 수강료 및 강사 선정 기준, 운영의 적정성 등을 심의한다.
공모교장의 공모 방법 심의 및 심사, 임용추천	• 교육청은 교장공모제 실시학교 전체를 교육청 홈페이지 등에 공고, 학교장은 학교운영위원회 심의를 거쳐 학교홈페이지 등에 공고한다. • 학교운영위원회 주관으로 공모교장심사위원회를 구성, 1차 심사를 실시한다(이때 외부인사를 학교운영위원회 위원과 동수로 구성한다). • 심사위원회 심사 후 순위를 명기하여 3배수를 교육청에 추천한다.
초빙교원의 추천 심의	• 학교운영위원회에서 초빙교원 요건(교사초빙 과목 또는 분야, 목적, 요건 충족 여부 등)과 추천 대상자 선정 방법 등을 심의하며, 학교장이 심의 결과를 토대로 최종 결정한다.
학교운영 지원비의 조성 · 운용 및 사용 심의	• 학교운영지원비의 조성 · 운용(안)이 포함된 학교회계 세입 · 세출예산안을 회계연도 개시 5일전까지 심의해야 하는데, 학교운영지원비는 학교회계 세입재원으로써 세출예산에 편성하여 운영하므로 학교 전체 예산의 세입과 세출을 연계하여 심의해야 한다.
학교급식운영 계획 심의(자문)	• 급식계획 및 영양 · 위생 · 식재료 · 작업 · 예산관리, 식생활지도, 우유급식 등 급식운영계획(안)에 대하여 심의(자문)한다.
대학입학 특별전형 중 학교장 추천	• 개별 대학의 요구에 적합한 추천 기준을 마련하여, 추천 대상 및 추천 절차, 선정 방법 등을 확인하며, 학교장 추천 대상자 선발 규정을 심의한다.
학교운동부의 구성 · 운영 및 관리사항 심의	• 학교운동부 연간운영계획(안), 학교운동부 후원회 조직 및 운영, 학생선수의 학습권 보장 여부 및 예산집행, 대회출전계획, 체육특기자의 선발 및 관리, 학교운동부 지도자의 자격, 계약기간, 복무사항 등 운영 · 관리의 적정성 여부 등의 사항을 세부적으로 심의한다.
학교발전기금의 조성 · 운용계획 심의 · 의결	• 학교발전기금 조성의 타당성, 관리의 투명성과 사용목적의 적실성을 확보하기 위하여 학교발전기금 운용계획을 심의 · 의결하고, 학교발전기금 계획에 따라 기부된 발전기금의 사업 추진에 관한 결산 및 결산내역을 공개한다.
학교운영에 대한 제안 · 건의 사항 심의	• 운영위원, 학부모, 교직원 등이 학교운영과 관련하여 제안 · 건의한 사항 가운데 학교운영위원회의 심의 · 자문이 필요하다고 인정되는 경우 학교운영위원회에서 심의한다.

출처: 서울대학교 학부모정책연구센터, 교육부(2016). 2016 학교운영위원회 길잡이, pp. 41-160의 내용을 표로 정리.

(9) 국 · 공립 및 사립학교 학교운영위원회의 비교

① 학교운영위원회의 기능(「초 · 중등교육법」 제32조)

〈표 8-9〉 국 · 공립 및 사립학교 학교운영위원회의 비교

	국 · 공립학교	사립학교
성격	심의기구	자문기구
기능	• 학교헌장 및 학칙의 제정 또는 개정에 관한 사항 • 학교의 예산안 및 결산에 관한 사항 • 학교교육과정의 운영방법에 관한 사항 • 교과용도서 및 교육자료 선정에 관한 사항 • 교복 · 체육복 · 졸업앨범 등 학부모의 경비 부담 사항 • 정규학습시간 종료 후 또는 방학기간 중의 교육활동 및 수련활동에 관한 사항 • 「교육공무원법」 제29조의 3 제8항에 따른 공모 교장의 공모방법, 임용, 평가 등에 관한 사항 • 「교육공무원법」 제31조 제2항의 규정에 의한 초빙교원의 추천에 관한 사항 • 학교운영지원비의 조성 · 운용 및 사용에 관한 사항 • 학교급식에 관한 사항 • 대학입학 특별전형 중 학교장 추천에 관한 사항 • 학교운동부의 구성 · 운영에 관한 사항 • 학교운영에 대한 제안 및 건의 사항 • 기타 대통령령, 시 · 도의 조례로 정하는 사항	* 아래의 사항을 제외하고 국 · 공립학교의 기능과 같음 〈학교법인의 요청 시 자문사항〉 • 학교헌장 및 학칙의 제정 또는 개정에 관한 사항 〈제외되는 자문사항〉 • 「교육공무원법」 제29조의 3 제8항에 따른 공모교장의 공모방법, 임용, 평가 등에 관한 사항 • 「교육공무원법」 제31조 제2항의 규정에 의한 초빙교원의 추천에 관한 사항

② 위원의 선출방법(「초 · 중등교육법 시행령」 제59조)

〈표 8-10〉 국 · 공립 및 사립학교 학교운영위원의 선출방법

<table>
<tr><th>구분</th><th>국 · 공립학교</th><th>사립학교</th></tr>
<tr><td>학부모위원</td><td colspan="2">학부모 전체회의에서 직접 선출</td></tr>
<tr><td>교원위원</td><td>교직원 전체회의에서 무기명 투표로 선출</td><td>교직원 전체회의에서 추천한 자 중 학교의 장이 위촉</td></tr>
<tr><td>지역위원</td><td colspan="2">학부모위원 또는 교원위원의 추천을 받아 학부모위원 및 교원위원이 무기명 투표로 선출</td></tr>
</table>

연구 및 토의 · 토론 문제

1. 교육제도를 바탕으로 학교제도의 유형과 분류체계 및 원칙, 한국의 현행 학교제도에 대하여 알아보고, 한국의 학교제도가 안고 있는 과제에 대하여 토의해 보자.

2. 한국의 지방교육자치제도의 구조를 이해하고 그 쟁점들을 파악하여 지방교육자치제도의 발전방안을 제시해 보자.

3. 단위학교자율경영제의 도입 배경과 개념, 특성에 대하여 알아보고, 학교운영위원회의 성격과 구성과 기능에 대하여 설명해 보자.

09 교육인사행정

1. 교육인사행정의 이해
2. 교원의 양성과 근무조건
3. 교원의 능력개발
4. 교육인사행정의 과제

학습개요

1. 교육인사행정의 이해를 돕기 위하여 그 개념과 원리, 기구에 대하여 알아본다.
2. 교원의 양성방법, 선발과 임용, 승진과 전보 · 전직 및 근무조건에 대하여 알아본다.
3. 교원의 능력개발을 위한 현직교육, 수석교사제, 교원평가 및 교원단체의 활동과, 교원의 전문성 개발을 위한 교육인사행정의 과제에 대하여 알아본다.

1. 교육인사행정의 이해

1) 교육인사행정의 기초

(1) 교육인사행정의 개념

교사를 지원하고 관리하는 '교육인사행정'은 교육행정의 가장 중요한 기능 가운데 하나로 볼 수 있는데, 정부조직에 필요한 인적 자원을 지원 · 관리 · 유지하는 기능을 수행한다. 이러한 교육인사행정을 '교육목표를 효율적으로 달성하기 위한 교육활동에 요구되는 인적 자원을 동원하고 관리하는 과정'으로 보기도 하고(김창걸, 1994), "교육조직에서 학생들의 학습과 성장이 올바른 방향으로 보다 효과적으로 이루어지도록 지도 · 관리 · 조장 · 촉진할 수 있는 유능한 교직원을 확보하고, 그들이 지속적으로 교육력을 개발하며 최선을 다하여 교육력을 발휘하도록 제반 여건을 조성하는 과정"이라고도 하였다(신현석 외, 2015: 303).

오늘날의 '인사행정(personnel administration)'은 인사의 기능을 통제에 두기보다는 유능한 인적 자원을 확보하여 동기를 부여함과 동시에, 그들의 능력을 개발하여 과업수행과정에서 조직의 목표와 개인의 욕구를 동시에 충족시키려고 노력하는 데 중점을 두고 있다. 그러므로 교육인사행정은 '교육의 목적을 효과적으로 달성하기 위하여 신규임용, 배치, 퇴직을 통하여 인적 자원을 확보하고, 이렇게 확보된 인적 자원을 능력개발로 유지시키며, 역량을 최대한 발휘할 수 있도록 지원하는 과정'이라 할 수 있다.

(2) 교육인사행정의 영역

인사행정의 기능과 영역은 학자마다 달리 설정되고 있기는 하지만 근본적인 내용은 비슷하다. 그 내용을 살펴보면 다음과 같다(윤정일 외, 2016).

- 니그로와 니그로(Nigro & Nigro, 1976)는 인사행정의 영역을 모집 및 선발, 배치, 훈련, 평가, 노사관계, 보수, 사기 등으로 구분하였다.
- 스탈(Stahl, 1983)은 공공인사행정의 주요 영역으로 인사배치, 구조, 개발과 훈련, 보상과 근무여건, 책무성, 단체협약 등을 다루고 있다.
- 서정화(1994: 39)는 교육인사행정의 주요 영역으로 교원의 신분과 자격, 수급계획, 양

성, 선발과 임용, 연수, 근무평정, 승진, 전보와 전직, 보수와 후생, 근무부담, 신분조장, 징계, 퇴직제도, 사기, 인간관계, 교직단체, 윤리강령 등을 제시하고 있다.

교육인사행정은 교육공무원을 대상으로 하며 교육 및 교육행정 활동에 종사하는 직원에게 적용된다는 점 외에는 일반 인사행정의 영역과 크게 다르지 않다. 그러므로 교육인사행정의 주요 영역으로는 교직에 종사하기를 희망하는 사람들을 수급계획에 따라 선발하는 일을 비롯하여 연수, 승진, 전보, 퇴직, 능력개발, 근무조건, 복지후생, 사기진작에 이르는 모든 과정을 포괄하는 것이라 할 수 있다.

2) 교육인사행정의 원리

이러한 교육인사행정은 일반적으로 따라야 할 지침이자 준거라 할 수 있는 원리가 있다(신현석 외, 2015: 304-306).

(1) 학습자의 학습 우선의 원리

교육활동 자체가 학습이 올바른 방향으로, 보다 효과적으로 이루어지도록 지원 · 지도 · 관리 · 조장 · 촉진하는 활동이라면, 교육인사행정은 학생의 효과적인 학습을 위하여 유능한 교육직원을 확보하고, 학습을 지원하기 위하여 교육력을 개발하며, 최선을 다해 학습효과를 높이도록 여건을 조성하고 사기를 앙양하는 것이다.

(2) 교원의 전문성 확립, 즉 교육력 신장의 원리

교원이 단순히 교과지식의 전달이 아니라 학습자의 자기주도 학습능력과 창의적 사고능력을 신장하고, 참된 학습성취를 높일 수 있는 능력을 개발하도록 교원의 전문적 능력이 유도 · 지원 · 촉진되어야 한다. 그러므로 지식기반사회, 평생학습사회의 교육인사행정은 학생의 학습력과 창의력을 높이는 교육력을 확립하기 위한 노력이어야 한다.

(3) 실적주의와 연공서열주의와의 조화 배합 원리

실적주의는 구성원들의 직무수행능력과 수행태세 등의 가치기준을 강조하고, 당파성, 정실이나 혈연, 지연 등이 아니라 개인의 노력, 능력, 근무성적에 입각하여 인사가 이루어지는 제도이고, 연공서열주의는 근무연수, 경력, 학력 등의 기준을 중시하는 제도이다. 실적주의는 구성원의 발전을 꾀하고 유능한 인재를 발굴하고 우대하는 장점이 있으나, 성실한 근무보다 점수에만 관심을 갖게 하는 부작용이 나타날 수도 있다. 연공서열주의는 명백한 기준으로 객관성을 유지할 수 있으나, 유능한 인재가 사장되고, 성취동기가 저해되어 조직 전체의 침체를 초래할 수 있다. 따라서 교육조직은 직무수행능력을 중시하는 실적주의와 교육경력을 중시하는 연공서열주의가 조화롭게 반영될 필요가 있겠다.

(4) 공정성 확보의 원리

교육인사행정을 합리적으로 운용하기 위해서는 공정하고 체계적인 임용, 평가, 승진규정을 만들어 객관성을 유지해야 한다. 학교급별, 지역별, 성별, 종교 등의 이유로 차별을 받지 않으며, 누구나 자신의 능력과 노력에 따라 동등하게 대우받을 수 있는 균등한 기회가 주어져야 한다. 다만, 기준이 되는 교원의 능력과 노력이 학습자의 학습력 및 참된 학업성취와 직결되는 것이어야 진정한 공정성이라고 할 수 있겠다.

(5) 적재적소 배치의 원리

교육인사행정은 교육직원을 정실이나 혈연, 지연 등이 아닌 개인의 자격, 능력, 적성, 흥미, 희망 등을 고려하여 적절하게 배치하여야 한다. 그리하여 교육효과를 높일 뿐만 아니라 교육직원의 성취동기를 유발하고 직무만족과 사기를 높여 주어야 한다.

(6) 교원 적정수급의 원리

출산율 변동에 따른 학교급별 학생 수 변동을 고려하여 교원의 수요와 공급을 적정하게 조정하여야 한다. 이를 위해서는 교원 수급에 관한 중장기 계획을 수립하고, 수요를 정확하게 예측하여 교원양성과정 운영과 자격부여, 신규채용 등을 시행하여야 하며, 이를 통하여 교원의 적정공급과 아울러 교원의 질까지도 유지하여야 할 것이다.

(7) 합법성의 원리

교육인사행정은 법령에 의하여 이루어진다. 「헌법」 제78조는 "대통령은 헌법과 법률이 정하는 바에 의하여 공무원을 임면한다."라고 규정하고 있다. 교육인사행정에서 기본이 되는 법령은 「국가공무원법」과 「교육공무원법」이며, 그 밖에 「교육기본법」 「초·중등교육법」 「사립학교법」 「교원의 지위향상 및 교육활동 보호를 위한 특별법」 「교원노동조합 설립 및 운영 등에 관한 법률」 그리고 이와 관련된 명령, 조례, 규칙 등이 있다.

(8) 청렴성의 원리

교육인사행정에서의 청렴성은 앞서 제시한 모든 원리의 기본전제가 되는 원리라고 할 수 있다. 교육인사행정에서의 부패와 부정은 근본적으로 학생의 학습을 저해하고 교육에 대한 학부모 및 국민의 불만·불신을 조장하게 되므로 교육계에 대한 신뢰회복은 교육인사행정에 있어서의 청렴성으로부터 시작되어야 할 것이다.

교육인사행정의 제도와 운영방법은 우리의 역사적·정치적·경제적·사회적 상황에 따라 지금까지 많은 변화를 거쳐 왔으나 이러한 기본원리는 근간을 이루며 그 명맥을 지켜나가고 있다.

3) 교육인사행정의 기구

교육인사행정에 관련된 법령에는 「헌법」「법률」「대통령령」「교육부령」「교육부훈령」 등이 있다. 「헌법」의 법적 근거에 의하여 「교육기본법」「초·중등교육법」「고등교육법」「교육공무원법」「사립학교법」「교원의 지위향상 및 교육활동 보호를 위한 특별법」 등이 제정되어 있다. 「교육기본법」 제14조에는 “교원의 전문성은 존중되며 경제적·사회적 지위는 우대되고 그 신분은 보장된다.”라고 명시되어 있고, 「교육공무원법」에는 교육공무원의 자격, 임용, 보수, 연수, 신분보장, 징계·소청 등에 관한 내용이 규정되어 있다. 그리고 「사립학교법」에는 사립학교 교원에 대한 자격, 임명, 복무, 신분보장 및 사회보장, 징계에 관하여 규정하고 있으며, 「교원의 지위향상 및 교육활동 보호를 위한 특별법」에는 교원의 지위를 향상시키고 교육발전을 도모함을 목적으로 하는 처우개선과 신분보장을 규정해 놓고 있다.

(1) 대통령

「헌법」 제78조는 “대통령은 헌법과 법률이 정하는 바에 의하여 공무원을 임면한다.”라고 규정함으로써 모든 공무원의 임면권을 대통령이 가지고 있음을 명시하고 있다. 교육공무원의 경우 대통령은 그 권한의 상당부분을 교육부장관에게 위임하고 있다. 대통령은 교육행정에 관한 주요 권한으로 대통령령과 긴급처분·명령권 발포, 주요 교육공무원 임면권과 중앙행정기관의 지휘·감독권을 가지며, 국무회의의 의장이 되어 교육에 영향력을 행사한다.

(2) 교육부장관

교육부장관은 교육공무원 인사에 관한 총괄권자이며 최고기관이다. 이에 국무총리의 제청으로 대통령이 임명하는 전형적인 독임제 집행기관으로서의 정무직 공무원으로, 교육관계 법령과 대통령의 지시·명령 및 국무회의의 결정에 따라 국가의 교육에 관한 정책을 입안하고 집행하는 교육부의 수장이다. 그러나 초등학교와 중등학교 교원의 인사권은 대부분 교육감에게 위임하고 있다.

(3) 교육감과 교육장

시·도교육청의 교육감은 주민에 의해 선출되고, 대통령·교육부장관으로부터 일정한 범위의 권한을 위임받아 인사권을 행사하며, 시·도의 교육·학예 및 체육에 관한 사무의 집행과 소관 사무로 인한 소송이나 재산의 등기에 관하여 당해 시·도를 대표한다. 시·도의 교육장은 시·군·구를 관할 구역으로 하는 지역교육지원청의 장학관으로 보하고, 공·사립의 유치원·초등학교·중학교 및 이에 준하는 각종 학교의 운영과 관리에 관한 지도·감독을 한다.

(4) 교육공무원 인사위원회

교육공무원 인사위원회는 교육공무원의 인사에 관한 중요 사항에 대하여 교육부장관의 자문에 응하기 위하여 설치되어 있다(「교육공무원법」 제3조). 이 인사위원회의 기능으로는 ① 교육공무원의 인사행정에 관한 방침 및 기준의 결정과 기본계획의 수립에 관한 사항, ② 교육공무원의 인사에 관한 법령의 제정·개정 또는 폐지에 관한 사항, ③ 기타 교육공무원의 인사에 관한 중요한 사항이 있다(동법 제4조). 이러한 사항에 관한 결정에 대해 교육부장관은 인사위원회의 심의를 거쳐야 한다.

4) 교육인사행정 관련 법령

교육인사행정의 기본이 되는 법령에는 「국가공무원법」과 「교육공무원법」이 있다. 「국가공무원법」은 "대통령은 헌법과 법률이 정하는 바에 의하여 공무원을 임명한다."는 「헌법」 제78조에 의거하여 국가공무원에게 적용할 인사행정의 기본 기준을 확립함으로써 공정하고 민주적이며 능률적으로 인사행정을 운영하는 것을 목적으로 하고 있다.

「교육공무원법」은 교육공무원에게 적용할 인사행정의 근본 기준을 정함을 목적으로 하여 제정되었으며, 교육공무원의 직무와 책임의 특수성에 비추어 「국가공무원법」의 규정과 별도로 교육공무원의 자격, 임용, 보수, 연수와 복무, 신분보장, 징계 · 소청 등에 관한 기준을 정하고 있다.

이 외의 교육인사행정에 관련된 법령으로는 「교육기본법」「초 · 중등 교육법」 및 동 시행령, 「사립학교법」 및 동 시행령, 「교원의 지위 향상 및 교육활동 보호를 위한 특별법」「공무원 교육훈련법」 및 동 시행령, 「교원자격 검정령」「교육공무원 임용령」「교육공무원 승진규정」「교육공무원 징계령」「공무원 보수규정」 등이 있다.

〈표 9-1〉 교육인사행정 주요 관련 법령

내용영역	주요 관련 법령
자격	교육기본법과 초 · 중등 교육법 및 동 시행령, 교원자격 검정령 및 동 시행규칙, 교수(사)자격기준 등에 관한 규정
임용	교육공무원법, 교육공무원 임용령 교육공무원 임용후보자 선정 경쟁시험 규칙, 교사 임용후보자 명부작성 규칙 교육공무원 인사관리 규정, 교육공무원 인사위원회 규정 교육공무원 인사기록 및 인사사무 처리 규칙, 해외파견 교육공무원 인사관리 규칙 교육공무원 승진규정 각급 국립학교에 두는 공무원의 정원에 관한 규정 공무원 평정규칙, 사립학교법 및 동 시행령
연수	국가공무원법 교육공무원법, 공무원 교육훈련법 및 동 시행령 교원연수 등에 관한 규정 및 동 시행규칙
복무	국가공무원 복무규정, 교육공무원법, 사립학교법 및 동 시행령 공직자 윤리법 및 시행규칙
복지후생	공무원연금법 및 동 시행령, 시행규칙 사립학교법, 사립학교 교직원 연금법 및 동 시행령
신분보장 및 징계	교육기본법 및 초 · 중등교육법, 교육공무원법, 교원지위 향상을 위한 특별법 교육공무원 징계령, 교원 징계처분 등의 재심에 관한 규정, 교원예우에 관한 규정 사립학교법 및 동 시행령, 공무원 징계령, 상훈법 및 동 시행령 교육공무원 징계 양정 등에 관한 규칙 및 동 시행지침
보수	공무원 보수 규정 및 수당 등에 관한 규정
단체활동	국가공무원법, 교육기본법 교원지위 향상을 위한 교섭 · 협의에 관한 규정 교원의 노동조합 설립 및 운영 등에 관한 법률

2. 교원의 양성과 근무조건

1) 교원 수급계획

(1) 교원 수급의 결정요인

교원의 수요를 결정하는 요인은 교육 내적인 요인과 교육 외적인 요인으로 구분할 수 있다. 교육 내적인 요인으로는 취학률, 진급과 진학률, 학교의 주당 수업시간, 교원의 주당 수업시간과 업무량, 교과목 구성내용, 교사 수 대비 학생 수, 교원의 법정 정원 충족률, 교원의 이직률 및 퇴직률 등이 여기에 해당된다. 이에 비해 교육 외적인 요인으로는 인구의 변화 추이, 출생률, 교육에 관한 예산, 취업상황 및 보수수준 등이 이에 속한다.

교원의 공급을 결정하는 요인은 교원양성기관의 체제와 정원, 교원자격제도에 따른 자격증 소지자의 비율, 임용자의 비율, 임용을 위한 예산범위 등의 정책적인 요소에 의해 영향을 받게 된다. 교원의 수급은 그 수요를 미리 예측하여 계획한다고 하더라도 직전교육과 임용까지의 시차가 있기 때문에 격차가 생기기 쉽다. 예를 들면, 인구의 변화와 이동, 교원의 이직률, 교육예산에 따른 교육정책의 변화 등이 그 원인이 된다.

(2) 교원의 수급계획

교원의 수급계획은 수급결정에 영향을 미치는 다양한 변인을 고려하여 세워져야 한다. 공급계획은 수요를 기초로 하여 공급원을 적절히 조절해야 하는데, 자격을 갖추게 한 교원을 적절한 시기에 적정 공급하는 것은 교원 수급계획의 기본과제이다. 교원 공급계획에서는 학생의 증가분, 부족한 교원 수 등으로 예측할 수 있는 교원의 수요를 파악하여 공급 규모를 추정하게 된다. 다음으로 공급 교원의 수를 공급원별로 나누고, 교원양성기관의 재학생 진급률 및 취업률을 추정하여, 이 변수를 고려한 내용으로 교원양성기관의 학생 수를 추정하게 된다.

2) 교원양성제도

(1) 교원의 직전교육의 형태

"교육의 질은 교사의 질을 넘어설 수 없다."라는 표현은 교사의 능력이 교육의 성패를 좌우하는 결정적인 요인이 됨을 시사하고 있다. 교육활동을 실행하는 데 필요한 교사의 전문적인 능력은 임용되기 전의 직전교육과 임용 후의 현직교육에 따라 크게 좌우된다고 볼 수 있다.

교원이 그 직무를 수행함에 있어서 필요한 전문적인 지식과 기술, 태도 등은 임용되기 이전의 직전교육을 통해 습득되어야 한다. 그러므로 교원양성교육은 교원이 임용되기 이전의 장기적인 교육을 통하여 습득할 수 있는 교사자격 취득을 위한 준비교육을 말한다. 이 직전교육은 전체 교육의 질을 결정하는 중요한 역할을 맡게 되므로 국가 교육체제에서 중요하게 다루어져야 하는 영역이기도 하다.

우리나라는 초등교원 양성을 폐쇄적인 체제로 시행하고 있으며, 중등교원 양성은 개방적인 체제로 시행하고 있다. 전문직으로서의 교원은 직무수행에 요구되는 고도의 전문적 지식과 기술을 익히기 위하여 질 높은 직전교육을 받도록 하고 있다. 직전교육의 유형은 주로 '폐쇄형'과 '개방형'의 두 가지로 나눌 수 있다.

① 폐쇄형

폐쇄형이란 '직접 양성체제'라고도 하며, 교사의 양성을 목적으로 하여 설립된 교육기관에서만 교원을 양성하는 방법을 말한다. 초등교원 양성이 의무교육의 특수성에 비추어 주로 국립의 교육대학과 한국교원대학교 초등교육과, 이화여자대학교 초등교육과에서만 이루어지는 것이 이에 해당한다. 이 체제로는 전국적인 교원 수급의 불균형을 막을 수 있다는 장점이 있지만, 특정 교육기관에서의 교사 양성만 인정하기 때문에 폐쇄성과 경직성에 빠지기 쉬운 단점이 있다.

② 개방형

개방형이란 '간접 양성체제'라고도 하며, 교사를 양성할 수 있는 일정한 조건을 갖추기만 하면 해당 교육기관에서 교사양성을 할 수 있도록 허용하는 방법이다. 유치원 교사의 양성과 중등교원의 양성 방법이 이에 해당한다. 유치원 교사의 경우는 3년제 전문대학 및 4년제 대학에 설치된 유아교육과에서 이루어지며, 중등교원의 경우에는 크게 사범대학과정과 비사범대학과정으로 나뉜다. 사범대학과정에는 사범대학과 일반대학 교육학과가 있으며, 비사범대학과정에는 일반대학 교직과정과 교육대학원이 있다.

이 외에 전문대에서 실기교사를 양성하며, 간호사 면허증을 소지하고 소정의 교직과정을 이수할 수 있는 대학 및 전문대학에서 보건교사를 양성하고 있다. 또한 사서교사는 대학의 문헌정보학과 및 도서관학과 교직과정을 이수하여야 하고, 상담교사는 대학의 상담 · 심리관련학과 교직과정을 이수하여야 한다. 개방적인 교원양성체제는 경직성을 탈피하여 교육기관의 독자적인 방법으로 다양한 가치관 및 태도를 갖춘 교사를 양성할 수 있다는 장점을 가질 수 있지만, 교직 윤리의식의 결여, 교육 일반에 대한 소극적 태도, 전문적 기술체계성의 경시 등과 같은 내용적인 면과 국가수준의 교사 수급현황을 고려하지 않은 양성으로 인해 심각한 수급 불균형을 초래할 수 있다는 체제적인 단점을 가진다.

(2) 교원양성과정에서 요구되는 과제

교원양성과정에서의 교원자격 취득을 위한 무시험검정 합격기준도 달라졌다. 교원자격 취득을 위한 교육과정 최소 기준을 의무화하여 최근의 교육현장의 요구를 교원자격 무시험 검정기준에 반영하였다.

첫째, 유 · 초등, 중등(체육), 보건교과 등의 교원양성과정에 유아안전교육, 초등안전교육 등을 기본이수과목으로 개정한 안전과목을 신설하였고(「교육부고시」 제2015-73호, 2015. 10. 1.), 교사자격 취득을 위한 검정 합격기준에 응급처치 및 심폐소생술 실습 2회 이상을 의무적으로 반영하였다(「교원자격검정령」 제19조 제3항).

둘째, 교직소양 영역에서 '학교폭력 예방 및 학생의 이해' 교과목을 신설하고, 교직필수 이수 학점 기준(2학점 이상)을 교직이론(14학점 → 12학점) 및 교직소양(4학점 → 6학점)으로 학점을 변경하여 제시하고(「교원자격검정령 시행규칙」 2015. 12. 21.), 2017학년도 입학생부터 적용하였다.

〈표 9-2〉 교원자격 취득을 위한 무시험검정 합격기준

구분	전공과목 (50학점 이상)		교직과목 (22학점 이상)			기타
	기본 이수과목	교과 교육 영역	교직 이론	교직 소양	교육 실습	
이수 기준	21학점 이상 (7과목 이상)	8학점 이상 (3과목 이상)	12학점 이상 (6과목 이상)	6학점 이상 (3과목)	4학점 이상 (현장실습 +교육봉사)	• 교직적성 · 인성검사 적격판정 2회 이상 • 응급처치 및 심폐소생술 실습 2회 이상

출처: 교육부(2018b). 2018년도 교원자격검정 실무편람, pp. 69-70을 표로 정리.

셋째, 교육실습은 '학교현장실습'과 '교육봉사활동' 영역으로 나누어 실시하게 되었다. 학교현장실습은 참관실습, 수업실습, 실무실습의 형태로 이루어지고, 전일제인 경우 2주당 1학점으로 인정한다. 교육봉사활동은 자유학기제 운영을 경험할 수 있는 교육봉사활동 계획을 포함할 수 있도록 하여 최소 30시간 이상을 1학점으로 인정한다. 이 두 영역을 합하여 4학점 이상을 받아야 한다(교육부, 2018b: 69-70).

3) 선발과 임용

(1) 교육직원의 분류와 신분

'교육직원(staff personnel in education)'은 국 · 공 · 사립학교에서 직접 교육활동에 종사하는 자와 교육행정기관이나 교육연구기관에서 근무하는 자를 포함하는 개념이다. 교원은 국 · 공 · 사립의 각급 학교에 근무하는 자로서 ① 초 · 중등학교의 교장, 교감, 수석교사, 교사, ② 대학 및 전문대학의 총 · 학장, 교수, 부교수, 조교수와 조교, ③ 유치원의 원장, 원감, 교사를 말한다. 한편, 교사란 교원의 한 분류인 교장, 교감 등 관리직에 대응하는 개념으로, 대학의 교수, 부교수, 조교수 등 교수 직렬에 대한 초 · 중 · 고등학교 교원을 일컫는 것으로서 국 · 공 · 사립을 막론하고 사용되는 법률상의 용어이다.

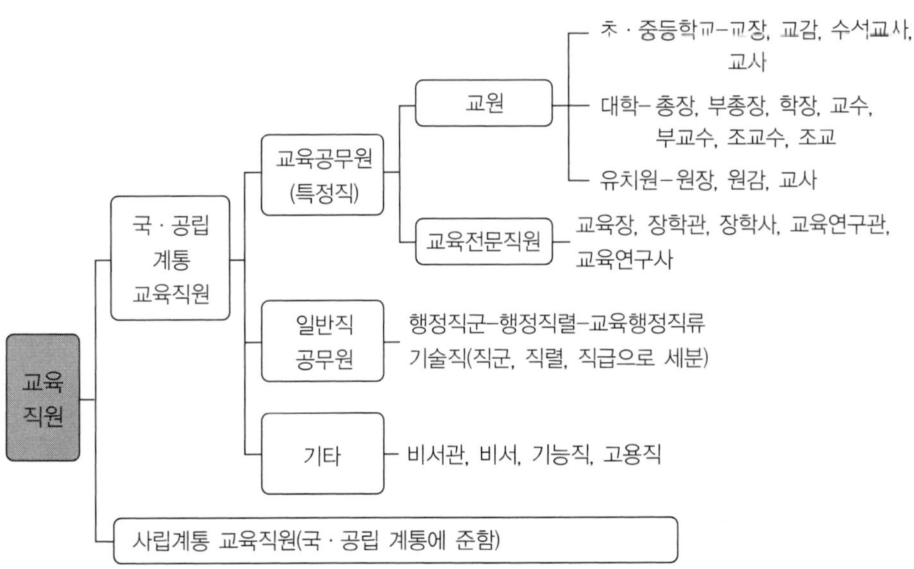

[그림 9-1] 교육직원의 분류

출처: 안병환 외(2011). **교육행정 및 교육경영**.

교육공무원은 국·공립학교 및 국·공립계통의 교육행정기관과 교육연구기관에서 교육 또는 교육행정 활동에 종사하는 직원이다. 또한 교육공무원은 국가공무원의 분류상 경력직 공무원 중 특정직 공무원에 속한다.

〈표 9-3〉 국가공무원의 분류

경력직 공무원	일반직	기능·연구 또는 행정일반에 대한 업무담당직
	특정직	법관, 검사, 외무공무원, 경찰공무원, 소방공무원, 교육공무원, 군인 및 군무원, 국가정보원 직원, 특수 분야의 업무담당직
	기능직	기능직 업무를 담당하는 공무원
특수 경력직 공무원	정무직	선거 또는 국회의 동의를 요하는 공무원, 고도의 정책결정 업무를 담당하거나 이러한 업무를 보조하는 공무원으로 법률이나 대통령령에서 정무직으로 지정하는 공무원
	별정직	국회전문위원, 감사원 사무차장, 시·도 선거관리위원회 상임위원, 국가정보원 기획조정실장, 각급 노동위원회 상임위원, 해난심판원 원장 및 심판관, 비서 등
	계약직	국가와 채용 계약에 의하여 일정한 기간 연구 또는 기술업무에 종사하는 과학자, 기술자 및 특수 분야의 전문가

이를 다시 교육공무원만으로 분류해 보면 〈표 9-4〉와 같다.

교육직원을 줄여서 교직원이라 하는 경우도 있으나 교직원이라 하면 보통은 학교의 교육직원, 즉 교원과 기타 학교직원만을 의미하고, 교육행정기관이나 교육연구기관 등의 교육전문직원은 포함시키지 않는다. 사립학교교원의 신분은 법적으로 학교경영자와 교원 간에 「민법」상의 고용계약관계를 맺고 있지만, 「사립학교법」에 의하여 자격·복무에 관해서는 「교육공무원법」이 준용되고 신분보장에 관해서도 국·공립학교 교원과 비슷한 권리를 가지게 되어 있어 고도의 공공성을 띠고 있다. 따라서 국민 전체의 봉사자로서 그 소임

〈표 9-4〉 교육공무원의 분류

교육 공무원	교원	교수, 부교수, 조교수, 조교
		초·중등학교 교장, 교감, 수석교사, 교사
		유치원 원장, 원감, 교사
	교육 전문직	장학관, 장학사
		교육연구관, 교육연구사

을 다하여야 한다는 점에서 국 · 공립학교교원과 사실상 차이가 없다.

(2) 교원자격의 종류와 기준

교원을 비롯한 교육직원의 자격은 법으로 규정하고 있다. 교원자격의 종류는 「초 · 중등교육법」 제21조, 「고등교육법」 제14조에 따라 다음과 같이 분류한다.

① 교장, 교감, 원장, 원감
② 수석교사
③ 교사: 정교사(1급, 2급), 준교사, 전문상담교사(1급, 2급), 사서교사(1급, 2급), 실기교사, 보건교사(1, 2급), 영양교사(1급, 2급)
④ 교수, 부교수, 조교수, 조교

기본적으로 중등교사의 경우에는 중학교교사와 고등학교교사를 구분하지 않고 동일한 자격을 부여하고 있다. 주로 대학이나 교육대학원에서 교직과정을 이수하거나 교육대학이나 사범대학을 졸업하면 2급 정교사 자격을 취득할 수 있고, 교육경력을 쌓으며 일정기간이 경과되면 자격연수를 거쳐 1급 정교사 자격을 취득할 수 있다.

교원의 자격검정은 '무시험검정'과 '시험검정'으로 나뉜다. 이때 시험검정은 전형검정과 고시검정으로 구분되며, 교원의 수급상 반드시 필요한 경우에 한하여 실시함을 원칙으로 한다.

무시험검정은 다음과 같은 경우에 취득할 수 있다.

① 정규교사 양성대학을 졸업할 때나, 대학 또는 전문대학의 교직과정 이수자에게 신규교사자격을 부여할 때
② 재교육을 통하여 상급자격을 부여할 때
③ 이미 취득된 자격을 근거로 하여 다른 학교급의 자격으로 변경하거나 또는 유사한 자격을 인정받을 때
④ 교원자격검정위원회의 추천에 의거, 교장 또는 원장의 자격을 인가할 때

그리고 무시험검정은, 자격기준 중 교육경력이 포함되는 무시험검정은 시 · 도교육감이 실시하며, 학력만 필요로 하는 경우는 출신대학의 장이 실시한다.

초·중등학교와 유치원의 교장·원장·교감·원감과 수석교사 및 2급 정교사의 자격기준은 〈표 9-5〉, 〈표 9-6〉과 같다(교육부, 2018b).

〈표 9-5〉 교장·원장·교감·원감·수석교사의 자격기준

구분		자격기준
교장·원장	중등학교	1. 중등학교의 교감 자격증을 가지고 3년 이상의 교육경력과 일정한 재교육을 받은 사람 2. 학식·덕망이 높은 사람으로서 대통령령으로 정하는 기준에 해당한다는 인정을 교육부장관으로부터 받은 사람 3. 교육대학·전문대학의 학장으로 근무한 경력이 있는 사람 4. 특수학교의 교장 자격증을 가진 사람 5. 공모교장으로 선발된 후 교장의 직무수행에 필요한 교양과목, 교직과목 등 교육부령으로 정하는 연수과정을 이수한 사람
	초등학교	1. 초등학교의 교감 자격증을 가지고 3년 이상의 교육경력과 일정한 재교육을 받은 사람 2. 학식·덕망이 높은 사람으로서 대통령령으로 정하는 기준에 해당한다는 인정을 교육부장관으로부터 받은 사람 3. 특수학교의 교장 자격증을 가진 사람 4. 공모교장으로 선발된 후 교장의 직무수행에 필요한 교양과목, 교직과목 등 교육부령으로 정하는 연수과정을 이수한 사람
	특수학교	1. 특수학교의 교감 자격증을 가지고 3년 이상의 교육경력이 있는 사람으로서 일정한 재교육을 받은 사람 2. 초등학교 또는 중등학교의 교장 자격증을 가지고 필요한 보수교육을 받은 사람. 이 경우 특수학교 교원자격증을 가졌거나 특수학교(특수학급 포함)에서 교원으로 근무한 경력이 있으면 보수교육을 면제 3. 학식·덕망이 높은 사람으로서 대통령령으로 정하는 기준에 해당한다는 인정을 교육부장관으로부터 받은 사람 4. 공모교장으로 선발된 후 교장의 직무수행에 필요한 교양과목, 교직과목 등 교육부령으로 정하는 연수과정을 이수한 사람
	유치원	1. 유치원의 원감 자격증을 가지고 3년 이상의 교육경력과 소정의 재교육을 받은 사람 2. 학식·덕망이 높은 사람으로서 대통령령이 정하는 기준에 해당한다는 인정을 교육부장관으로부터 받은 사람
교감·원감	중등학교	1. 중등학교 정교사(1급) 자격증 또는 보건교사(1급) 자격증을 가지고 3년 이상의 교육경력과 일정한 재교육을 받은 사람 2. 중등학교 정교사(2급) 자격증 또는 보건교사(2급) 자격증을 가지고 6년 이상의 교육경력과 일정한 재교육을 받은 사람 3. 교육대학의 교수·부교수로서 6년 이상의 교육경력이 있는 사람 4. 특수학교의 교감 자격증을 가진 사람

<table>
<tr><td rowspan="3">교감
·
원감</td><td>초등학교</td><td>1. 초등학교 정교사(1급) 자격증 또는 보건교사(1급) 자격증을 가지고 3년 이상의 교육경력과 일정한 재교육을 받은 사람
2. 초등학교 정교사(2급) 자격증 또는 보건교사(2급) 자격증을 가지고 6년 이상의 교육경력과 일정한 재교육을 받은 사람
3. 특수학교의 교감 자격증을 가진 사람</td></tr>
<tr><td>특수학교</td><td>1. 특수학교 정교사(1급) 자격증 또는 보건교사(1급) 자격증을 가지고 3년 이상의 교육경력과 일정한 재교육을 받은 사람
2. 특수학교 정교사(2급) 자격증 또는 보건교사(2급) 자격증을 가지고 6년 이상의 교육경력과 일정한 재교육을 받은 사람
3. 초등학교 또는 중등학교의 교감 자격증을 가지고 필요한 보수교육을 받은 사람. 이 경우 특수학교 교원자격증을 가졌거나 특수학교(특수학급 포함)에서 교원으로 근무한 경력이 있으면 보수교육 면제</td></tr>
<tr><td>유치원</td><td>1. 유치원 정교사(1급) 자격증을 가지고 3년 이상의 교육경력과 소정의 재교육을 받은 사람
2. 유치원 정교사(2급) 자격증을 가지고 6년 이상의 교육경력과 소정의 재교육을 받은 사람</td></tr>
<tr><td colspan="2">수석
교사</td><td>15년 이상의 교육경력(「교육공무원법」 제2조 제1항 제2호 및 제3호에 따른 교육전문직원으로 근무한 경력 포함)을 가지고, 교수 · 연구에 우수한 자질과 능력을 가진 사람 중에서 대통령령으로 정하는 바에 따라 교육부장관이 정하는 연수 이수 결과를 바탕으로 검정 · 수여하는 자격증을 받은 사람</td></tr>
<tr><td colspan="2">비고</td><td>1. 이 표 중 초등학교는 공민학교 및 이와 같은 수준 정도의 각종학교를, 중등학교는 중학교 · 고등학교 · 고등공민학교 및 이들과 같은 수준 정도의 각종학교를 포함한다.
2. 교장 · 교감 · 교육장 · 장학관 · 장학사 · 교육연구관 · 교육연구사 및 「유아교육법」에 따른 원장 · 원감의 경력연수는 교육경력연수로 볼 수 있다.
3. 이 표 중 전문대학의 학장에는 종전의 전문학교 · 실업고등전문학교의 교장과 교감이 포함된다.</td></tr>
</table>

출처: 교육부(2018b). 2018년도 교원자격검정 실무편람.

〈표 9-6〉 1급 정교사 자격기준

구분	자격기준
중등학교	1. 중등학교 정교사(2급) 자격증을 가지고 교육대학원 또는 교육부장관이 지정하는 대학원 교육과에서 석사학위를 받은 사람으로서 1년 이상의 교육경력이 있는 사람 2. 중등학교 정교사 자격증을 가지지 아니하고 교육대학원 또는 교육부장관이 지정하는 대학원 교육과에서 석사학위를 받은 후 교육부장관으로부터 중등학교 정교사(2급) 자격증을 받은 사람으로서 3년 이상의 교육경력이 있는 사람 3. 중등학교 정교사(2급) 자격증을 가진 사람으로서 3년 이상의 교육경력을 가지고 일정한 재교육을 받은 사람 4. 교육대학 · 전문대학의 교수 · 부교수로서 3년 이상의 교육경력이 있는 사람
초등학교	1. 초등학교 정교사(2급) 자격증을 가진 사람으로서 3년 이상의 교육경력을 가지고 일정한 재교육을 받은 사람 2. 초등학교 정교사(2급) 자격증을 가진 사람으로서 교육경력이 3년 이상이고, 방송통신대학 초등교육과를 졸업한 사람 3. 초등학교 정교사(2급) 자격증을 가지고 교육대학원 또는 교육부장관이 지정하는 대학원의 교육과에서 초등교육과정을 전공하여 석사학위를 받은 사람으로서 1년 이상의 교육경력이 있는 사람
특수학교	1. 특수학교 정교사(2급) 자격증을 가지고 3년 이상의 교육경력이 있는 사람으로서 일정한 재교육을 받은 사람 2. 특수학교 정교사(2급) 자격증을 가지고 1년 이상의 교육경력이 있는 사람으로서 교육대학원 또는 교육부장관이 지정하는 대학원에서 특수교육을 전공하고 석사학위를 받은 사람 3. 유치원 · 초등학교 또는 중등학교 정교사(1급) 자격증을 가지고 필요한 보수교육을 받은 사람 4. 유치원 · 초등학교 또는 중등학교 정교사(2급) 자격증을 가지고 1년 이상의 교육경력이 있는 사람으로서 교육대학원 또는 교육부장관이 지정하는 대학원에서 특수교육을 전공하고 석사학위를 받은 사람
유치원	1. 유치원 정교사(2급) 자격증을 가진 자로서 3년 이상의 교육경력을 가지고 소정의 재교육을 받은 자 2. 유치원 정교사(2급) 자격증을 가지고 교육대학원 또는 교육부장관이 지정하는 대학원의 교육과에서 유치원 교육과정을 전공하여 석사학위를 받은 자로서 1년 이상의 교육경력이 있는 자
비고	정교사(1급) 자격의 경우 현직교원만 취득 가능(기간제 불가) 특수학교 정교사(1급) 제4호의 경우, 특수학교 정교사(2급) 자격증이 없더라도 제4호 자격기준에 충족하면 시 · 도교육청에 신청하여 바로 특수학교 정교사(1급) 자격증 신청 가능

출처: 교육부(2018b). 2018년도 교원자격검정 실무편람.

장학관, 장학사, 교육연구관, 교육연구사를 포함하는 교육전문직원의 자격기준은 자격증이 아닌 자격기준만을 명시하고 있다. 교육전문직원의 자격기준은 〈표 9-7〉과 같다.

교원자격증제도는 교원에게 필요한 자질을 행정적으로 인정하는 행위로서, 학생들의 학습권을 보장하고, 국가・사회의 안정성을 보장・유지하며, 교사 자신의 지위와 권위를 보장하기 위한 것이다. 이는 인사행정의 기본이념인 실적주의를 교직에 적용한 것이라 할 수 있다.

〈표 9-7〉 **교육전문직원의 자격기준**

직명	자격기준
장학관・교육연구관	1. 대학・사범대학・교육대학 졸업자로서 7년 이상의 교육경력이나 2년 이상의 교육경력을 포함한 7년 이상의 교육행정경력 또는 교육연구경력이 있는 사람 2. 2년제 교육대학 또는 전문대학 졸업자로서 9년 이상의 교육경력이나 2년 이상의 교육경력을 포함한 9년 이상의 교육행정경력 또는 교육연구경력이 있는 사람 3. 행정고등고시 합격자로서 4년 이상의 교육경력이나 교육행정경력 또는 교육연구경력이 있는 사람 4. 2년 이상의 장학사・교육연구사의 경력이 있는 사람 5. 11년 이상의 교육경력이나 2년 이상의 교육경력을 포함한 11년 이상의 교육연구경력이 있는 사람 6. 박사학위를 소지한 사람
장학사・교육연구사	1. 대학・사범대학・교육대학 졸업자로서 5년 이상의 교육경력이나 2년 이상의 교육경력을 포함한 5년 이상의 교육행정경력 또는 교육연구경력이 있는 사람 2. 9년 이상의 교육경력이나 2년 이상의 교육경력을 포함한 9년 이상의 교육행정경력 또는 교육연구경력이 있는 사람

출처: 「교육공무원법」 제9조의 별표1 재정리.

(3) 교원의 선발과 임용

① 교사 신규임용

자격을 갖춘, 능력 있고 바람직한 교원을 선발하여 적재적소에 임명하는 일은 교원의 임용과정의 핵심적인 문제이다. '선발'이란 자격을 갖춘 후보자 중에서 교직에 가장 적합한 자를 뽑는 과정으로 모집과 시험이 포함되며, '임용'이란 임용권자가 규정에 따라 특정인을 신규채용, 승진임용, 전보, 겸임, 파견, 강임, 휴직, 직위해제, 복직, 면직, 해임 및 파면시키는 행정행위를 의미한다.

'모집'은 교직에 유능한 지원자를 유치하는 것으로, 이 과정을 통해 교직에 매력을 느낄 수 있는 유인체제를 갖추어 유능한 인재를 적극적으로 끌어들일 수 있어야 한다. '시험'은 교사로서의 전문적인 능력을 측정하여 교직의 적격자를 선정하는 수단으로, 공개경쟁 시험을 전제로 한다. 시험은 실적주의 인사행정의 기초조건인 기회균등을 실현하기 위한 제도로서 공정한 절차와 평가척도가 적용되어야만 한다. 이때 시험의 형식은 필기시험 · 면접시험 · 실기시험으로 분류된다. 2013학년도부터 신규교사 임용에 새로운 시험제도가 도입되었다. 그 내용을 정리하면 다음과 같다.

〈표 9-8〉 초 · 중등교사 임용시험 체제

구분	초 · 중등교사 임용시험 체제
전형방식	• 초등: 2단계 전형실시 및 출제방식(유치원 및 초등특수 포함) - (1차) 교직(논술), 교육과정(서답형) - (2차) 수업실연, 심층면접 등 • 중등: 2단계 전형실시, 시험과목 및 출제방식 (비교과 및 중등특수 포함) - (1차) 교육학(논술형), 전공(서답형) - (2차) 수업실연, 심층면접 등 • 교직적성 · 인성검사 의무화 - 교원양성대학 재학 기간 중 2회 이상 • 교육실습 - (현장실습+교육봉사) 4학점 이상
인증요건	• 한국사능력검정시험(3급 이상) 인증 부과
이수학점	• 교직과목 이수학점 기준 - 졸업평점 환산점수 80점 이상/100점 • '교직소양' 분야 과목 이수학점 6학점 - '학교폭력 예방 및 학생의 이해' 신설(2학점 이상 수강) - 응급처치 및 심폐소생술 실습 2회 이상 • '교직이론' 이수 기준 12학점 이상(6과목 이상)

② 교감 · 교장

교감 · 교장의 신규채용은 교감 또는 교사의 승진임용이거나 교육전문직에서의 전직으로 이루어진다. 「교육공무원 인사관리규정」 제15조에 의하면 교육전문직공무원으로 2년 이상 근속한 경우 임용권자가 정하는 기준에 따라 교감 또는 교장으로 전직할 수 있으며(개정 2011. 11.), 교육경력 10년 이상이거나 교육전문직공무원으로 10년 이상 근속한 경우 전직될 직위에 제한을 받지 않는다. 교장은 임기제로 전환되어, 임기는 4년이며 1차에 한하여 중임할 수 있다.

③ 초빙(공모)교원

초빙교사제는 당해 학교의 필요에 따라 교사를 초빙하여 임용하는 제도로, 교사 배정정원의 20% 이내(공모교장 학교에서는 50% 범위 내)에서 학교운영위원회의 심의를 거쳐서 임용하며, 초빙기간은 4년이다. 공모교장제는 교장을 공모하여 임용하는 제도로, 교장자격증을 소지하고 당해 지역에 근무하는 교육공무원을 대상으로, 당해 교육청 소속 전체 학교의 10% 이내에서 할 수 있다. 공모교장을 임용 요청하고자 할 때에는 학교운영위원회 심의를 거쳐야 하고, 공모교장의 임기는 교장 임기의 제한에 포함되지 않는다.

④ 기간제 교원

정식 채용되는 교원 이외에 교원자격증을 가진 자를 한시적으로 임용하는 제도로, 정규교원이 1개월 이상 직무에 종사할 수 없어 대체 교원의 보충이 불가피한 경우 채용한다.

- 기간제 교사의 종류
  - 전일제 기간제 교사: 교원의 휴직, 파견, 미배치 등 사유로 1개월 이상의 결원을 보충하여야 할 때 교원자격증 소지자 중 한시적으로 채용하는 자(이전의 '기간제 교사'와 동일)
  - 시간제 기간제 교사: 교원 정원 외로 다양한 교육과정의 개설 · 운영을 위하여 학교 예산 범위 내(모든 인건비를 학교 예산에서 지급)에서 학교운영위원회의 심의를 거쳐 교원자격증 소지자 중 1개월 이상 시간제 근무(격일, 반일, 시간제)로 활용되는 자(「교육공무원임용령」 제13조 제2항 및 제3항), 유치원 방과후 과정 운영을 담당할 교사(「유아교육법 시행령」 제23조 제3항 및 「교육공무원법」 제32조 제1항 제5호)
- 기간제 교사의 신분
  - 정규교원으로 임용됨에 있어 어떠한 우선권도 인정되지 아니함
  - 「교육공무원법」의 신분보장 등 관련 규정의 적용을 제외함
  - 기간제 교사에게 신분증을 교부할 수 있으나 반드시 기간제 교사임과 임용기간을 명시하여야 하고, 임용기간 만료 시 회수해야 함
  - 기간제 교사는 무기계약 근로자로 전환되지 아니함
  - 경력: 기간제 교사 경력은 호봉 · 승급 · 경력 및 교육경력으로 산입함

- 기간제 교사의 임용: 만 62세 미만의 교원자격증 소지자로 학교장이 임용한다.
  ※ 중등의 경우 결원교사의 자격표시과목 또는 결원과목과 동일과목 자격 소지자의 임용을 원칙으로 한다. 명예퇴직 직후 6개월 미만인 자는 채용을 가급적 제한하며, 특별한 사유가 없는 한 교사임용후보자 및 자질이 우수한 유경험자를 우선 임용한다.
- 기간제 교사의 임용기간
  - 1년의 범위 안에서 기간을 정하여 임용하되, 계약을 연장하는 경우 1년 단위로 임용한다(총 4년까지 임용 가능,「교육공무원임용령」제13조 제3항).
  - 4년의 임용기간을 마친 경우 신규채용절차를 거쳐 동일한 학교에서 각호에서 정하고 있는 임용 사유(「교육공무원법」제32조 제1항 및「사립학교법」제54조의 4 ①)에 따라 기간제 교사로 임용할 수 있는데, 이 경우 해당 교원의 임용기간은 다시 시작하는 것으로 본다.
  - 정규 교원의 결원 기간을 계약 기간으로 한다.

4) 승진과 전보 · 전직

법령상으로 임용의 개념은 신규임용 외에 승진 · 전직 · 전보 · 겸임 · 파견 · 강임 · 휴직 · 직위해제 · 정직 · 강등 · 복직 · 면직 · 해임 및 파면 등을 포함하고 있다(「공무원 임용령」제2조 [개정 2017. 7. 6.]).

여기서 교원인사행정에 관한 용어를 간단히 정리하면 다음과 같다(「국가공무원법」제5조,「교육공무원법」제2조, [전문개정 2008. 3. 28.]).

- 직위(職位): 한 명의 공무원에게 부여할 수 있는 직무와 책임
- 직급(職級): 직무의 종류 · 곤란성과 책임도가 상당히 유사한 직위의 군
- 강임(降任): 같은 직렬 내에서 하위 직급에 임명하거나 하위 직급이 없어 다른 직렬의 하위 직급으로 임명하는 것
- 전직(轉職): 직렬을 달리하는 임명
- 전보(轉補): 같은 직급 내에서의 보직 변경 또는 고위공무원단 직위 간의 보직 변경
- 직군(職群): 직무의 성질이 유사한 직렬의 군
- 직렬(職列): 직무의 종류가 유사하고 그 책임과 곤란성의 정도가 서로 다른 직급의 군

(1) 승진

'승진(昇進)'이란 상위직에 결원이 발생한 경우, 그 직위의 하위직 재직자 중에서 선발과정을 통하여 결원을 충원시키는 것을 의미한다. 「교육공무원법」 제13조는 "교육공무원의 승진임용은 동종의 직무에 종사하는 바로 하위직에 있는 자 중에서 대통령령이 정하는 바에 의하여 경력평정, 재교육성적, 근무성적, 기타 능력의 실증에 의하여 행한다."라고 규정되어 있어서 이를 기준으로 종합적인 평가에 의한 승진제도를 행하고 있으며, 경력평정, 근무성적평정, 연수성적평정의 점수에 가산점을 합한 것이 개인의 승진점수가 된다.

승진은 일반적으로 보다 높은 직위로의 상향적 · 수직적 이동을 의미하며 그에 따른 책임의 증대를 수반한다. 아울러 승진은 승진임용을 의미하며, 호봉이 올라가는 승급을 포함하게 된다. 이러한 승진이 중요한 인사관리의 요소로 다루어지는 이유는 ① 보다 높은 지위, 보다 많은 보수의 욕구를 충족시켜 줌으로써 사기를 북돋아 주고, ② 개인의 능력향상 및 잠재력 발휘의 기회를 부여하며, ③ 유능한 인재를 그 직위에 유치할 수 있어, ④ 직업공무원제도를 확립하는 데 있어서 필수적인 요건이기 때문이다.

승진은 실적주의와 연공주의로 나누어 설명할 수 있는데, 실적주의는 직무수행능력, 경영가치관의 수용태도, 능력, 업적 등을 중시하고, 연공주의는 근무 연수, 연령, 경력, 학력 등을 중시한다. 이때 실적주의에 의해 승진이 결정되면 승진 기회가 균등하게 주어지고 시험제도를 통해 자질이 향상될 수 있으나, 개인의 능력을 시험을 통해 정확하게 평가하는 네 한계가 있으며, 연공주의에 의해 승진이 결정될 경우는 객관도가 높아 행정의 안정성은 확보할 수 있으나, 개인의 능력을 고려하지 않음으로 인해 유능한 인재가 승진하지 못하는 경우가 많아 행정이 침체될 우려가 있다.

(2) 전보

'전보(轉補)'는 같은 직위 및 자격에서 근무기관이나 부서를 달리하여 임용하는 것을 말하며(「교육공무원법」 제2조 제6항), "전보권자 또는 전보제청권자는 소속공무원의 동일 직위에 있어서의 장기근무로 인한 침체를 방지하기 위하여 매년 전보계획을 수립하여 이를 실시하여야 한다."라고 규정되어 있다(「교육공무원임용령」 제19조 제3항). 예를 들면, 교사 · 교감 · 교장이 근무학교를 이동하거나 교육전문직이 기관 간 이동을 하는 경우이다.

국 · 공립의 초 · 중등교원은 근무학교를 주기적으로 이동하게 되는데, 이는 일정 기간 같은 학교에 근속한 교원을 대상으로 정기적으로 이루어지게 되므로 '순환근무제'라 부른다. 이러한 교원의 전보는 정기전보와 비정기전보로 구분된다. 일반적으로 근무기간이

3~5년인 경우 정기전보의 대상이 되고, 정기전보 기간 전에 이루어지는 전보로서 비정기전보의 요건을 충족한 경우 비정기전보의 대상이 된다.

교원전보제도 운영에 관한 사항은 「교육공무원 인사관리규정」에 규정되어 있으며, 이를 토대로 매년 구체적인 교원전보 계획을 수립 · 운영하게 된다. 「교육공무원 인사관리규정」 제18조의 전보계획에 의하면, 임용권자는 교원의 생활근거지 근무 또는 희망 근무지 배치를 최대한으로 보장하여 사기진작 및 생활안정을 도모하고 전보임용의 공정성을 확보하기 위하여 최대한 노력하여야 한다. 이에 따라서 교원의 전보는 순환근무제를 원칙으로, 본인의 희망과 소속기관장의 내신 또는 의견, 근무 또는 연구실적, 근무교의 위치와 사회적 환경, 근무연한, 부부교사의 경우는 그들의 가정환경 등의 여러 가지 요인을 기준으로 실시한다.

이와 같이 전직과 전보는 배치를 전환하는 과정에 속하는 임용행위로, 교직원들의 직무순환 또는 인사이동을 가능하게 하여 조직의 기능을 활성화시키고, 개인의 변화 욕구를 충족시킴으로써 근무여건에 변화를 주어 직무만족을 높이는 역할을 하게 된다. 아울러 조직의 기능에 적합한 인재를 배치할 수 있게 하여 조직의 효율성도 높일 수 있게 한다.

(3) 전직

'전직(轉職)'은 직렬(職列)을 달리하는 임용이다. 「교육공무원법」상 직군과 직렬의 구별은 따로 명시되어 있지 않으나 일반적으로 교육직, 교육전문직으로 구분할 수 있으며, 직렬 상호 간의 인사교류를 전직이라고 한다. 예를 들면 교사 · 교감 · 교장이 장학직 또는 연구직의 직렬로 횡적 이동을 하는 것 또는 그 반대의 경우와 초등교원과 중등교원이 상호 인사상의 교류를 하는 것이다. 「교육공무원 인사관리규정」 제13조 제1항에 따르면 전직의 경우 시 · 도교육감이 교원 수급상 필요한 경우 교원이 희망하는 바에 따라 소지하고 있는 교원자격증과 관련 있는 직위에 전직 임용할 수 있도록 규정하고 있다. 그러나 전직은 기구의 개편이나 직제의 개정 · 폐지 또는 정원의 변경이 있는 경우, 해당 교육공무원의 승진 또는 강임, 그밖에 대통령령으로 정하는 특별한 사유가 있는 경우를 제외하고는 그 직위에 임용된 날부터 1년 이내에 다른 직위에 임용하거나 근무지를 변경하는 인사 조치를 해서는 안 된다.

5) 근무조건

(1) 교원의 권리와 의무

① 교원의 권리

교육자에게는 교권을 보장해 줌으로써 교육에 매진하도록 하고 있으며, 이러한 교권 보장의 가장 핵심적 목적은 신분보장에 있다. 교원의 권리를 적극적 권리와 소극적 권리로 나누어 보면 다음과 같다.

- 적극적인 권리: 자율성의 권리, 생활보장에 관한 권리, 근무조건 개선과 복리후생제도를 확충을 요구할 수 있는 권리
- 소극적인 권리: 신분보장, 부당한 처분을 받았을 때에 소송 및 쟁송의 제기권, 불체포특권, 교직단체 활동권

또한 교사는 국민의 한 사람으로서 교육받을 권리를 포함하여 교원으로서 학생을 교육할 권리를 동시에 가지며, 신분상의 권리와 재산상의 권리도 가지고 있다.

- 교육할 권리: 교육과정 결성 및 편성권, 교재의 선택 · 결정권, 교육내용과 방법 연구 및 수업할 권리, 성적 평가권, 학생지도권 등
- 신분상의 권리: 신분 및 직위 보유권, 직무집행권, 재심 청구 및 행정소송권, 의사에 반한 신분 조치를 당하지 않을 권리, 권고사직 당하지 않을 권리, 불체포특권, 후임자 보충발령의 유예권, 여교원의 동등 신분보장권 등
- 재산상의 권리: 봉급과 수당을 포함하는 보수청구권 등

교원에게 교권을 인정하는 이유는 국가 공권력의 부당한 간섭을 배제함으로써 교육의 자주성과 전문성, 정치적 중립성을 보장하기 위함이다.

② 교원의 의무

교육공무원의 복무에 관한 사항은 「국가공무원법」「교육공무원법」「국가공무원복무규정」 등에 규정되어 있다. 「국가공무원법」「교육공무원법」에는 다음과 같은 교육공무원을 포함한 공무원의 의무에 대해 밝히고 있다. 사립학교교원의 경우에도 교육공무원은 아니

나 「사립학교법」 제55조(복무) "사립학교의 교원의 복무에 관하여는 국 · 공립학교의 교원에 관한 규정을 준용한다."는 규정에 의하여 교육공무원과 같은 적용을 받는다.

- 법령준수의 의무: "공무원은 법령을 준수하며, 성실히 직무를 수행하여야 한다.(「국가공무원법」 제56조, 「지방공무원법」 제48조)"라는 규정은 공무원의 법령준수의무를 뜻한다. 교원이 직무 수행과정에서 법령에 위배될 때에는 위법행위로서 교원의 지위에 불리한 변경이 오거나 법률상의 제재를 받게 된다. 법치주의하의 행정은 법령에 의거하고 또 법령에 따라서 행해져야 하므로, 법령을 성실히 준수하여야 한다는 것은 너무도 당연한 일이다. 교원이 법령에 위반해 행정행위를 한 경우에는 당해 행정행위가 하자 있는 것이 될 뿐만 아니라, 교원 자신에게 징계책임, 형사책임 또는 민사책임을 지우게 된다.
- 선서의 의무: 모든 공무원은 취임할 때 "본인은 국민 전체에 대한 봉사자로서의 책임과 조국의 번영을 이룩하는 영광스러운 길잡이임을 깊이 자각하고 법령 및 직무상의 명령에 준수 · 복종하여 창의와 성실로써 맡은 바 책무를 다할 것을 엄숙히 선서합니다."라고 소속 기관장 앞에서 대통령령 등으로 정하는 바에 따라 선서하도록 되어 있다(「국가공무원법」 제55조). 다만, 불가피한 사유가 있으면 취임 후에 선서하게 할 수 있다.
- 성실의 의무: 모든 공무원은 법령을 준수하며 성실히 직무를 수행하여야 한다(「국가공무원법」 제56조). 직무수행은 공무원의 기본적인 의무로, 공무원은 자신의 권한과 책임에 속하는 직무를 전심 · 전력으로 수행해야 한다.
- 복종의 의무: 공무원은 직무를 수행함에 있어서 소속 상관의 직무상의 명령에 복종하여야 한다(「국가공무원법」 제57조). 복종의 의무는 직무의 통일적이고 능률적인 수행을 위하여 필요로 하는 의무이다.
- 친절 · 공정의 의무: 공무원은 국민 전체의 봉사자로서 친절하고 공정하게 집무해야 한다(「국가공무원법」 제59조).
- 종교중립의 의무: 종교에 따른 차별 없이 직무를 수행하여야 하며, 소속 상관이 이에 위배되는 직무상 명령을 한 경우에는 이에 따르지 않을 수 있다(「국가공무원법」 제59조의 2).
- 비밀엄수의 의무: 공무원은 재직 중은 물론 퇴직 후에도 직무상 알게 된 비밀을 엄수하여야 한다(「국가공무원법」 제60조). 직무상 비밀은 공무원 자신이 처리하는 직무에 관

한 비밀뿐만 아니라 직무와 관련하여 알게 된 다른 공무원의 직무에 관한 사항도 포함된다.

- 청렴의 의무: 직무와 관련하여 직접적이든 간접적이든 사례 · 증여 또는 향응을 주거나 받을 수 없다(「국가공무원법」 제61조). 또한 직무상의 관계가 있든 없든 그 소속 상관에게 증여하거나 소속 공무원으로부터 증여를 받아서는 아니 된다.
- 품위 유지의 의무: 공무원은 직무의 내외를 막론하고 그 품위를 손상하는 행위를 하여서는 아니 된다(「국가공무원법」 제62조). 품위손상의 형태로는 방탕, 주벽, 축첩, 낭비, 과도한 부채, 경박함 등을 들 수 있다. 또한 품위 유지의 의무는 직무의 내외를 불문하는 것이므로 공적 의무에 그치는 것이 아니라 사생활에까지도 파급되는 의무이다.
- 연찬의 의무: 직무수행을 위한 부단한 연구와 수양에 힘써야 한다. 이 의무는 다른 공무원에게 없는 교원만의 특별 의무이다.

또한 다음과 같은 내용은 법으로 금하고 있다.

- 직장이탈 금지: 소속 상관의 허가 또는 정당한 사유가 없이 근무시간 중 직장을 이탈하지 못한다.
- 영리업무 및 겸직 금지: 공무원은 공무 외에 영리를 목적으로 하는 업무에 종사하지 못하며, 소속 기관장의 허가 없이 다른 직무를 겸할 수 없다.
- 정치활동 금지: 정당이나 그 밖의 정치단체의 결성에 관여하거나 이에 가입할 수 없으며, 선거에서 특정 정당 또는 특정인을 지지 또는 반대하기 위한 다음의 행위를 하여서는 아니 된다.

1. 투표를 하거나 하지 아니하도록 권유하는 것
2. 서명 운동을 기도(企圖) · 주재(主宰)하거나 권유하는 것
3. 문서나 도서를 공공시설 등에 게시하거나 게시하게 하는 것
4. 기부금을 모집 또는 모집하게 하거나, 공공자금을 이용 또는 이용하게 하는 것
5. 타인에게 정당이나 그 밖의 정치단체에 가입하게 하거나 가입하지 아니하도록 권유하는 것

또한 다른 공무원에게 위의 제1항과 제2항에 위배되는 행위를 하도록 요구하거나, 정치

적 행위에 대한 보상 또는 보복으로서 이익 또는 불이익을 약속하여서는 아니 된다.

- 집단행동 금지: 노동운동이나 그 밖에 공무 외의 일을 위한 집단행위를 하여서는 아니 된다. 다만, 사실상 노무에 종사하는 공무원은 예외로 한다.
- 외국 정부의 영예 등을 받을 경우: 외국 정부로부터 영예나 증여를 받을 경우에는 대통령의 허가를 받아야 한다.

(2) 교원의 보수와 복지

보수란 조직구성원이 조직의 목적달성에 공헌한 대가로 얻게 되는 제반 소득이라고 말할 수 있는데, 서비스 제공에 대한 사례 등의 비금전적인 보상도 포함한다. 일반적으로 보수는 근무에 대한 대가이며, 최저 생활을 보장하기 위한 생활자금으로 이해되기도 한다.

교원은 인재양성이라는 국가적 · 사회적으로 매우 중요한 활동에 종사하고 있으며, 그에 대한 보수 또는 대가로서 봉급을 받는다. 교원에 대한 봉급의 수준은, 국가사회의 경제적 생산력이나 국가나 공공단체 또는 학교법인의 재정적 지불능력, 교직에 대한 사회의 관념, 최저 생계비의 보장을 위한 사회 · 윤리적 고려, 교원의 수요와 공급, 교원의 사회경제적 지위향상을 위한 교직단체의 노력 등 여러 가지 요인에 의하여 결정된다.

교육공무원은 교육의 전문성 · 특수성 등의 자격요건에 비추어 일반직 공무원에 비하여 보다 우대된 보수를 받고 있다. 이는 「교육기본법」에 명시된 것처럼 "교원의 경제적 · 사회적 지위는 적정하게 우대되고, 그 신분은 보장된다."(「교육기본법」 제14조)는 원칙에 기인하는 것이다.

교원 보수의 종류와 체계는 「공무원 보수규정」과 「공무원 수당규정」에 구체적으로 명시되어 있다. 여기에서 보수는 봉급과 각종 수당을 합산한 금액을 말하며, 봉급은 직무의 곤란성 및 책임의 정도에 따라 직책별로 지급되는 기본 급여 또는 직무의 곤란성 및 책임의 정도와 재직기간 등에 따라 직위별 · 호봉별로 지급되는 기본 급여를 말하고, 수당은 직무여건 및 생활여건 등에 따라 지급되는 부가급여를 말한다.

「공무원 보수규정」 제13조 제1항에 의하면 공무원의 호봉 간의 승급에 필요한 기간은 1년으로서 동일하며, 「공무원 수당규정」에 의하면, 공무원에게 지급되는 수당은 크게 상여수당, 가계보전수당, 특수지 근무수당, 특수근무수당, 초과근무수당의 다섯 가지로 구분된다.

한편, 교원에게 지원되는 형태의 복지는 경제적인 면에서는 소득보장, 공공부조, 연금제도, 공제회제도, 맞춤형 복지 포인트 지급 등이 있고, 사회적인 면에서는 의료보장, 주택구입에 대한 융자, 교육비 지원 및 대출, 교통비 지급, 식대 지원 등이 있으며, 정신적인 면에서는 휴가 · 보건 및 안전에 관한 제도, 다양한 문화 혜택, 상담을 포함하는 사회적 서비스, 교육환경 및 시설 정비 등을 들 수 있다.

보수와 복지는 개인의 욕구충족을 계기로 사기와 근무의욕을 북돋우기 위한 것으로, 조직적인 측면에서는 유능한 교원의 확보와 행정 능률 향상을 꾀할 수 있는 유인책이 되며, 개인적인 측면에서는 교원의 생활안정을 비롯한 가족 부양에 대한 책임을 덜어 주어 공명정대하고 성실한 근무를 할 수 있게 해 주는 요건이 된다. 여기서 교육공무원에게 지원되는 「연금법」에 의한 사회보장제도로서의 연금제도는 교육공무원의 퇴직 또는 사망과 공무로 인한 부상 · 질병 · 폐질에 대하여 적절한 급여를 실시함으로써 교육공무원 및 그 유족의 생활안정과 복리향상에 기함을 목적으로 하고 있다.

(3) 교원의 신분보장

'신분보장'이란 법률에 저촉되지 않는 한 신분상의 불이익을 받지 않는 것을 말하는데, 교원의 직업적 안전성을 확보하고 사기를 높이기 위함이다.

「헌법」 제7조 ②에는 "공무원의 신분과 정치적 중립성은 법률이 정하는 바에 의하여 보장된다."라고 규정되어 있고, 「국가공무원법」에는 공무원의 의사에 반한 신분조치를 금하고 있다(제68조). 「교육공무원법」 제43조에는 "교육공무원은 형의 선고, 징계처분 또는 이 법에서 정하는 사유에 의하지 아니하고는 그 의사에 반하여 휴직 · 강임 또는 면직을 당하지 아니하며, 교육공무원은 권고에 의하여 사직을 당하지 아니한다."라고 규정되어 있다.

교직은 「교육공무원법」 제43조 제3항과 제48조의 규정에 의거한 권고사직 금지, 정년의 연장, 현행범이 아닌 경우 학원 안에서 체포되지 아니한다는 사항에서 보는 바와 같이 일반직 공무원의 경우보다 강하게 신분이 보장되어 있다. 교직의 공공성 · 전문성 · 특수성을 법제도상으로 인정하고 있는 것이다.

(4) 교원의 징계

한편, 교원 본인의 의사에 반하여 타율적 · 강제적으로 신분조치를 취하게 되는 경우가 있는데, 징계의 예로, 교육공무원에 대한 징계는 법 및 법에 의한 명령을 위반했을 때와, 직무상의 의무를 위반하거나 직무를 태만히 했을 때, 직무의 내외를 불문하고 그 체면 또는 위신을 손상하는 행위를 했을 때가 이에 해당된다.

징계의 종류로는 파면, 해임, 정직, 감봉, 견책의 다섯 가지가 있다.

- **파면**: 교육공무원으로서의 신분을 박탈하는 징계처분으로 가장 무거운 징계처분이다. 징계에 의하여 파면처분을 받은 자는 그 처분을 받은 날로부터 5년간은 공무원에 임용될 수 없다.
- **해임**: 파면 다음으로 무거운 징계처분으로, 강제로 퇴직시키는 중징계처분이다. 해임된 사람은 3년 동안 공무원으로 임용될 수 없으나, 파면과는 달리 「연금법」상의 불이익이 없다.
- **정직**: 1개월 이상 3개월 이하의 기간으로 하며, 정직 처분을 받은 자는 그 기간 중 공무원의 신분은 보유하나 직무에 종사하지 못하고, 보수는 전액을 감한다.
- **감봉**: 1개월 이상 3월 이하의 기간 동안 보수의 1/3을 감하는 징계를 말한다.
- **견책**: 전과에 대하여 훈계하고 회개하게 하는 징계이다.

교육공무원의 징계는 징계위원회를 설치하여 소속기관장의 징계의결의 요구에 의한 법적 절차에 의하여 이루어진다. 그러나 교원이 징계처분과 그 밖에 그 의사에 반하는 불리한 처분에 대하여 불복할 때에는 그 처분이 있었던 것을 안 날부터 30일 이내에 소청심사위원회에 소청심사를 청구할 수 있다. 이 경우에 심사청구인은 변호사를 대리인으로 선임(選任)할 수 있다. 본인의 의사에 반하여 파면 · 해임 · 면직처분을 하였을 때에는 그 처분에 대한 소청심사위원회의 최종 결정이 있을 때까지 후임자를 보충 발령하지 못한다. 다만, 기간 내에 소청심사청구를 하지 아니한 경우에는 그 기간이 지난 후에 후임자를 보충 발령할 수 있다.

(5) 교원의 사기

'사기(morale)'란 조직구성원들이 조직의 목적을 달성하기 위하여 자발적으로 가지는 의욕으로, 개인과 집단을 막론하고 조직의 목적을 의식하며 이를 달성하기 위하여 최선을 다해 공헌을 하려는 심리적인 상태를 말한다. 따라서 교원의 사기는 학교조직의 목표달성을 위하여 직무를 수행하는 교원들의 적극적인 의욕 · 태도 · 정신 자세라고 할 수 있다. 교원의 사기는 교육인사행정의 주요 요건이며 인사행정의 성패를 가름할 수 있는 관건이다. 따라서 교원의 사기를 높일 수 있는 방안을 찾아 이를 활용하는 것은 교육인사행정의 그 어떠한 요소보다 중요하다.

이러한 사기진작을 위한 방안을 찾기 위해서는 먼저 사기에 영향을 미치는 요인들을 성격에 따라 구분하여 그 요인이 제도적인 것인지, 경제적인 것인지, 사회 · 심리적인 것인지 등을 분석하여 접근해 볼 필요가 있다.

첫째, 제도적 측면에서는 교육연구제도와 고충처리 · 상담제도를 적극적으로 활용하여야 한다. 교원들로 하여금 현장교육 연구를 통한 적극적인 교육연구활동으로 교육발전에 대한 참여감과 성취감을 얻게 하고, 교직수행에 기여할 수 있는 방안을 창출하도록 장려함과 동시에 이에 대한 적절한 보상을 해 줌으로써의 적극적인 동기를 끌어낼 수 있어야 한다. 아울러 고충처리제도와 상담제도를 활용하여 교직생활 중에 접하게 되는 고충을 해결하기 위하여 상담을 할 수 있는 제도적 장치를 마련해 주어 심리적으로 안정적이고 만족스러운 교직생활을 할 수 있도록 지원해 주어야 한다.

여기서 교직생활의 고충처리에 대해 좀 더 자세히 알아보면 그 내용은 다음과 같다(「교육공무원법」 제49조).

① 교육공무원(공립대학에 근무하는 교육공무원은 제외)은 누구나 인사, 조직, 처우 등 각종 직무조건과 그 밖의 신상문제에 대하여 인사상담이나 고충의 심사를 청구할 수 있으며, 이를 이유로 불이익한 처분이나 대우를 받지 아니한다.

② 제1항에 따라 청구를 받은 임용권자나 임용제청권자(임용추천권자 포함)는 이를 제3항에 따른 고충심사위원회 회의에 부쳐 심사하게 하거나 소속 공무원으로 하여금 상담하게 하고, 그 결과에 따라 고충의 해소 등 공정한 처리를 위하여 노력하여야 한다.

③ 교육공무원의 고충을 심사하기 위하여 교육부에 교육공무원 중앙고충심사위원회를 두고, 임용권자 또는 임용제청권자 단위로 교육공무원 보통고충심사위원회를 두되, 교육공무원 중앙고충심사위원회의 기능은 「교원의 지위 향상 및 교육활동 보호를 위한 특별법」에 따른 교원소청심사위원회에서 관장한다.

둘째, 경제적 측면에서는 교원이 교직에 몰두할 수 있는 수준의 급여를 제공해 주어야 하고, 연금, 공제회, 교육, 여가생활 등의 복리후생에 관한 충분한 고려가 있어야 한다.

셋째, 사회 · 심리적 측면에서는 교직에 대한 사회적 평가를 높여야 한다. 교원들에게 경제적으로 안정적인 생활을 보장해 주고 이에 상응하는 전문성을 쌓아 갈 수 있도록 지원해 줌으로써 사회로부터 높은 평가를 받을 수 있도록 해 주어야 한다. 또한 이러한 지원 체제는 유능한 인재가 교직에 종사할 수 있게 하는 유인체제로 이어져야 할 것이다.

이러한 관점 외에도 일상적인 근무부담의 개선이야말로 교사의 사기를 높일 수 있는 지름길이라 할 수 있다. '교원의 근무부담'이란 좁은 의미로 교원이 맡고 있는 본질적인 교육활동인 수업부담을 뜻하나, 넓은 의미로는 교원의 직무수행과 관련하여 직간접으로 시간과 노력을 투입하는 모든 활동의 부담을 포함한다. 수업은 물론 학생생활지도, 과외활동, 행정적인 업무 등을 포괄하는 것이 된다. 이는 주로 주당 수업시수, 담당학생 수, 담당과목 수, 교재연구에 필요한 시간, 준비해야 하는 교재의 성질, 학생의 질, 학습의 난이도, 교수 이외의 업무 담당 양 및 처리시간 등을 포함한다. 그러므로 전문직으로서의 교직에 걸맞은 직무수행이 바람직하게 이루어질 수 있도록 교수-학습활동 이외의 업무를 최소화하는 등 학생지도에 우선순위를 둘 수 있는 행정적 지원제도가 절실히 요구된다.

3. 교원의 능력개발

1) 현직교육

(1) 현직교육의 개념과 중요성

교원의 '현직교육'이란 현직에 있는 교원이 능률적이고 효과적인 교직을 수행하기 위하여 필요한 지식과 기술을 습득하고, 자신들의 가치관과 태도를 발전적으로 키워 가는 것을 말한다. 교직을 수행함에 있어서 기본적인 지식 · 기술 · 태도는 직전교육을 통하여 습득되어야 하나, 급변하는 교직사회에 융통성 있게 대응해 나가기 위해서는 계속적인 현직교육 또한 반드시 필요하다.

교원 현직교육의 중요성을 간추려 보면 다음과 같다.

첫째, 직전교육의 부족함과 결함을 보완한다. 즉, 교원양성교육에서 불충분했던 지식이나 실질적인 교수기술 등과 같은 부분을 보완하기 위함이다.

둘째, 새로운 지식과 교수기술, 업무수행 기능 및 태도를 습득하게 한다. 교원은 변화하고 발전하는 사회변화에 대응할 수 있어야 하고, 이에 따른 첨단의 지식과 기술 · 정보를 습득하여 교육상황에 적용해야 하기 때문이다.

셋째, 교육전문가가 되기 위한 계속학습의 기회를 제공한다. 교원은 교과에 대한 풍부한 지식과 교수기술, 학생과의 소통 및 학생이해에 대한 방법 등을 익혀 학생의 발달을 도울 수 있는 전문성을 향상시킬 수 있어야 한다. 이는 공교육에 대한 사회의 공신력을 높일 수 있는 밑거름이 될 것이다.

현직교육을 흔히 '현직연수', '교원연수'라는 용어로 대체하여 쓰는 경우가 많은데, 현직

연수는 좁은 의미로는 '특정한 교육 프로그램의 수행이나 임용과 직접적으로 관련하여 제공되는 공식적인 교육 · 훈련'이고, 넓은 의미로는 '교직생활 전 기간 중에 다양한 형태로 제공되는 모든 교육 · 훈련'이다.

(2) 현직교육으로서의 교원연수

교육의 질 향상을 위한 교원연수는 교원의 전문성 신장을 위한 통합적인 접근으로서 대표적인 과정이다. 이 과정을 통해 직전교육의 미비한 점을 보완하고, 급변하는 사회가 요구하는 교수-학습방법으로의 접근을 위한 새로운 지식, 기술, 태도의 습득, 전문성을 유지하기 위한 자질과 능력을 향상시켜 갈 수 있기 때문이다.

「교육기본법」 제14조 ②에 "교원은 교육자로서 갖추어야 할 품성과 자질을 향상시키기 위하여 노력하여야 한다."라고 규정하고 있고, 「교육공무원법」 제38조에는 "교육공무원은 그 직책을 수행하기 위하여 끊임없이 연구와 수양에 힘써야 한다."라고 명시하고 있다. 우리나라의 교원연수제도는 크게 교원연수와 능력개발로 나누고, 교원연수는 다시 연수기관중심 연수와 단위학교중심 연수로 나누며, 연수기관중심 연수는 자격연수, 직무연수, 특별연수로 구분한다([그림 9-2] 참조).

가장 체계적이고 조직적인 연수기관중심 연수는 연수내용에 따라 자격연수, 직무연수, 특별연수로 나눈다.

- 자격연수: 교원들이 상위자격이나 특수자격을 취득하기 위한 연수이다. 자격연수의 종류로는 교(원)장, 교(원)감, 수석교사, 1 · 2급 정교사, 전문상담교사(1급), 사서교사(1급), 보건교사(1급), 영양교사(1급), 진로진학상담교사 등이 있다. 자격연수는 타 연수에 비해 많은 시간과 노력, 경비가 필요하며 주로 상위자격 취득을 위한 것으로, 교원의 현직교육의 핵심이 된다.
- 직무연수: 교과교육과 직무, 전문지식과 기술을 함양하기 위하여 실시되는 연수이다. 교직과 관련된 교과교육, 생활지도, 상담, 정보화 관련 내용이 주를 이룬다. 특별연수는 전문적인 지식 습득을 위한 국내 · 외의 특별연수 프로그램으로 이루어지며, 교육부나 시 · 도교육청의 정책적 필요에 의하여 실시되는 연수이다. 학습연구년제, 학위취득 대학위탁, 교원해외유학, 부전공 · 복수 전공 연수, 해외 장 · 단기 체험연수 등이 있다.
- 단위학교중심 연수: 단위학교가 주체가 되어 단위학교의 교원을 중심으로 실시하는 연

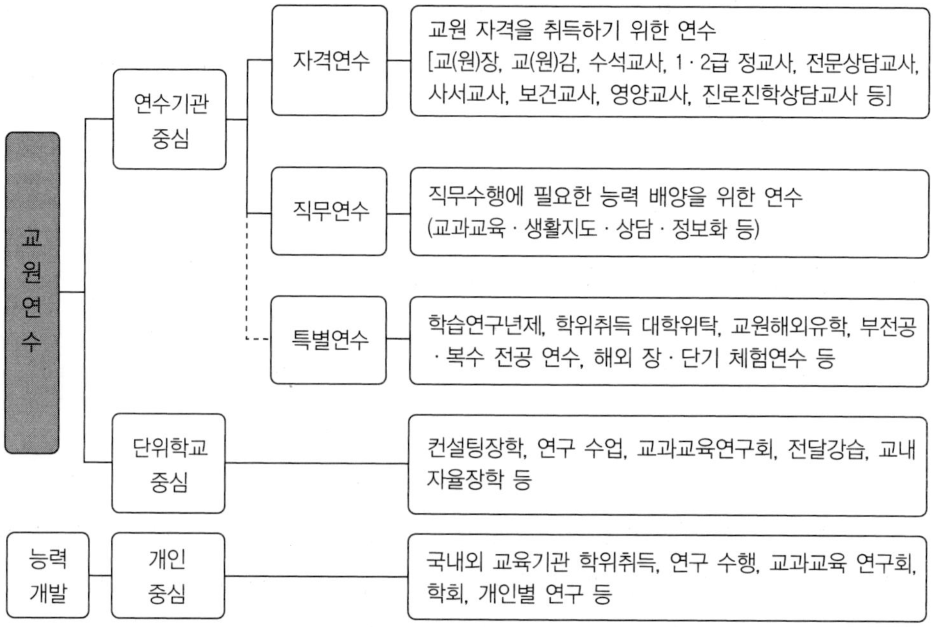

[그림 9-2] 교원연수제도의 종류와 연수 목적

출처: 교육부(2018a). 2018년도 교원연수 중점 추진방향, 교원연수 개요.

수로, 주로 컨설팅장학, 연구수업, 교과교육연구회, 전달강습, 교내자율장학 등의 형태로 운영된다.

- 능력개발을 위한 연수: 개인을 중심으로 이루어지는 연수로, 국내 · 외 교육기관에서의 학위취득, 연구의 수행, 교과교육연구회나 학회 참가, 그 외 개인별 연구 등이 있다.

자격연수의 연수기간 및 이수시간은 〈표 9-9〉와 같은 기준에 따라 정하고, 직무연수의 기간은 해당 연수원장이 정한다(「교원 등의 연수에 관한 규정」 제7조, 전문개정 2013. 7. 15.).

〈표 9-9〉 자격연수의 연수기간 및 이수시간

구분	수석교사, 교감 및 원감, 정교사(1 · 2급), 준교사(특수학교 실기교사 대상), 전문상담교사(1급), 사서교사(1급), 보건교사(1급), 영양교사(1급)	교장 및 원장
기간	15일 이상	25일 이상
이수시간	90시간 이상	180시간 이상

출처: 국가법령정보센터(2018). 「교원 등의 연수에 관한 규정」 제7조.

2) 수석교사제

(1) 도입 배경

교육의 질을 높이기 위한 관심이 높아가는 현 사회에 대응하기 위하여 교육계는 교원의 전문성을 확보하는 데 힘을 쏟고 있다. 교원의 전문성은 공교육의 정립이나 교권확립과도 직접 연관되는 중요한 문제로, 교육 수요자의 만족도가 높은 우수한 수업을 할 수 있는 능력과 관련이 있다. 이러한 교원의 전문성 확보를 위하여 도입된 제도 중의 하나가 바로 '수석교사제'이다. 수석교사의 임무는 교사들의 전문성을 높이고자 하는 노력을 촉진하기 위하여 그 능력을 육성·지원하는 데에 있으며, 나아가 교직문화를 연구와 학습중심의 분위기로 이끌기 위함이다.

수석교사의 본질적 성격은 '교사의 교사' '수업변화 촉진자'로서 교사의 교육적 기능의 실현을 최우선으로 하고 있다. 즉, 수석교사는 교사의 교수·연구활동을 지원하는 장학기능에 기반을 두고 있다(김희규, 2010: 50: 박승란, 2011: 2-3에서 재인용).

수석교사제의 도입취지는 관리직 이외에 가르치는 본연의 업무수행능력을 인정하고 전문성에 상응하는 역할을 부여함으로써 수업전문성을 개발할 수 있는 유인체제를 마련하고, 교직사회의 학습조직화를 촉진하는 데 있다. 즉, 관리직 지향중심의 현행 교사자격체계의 개선, 교원의 전문성 향상을 통한 학교교육의 질제고, 단위학교의 학습조직화 구축이 그것이다(김희규, 주영효, 2013: 12-13).

우리나라의 경우 1981년 한국교육개발원에서 처음으로 수석교사의 도입을 제기하면서 본격적인 논의가 시작되었으나, 제도의 법제화는 2011년에야 이루어져 이듬해인 2012년에 비로소 합법적인 운영이 시행되었다. 지금까지 우리나라의 교원자격·승진체계는 교사-교감-교장으로 일원화되어 있어 교수직에서 관리직으로 승진하는 비정상적인 구조를 가지고 있었다. 즉, 교육활동이 중심인 조직에서 가르치는 일과 관련하여 교수전문성을 심화·촉진시킬 수 있는 제도적 기능이 없었다는 점이다. 이러한 체계를 교수직(Instruction)과 관리직(Management) 경로로 이원화하여, 교사 본연의 가르치는 업무가 존중되고 우수한 수업역량을 가진 교사가 우대받는 교직풍토를 조성하는 것은 교사 개인뿐만 아니라 우리 교육의 장기적인 발전을 위하여 꼭 필요한 조치이다(김희규, 2012: 3).

'2014학년도 수석교사 선발·운영계획'에서는 수석교사를 선발하는 목적을 다음과 같이 설명하고 있다(교육부, 2013).

- 수석교사제 도입으로 교사 본연의 학생을 가르치는 업무가 존중되어 수업전문성을 가진 교사가 우대받는 교직풍토를 조성하기 위함이다.
- 다른 교사의 교수 · 연구활동을 지원할 수 있는 장학역량을 가진 우수한 수석교사의 선발체제를 구축하기 위함이다.
- '수업 잘하는 교사'의 수업 노하우, 교수관련 자료 등을 공유함으로써 전체 교사의 수업의 질을 향상하기 위함이다.
- 교직사회의 학습조직화 촉진을 통하여 학생의 꿈과 끼를 키울 수 있는 교육환경을 조성하기 위함이다.

(2) 수석교사제의 개요

〈표 9-10〉 수석교사제의 개요

구분	주요 내용
심사주기	• 4년, 임기 만료 시 재심사 후 재임용 가능
지원자격	• 15년 이상의 교육경력을 가진 교육공무원(사립학교 교원 포함)
선발절차	• 단위학교 수석교사추천위원회 추천 • 1단계: 서류 심사 및 동료교원 면담(현장실사 포함) • 2단계: 역량평가(수업 역량, 동료교사지원 역량, 학생지도 역량)
배치	• 단위학교 균형 배치(초등) • 신규 선발자는 원 소속 학교배치 원칙(초 · 중등) • 교육지원청별 교과수요 등을 고려하여 단위학교에 배치(중등)
지원	• 수업시수 50% 경감(해당 학교별 교사 1인당 평균 수업시간 수 기준) • 연구활동비 지급
연수	• 자격연수: 15일, 90시간 이상(「교원 등의 연수에 관한 규정」 개정, 2012. 2. 3) • 직무연수: 직무연수 이수 실적 평가(90시간 만점)
자격검정	• 검정방법: 무시험 검정
직무	【필수 직무】 • 소속 학교에서의 공개수업 • 교사 지원 활동(수업 및 생활지도 컨설팅, 신임교사 및 교육실습생 지도, 교내외 연수 지원 및 강사 활동, 연수자료 제공, 교과연구회 및 학습동아리 활동 주도 등) • 교원능력개발평가 참여 • 수업자료 개발 · 보급 및 연구활동 • 교육청(지역교육청) 내 컨설팅장학 지원

직무	【보조 직무】 • 학교교육과정 수립 등에 참여 • 학부모 대상 교육의 강사로 활동
업적평가	• 평가자: 교장 • 확인자: 시 · 도 교육감(교육장) • 평가 영역: 수업역량(40%), 동료교사 지원(30%), 학생지도(30%) • 평가 실시: 매년 12월 31일을 기준으로 실시
재심사	• 재심사자: 임용권자 • 재심사 기준: 업적평가(360점), 연수실적평가(40점), 합산 총계 400점 만점으로 하여 280점 미만인 자는 재임용 제한

출처: 교육부(2013). 2014년 수석교사 선발 · 운영 계획, p. 5 재정리.

3) 교원평가능력개발평가

(1) 교원의 평가

교원의 평가는 '학교교육의 목적을 효과적으로 달성하기 위하여 교사의 직무수행 성과와 태도, 경력, 자질과 자격 등을 일정한 기준에 의하여 체계적으로 진단하고 사정하는 것'이라고 정의 내려지고 있는데(한국교육행정학회, 2003), 교원의 평가는 교사의 전문성 향상과 아울러 교육의 질을 개선하기 위하여 도입되어야 하는 시스템으로, 교사 스스로 자신의 수준을 명백히 파악하여 부족한 부분은 보완할 수 있는 기회로 제공되어야 함을 강조하고 있다.

여기서 교원의 평가란 교사 개개인의 자질, 태도 및 근무실적을 체계적 · 정기적으로 평가하여 인사행정상 여러 가지 결정을 내리기 위한 정보로 활용하고, 교수의 질 향상을 도모함은 물론 교사의 책무성 확인과 교사의 성장을 촉진하기 위한 작용을 말한다(김희규, 김순미, 안성주, 최상영, 2017).

(2) 교원에 대한 평가의 목적

교원의 평가는 책무성 담보보다는 교사의 질을 향상시키기 위한 질 관리 기제로서 그 중요성에 대한 인식이 높아지고 있다. 그에 따라 교원에 대한 평가의 목적을 다음과 같이 네 가지로 설명할 수 있다(김이경 외, 2004).

• 전문성 신장을 위한 평가: 현직 일반교사로 계속해서 남아 있기를 원하는 대다수 교사

에 대하여 그들이 사회와 학생들의 요구에 부응하여 교사로서의 우수성과 경쟁력을 유지할 수 있도록 전문성 개발을 제도적으로 보장해 주어야 한다.

- 승진평정을 위한 평가: 일반교사 중에서 학교경영자인 교감이나 교장으로 승진하기 원하는 교사에게는 승진평정을 위한 평가를 통하여 기회를 제공해 주어야 한다.
- 우수교사 인정을 위한 평가: 현직교사로 남아 있기를 원하되 학생들과 교감(交感)하여 가르치는 업무를 즐기고, 이를 통하여 자아실현 및 성취동기를 충족시키기를 원하는 교사들에 대해서는 그들의 우수한 업무수행능력을 인정하고 보상함으로써 동기를 유발해 줄 수 있어야 한다.
- 부적격교사 판별을 위한 평가: 퇴직에는 정년이나 개인적 사유로 인한 자발적 퇴직도 있겠지만, 교단에 서기에 심히 부적절할 정도의 자질 · 능력과 태도 등으로 인하여 문제가 되는 교사에게 적용하는 강제퇴직도 있다. 소수의 부적격교사로 인한 교단의 이미지 저하를 막고 학생의 학습권을 보호한다는 차원에서 극도의 부적격교사 판별을 위한 평가도 제공될 수 있어야 한다.

(3) 교원능력개발평가

① 교원능력개발평가의 개념

교원능력개발평가는 교원의 지도능력 및 전문성 신장과 학생 · 학부모의 공교육 만족도 향상을 위하여 교육부에서 주관하여 매년 실시하고 있는 교원평가제도이다. 「교원 등의 연수에 관한 규정」 제18조에 따르면, "교육부장관 및 교육감은 「교육공무원법」 제37조부터 제42조까지의 규정에 따른 연수자를 선발하기 위하여, 매년 유치원(「유아교육법」 제2조 제2호) 및 초 · 중등학교(「초 · 중등교육법」 제2조)에 근무하는 교원의 능력을 진단하기 위한 평가(이하 교원능력개발평가)를 하여야 한다(개정 2017. 2. 22.)."고 되어 있다.

교원능력개발평가는 교사 상호 간의 평가인 동료평가와 학생 · 학부모 만족도조사로 나누어 실시하게 되는데, 교원들은 교장과 교감, 수석교사, 동료, 학생 및 학부모들에게 모두 평가를 받는다.

② 교원능력개발평가의 도입 배경

교원능력개발평가의 도입 배경은 다음과 같다(김갑성 외, 2010).

1980년대 이래로 세계 각국은 학교교육에서 교원의 전문성과 질 관리를 핵심적인 교원정책의 과제로 주목하기 시작하였고, 1990년대 말의 교육적 위기 상황에서 교육학자를 비롯한 국민과 정부 모두가 교직의 경쟁력 강화 차원에서 학교교육 위기를 극복하고 교육의 경쟁력을 높이기 위해서는 교원의 전문성 향상과 질 관리가 핵심 과제임을 함께 인식하는 계기가 되었다.

수업을 잘하는 열성적 교사에게는 성취감을 가지고 스스로의 수준을 인정받을 수 있는 기제가 필요하고, 수업지도력이 부족한 교원에게는 수업지도력 향상을 위한 지원체제 구축이 필요하게 됨과 아울러 학생의 학습권 보장에 대한 제도적 장치의 요구도가 증가됨으로써, 기존 교원근무성적평정제도의 개선이 필요하게 된 것이다. 지식기반사회로의 전환에 따라 창의적 인재상이 요구되고 있으며, 교육환경의 변화도 교원에게 역량변화를 요구하고 있다. 이에 교원능력개발평가는 교육환경 변화에 따른 학교교육력 제고와 기존 교원근무성적평정제도의 한계를 해소하기 위하여 도입하게 되었다.

③ 교원능력개발평가의 정착 과정

2000년 '교직발전 종합방안' 수립과정에서 처음 논의되었던 교원평가제 도입은 교직사회의 반대로 추진되지 못하다가, 2004년 2월 '교원평가체제 개선'에 대한 내용이 '사교육비 경감 대책'의 핵심 과제의 하나로 발표되면서 구체화되기 시작하였다.

2005년 11월에 '학교교육력 제고 시범사업 추진계획'의 일환으로 전국에서 48개 교원평가 시범학교를 선정한 이후, 그 수를 확대하여 2009년에는 3,126개의 시범학교가 운영되었으며, 이 과정에서 초기에 '교원평가'로 불리던 것이 2007년부터 '교원능력개발평가'로 그 명칭이 수정되었다.

2009년 9월에 교육과학기술부에서는 '학교교육 내실화를 위한 교사의 수업전문성 제고 방안'을 발표하게 되는데, 주요 내용은 2010년 3월부터 교원능력개발평가를 전국 초 · 중 · 고 · 특수학교에 실시하고, 평가 결과 우수교원에 대해서는 '학습연구년' 특별연수의 인센티브를, 미흡 교사에게는 장단기 능력향상연수(단기 60시간, 장기 210시간, 장기 집합 6개월)를 실시하는 것이었다. 2010년 2월에 시 · 도교육청별로 시·도 교육규칙을 제정 · 공포하여 2010년 3월부터 교원능력개발평가가 전국적으로 전면 시행되게 되었고, 이어 2011년 2월 28일 교원능력개발평가를 실시할 수 있는 법적 근거를 마련하여, 2012년 9월 28일에는 교원능력개발평가를 매년 의무적으로 실시하도록 개정되었다.

④ 교원능력개발평가의 평가

- 대상: 국 · 공립은 물론 사립학교를 포함한 모든 초 · 중 · 고교의 교원

- 교장, 원장, 교감 및 원감: 학교운영 전반에 관한 경영능력
- 수석교사: 학습지도 및 생활지도 등에 관한 능력과 교사의 교수 · 연구활동 지원능력
- 교사: 수업계획과 실행 및 생활지도 등에 관한 능력
- 평가방법: 동료교원은 평소 수업관찰과 한 학기에 1회 이상 공개수업을 종합적으로 평가하고, 학부모와 학생은 설문 조사서를 작성 · 제출하는 방식

⑤ 교원능력개발평가의 시스템 구축

교육 행정정보시스템(NEIS)와 연계한 교원능력개발평가시스템 개발 개요는 다음과 같다(변태준, 2011). 교원능력개발평가 참여자의 보안성과 익명성 강화의 필요성이 대두되어, 교원 기초자료 등 평가 진행을 위한 기초 자료는 이미 확보된 NEIS 정보를 활용, NEIS 내에서 평가가 진행될 수 있도록 하였다. 동료평가는 NEIS를 그대로 활용하고, 학부모 및 학생의 만족도 조사는 NEIS 대국민 서비스를 통하여 참여가 가능하도록 개발되었다. 교원이 자기진단 자료를 입력하면, 학부모 만족도 조사 참여자가 내용을 확인할 수 있도록 개발하여 공정한 평가가 이루어질 수 있도록 지원하였으며, 2010년 12월에 사업기본 계획을 수립하여 2011년 9월부터 전국에 시행되었다.

⑥ 교원능력개발평가 결과의 활용

위와 같은 교원능력개발평가 결과를 활용하여 평가결과에 따른 차별화된 연수기회를 제공하기 위하여 맞춤형 연수가 도입되었는데, 맞춤형 연수에는 모든 교원이 자기능력 개발계획에 따라 자율적으로 자기개발 및 연수를 할 수 있도록 한 평가지표별 자율연수와, 교원능력개발평가 결과 능력이 미흡한 것으로 나타난 교원에게 주어지는 능력향상연수가 있다. 맞춤형 연수에 평가결과에 따른 연수 유형별 최소한의 기준과 기본 모형을 제시함으로써 시 · 도교육청별 자체 계획 수립을 지원하기 위한 것이다. 또한 교원능력개발평가 결과 우수자에 대한 보상기제로서는 연구계획서 등을 평가하여 주어지는 학습연구년 특별연수가 있다. 교원능력개발평가에 따른 맞춤형 연수체계는 교원 전문성 제고 및 평가제 실효성 확보를 위하여 '교원능력개발평가 → 연수 → 전문성 향상'의 선순환 구조 형성을 위한 현장 적합도 높은 연수를 실시한다는 내용이다.

4) 교원의 단체활동

교원단체를 조직하는 목적은, 첫째, 교육전문가로서의 자질과 능력의 향상과 아울러 전문성을 신장시키고자 하는 것이며, 둘째, 교원의 사회경제적 지위향상과 복지증진을 위하여 단결하려는 것으로, 교원의 입장에서는 이것이 단체결성의 가장 중요한 목적이 될 수 있다. 셋째, 교원의 주된 관심과 활동영역인 교육정책에 참여하기 위하여 교원단체를 조직하고, 교원들의 대변 단체로써 활용하고자 하는 데 있다(김희규 외, 2017).

이러한 목적으로 결성된 교원단체의 설립과정과 법적 근거를 살펴보면 다음과 같다.

우리나라의 대표적인 교원단체는 교직을 전문직 단체로 보는 '한국교원단체총연합회'(이하 '교총')와 노동조합으로 보는 '전국교직원노동조합'(이하 '전교조'), '한국교원노동조합'(이하 '한교조'), '자유교원조합', '대한민국교원조합' 등이 결성되어 있다.

전교조는 1989년에 조직되었고, 1991년 「교원의 노동조합 설립 및 운영 등에 관한 법률」이 제정됨으로써 합법화되었으며, 그 후 한교조가 1999년 7월에 설립되어 운영되고 있다.

「교육기본법」 제15조 제1항에 교원단체에 관하여 "교원은 상호 협동하여 교육의 진흥과 문화의 창달에 노력하며, 교원의 경제적 · 사회적 지위를 향상시키기 위하여 각 지방자치단체와 중앙에 교원단체를 조직할 수 있다."라고 규정하고 있다.

「교원의 노동조합 설립 및 운영 등에 관한 법률」에서는 보편적 국제기준에 따라 교원의 노동기본권은 보장하나 일체의 정치활동을 금지하고 있으며, 특별시 · 광역시 · 도 · 특별자치도 단위 또는 전국 단위로만 노동조합을 설립할 수 있을 뿐 단위학교 차원의 노동조합 설립은 허용되지 않는다. 교원노조의 교섭 및 체결 권한은 임금, 근무조건, 후생복지 등 경제적 · 사회적 지위향상에 관한 사항으로 제한하고 있다(국가법령정보센터, 2016. 8. 4. 시행).

4. 교육인사행정의 과제

1) 직무재설계

(1) 교사의 직무재설계

우리나라의 공교육의 질을 높이기 위하여 교사의 전문직화를 위한 직무를 재설계해야 한다는 목소리가 높아지고 있다. 교사들의 직무동기를 높이기 위해서는 외재적인 보상만으로는 부족하다고 보는 관점으로, 교사들이 수행하는 일에 대한 만족감과 직무수행 중의 자율성을 높여 주는 내재적 보상체제가 필요하다고 보는 것이다. 직무재설계는 이러한 이유로 구성원들의 직무 내용 및 과정을 재구성하는 작업이다. 이러한 과정을 거쳐 교직을 전문화하게 되면 업무 면에서의 다양성을 가져올 수 있고, 심리적으로 성숙되는 기회를 가져올 수 있으며, 이에 따른 보상 등으로 직무동기를 유발할 수 있다고 보는 것이다.

(2) 교사의 경력단계와 직무재설계

교직의 직무재설계 방법의 하나로 교사의 경력단계를 도입하자는 방안이 제시되어 왔다. 교사들의 경력단계화는 교육현장에서 그 필요성이 대두되고 있고 거기에는 다양한 이유가 존재한다. 신임교사들은 교직에 대한 전문적 소양이 부족하기 쉽고, 중견교사들은 상위직으로 승진할 수 있는 경력기회를 거의 활용할 수 없으며, 업무 면에서는 매년 어느 정도 반복되는 특성을 지니고 있기 때문이다.

경력단계 프로그램은 교사의 전문성을 개발시킬 수 있는 기회와 보상을 제공하고, 직무의 다양성과 책임 증가에 따른 새로운 도전을 받아들이며, 동료 간의 협력을 증진시키기 위한 것이다. 경력단계 프로그램은 교직으로의 유인가를 높이기 위한 교원의 선발과 유치, 성과에 대한 보상에 초점을 둔다. 이를 통해 교직에 우수한 교사들이 유치될 수 있게 하고, 교원의 전체적인 질 향상을 위하여 교원인사에 있어서 책임을 차등화하고 보상을 제공하게 된다.

직무확장에 기초를 둔 경력단계 프로그램의 일반적인 특징으로는 교사의 직무를 3~4단계의 계서직(階序職)으로 구분하고 각 단계별로 다른 역할을 설정한다. 이에 따른 예로, 경력단계 프로그램의 네 단계 내용은 다음과 같다(Hoy & Miskel, 1996).

첫째 단계는 수습교사이다. 일차적으로 학생을 가르치면서 수석교사로부터 교과지도 및 학생지도에 대한 지도와 조언을 받고 정규교사가 되기 위한 수습기간을 거친다.

둘째 단계는 정규교사이다. 교과지도와 학생지도에 대한 독자적인 책임을 지고 자율성을 갖는다.

셋째 단계는 선임 정규교사이다. 이 단계에서는 특수한 과제에 대한 책임이 확대되는데, 그 책임에는 교사연수, 수업연구, 교재개발 등이 있다.

넷째 단계는 수석교사이다. 교단교사로서는 가장 높은 경력단계이다. 이들에게 교실수업은 경감되고 동료교사들을 지원해 주는 역할이 주어진다. 이러한 지원 역할에는 교육과정 개발 및 평가, 수습교사 지도 및 조언, 교과연구, 교사 및 학부모 연수 등이 있다.

2) 교원의 전문성 개발

(1) 사회가 요구하는 교사상

급속히 변화하고 있는 지식기반사회에서는 교육의 주체가 되고 있는 교사의 열정 · 노력과 함께 교사의 전문성이 교육의 성과를 좌우하는 관건이 되고 있다. 한국의 눈부신 경제발전을 해석하는 세계의 경제학자들과 교육학자들은 이러한 경제발전 뒤에 국민의 교육열과 정부의 교육정책, 아울러 교사들의 열정과 헌신이 있었음을 주목하고 있다. 이러한 사회적 분위기에서 교사에 대한 전문성 요구에 걸맞은 교사 전문성에 대한 명확한 개념과 구체적인 내용에 대해서는 아직 의견이 분분한 상태이며, 지식기반사회로의 전환에 따른 창의적 인재상의 요구와 이에 따른 교육환경의 변화로 기대되는 교사역량 또한 시시각각 달라지고 있다.

미래를 살아갈 핵심 역량을 갖춘 인재를 교육할 수 있는 교원의 전문성에 대해서는 다음의 몇 가지로 나누어 생각해 볼 수 있다.

교사 개인적인 측면에서 살펴보면 다음과 같다.

첫째, 수요자중심의 다양한 수업운영에 대한 전문성이 요구된다. 이를 위해서는 자신의 수업에 대한 끊임없는 반성적 자세와 성찰이 필요하게 된다.

둘째, 학생의 가정 · 사회환경의 변화에 따른 인성교육에 대한 전문성이 요구된다. 학생들의 가족구성원과 가정교육의 변화와 함께 다변화하는 사회환경에의 적응을 돕기 위하여 교사는 안내자, 지원자의 역할에 힘써야 한다. 이를 위해서는 무엇보다도 학생들과의 소통능력을 키워 가야 할 것이다.

셋째, 지식정보사회에서의 교사의 자기주도적 학습능력이 요구된다. 학생들에게 전문적이고 심도 있는 교과내용 및 다양한 정보를 제공해 주어 학생들로부터 전문성을 인정받는 교사가 되도록 노력해야 할 것이다.

교사 공동체적인 측면에서 살펴보면 다음과 같다.

첫째, 교사들의 학습공동체가 구축되어야 할 것이다. 급변하는 지식정보사회에서 학생들의 학습 곤란에 대처하기 위해서는 교사의 개별적인 전문성만으로는 한계가 있을 수 있다. 이에 교사들은 학습공동체, 연구공동체를 구성하여 함께 대처해 나갈 필요가 있다.

둘째, 지역 공동체를 기반으로 하는 다양한 지역전문가집단과의 파트너십을 형성하여야 한다. 지방교육자치 시행에 있어서는 지역적 특색을 살린 교육을 위하여 때에 따라서는 수업운영에도 다양한 지역전문가를 활용할 필요가 있다.

끝으로, 이러한 부단한 노력에 필요한 교사들의 교육적 자율성, 전문적 교육 주도권을 인정해 주기 위해서는 교육행정기관의 정책적 · 제도적 지원이 함께 뒷받침되어야 할 것이다.

미래를 살아갈 학생을 길러 내는 교사에게 요구되는 역량을 알아보기 위한 방법의 하나로 학생들에게 요구되는 역량이 무엇인지 살펴보아도 좋을 것이다. 2015 개정 교육과정이 추구하는 인간상은 자주적인 사람, 창의적인 사람, 교양 있는 사람, 더불어 사는 사람 등이다. 이에 따른 핵심역량은 자기관리, 정보처리, 창의적 사고, 심미적 감성, 의사소통 그리고 공동체 역량의 여섯 가지가 제시되었다. 이런 인간상을 추구하는 학생을 기르기 위해서는 교사 자신도 이러한 역량을 기를 수 있도록 노력해야 할 것이다.

〈표 9-11〉 2015 개정 교육과정이 추구하는 인간상과 핵심역량

추구하는 인간상	인간상	핵심역량
자주적인 사람	전인적 성장을 바탕으로 자아정체성을 확립하고 자신의 진로와 삶을 개척하는 자주적인 사람	• 자기관리 • 지식정보처리 • 생활조직
창의적인 사람	기초 능력의 바탕 위에 다양한 발상과 도전으로 새로운 것을 창출하는 창의적인 사람	• 창의적 사고 • 지식정보처리
교양 있는 사람	문화적 소양과 다원적 가치에 대한 이해를 바탕으로 인류문화를 향유하고 발전시키는 교양 있는 사람	• 심리적 감성 • 의사소통 능력
더불어 사는 사람	공동체 의식을 가지고 세계와 소통하는 민주 시민으로서 배려와 나눔을 실천하는 더불어 사는 사람	• 공동체 의식 • 의사소통 능력

출처: 김경자(2015). 2015 개정 초등교육과정의 방향과 과제, p. 11을 토대로 재구성.

이를 바탕으로 하여 교사의 성공적 직무수행에 반드시 필요한 능력으로서 핵심역량은 교직소양, 수업능력, 대인관계능력, 의사소통능력, 리더십, 네트워킹능력(연계능력), 지식정보능력의 일곱 가지로 볼 수 있는데, 이들 각각의 핵심역량은 태도, 지식, 수행의 요소로 구성된다. 여기서 제시되는 핵심역량은 교사가 실제로 직무를 수행하는 데 필요한 능력들에서 도출된 것인 만큼 신규교사만이 아니라 모든 경력단계의 교사들에게도 필요한 역량이라 할 수 있다. 한편, 이들 핵심역량의 각 요소가 발현되는 교사의 행동은 수준의 차이를 보일 수 있기 때문에 이 일곱 가지 핵심 역량은 경력단계별 교사의 직무수행 기준

내지는 평가기준 설정에 차등적으로 적용될 수 있다. 그 내용을 정리해 보면 〈표 9-12〉와 같다(정미경, 김정원, 류성창, 박인심, 2011: 78).

〈표 9-12〉 성공적 직무수행에 필요한 교사의 핵심역량

핵심역량	내용
교직소양	올바른 인성과 교육의식, 확고한 교직관과 교직윤리, 능동적인 자기개발 태도
수업능력	학생에 대한 신뢰와 학생 학습지원 의지를 가지고, 교과 내용 · 교수법 · 학생 · 학습 · 교육과정에 대한 지식을 기반으로 효과적으로 수업을 설계, 실행, 평가하는 능력
대인관계능력	인간 존중, 배려의 태도와 이해를 토대로 갈등을 관리하고 협력하여 공동 작업을 수행하는 능력
의사소통능력	배려와 경청의 태도로 상대방의 능동적인 활동과 상호작용을 활성화하는 능력
리더십	자기효능감과 뚜렷한 목표의식, 집단 역동성 · 조직 · 동기와 행동에 대한 이해를 바탕으로 학급을 경영하고 학생 행동과 학습을 관리하는 능력
네트워킹능력 (연계능력)	학생의 학습과 복지를 위한 개방적 태도와 헌신으로, 학교 · 가정 · 지역사회 자원을 이해하고 연계하는 능력
지식정보능력	변화에 대응하는 태도와 윤리의식을 가지고, 지식정보사회의 문화와 아동 · 청소년, 교육공학, 전산원리, 자료수집과 분석, 인터넷 · 컴퓨터를 이해하고 활용하는 능력

출처: 정미경 외(2011). 교사 선발방식 개선 방안 연구.

(2) 교사의 전문성 신장을 위한 노력

교사의 전문성 발달이란 교직경험이 쌓여 감에 따라 교수-학습과 관련된 지식, 기능 및 태도 등이 변화 · 발달하는 것을 의미한다. 교직에서의 이러한 변화와 발달은 발달과업 이론가들이 주장하는 것처럼 교육에 대한 과업, 관심, 갈등 및 위기 등이 변화하는 것과 동시에 교육에 대한 사고와 구조, 경험과정이 함께 변화하는 것을 말한다. 교사의 전문성은 단순히 교과 전문성만을 의미하는 것이 아니라 교과에 대한 지식, 교과를 잘 가르칠 수 있는 교수능력, 학생 상담 및 지도 능력, 학급관리능력, 교육적 안목 · 가치관 · 태도, 평생학습자로서의 자기개발 등의 총합을 가리킨다고 정의할 수 있다.

이러한 교사의 전문성 영역을 자세히 나누어 보면 〈표 9-13〉과 같다.

〈표 9-13〉 교사의 전문성 영역

연구자	교사 전문성 영역	주요 내용
김이경 외(2005)	수업지도	수업계획 및 지도, 수업실시, 학습평가
	학생지도	생활지도, 특별활동지도
	학급경영	학급환경조성, 학급자치활동지도
	학교교육과정 편성 · 운영	교육계획 수립, 학교교육과정 편성 · 운영
	학부모 및 대외관계	학부모관계, 대외관계
	학교경영 지원	학교의사결정 참여, 경영업무지원
	전문성 신장	전문가적 사명감, 연수활동, 연구활동
한유경 외(2006)	교과지도	교과지도 계획 수립, 수업운영, 학습평가
	학생지도	생활지도, 특별 · 재량활동
	학교경영 지원	학급경영, 학사업무 지원, 협력관계
	전문성 신장	연수, 연구

교사 전문성에 관한 내용을 수업담당 교사를 중심으로 학교급 구분 없이 공통직무와 핵심직무를 중심으로 개발하고, 공통직무 영역을 7개 대영역으로 설정하여 영역별로 2~3개 관련 내용으로 세부활동을 제시하였다(김이경 외, 2005).

다른 관점으로는 직무수행을 기준으로, 공통직무 영역인 교과지도, 학생지도, 학교경영 지원, 전문성 신장의 네 개의 영역으로 설정하고, 그에 대한 직무내용을 제시하기도 하였다(한유경 외, 2006).

(3) 학습연구년제

'학습연구년제'는 교원이 학교교육 환경변화에 능동적으로 대응하고 지속적인 자기개발이 가능하도록 교원에게 심화된 연수기회를 부여함으로써 교직사회의 경쟁력을 강화하고 궁극적으로 학교 선진화를 촉진하기 위한 제도이다. 교원능력개발평가와 연계하여 그 평가결과에 따른 합리적 보상기제로 학습연구년제를 도입하였는데, 교원의 자기주도적 학습과 경험 확대를 통해 경쟁력을 제고함으로써 학교공동체의 신뢰를 회복하고자 하기 위함이다(교육과학기술부, 2010).

교사 학습연구년제는 교원 장기 해외유학제, 국내 고용휴직제, 민간기업체 교원파견제 등과 함께 2001년 교직발전종합방안의 하나로 제안되었으며, 이때의 학습연구년제는 보수의 100%를 지급하고, 예산의 범위 내에서 연수비를 일부 지급하는 안으로 당시에는 연수의 형태가 아닌 휴직의 한 유형으로 검토되었다. 그 이후 초 · 중등학교의 특성에 맞는 학습연구년제 도입의 필요성이 제기되어, 교원능력개발평가 법제화와 연계하여 학습연구년제도는 휴직에 근거하지 않고 연수에 근거함으로써 전문성 개발의 직접적인 기제로 정착되었다.

학습연구년제 도입이 갖는 교육적 의의로는 긴 교직 생애발달과정에서 교원의 전문성을 체계적으로 심화 · 발전시키기 위하여 일정 기간의 연구기간을 확보, 제공하는 것으로써 국가 차원에서 교직을 전문직으로 새롭게 인정하여 실천한 역사적 의의를 가진다. 또한 교원능력개발평가 결과에 따른 우수자에 대한 보상기제로 학습연구년을 부여하고, 지속적 전문성 신장을 위하여 교육과정 개선 연구 등에 참여의 기회를 제공함으로써 교직사회 학습화를 촉진하는 계기를 마련하고자 하였다.

학습연구년 대상자는 자기학습계획에 따라 연수를 수행하되, 교과교육과정 개발 및 연구에 참여할 수 있는 기회를 제공받게 됨으로써 현장교육 개선에 기여할 수 있게 되었다. 학습연구년제를 통해 자기계발 및 재충전의 기회를 제공함으로써 교직에 대한 헌신을 유도하고 활력을 불어넣게 되었으며, 교직에 대한 자부심과 자긍심을 제고하는 계기를 마련하게 되었다.

학습연구년제의 운영계획의 예시를 통하여 자세히 알아보도록 한다(부산광역시교육청, 2018).

❑ 기본 방향

- 교원능력개발평가 결과 우수자에 대한 보상기제로 학습연구년을 부여하고, 지속적 전문성 신장을 위하여 다양한 참여기회 제공
- 학습연구년 기회 제공을 통한 재충전과 교직에 대한 자긍심 제고
- 연수프로그램 영역의 다양화로 참여기회 확대

❑ 기본 모형

- (기간) 1년 (2018. 3. 1. ~ 2019. 2. 28.)
- (특별연수) 학습연구년제 시행계획에 따라 부산교육정책연구소에 연수대상자 파견 및 연수 위탁
- (처우) 급여, 호봉, 교육경력 100% 인정, 연수비 일부 지원
- (복무관리) 연수자에 대한 지도 · 감독 등은 「교원 등의 연수에 관한 규정」에 의하되 세부사

항은 연수파견 기관과 협의하여 결정
- 학습연구년 수행기간 동안 연구계획 수행과 관련 없는 다른 일체의 행동 불허
- 어학연수나 관광을 목적으로 한 장기간 해외여행 불허
- 중도 포기자 발생 시 연구비는 전액 환수하고 해당 학교로 즉시 복귀
- 연수 불이행이나 행정사항 미준수 등으로 인해 불성실 연수자로 인식될 경우 연구비 반환은 물론 복무관리 차원에서 신분상 조치 등을 할 수 있음

• (의무재직) 연수기간과 동등한 기간을 관련된 분야에 의무 복무
• (결과보고 및 사후 관리) 연수 종료 후 1개월 이내 연수 성과자료 제출 및 장학요원 활용으로 성과 확산에 기여
• (대체인력) 정규교원으로 대체 인력 지원(단, 교원 수급 등을 고려하여 계약직 교원으로 대체할 수 있음)
• (특별연수 후) 학습연구년 특별연수 완료 후 원적교 복귀를 원칙으로 하나, 부득이한 경우(원적교 복귀로 인해 과원 발생 시) 전보 조치될 수 있음

❑ 운영 방안

• (운영주관 및 관리) 교육감이 지정한 교육기관 · 연구기관
• (연수유형) 국내연수
• (연수내용) 교육청 정책 수립을 위한 지정 연구, 학교현장의 교육 현안 관련 지정 연구, 연수 대상자가 선정한 자유 연구 등 교육 관련 연구주제
• (결과보고) 연수 종료 후 1개월 이내 결과 보고
  - 연수생: 개인연구보고서, 연수결과보고서를 시교육청에 제출
  - 연수기관: 종합연수 결과보고서를 시교육청에 제출
• (사후관리) 연수 후 1년간 연수 성과 확산 및 시교육청 또는 교육지원청 컨설팅 장학요원 등으로 활동
• (지원 자격)
  - 유 · 초등 및 특수: 환산평어 동료교원평가, 학부모만족도조사 각각 4.3 이상
  - 중등: 환산평어 동료교원평가 4.3, 학생만족도조사 4.0 이상
  * 학부모만족도조사 결과가 없을 경우 동료교원평가 4.3 이상
  - 실교육경력 5년 이상, 정년 잔여기간 5년 이상
  - 전 교직생애 1회로 한정
• (추천 제외자)
  - 교(원)장, 교(원)감, 수석교사
  - 승진 및 전직 예정자
  - 상위 직급 자격연수 대상자로 선발 · 예정 중인 자
  - 특별연구교사 및 특별연구교사 예정자

- 타 시 · 도 교환 · 교류, 파견, 휴직 예정자
- 정년 잔여기간이 5년 미만인 자(2018. 3. 1. 기준)
- 최근 3년 이내 6개월 이상 국내외 특별연수자(대학원, 어학연수 등 파견 포함)
- 2018년도 국내외 어학연수(파견) 예정자(영어심화파견 등 중복 불가)
- 「교육공무원임용령」 제16조에 의해 승진 임용이 제한된 자
- 비리 및 품위 유지와 관련된 물의 야기, 감사 결과 징계 또는 인사 조치를 받은 사실이 있는 자
- 징계 처분자 중 그 시효가 말소된 자는 응시 자격이 있음. 단, 징계 처분자 중 금품 · 향응 수수, 성폭력, 성적조작, 상습폭행, 공금횡령 · 유용 등의 비위 관련자는 징계 기록 말소가 되었더라도 추천 제외
- 교육적 자질이 현저히 부족(사회적 물의를 야기한 경우)한 자

❑ 기대 효과

- 교원능력개발평가 시행에 따른 합리적 보상기제 마련으로 학습연구년제도의 조기 정착 기여
- 교직사회의 전문적 지식 축적 및 실천적 연구 결과의 공유를 통해 궁극적으로 교직사회의 학습화 촉진
- 교원의 전문직으로서 자부심 제고, 자기개발 및 재충전으로 교직에 대한 헌신 유도 및 교원의 사기 진작

출처: 부산광역시교육청(2018). 2018학년도 학습연구년제 운영 계획.

연구 및 토의 · 토론 문제

1. 교육인사행정의 개념을 알아보고, 교육인사행정의 기본이 되는 원리에 대하여 발표해 보자.

2. 교원의 양성제도와 선발과 임용 방법, 승진과 전보 · 전직에 대하여 알아보고, 교원의 사기진작을 위한 근무조건 개선 방안에 대해 토의해 보자.

3. 교원의 전문적 능력개발을 위한 현직교육이 교육현장에서 어떠한 형태로 이루어지고 있는지 알아보자.

제4부

교직의 이해

10 장학의 이해

학습개요

1. 장학의 배경을 이루고 있는 장학의 개념, 장학의 기능과 그 변화, 장학의 기본적인 원리를 알아본다.
2. 장학담당자로서의 자격과 장학에 필요한 지식과 기술, 실무적 자질 그리고 그 역할에 대하여 알아본다.
3. 장학의 패러다임 변화에 대한 바람직한 방향과 임상장학, 동료장학, 자기장학, 자체연수를 통해 들여다본 장학의 다양한 유형에 대하여 알아본다.
4. 새로운 장학의 형태인 수업컨설팅의 개념, 구성요소, 원리, 절차와 모형에 대하여 알아보고 수업컨설팅 기법에 대하여 구체적으로 모색해 본다.

1. 장학의 배경

1) 장학의 개념

장학에 대해서는 우리나라에서뿐만 아니라 외국의 학자들에 의해서도 다양한 형태의 개념 · 방법 및 조건 등에 관한 논의가 제기되고 있다. 장학, 즉 'supervision'은 복합어이다. super는 위에(above), 저 위에(beyond), 바로 위에(over), 보다 우수한(superiority)이란 뜻이고, vision은 보기(sight), 엿보기(glance), 바라보기(view)란 뜻이다. 따라서 supervision은 위에서 바라본다, 우수한 사람이 높은 곳에서 본다, 뛰어난 사람이 높은 눈으로 감시한다는 말이 된다. 또한 supervision은 super(over) + vision(sight), 즉 oversight로 감시 · 감독이란 뜻이 있다. 그러나 현대적 의미에서의 장학은 민주적 의의를 가진 용어로서 장학, 지도조언 등으로 사용되고 있으며 그 내용과 방법도 커다란 변혁을 가져오게 되었다(조병효, 1995).

장학은 접근방법, 강조점, 시대의 변화 그리고 학자에 따라서 다르게 정의되고 있기 때문에 장학을 한마디로 정의하기는 쉽지 않다. 그러나 학자마다 조금씩 다른 장학의 개념들 속에서 일반적인 개념을 찾아낸다면 그 일반적인 개념으로 장학을 이해하는 데 조금은 도움이 될 것이다.

장학은 교수-학습의 효율화를 목적으로 교사의 전문성 신장, 교육과정의 운영 및 학교경영의 합리화를 위하여 제공되는 지도조언, 조정, 정보제공 등 일련의 전문적 · 기술적 활동이다. 이 정의는 장학의 목적과 장학의 대상 그리고 장학의 실천방식 모두를 포괄하고 있다. 즉, 장학의 목적은 교수-학습의 효율화를 추구하고 장학의 대상은 교수-학습의 주체인 교사이고, 더 넓게는 교육과정의 운영도 장학의 대상이 될 수 있으며 장학의 실천방식은 지도조언, 조정, 정보제공 등이다(정태범, 1996: 15).

그리고 장학은 학생들의 성장과 발달을 증진시키기 위하여 교사들의 활동을 전문적으로 개선하고 향상시키는 일이다. 따라서 장학의 성과나 가치는 학생들의 성장 · 발달에 어느 정도 기여하였느냐에 좌우된다. 교사가 학생들의 성장 · 발달이라는 교육의 목적을 달성하기 위하여 행하는 교과지도나 생활지도, 학생을 위한 교육과정이나 프로그램의 계획과 운영 및 평가를 포함한 전체 과정에 이르는 제반 활동이 개선 · 향상되도록 교사에게 주어지는 전문적 지원과 조력, 지도와 평가 등은 장학에 속한다(남정걸, 1999).

또한 윤정일(1990)은 "우리나라에 민주적인 장학 개념이 도입된 지도 오래이나 아직도 장학이 제 기능을 담당하지 못하고 있으며, 이는 우리의 현실에 적합한 발전적인 장학의 개념이 정립되지 못한데도 그 이유가 있다."라면서 장학을 "교수-학습의 효율화를 목적으로 교사의 전문성 신장, 교육과정 운영 및 학교경영의 합리화를 위하여 제공되는 지도 조언, 조정, 정보제공 등 일련의 전문적 · 기술적 활동"이라고 정의하고 있다.

이 개념 정의에 대하여 보다 자세히 살펴보면 다음과 같이 정리할 수 있다.

첫째, 교육활동의 개선은 장학이 추구하는 목적을 시사한다. 교육활동의 개선은 교원들의 전문성을 바탕으로 하여, 교육의 3요소인 교원 · 학생 · 교육과정 간의 상호작용을 통해 이루어지는 교수-학습활동의 개선을 핵심으로 하여, 궁극적으로 설정된 교육목표의 효율적 달성을 위하여 이루어지는 협동적이며 지속적인 노력을 의미한다. 교육목표는 대체로 학생들의 지적 · 정의적 · 신체적 성장 및 발달을 의미한다. 이에 대한 장학활동의 개념적 특성(이윤식, 2002)의 상호관계를 도식화하면 [그림 10-1]과 같다.

학교에서는 교육활동의 기능을 높이기 위하여 학교경영활동이 전개된다. 학교경영은 단위학교에서 학교교육목표의 달성을 극대화하기 위하여 학교체제 내의 인적 · 물적 · 재

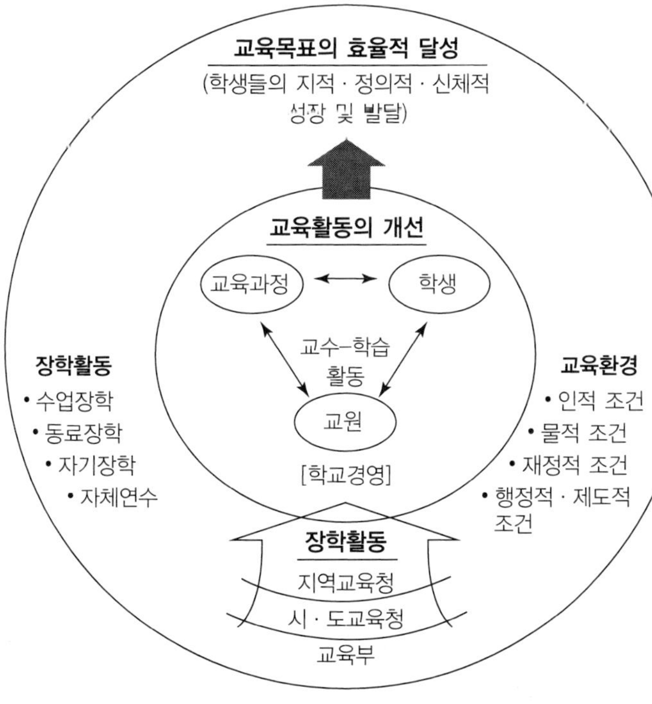

[그림 10-1] 장학활동의 개념적 구조

정적 지원을 효과적으로 유지 · 통합 · 운영하고 제반 교육활동기능을 최적화하려는 행위를 총칭한다(이윤식, 2002: 221).

둘째, 주로 교원을 대상으로 하는 장학이 원칙적으로 누구에게 작용하는가를 시사한다. 여기서 교원은 교사뿐 아니라 교장 · 교감도 포함하며, 넓게 보아서는 일반 직원도 포함하여 교육활동에 관계하는 모든 사람을 의미하는 개념이다. 교장 · 교감은 교사들에게 지도조언을 제공하지만 경우에 따라서는 필요한 지도조언을 얻기도 한다. 장학담당자는 원칙적으로 교원을 대상으로 장학활동을 하게 된다.

서지오반니 등(Sergiovanni & Starratt, 1993)은 '장학은 교육목표 달성에 책임이 있는 사람들이 다른 사람들로 하여금 교육목표를 달성할 수 있도록 도와주는 데 활용하는 하나의 과정'이라고 보았다. 장학활동이 다른 조직활동과 구별되는 근본적인 차이는 '다른 사람들을 통해 목표를 달성하는 행동'이라는 점이다. 교장이 교사를 도와 학생을 위한 교육활동의 효과를 높이고자 하는 노력은 바로 '장학활동'이다. 그러나 교육목표 달성에 직간접적으로 기여하는 활동이기는 하지만 목표달성에 있어 다른 사람들에게 의존하지 않는 학교행정가나 장학담당자의 활동은 장학활동이라기보다는 '행정활동'이라고 볼 수 있다. 학교행정가와 장학담당자가 교육목표를 달성하기 위하여 사람들보다는 자료 · 문서 · 시설 · 예산 등을 포함하여 사물들에 휩싸여 일하게 될 때, 그들은 장학적인 방법이라기보다 행정적인 방법을 사용한다고 볼 수 있다.

셋째, 제반 지도조언활동은 지도조언의 형태와 내용이 다양할 수 있음을 의미한다. 교원을 대상으로 하여 지도조언활동이 직접적 또는 간접적, 체계적 또는 비체계적, 공식적 또는 비공식적, 반복적 또는 일시적, 장기적 또는 단기적 등 여러 가지 형태로 이루어질 수 있다.

2) 장학의 기능

장학의 기능은 어느 각도에서 기술할 것인가에 따라 그 내용을 다르게 표현할 수 있다. 즉, 교육활동의 어떤 측면에 중심을 두고 진술하느냐에 따라 장학담당자가 하는 활동의 성격(예: 지도, 조정, 조언, 지원, 봉사, 평가, 관리 등)을 중심으로 진술하는 경우와 장학담당자가 하는 활동의 대상영역(예: 교사의 성장, 교원인사, 교육과정 개발, 수업개선, 교과지도, 학생지도, 학급 · 학교경영 등)을 중심으로 하는 경우로 구분할 수 있다. 논리적으로 볼 때 장학의 기능은 장학담당자가 하는 활동의 행위영역을 중심으로 한 접근을 하는 것이 타당하다. 활동의 내용, 즉 대상영역이 전제되어야 의미가 있기 때문이다.

정태범(1996)은 장학의 기능을 세 가지로 분류하여 말하고 있다. 교육활동과 관련하여 교육목표의 설정, 교육내용의 선정과 조직, 교수-학습활동 및 교육성과 등에 대하여 장학의 감독적 관리기능, 전문적 지도기능, 협동적 조언기능을 담당해야 한다는 것이다.

또한 장학의 기능을 장학의 주체에 따라 분류해 보면 교육행정기관 중심의 교육부 주체의 장학은 국가의 교육관리체제를 유지하고, 학교교육의 질적 개선을 도모하는 기능을 해야 하고, 교육청 주체의 장학은 교육과정 운영의 효율화 및 학교 · 교육수요자의 지원기능을 하여야 한다. 학교 및 교사 주체의 장학은 위의 기능을 포함하여 교원의 성장 · 발달을 위한 기능을 하여야 한다. 각 주체의 기능들은 장학의 기능이자 역할이며 책임이라고 볼 수 있다.

이러한 장학의 기능은 다음과 같이 세 가지로 제시할 수 있다(이윤식, 2001).

첫째, 교원의 성장 · 발달을 돕는 기능으로 교원들로 하여금 교직생활과 관련된 제반 영역에서 필요한 가치관, 신념, 태도, 지식, 기능, 행동 등을 갖추도록 도와주는 기능이다.

둘째, 교육목적을 달성하기 위하여 학생들에게 제공되는 교육내용 및 교육활동에 대한 개발 · 운영 · 평가에 있어서 효과를 높이도록 도와주는 교육과정 운영의 효율화를 돕는 기능이다.

셋째, 학교경영의 합리화를 돕는 기능으로 학교체제 내의 인적 · 물적 · 재정적 자원을 효과적으로 유지 · 통합 · 운영하고, 제반 교육활동 기능을 최적화하도록 도와주는 기능이다. 이 세 가지 기능은 실제적으로 중복되는 부분이 있으며 상호 보완적인 위치에 있다.

그리고 장학의 중요한 기능은 교사의 전문적 성장을 돕는 일, 교육과정 운영의 개선을 돕는 일, 교수-학습지도 개선을 돕는 일, 교육환경과 관리개선을 돕는 일 등으로 제시될 수 있다. 학교의 기본기능이 교육과정 운영과 이를 지원하기 위한 제반 관리기능으로 대표되는데 이를 더욱 세분한 것이다(김창걸, 2003).

첫째, 교사의 전문적 성장을 돕는다는 것은 교사들이 교육활동 전반에서 전문성을 발휘하도록 돕는 것이다. 교육의 성패는 교사의 질에 달려 있으므로 교사의 전문성 제고는 바로 교육의 질을 높이는 것과 같은 것이다. 그러기 위해서는 교사의 건전한 교육관을 비롯하여, 가치관 · 태도 및 교육에 대한 올바른 인식의 확대 등을 통하여 교사의 전문적 성장을 이루게 하는 것이다.

둘째, 교육과정 운영의 개선을 돕는 것인데, 학교경영의 중추가 교육과정 운영이기 때문이다. 교육목적을 달성하기 위하여 어떤 내용을 어떻게 선정 · 조직하여 어떤 방법으로 가르쳐 어떻게 평가하느냐의 문제가 바로 교육과정 운영이다. 장학의 다른 기능들도 따지고 보면 교육과정 운영을 위한 지원기능이라고 할 수 있다. 사회의 변화 · 발전을 유도하기 위해서만이 아니라 거기에 적응하기 위해서도 계속적인 교육과정 운영의 개선이 필요한데 이와 같은 것을 돕는 기능이다.

셋째, 교수-학습지도 개선을 돕는 일이다. 이것은 둘째 기능인 교육과정 운영의 개선을 돕는 일에 포함될 수도 있다. 그러나 이것을 독립시킨 것은 교내장학에서 이미 설정된 교육과정 운영의 개선도 중요하지만 다양한 교수-학습의 방법론을 전개시키며 개선 · 발전시키는 것이 더욱 중요하기 때문이다. 그리고 현대장학의 궁극적인 목적은 교수-학습 개선을 위한 지도조언이라 할 수 있다. 여기서는 교수-학습지도 방법을 비롯하여 교재 · 교구 · 기자재 등과 학습평가에서부터 학습환경 구성에 이르기까지 기술적 문제에 대한 지도조언 기능을 가리킨다.

넷째, 교육환경과 교육관리의 개선을 돕는 일로 교육환경 개선과 교육과정 운영을 지원하는 활동의 개선을 돕는 일이다. 교수-학습을 구성해 주어야 하며 또한 학교교육 계획 관리에서부터 조직관리 · 인사관리 · 재무관리 · 시설관리 · 사무관리 등 제반 행정활동의 개선을 돕는 일이다. 즉, 세 번째 기능이 수업장학이라면 이것은 행정장학 기능의 일부라 할 수 있다.

3) 장학의 원리

장학의 원리는 장학담당자가 교원들을 대상으로 장학활동을 할 때 응용해야 할 지침 또는 이론적 지침을 의미한다. 장학의 원리는 궁극적으로 장학활동이 보다 성공적이고 효과적으로 되기 위하여 존중되어야 할 기준이나 지침이다. 최근의 장학은 단위학교를 중심으로 하는 지원형태의 장학활동이 활발히 이루어지고 있다. 장학이 자율화 · 민주화 · 개방화를 지향하는 시대적 변화 추세를 고려할 때, 보다 효과적인 장학이 되기 위해서는 다음의 여섯 가지 원리가 필요하다(이윤식, 1999).

첫째, 학교중심성의 원리는 장학활동이 교육활동이 실제로 전개되는 학교현장의 인적 · 물적 조건 및 조직적 · 사회심리적 특성을 우선적으로 존중하는 방향으로 이루어져야 한다는 것이다.

둘째, 자율성의 원리는 장학활동이 학교의 기관으로서의 자율성과 학교 내 구성원으로서 교직원들의 자율성을 존중하는 방향으로 이루어져야 한다는 것이다.

셋째, 협력성 존중의 원리는 장학활동이 장학담당자, 학교관리자, 교직원, 기타 관련되는 외부인사 모두의 협력적이고 참여적인 공동 노력을 조성 · 유도하는 방향으로 이루어져야 한다는 것이다.

넷째, 다양성 존중의 원리는 장학활동이 학교현장의 조건과 특성 및 교직원들의 필요와 요구에 기초하여 다양한 내용과 방법을 활용하는 방향으로 이루어져야 한다는 것이다.

다섯째, 계속성의 원리는 장학활동이 장기적인 교육활동의 개선을 위한 기능을 수행하므로 일시적 · 단기적이 아니라 계속적이고 장기적인 방향으로 이루어져야 한다는 것이다.

여섯째, 자기발전성 존중의 원리는 장학활동이 기관으로서 학교의 발전뿐만 아니라, 학교 내 구성원으로서 교직원 개인의 발전, 나아가 장학담당자의 발전도 도모하는 방향으로 이루어져야 한다는 것이다.

결국, 장학은 민주적인 바탕 위에서 전문적인 지도와 조언을 통하여 교사의 전문성을 향상시킴으로써 학생의 성장 · 발달을 돕는 창조적이며 협동적인 활동을 수행하는 데 초점을 두어야 한다.

2. 장학담당자의 자질과 역할

1) 장학담당자의 자질

장학담당자란 장학활동을 수행하는 모든 사람을 의미하기 때문에 장학사(관)라는 직위를 가진 자만을 지칭하는 것은 아니다. 장학담당자는 장학조직에 위치하면서 교수-학습활동의 개선을 위하여 교사들의 교수행위에 영향력을 행사할 수 있는 모든 사람을 의미한다.

「교육공무원법」에 의하면 장학직은 장학관, 장학사로 한정되어 있으나, 교육행정의 각 단계에서 계선 및 참모조직에 속하여 장학활동을 수행하고 있는 사람은 모두 장학담당자로 분류할 수 있다. 즉, 교육부의 장관, 차관, 관련부서의 장학관, 교육연구관, 장학사, 교육연구사와 시 · 도교육청의 교육감, 장학관과 장학사, 교육지원청의 교육장과 각 장학관 및 장학사, 학교수준에서의 교장, 교감, 수석교사, 보직교사 및 동료교사 등이 포함된다.

장학담당자에게 요구되는 자질과 지도기술에서 성공적인 장학담당자는 민주적 지도성과 개념에 적합한 인성적 자질을 겸비해야 하며, 장학현장의 현실적 조건으로서의 자질은 다음과 같다(조병효, 1995).

첫째, 인성적 자질로는 ① 존경과 신뢰를 얻는 능력, ② 감정이입과 감수성, ③ 열정과 문제대처능력, ④ 창의성과 가치관, ⑤ 성실성과 풍부한 자원 등이 있고, 둘째, 전문성 자질로는 ① 폭넓은 교양교육, ② 전문성 교육, ③ 교수기술, ④ 교육과정 역할에 관한 명확한 인식, ⑤ 지도성의 기술, ⑥ 학습자료와 교수방법에 관한 지식, ⑦ 교수-학습의 평가 · 해석능력, ⑧ 과정과 결과의 중요성 인식, ⑨ 실험과 연구에 관한 숙달, ⑩ 인성 및 전문성 성장에 관한 의욕 등이 있으며, 끝으로 장학현장의 현실적 조건으로는 ① 신체 건강한 자, ② 업무처리능력이 있는 자, ③ 의사소통이 가능한 자, ④ 가계가 안정되어 있는 자 등이 있다.

(1) 인성적 자질

① **존경과 신뢰 획득 능력**(ability to win respect and confidence)

장학담당자는 계선관계에서보다 막료관계에서 교사들과 함께 과업을 수행하기 때문에 그 자신이 뛰어난 능력과 성실성을 발휘하고, 교사들의 개성을 존중하는 등의 일을 함으로써 교사들로 하여금 그를 존경하고 신뢰할 수 있도록 하게 한다.

② **감정이입과 감수성**(empathy and sensitivity)

장학담당자는 교사들의 기분과 반응에 대한 뛰어난 감수성이 있어야 한다. 교사의 동기와 반응을 올바르게 해석하여 그의 태도에 적극적인 변화를 일으켜 주어야 한다. 장학담당자는 교사의 입장에서 생각할 필요가 있다.

③ **열정**(enthusiasm)

장학담당자는 어떤 상황하에서도 낙관적이며 자신감을 가지고 생산적으로 과업을 지속하기 위해서는 어떤 관계가 마련되어야 하는데, 장학담당자의 열정이 계기의 지속을 위하여 필요하다.

④ **문제대응력**(feeling of adequacy)

장학담당자는 어떤 상황에서도 낙관적이며 자신감을 가지고 생산적으로 과업을 처리해야 한다. 문제대응력을 얻기 위해서는 정확하고 현실적이며 비방어적인 자아개념을 가져야 한다.

⑤ **독창성(originality)**

장학담당자는 독창성과 창의성을 보여 주어야 한다. 교사들로 하여금 보다 새롭고 창조적인 활동을 하도록 장학담당자는 자신의 시범을 통해서 창의성을 지원하고 존중하는 풍토를 조성해야 한다.

⑥ **유머감(sense of humor)**

장학담당자는 교사들과의 관계에서 부드럽고 따뜻한 분위기를 유지해야 한다. 교사들의 건설적인 비평을 유쾌한 분위기에서 받아들여 허용적인 분위기를 유지해야 한다.

⑦ **상대적 가치관(sense of relative value)**

장학담당자는 여러 가지 과업을 한 가지 기준에서보다는 상대적 입장에서 그 가치를 평가할 수 있어야 하며 종합적 입장에서 또한 장기발전을 전체적인 면에서 고찰해야 한다.

⑧ **성실성(sincerity)**

장학담당자는 교사와의 관계에서 성실성이 중요시된다. 그들이 교사들의 개성을 존중하며 진정으로 교수-학습의 개선을 위하여 일을 하고 있다는 것을 교사들이 확신할 때 그들의 성실성에 대한 교사들의 협조가 뒤따르게 된다.

⑨ **풍부한 자원 제공(resourcefulness)**

장학담당자는 풍부한 자원인사로서 교사들에게 봉사해야 한다. 교사들은 잘 알려진 명확한 방법으로 문제해결이 안 될 때 장학담당자의 도움을 기대한다. 이때 장학담당자는 새로운 방법을 찾아내고 새로운 도움의 자료를 개발하여 새로운 대안을 제시해 주어야 한다.

(2) 전문적 자질

① **광범위한 교양교육(broad general education)**

장학담당자는 폭넓은 교양교육을 받아야 한다. 장학지도자는 인간과 사회현상에 관해 넓고 깊게 이해하고 있어야 올바른 교육지도를 할 수 있다. 장학지도자는 먼저 도량이 넓은 교양인이 되어야 건전한 가치관을 가지고 원만한 의사소통도 이루게 되는 것이다.

② **전문교육**(professional education)

장학담당자는 전문교육을 받아야 한다. 대학에서 직전교육으로서 교육학의 기본영역을 이수해야 한다. 그리고 적어도 교육학 석사학위과정에서 교육행정 이론, 장학행정론, 교육지도자론, 교육인사행정론, 교육재정학, 교육경영학 등과 교육과정의 이론과 실제 등 교육행정학 분야에 포함되는 교과와 교수-학습이론 · 학습지도 · 생활지도 · 교육평가 등을 연구해야 한다.

③ **교수기술**(skill in teaching)

장학담당자는 유능한 교수기술의 소유자라야 한다. 그들은 다년간의 성공적인 교수-학습 경험을 통하여 교사들을 지도하고 조언할 수 있을 정도의 수준 높은 교수기술을 가지고 있어야 한다.

④ **교육과정에서의 역할에 관한 명확한 인식**(clear perception of roles in the educative process)

장학담당자는 교육과정에서 협동적으로 일하는 많은 사람의 역할 속에 있는 여러 가지 중요한 특성과 관계를 알아야 한다.

⑤ **지도성의 기술**(skill in leadership)

장학담당자는 지도성의 기술이 필요하다. 그들이 지녀야 할 지도성의 기술은 두 가지 종류인데, 하나는 스스로 지도성의 기술을 발휘하는 것이고 다른 하나는 교사들에게 지도성을 길러 주는 것이다.

⑥ **교수 자료와 방법에 관한 지식**(knowledge of instructional materials and methods)

장학담당자는 다양한 교수 자료와 방법을 알고 있어야 한다. 그들은 교과서, 과제장, 보조독본, 참고서, 지역사회 자원 그리고 시청각자료와 같은 교수-학습 자료의 장단점과 사용법 등을 알아야 하며 이와 같은 교수-학습 자료를 활용하여 교수-학습을 개선하고 향상시키도록 계속 연구해야 한다.

⑦ 생산적 교수-학습요소를 평가하고 해석할 수 있는 능력(ability to evaluate and inter factors in productive learning and teaching)

장학담당자는 수업 중인 학급교사를 방문하여 교수능력의 정도와 관련되는 몇 가지 요소를 발견할 수 있어야 한다. 경험이 풍부한 장학담당자는 생산적 교수와 비생산적 교수의 징후들을 재빨리 감지할 수 있다.

⑧ 과정과 생산의 중요성에 대한 인식(awareness of the importance of process and product)

장학담당자는 과정과 결과의 중요성에 관한 전문적 인식을 개발해야 한다. 장학행정의 결과는 바람직한 변화나 발전을 뜻하고 이것들은 장학적 노력을 기울이게 하는 방향이 되기 때문이다. 동시에 과정은 연이어 일어나는 교수문제를 교사집단이 잘 해결할 수 있도록 해야 하고, 이 과정에서 장학담당자와 교사들 간의 바람직한 인간관계가 이루어져야 한다.

⑨ 실험과 연구에 대한 숙달(proficiency in experimentation and research)

장학담당자는 교육연구와 실험에 숙달되어 있어야 한다. 그들은 자신들의 교육연구와 실험을 해야 할 뿐만 아니라 교사들의 교육연구와 실험을 정기적으로 조사하고 지도해야 하며 또한 관련된 내용들을 동료나 상사에게 보고해야 한다.

⑩ 인간적 및 전문적 성장을 계속할 능력과 의욕(willingness and ability to continue personal and professional growth)

장학담당자는 인간적 및 전문적 성장을 계속하여야 한다. 그들은 새로운 지식과 경험을 쌓아야 한다. 그러기 위해서 공식적인 전문적 교육을 받아야 한다. 강습회, 연구협의회, 세미나, 회의, 연구집회, 협동연구 등에 참가하여 새로운 지식과 경험을 얻어야 하며 새로운 교과서, 교육연구지, 교육연감, 전공분야의 연구논문집 등을 입수하여 끊임없이 읽어야 한다.

또한 장학담당자는 인간적 성장도 계속해야 한다. 완숙하고도 세련된 인간으로 발전하기 위해서는 폭넓게 독서를 해야 하고, 생산적이며 만족스러운 취미활동을 해야 하며, 음악 · 미술을 즐기고 사교 · 오락 등의 취미를 충족하며, 가정생활도 원만히 함으로써 인성을 개발할 수 있다(김창걸, 1987: 361-364).

2) 장학담당자의 역할

와일즈와 본다이(Wiles & Bondi, 2000)는 장학담당자의 역할에 필요한 자질이 되는 여덟 가지 분야를 다음과 같이 설명하고 있다(김희규 외, 2017에서 재인용).

(1) 인간 개발자로서의 장학담당자

모든 교육자의 주된 과제는 학생들을 위하여 가장 좋은 학습경험을 설계하는 것이다. 성장해 가는 아이들이 무엇을 필요로 하는지를 알려면 그들의 발달과정에 대한 깊은 지식이 있어야 한다. 학교에 다니는 학생들의 학습준비도는 각기 다르며 각자의 재능과 흥미도 다르기 마련이다. 모든 학생은 적절한 시기에 발달과업을 성공적으로 이행해야 한다. 학생들은 배경이나 사회적 경험이 다르므로 학교에서 학습하는 능력도 각기 다르며 각자가 지닌 신체적 특징도 다르다. 장학담당자는 이렇게 다른 학생들이 고루 혜택을 받을 수 있는 교육과정과 교육프로그램을 계획하는 데 힘써야 한다.

(2) 교육과정 개발자로서의 장학담당자

교육과정은 학생들이 학급수준에서 경험하는 모든 활동이다. 교육과정을 수업 속에서 실현시키는 사람은 교사이고, 장학담당자는 수업의 개선을 위하여 교사와 함께 일하기 때문에 장학담당자는 교육과정 개발에 직접적 관련이 있다. 교육과정 개발은 순환적 작업이다. 장학담당자는 학교교육의 목적을 분석하고, 나아가야 할 철학과 목표를 분명히 하고, 우선순위를 정하고, 개발에 필요한 개념 또한 분명히 해야 한다. 장학담당자는 교육과정 개발노력에 대한 평가와 새로운 요구에 대한 인식을 가져야 하며, 교육의 질을 통제하는 집행자로서 교육과정 개발에 대한 높은 식견을 지녀야 한다.

(3) 수업전문가로서의 장학담당자

장학담당자의 주요 과업은 학생들의 학습기회를 높여 주는 것이다. 이를 위하여 장학담당자는 연구, 의사소통, 교수 등에 대한 전문성을 나타내 보여야 한다. 최근 연구에서 제시된 교수이론, 학교효과성, 학습형태, 학습자의 생리 등에 대한 지식이 있어야 한다. 장학담당자는 수업의 분석가이며, 수업에 관한 적절한 지식을 제공해 주는 자원인사가 되어야 한다. 장학담당자는 교과목 담당교사들과 교수-학습을 풍요롭게 할 수 있는 길에 대하여 의논하고, 학년 간 및 학교 간의 교육활동을 조정하며, 같은 교과목을 가르치는 교사들이 서로 만나서 교과에 대한 이야기를 나눌 수 있도록 기회를 주선해 준다. 장학담당자는 수업전문가로서 그들의 경험과 지식을 전해 주고, 교사들과 새로운 아이디어를 나누고, 교수모형을 보여 주거나 교수의 실제를 시연해 보임으로써 교사를 도울 수 있다.

(4) 인간관계 전문가로서의 장학담당자

장학은 대체로 사람과 사람의 인간관계를 다루는 업무가 많다. 장학담당자는 교사들과 함께 일하고, 행정가들과도 같이 일한다. 장학담당자는 같이 일하는 집단이나 개인의 요구에 민감해야 하며, 상대의 이야기를 잘 들어주고 그 뜻을 정확하게 이해할 수 있어야 한다. 장학담당자가 교육계에 종사하는 전문인의 동기를 이해하는 것은 매우 중요하며, 이들의 동기를 조직목표와 연결시키는 기술이 매우 필요하다. 장학담당자는 교육의 질 향상을 목표로 하는 소집단이나 협의회 등의 문제를 분석하여 해결방안을 모색하고, 성공적으로 회의하고 협의해 나가도록 이끌어 가는 인간관계기술이 필요하다.

(5) 직원 개발자로서의 장학담당자

수업개선을 위하여 가장 중요한 것은 직원개발계획을 세우는 일이다. 장학담당자는 교사들의 현직교육에 대한 훈련모형을 가지고 있어야 한다. 교사발달을 위한 개발계획은 교사 개인의 요구에 맞는 종합적이고 장기적인 고려를 가지고 세워야 한다. 교사 개인의 결함이나 결핍을 교정시켜 주기 위한 것이 현직교육의 주목적이 되어서는 안 되며, 개인의 성장과 발달을 위한 계속적인 노력의 일환으로 직원개발 프로그램이 진행되어야 한다.

(6) 행정가로서의 장학담당자

장학담당자는 많은 시간을 다른 행정가들과의 상호관계 속에서 보낸다. 학교체제는 상호 연결된 팀에서 의사결정을 하는 경우가 많으므로 장학담당자에게도 행정가로서의 업무처리기술이 필요하다. 그들 행정가는 정보를 관리해야 하며, 기록을 보관하고 관리하는 서기적인 일을 해야 한다. 장학담당자가 행정가와 함께 일하기 위해서는 행정가로서의 통합적인 사고를 할 수 있는 능력도 필요하다.

(7) 변화주도자로서의 장학담당자

전통적으로 장학담당자는 수업개선을 위하여 교사들과 직접 일해 나가는 경우가 많았으나, 교육조직 규모가 커지고 책무성에 대한 압력이 높아지면서 사람을 만나고 직접 도와주는 역할보다 의미 있는 변화를 일어나게 하고, 이 변화를 효과적으로 관리하는 역할에 더 중점을 두게 되었다. 교육의 질 관리에 대한 요구가 증대되면서 교육프로그램 진행에 대한 공적 관심이 높아지고 이 일을 맡은 장학담당자들에 대한 법규적 책무성도 높아지고 있는 것이 현실이다. 컴퓨터 프로그램의 확산, 공학매체 활용, 예산의 과학적 사용, 교육과정 개발 등은 바로 장학담당자들의 근무수행 및 책무성과 연관되기 때문에 이러한 과업을 지역사회의 기대에 맞게 변화시켜 나가는 것이 장학의 경영적 기능이라 볼 수 있다. 장학담당자는 작은 부분을 꼼꼼히 살펴보아야 하는 동시에 이들을 묶어서 전체를 통합적으로 볼 수 있는 시각도 있어야 한다.

(8) 평가자로서의 장학담당자

장학담당자는 교사의 수행을 평가하고 교육프로그램의 결과를 평가하며 수업의 과정과 질을 평가한다. 장학담당자는 필요조사를 수행해야 하며, 지역에 대한 교사와 졸업생에 대한 추후조사도 실시해야 한다. 장학담당자는 평가결과에서 얻은 정보를 정리하여 교육과정 운영계획에 필요한 자료로 활용하거나, 교사들의 성장을 위한 기초자료로 이용하거나, 학교발전계획 수립을 위한 정보로 사용할 수 있다. 교육의 질적 변화를 가져오기 위하여 장학담당자는 교사들의 능력을 개발하여 수업의 질을 높이는 방법에 대한 지식이 있어야 하고, 교사들과 변화지향적이고 긍정적인 관계를 맺어 나갈 수 있는 인간관계기술이 필요하며 계획하고, 관찰하고, 협의하고, 교육의 변화를 평가할 수 있는 집행자로서의 자질이 있어야 한다.

3. 장학의 패러다임 변화

장학에 대한 패러다임 변화는 장학의 방향변화, 일반장학에서 수업장학 중시로의 변화, 장학의 성격변화, 장학에 대한 관점변화, 장학담당자의 역할변화 측면으로 분석해 볼 수 있다. 이를 구체적으로 살펴보면 다음과 같다(하종진, 2011: 16-19).

첫째, 장학은 행정기관중심에서 학교중심으로, 이론중심에서 현장중심으로, 획일적 방식에서 선택적 방식으로, 평가중심에서 지도·자문중심으로, 상하의 관계에서 동료의 관계로, 가르치고 배우는 형식에서 공동으로 문제를 해결하는 형식으로 그 기본적인 방향이 전환되고 있다(Fosnot, 1989: 139). 오늘날 장학은 과거의 감독적 기능, 다시 말하면 행정적 기능에서 수업의 질 향상에 초점을 두는 방향으로 발전되어 가고 있다. 즉, 과거의 장학이 교사의 평정을 목적으로 하였다면, 현대의 장학은 교실개선과 진보를 중심으로 협력적인 관계를 통한 교사의 수업개선에 목적이 있다. 따라서 장학의 목적인 수업개선을 위해서는 외부로부터 주어지는 교육청장학보다는 학교 자율로 이루어지는 자율장학으로의 방향전환이 필요하다. 수업개선의 주체는 교사이며, 교사의 전문적 성장은 교사의 능동성과 자율성을 기초로 이루어지기 때문이다.

둘째, 관리 · 행정적 업무에 중점을 두는 일반장학보다는 교실수업에 중점을 두는 수업장학이 중시되고 있다. 장학의 목적은 수업개선에 있다. 따라서 교육활동의 핵심은 교수-학습활동, 즉 수업이다. 수업은 교사의 가르치는 일과 학생의 배우는 일이 교육과정을 중심으로 학습환경 속에서 상호작용하는 것으로, 이 셋 중에서 교사의 교수행위에 변화를 주는 일이 가장 중요한 것이라 할 수 있는데, 이처럼 교사의 교수행위에 변화를 주는 일이 곧 수업장학이다(변영계, 1984: 78). 외부로부터 주어지는 장학에 의한 일회성의 수업장학으로는 교사, 학생, 학교에 대한 이해 부족으로 교사의 전문성을 신장시키는 수업장학활동을 전개하기에 어려움이 있다. 따라서 수업장학에 대한 교사의 거부감을 줄이고 적극적 참여를 유도하기 위해서는 학교현장에서 구성원 상호 간에 이루어지는 수업장학, 즉 자율장학 활동이 바람직하다고 할 수 있다.

셋째, 장학의 성격이 조직구성원 모두의 협동적 노력을 필요로 하는 협동적 리더십 양상으로 변화되었다. 장학의 역사는 학교교육에 대한 검열이나 감독 그리고 강세나 강요 등을 상조하는 관점에서부터 과학적 장학, 관료적 장학, 협동장학, 기술적 장학, 교육과정 개발, 임상장학, 경영적 장학 그리고 협동적 리더십에 이르기까지 다양하게 전개되어 왔다(Wiles & Bondi, 2002: 8).

가장 최근의 장학의 양상은 장학사(관) 또는 일부 교육행정가 등 소수의 사람만이 수행하는 활동이 아니라, 조직구성원 모두의 협동적 노력을 필요로 하는 협동적 리더십 양상으로 변화되었다. 이런 점에서 학교라는 조직의 구성원 모두가 참여하여 공동의 노력으로 이루어지는 자율장학은 사회적 · 경제적으로 가장 적합한 장학활동이라 할 수 있다.

넷째, 장학을 역할로 보는 관점에서 과정으로 보는 관점으로 변화되었다. 장학을 역할로 보면 장학은 단지 장학사(관) 또는 일부 교육행정가 등 소수의 사람만이 수행하는 공식적인 지도 · 조언활동이다. 그러나 장학을 과정으로 보면 교육현장에서 어떠한 형태로든지 교육개선과 관련하여 주고받는 공식적 또는 비공식적, 전문적 또는 일상적 지도 · 조언 행위에 관여하게 되는 모든 사람은 일종의 장학활동을 하게 되는 것으로 이해될 수 있다

(이윤식, 2001: 160). 장학을 과정으로 보는 경우에는 종래 장학사(관) 또는 일부 교육행정가의 전유물로 인식된 장학활동이 이제는 학교현장에 함께 생활하고 있는 교장, 교감, 수석교사, 부장교사, 일반교사들이 상호 신뢰 및 협력관계 속에서 참여할 수 있는 장학활동으로 그 의미에 있어서 커다란 전환을 이룬 것이라고 할 수 있다. 이미 오래전에 장학지도자는 단순히 장학사(관)뿐만 아니라 교장, 교감, 교과부장, 교육감, 교육학자, 교육연구원으로부터 학부모, 시민에 이르기까지 광범위하다(백현기, 1964b: 69).

다섯째, 장학담당자의 역할이 교원의 전문적인 성장을 촉진하는 성장촉진자로 변화하였다. 산업사회의 교육 패러다임은 획일화, 기계화, 대량생산이라는 시대적 요구에 따라 중앙통제적 교육과정과 결과중심적 교육을 지향했다. 그러나 정보화시대에 이르러서 학습자 개개인들의 요구, 흥미, 특성에 대한 가치를 중시하면서, 다양화, 창의성, 유연성 등을 요구하게 되고, 결과중심적 교육에서 과정중심적 교육으로의 전환을 꾀하고 있다. 산업시대에서 정보화시대로의 전환은 한마디로 교수중심적 교육환경에서 학습자중심의 교육환경으로의 전환을 의미한다. 시대에 따른 장학담당자의 역할은 검열관, 통제자, 참여자, 교육과정 개발자, 변화주도자, 문제해결자, 협력자, 수업지도자, 성장촉진자로 변하였다(Jones, 2000: 35). 이를 구체적으로 제시하면 〈표 10-1〉과 같다.

성장촉진자로서 장학담당자의 역할변화는 장학의 대상이 되는 교사의 자율성을 최대한 존중하고 보장해 주며 조력하는 장학담당자의 장학태도와 운영방법을 말한다. 장학에 대한 패러다임 변화는 교육행정기관 주도의 장학에서 학교 현장주도의 장학으로, 관리·행정중심의 장학에서 장학의 본질인 수업개선을 위한 장학으로, 장학담당자 주도의 장학에

〈표 10-1〉 장학담당자의 역할변화

시기	장학담당자의 역할
1800년대 중반	학교장-교사(principal-teacher)
1800년대 후반~1900년대 초반	검열관(inspector)
1920년대	통제자(controller, monitor)
1930~1940년대	참여자(participator), 교육과정 개발자(curriculum developer)
1950년대	변화주도자(change maker), 문제해결자(problem solver)
1960~1970년대	협력자(collaborator)
1980년대	수업지도자(instructional leader, coach)
1990년대 이후	성장촉진자(promoter of growth)

서 학교구성원이 함께하는 장학으로, 장학을 역할로 보는 관점에서 과정으로 보는 관점으로, 장학담당자의 지시 · 감독 · 통제하는 역할에서 자율 · 성장 · 발달을 촉진하는 역할로의 변화를 의미한다. 이는 곧 자율장학이 대두하는 배경이 되며, 외부로부터 주어지는 교육행정기관 주도의 장학과 대비되는 자율장학의 개념적 특징을 명확하게 하게 하는 요인이 된다.

4. 장학의 유형

수업은 학교조직의 수행활동 중 핵심이 되는 활동이다. 대부분의 학교에서 행정적 작용은 결국 양질의 수업을 제공하는 데에 목적이 있으며, 수업장학은 이러한 수업이라는 핵심적인 활동을 지원하기 위한 지도조언활동이다. 하지만 각 교사의 발달단계와 특성이 다르고, 수업개선에 따른 개개인 교사의 요구가 다를 수 있기 때문에 수업장학의 활동은 학교 내의 모든 교사에게 같은 내용으로 적용될 수 없을 것이다.

글래트혼(Glatthorn, 1984)은 이러한 생각을 바탕으로 선택적 장학(differentiated supervision)이란 아이디어를 제시하게 되는데, 선택적 장학은 교사의 발달단계, 특성, 개인적 요구에 따라 다음의 몇 가지 형태로 선택적으로 적용되는 장학의 형태이다.

요즘 학교현장에서 이루어지는 장학은 주로 교내(자율)장학의 형태로 진행되고 있는데, 이는 장학의 주체가 상부의 교육행정기관으로부터 일선학교로 전환되었다는 점에서 커다란 의의가 있다는 평가를 받고 있다.

1) 임상장학

임상장학(臨床奬學)이란 실제적인 교수행위를 직접 관찰하여 자료를 수집하고 수업개선을 위하여 장학담당자와 교사의 대면적 상호작용 속에서 교사의 행위와 활동을 분석하는 수업장학의 한 양상이다(Goldhammer et al., 1980). 의학에서 주로 사용되는 '임상(clinical)'이란 단어가 보통은 의사가 환자를 다룬다는 의미로 쓰이는 표현이라는 데에서 문제가 있는 교사를 다루게 된다는 다소 부정적 의미로 인식될 우려가 있으나, 여기서 임상이란 이론이 아닌 실제 병상에서 환자를 관찰하고 치료에 임한다는 의미로, 실제 학습에서 수업상황을 관찰하면서 수업을 개선해 나간다는 의미로 봐야 한다. 그러므로 임상장학이란 장학담당자가 실제 교실상황에서 수업상의 문제를 직접 확인하여, 교사에게 전문적인 도움을 주며 수업개선을 위하여 함께 노력한다는 것을 의미한다.

이에 따라 임상장학의 기본 전제는 다음과 같다.

첫째, 실제 교실수업의 현장에서 이루어진다. 마이크로티칭과 같이 교실이 아닌 곳에서 모의수업의 형태로도 가능한 것이 아니라 실제 수업의 진행이 이루어져야 함을 의미한다.

둘째, 교사와 학생, 장학담당자가 한 공간에서 대면적 관계로 이루어진다. 요즘은 빠르고 편리함에 따라 온라인 방식의 사이버(원격)장학이 많이 이루어지고 있다. 그러나 임상장학은 이러한 형태가 아닌 현장 대면상황에서 실시간으로 이루어지는 장학을 말한다.

셋째, 수업의 전 과정을 진행하고 이를 관찰하여 토의함을 원칙으로 한다. 마이크로티칭이나 수업시연 등은 대개 수업과정을 압축하여 축소된 수업형태로 진행한다. 그러나 임상장학은 수업의 시작에서 끝까지 온전히 전개하는 것을 원칙으로 한다.

임상장학은 교사와 학생 간의 상호작용에 초점을 둔 것으로 교사가 자신의 수업을 이해하고 개선할 수 있도록 지원해 주는 데 목적이 있으며, 교사와 장학담당자는 상호 협력적으로 과정을 이끌어 가게 된다.

임상장학의 기본가정은 ① 올바른 의사소통, ② 동료애 발휘, ③ 합리적인 수정, ④ 순환과정 적용, ⑤ 전문성 제고의 다섯 가지이며, 각각의 특징은 다음과 같이 설명할 수 있다(장이권, 1987: 29-32).

첫째, 임상장학에서 의사소통은 목적, 의사소통 매체, 통로, 내용, 수용자의 다섯 가지 개념으로 이루어져 있는데 이들 각각의 개념은 두 사람 간의 의사소통, 집단의 의사소통, 조직의 의사소통에 각각 적용된다. 의사소통에서 가장 큰 장애요인은 우리가 성급히 판단하려 하고 섣불리 인정하거나 부정하려고 하는 태도이다. 의사소통의 장애물을 피하기 위하여 장학담당자는 장애요인을 먼저 알아야 한다. 근본적인 장애요인은 교사의 흥미, 실천계획(program) 및 목표를 위한 관심이다. 의사소통을 개선하기 위하여 장학담당자는 좋은 경청자, 참된 경청자가 되어야 한다.

둘째, 임상장학에서 동료애 관계는 상호 의존적이고, 동료관계의 본질적인 요인은 상호 존중이다. 장학담당자가 교사와 같은 수준에서 자기 자신을 생각하는 것은 때로는 어렵다. 장학에 임하는 교사의 입장에서 볼 때 수동적이고 방어적이며 감정이 모호한 표현으로 나타난다. 상호관계에 기초를 둔 참된 동료관계는 관심과 조장을 공유하는 데 가장 큰 특성이 있으며, 그 상호관계를 형성시키는 데 중심적인 역할을 하는 사람은 장학담당자이다. 향상된 의사소통에 의한 임상장학 모형은 발전을 위한 상호관계에 기초를 두고 사전

협의회를 개최하는 것이다. 장학담당자는 그가 관심이 있는 일에 의사소통을 하며, 교사의 인식에 가치를 두어야 한다. 교사와 장학담당자의 관계는 양쪽이 허심탄회하고 교사가 좀 더 자발적인 태도를 보일수록 동료와 같은 관계가 된다.

셋째, 임상장학에서 합리적인 수정은 장학담당자가 교사에게 객관적인 관찰자료를 제공하고, 교사와 장학담당자가 협력해서 자료를 분석하고 수업에서 일어난 일에 관하여 합의점에 도달하는 것이다. 교사와 장학담당자는 자료를 해석하고 장학담당자는 교사의 반응, 즉 추측과 의견, 감정을 이끌어 내고 가능한 원인과 결과를 살펴본다. 교사와 장학담당자는 함께 미래의 행동에 관한 결정에 도달하게 된다. 이것이 선택적인 교사의 전략에 관한 결정이 되며, 학생을 위한 다른 목적, 또는 교사의 자기개선과 목표의 수정에 관한 결정이 된다.

임상장학의 합리적인 수정은 환류협의회에서 이루어진다. 교사와 장학담당자 간에 이루어지고 있는 가장 합리적인 수정방법을 살펴보면 다음과 같다.

- 객관적 관찰자료를 사용하여 교사에게 환류해 주기
- 교사의 추측과 의견 느낌을 끌어내기
- 선택적 수업목적, 방법, 이유를 고려하도록 교사에게 격려하기
- 교사에게 연습과 비교의 기회를 제공하기

합리적인 수정에 관심을 둔 장학담당자와 교사의 이상적인 환류협의회 형태는 관찰자료를 보여 주고, 수업사태를 분석하며, 미래의 선택적 접근을 결정해서 교사가 의도한 바를 강화시키는 일이다.

넷째, 임상장학에서 순환과정 모형 적용은 합리적인 수정에 관심을 두고 계획, 관찰, 분석의 체계적인 순환방법으로, 교수방법 개선에 초점을 두고 있다. 임상장학의 순환과정별로 필요한 최소한의 시간은 계획협의회에 10분, 수업관찰에 40~50분, 환류협의회에 30분씩 소요된다.

다섯째, 교사들의 임상장학에 관한 전문성을 제고하는 것은 개방적이고 지원적인 학교풍토를 조성함으로써 변화에 대한 저항을 줄이는 일이다. 즉, 교사들이 임상장학활동을 과중한 업무부담으로 여겨 귀찮게 생각하는 태도 등에 있어 저항감을 줄이도록 노력해야 한다는 것이다. 임상장학의 주요 목적은 무엇보다도 교사들의 태도변화에 있기 때문에 교사들이 변화하려는 의욕이 없는 한 임상장학은 성공할 수가 없다. 서지오반니와 스타랫

(Sergiovanni & Starratt, 2008)은 의미 있는 변화는 학교조직상 경력이 적은 교사들에게 먼저 일어나거나 받아들여지는 것이라고 말한다. 즉, 학교의 경우 교사들에게 먼저 변화가 일어나야만 학교가 의도하고 있는 정책이나 실천계획(program)의 변화가 가능해진다.

장학담당자들은 교사들의 업무수행 증진을 위해서도 더욱 새로운 발전을 가져오는 전문가로서의 역할을 통하여 충분히 기능을 다하는 이상적인 교사가 될 수 있도록 도와주어야 한다. 한편, 교사들은 자신을 전문가로 자처한다면 자신의 모습을 직시하고 업무수행의 폭을 줄이기 위한 변화의 노력을 스스로 기울여야 한다.

임상장학의 최초 제안자인 코간(Cogan, 1973)은 효과적인 임상장학의 단계를 다음의 8단계로 구분하였다.

- 제1단계: 교사와 장학담당자 간의 관계 만들기
- 제2단계: 교사와의 협의를 통한 수업계획 세우기
- 제3단계: 수업 관찰전략 세우기
- 제4단계: 수업 관찰하기
- 제5단계: 교수-학습과정 분석하기
- 제6단계: 교사와의 협의회 전략 세우기
- 제7단계: 교사와 협의하기
- 제8단계: 새로운 계획 세우기

이후 골드해머(Goldhammer, 1969)는 임상장학의 과정을 관찰 전 협의, 교실 관찰, 분석과 전략수립, 장학 협의, 그리고 협의 후 분석의 다섯 단계로 나누었다(김정한, 2009: 286에서 재인용).

- 제1단계: 관찰 전 협의 단계에서는 교사와 장학자의 신뢰할 수 있는 상호관계가 확립되고 관찰의 목적, 따라야 할 절차, 방법, 지침에 대한 논의가 이루어진다.
- 제2단계: 교실 관찰 단계에서는 장학자가 교수-학습 상황에서 일어나는 일들에 대하여 관찰하고 자료를 모은다.
- 제3단계: 분석과 전략의 탐색 단계에서는 수집된 관찰자료를 분석해서 어떤 의미를 파악하고 이해하기 쉽고 다루기 쉬운 형태로 만든다.
- 제4단계: 장학 협의회 단계에서는 교사에게 관찰에서 얻은 정보와 이를 분석한 자료

들을 보여 주고 그에 대하여 토의하고 필요한 조언을 제공한다.

- 제5단계: 협의 후 분석 단계에서는 장학자가 장학이 생산적으로 이루어졌는지, 교사가 장학을 통하여 도움을 받았는지를 살펴본다.

이러한 다섯 단계를 더 압축한 것이 오늘날 주로 많이 사용하는 ① 계획협의회, ② 수업관찰, ③ 피드백 협의회(관찰 후 협의회)의 3단계이다(주삼환 외, 2015: 356).

- 제1단계: 계획협의회 단계는 장학담당자와 교사 간 친밀한 관계를 형성하여 교사, 학급, 수업, 장학의 필요성 등에 대하여 상호 이해를 함께 하고, 사전계획을 세우며, 상호 약속을 하여 일종의 계약을 하는 단계라고 할 수 있다.
- 제2단계: 수업관찰 단계는 계획협의회에서 약속한 대로 약속한 도구로 필요한 객관적인 자료를 수집하기 위하여 교실을 방문하여 실제로 수업을 관찰하는 임상장학의 핵심적인 단계이다.
- 제3단계: 피드백 협의회(관찰 후 협의회) 단계는 수집된 자료를 놓고 협의하여 수업개선과 수업기술 향상의 전략을 모색하는 단계이다.

2) 동료장학

동료장학(peer supervision, collegiate or collegial supervision)이란 용어는 협력장학(cooperative supervision), 협동적 동료장학(cooperative peer supervision), 협동적 전문성 개발(cooperative professional development) 등 여러 말로 표현된다. 동료장학은 수업개선과 전문적 성장을 위하여 협동의식이 강하고 협동성에 높은 가치를 두고 있는 능력 있는 교사가 서로 어울려 노력하는 동료적 협동의 과정이다. 이 방법은 교사들이 장학기술을 습득하기 위하여 훈련을 받지 않고, 장시간의 집중적인 협의회도 갖지 않기 때문에 임상장학보다는 덜 집중적이고 덜 체계적이다.

그렇지만 경험 있고 능력 있는 교사 상호 간에 수업을 관찰하고 그 관찰에 관하여 피드백하고 공통적인 관심사에 대하여 토의하고 협동하는 동료적 과정이 이루어지므로 어떤 장학방법보다도 교사들 사이에 전문적 풍토와 대화가 창조되고 수업개선을 위한 새로운 아이디어가 교환될 수 있다. 동료장학에서 교장과 교감은 방임적 자세를 취하는 것이 아니라 동료장학의 지도자를 다시 지도해야 하는 지도자가 되는 것이다. 전통적 장학이나 상급자에 의한 장학은 거리감이 있고 서로를 잘 모르며 교사들이 피동적으로 움직이기 쉬운데, 이 동료장학은 교사들이 가지고 있는 자원과 전문성을 최대한 활용할 수 있고 자주성과 동기에 바탕을 둔다는 장점이 있다.

이와 같이 동료장학이란 일반적으로 둘 이상의 교사가 서로 수업을 관찰하고, 관찰사항에 관하여 상호 조언하며, 서로의 전문적 관심사에 대하여 토의함으로써 자신들의 전문적 성장을 위하여 함께 연구하는 꽤 공식화된 과정을 말한다. 동료장학은 2, 3명의 교사가 서로 바꾸어 관찰하는 소규모의 프로그램에서부터 한 팀의 교사들이 수업기능의 여러 가지 측면에서 협동하는 매우 야심적이고 종합적인 계획에 이르기까지 여러 형태가 있다.

동료장학의 기본적 특성을 열거하면 다음과 같다(고영희, 1983).

- 동료관계는 꽤 형식적이고 제도적이다. 그것은 친밀한 관계에 있는 둘 이상의 교사들이 우연히 방문하는 단순한 비공식적 교류는 아니다.
- 수업연구의 경우 교사들은 최소한도 두 번 이상 서로의 수업을 관찰하고 관찰 후에는 협의회를 갖는 데 동의한다.
- 동료관계는 동료들 상호 간에만 존재하며, 행정가나 장학담당자들이 동료장학 프로그램에 참여하여 때로는 지도하기도 하지만 관찰, 협의회 및 토의에는 교사들만 참여한다.
- 동료관계는 평가적인 것이 아니다. 그것은 표준평가체제(standard evaluation systems)를 대신하는 것이 아니고 보완하려는 것이다. 관찰이나 협의회의 자료는 행정가에게 나누어지지 않으며 평가과정의 일부로도 사용되지 않는다.

동료장학은 최근에 다음 몇 가지 이유로 해서 많은 교육자의 관심을 끌어왔다. 이러한 과정에서 동료장학은 몇 가지 독특한 유형을 갖게 되었다.

(1) 수업연구중심 동료장학의 유형

수업연구 또는 수업공개를 중심으로 한 유형은 임상장학의 유형과 기본적으로 유사한 점이 많다. 임상장학을 근간으로 하여, 동학년 교사들 또는 동교과 교원들이 공동으로 수업 공개를 계획하고, 수업을 관찰하며, 이에 대한 의견을 교환하게 되는 것이다. 동료장학의 유형을 임상장학의 유형과 동일하게 계획수립 단계, 수업관찰 단계, 피드백 협의 단계로 제시하나 학교의 형편과 교원들의 필요와 요구에 따라 융통성 있게 변형하여 적용할 수 있을 것이다.

① **계획수립**

제1단계는 계획수립이다. 계획수립에서는 필요에 따라 2회 이상의 협의를 통하여 자율적이고 협력적인 분위기를 조성하고, 수업공개자 또는 연구발표자를 선정하며, 수업연구 과제를 확인 · 선정하고, 이의 개략적이고 잠정적인 해결 · 개선 방안에 대하여 논의하며, 수업상황에 대한 정보를 교환한다. 수업관찰 이전까지 상호 간 사전 교재연구를 진행하고, 수업지도안에 대한 협의회를 기초로 수업지도안을 완성하며, 필요한 수업자료를 준비하고 수업환경을 조성한다.

② **수업관찰**

제2단계는 수업관찰이다. 수업관찰에서 교사들은 작성된 수업지도안을 다시 한 번 확인하여 전개될 수업활동의 전반적인 과정에 대한 이해를 높인다. 수업공개 또는 연구발표 교사는 수업지도안에 따라 수업을 실시하고, 수업참관 교사들은 이미 계획된 역할분담에 따른 수업관찰을 실시하여 연구과제 해결 또는 수업개선을 위한 구체적이고 객관적인 자료를 수집한다. 수업참관 교사들은 수업관찰 결과를 분석 · 정리하여 차후 피드백 협의회를 위한 자료를 작성한다.

③ **피드백 협의회**

3단계는 피드백 협의이다. 피드백 협의에서는 수업관찰 결과를 중심으로 하여 동료장학에 참여한 교사들 간에 상호 협동적이고 동료적인 분위기에서 자유로운 논의를 통해 수업연구 과제의 해결 · 개선 또는 수업개선을 위한 방안을 설정하며, 설정된 방안을 실제 수업에 적용 · 평가해 보기 위하여 추가적인 수업관찰을 계획하거나, 혹은 설정된 방안을 일반화하기 위한 노력과 교사들 스스로 자기적용 · 자기평가의 노력을 하도록 한다. 수행된 장학활동의 전 과정에 대한 반성 · 평가가 시도된다. 피드백 협의회는 가능한 한 수업실시 · 관찰의 기억이 생생한 수업관찰 후 당일에 갖도록 한다.

(2) 협의중심 동료장학의 유형

협의중심의 동료장학은 동료교사들 간에 공식적이거나 비공식적인 일련의 협의를 통하여 어떤 주제에 관하여 서로 경험, 정보, 아이디어, 도움, 충고, 조언 등을 교환하거나 서로의 공동 관심사 협의 혹은 공동과업을 추진하는 활동을 의미한다. 학교현장에서 흔히 볼 수 있는 동학년 협의회, 동교과 협의회, 동부서 협의회 등이 대표적인 형태이다.

협의주제 영역은 교사의 전문적 발달, 교사의 개인적 발달 그리고 학교의 조직적 발달 등 전반 영역이며 수업연구 또는 공개수업 중심의 동료장학이 교사의 전문적 발달 영역의 교과지도에 초점이 주어져 있다면, 협의중심의 동료장학은 교과지도 이외에도 교사의 교육철학이나 교직관, 교육목표 · 계획, 생활지도, 특별활동지도, 교육기자재 활용, 학급관리 · 경영, 교육정보 · 시사, 학부모 · 지역사회와의 유대, 각종 교육문제의 이해 등 그 협의 주제가 상당히 다양하다고 하겠다.

따라서 교사의 신체적 · 정서적 건강과 성격이나 자아개념, 교사의 가정생활 및 사회생활과 관련한 여러 문제 또는 관심사, 교사의 취미나 흥미, 교사의 종교 등을 포함하는 교사의 개인적 발달 영역에 관해서도 동료 교사들 간의 공식적 또는 비공식적 접촉을 통하여 서로의 도움을 주고받을 수 있다.

동료장학과 관련하여 교장과 교감은 동료교사들 간의 각종 공식적 그리고 비공식적인 협의와 접촉을 조성 · 지원 · 격려하고, 이것이 보다 교사의 전문적 발달, 개인적 발달 그리고 학교 전체의 조직적 발달에 긍정적인 방향으로 연결되도록 합리적이고 민주적인 지도성을 발휘해야 할 것이다. 특히 학교 내 동료 교직원들 간의 인간관계를 중심으로 자연발생적으로 형성되어 있는 여러 가지 비공식조직에 대한 이해와 그것의 효율적인 활용을 위한 노력이 요구된다.

동료장학의 방법은 다양하게 나타날 수 있겠으나, 동일 교과, 동일 학년 교사 간 또는 관심분야가 같은 교사들끼리 수업에 관한 아이디어나 기술을 공유하고 도와주는 것이 일반적인 형태이다. 아울러 동료장학은 중간 정도의 발달단계에 있는 교사, 동료와의 협력적인 관계의 교사, 관심분야가 같은 교사들에게 권할 만한 형태이다.

주삼환(2003)은 동료장학의 형태로 다음의 일곱 가지 형태를 제시한다.

- **비공식적 관찰 · 협의**: 피관찰 교사의 희망에 따라 수업을 관찰하고 피드백을 제공
- **초점관찰 및 자료제공**: 피관찰 교사가 관심을 갖는 내용에 초점을 맞추어 수업관찰 도구로 관찰한 후 수업자에게 관찰자료를 제공하여 분석이나 평가를 하도록 도움을 제공
- **소규모 현직 연수위원회**: 교사 3~5명이 집단을 이루어 집단의 요구분석에 따라 수업관찰, 분석, 피드백 제공, 관찰기록 공유 등을 통해 현직연수의 목표를 달성
- **팀티칭**: 팀티칭을 통해 자연스럽게 수업을 관찰하고 피드백 제공

- 임상장학에 의한 동료장학: 훈련받은 동료교사를 통한 임상장학
- 동료 코치: 수업관찰을 통해 자료를 제공하는 제공적 코치, 임상장학의 전 과정을 거치면서 공동으로 문제해결을 위하여 노력하는 협동적 코치, 전문가로서 도움을 주는 전문적 코치의 세 명의 동료 코치로 구성
- 동료연수회: 유능한 동료교사의 강연, 실험 및 실기연수, 수업촬영 내용 시청

최근 들어서는 교육청의 소속 장학사(관)들이 장학업무보다는 행정업무를 주로 맡게 되고, 수업을 떠나 있는 장학사(관)들의 장학활동에 대해 교사들의 신뢰감을 가지지 않을 뿐만 아니라 지원보다는 평가에 가깝게 생각하는 거부감을 가지게 됨으로써 교육청 소속의 장학사(관)에 의한 장학활동보다는 교내외의 수석교사나 경력교사에게 수업컨설팅을 받는 사례가 늘어나고 있는 것이 현실이다. 특히 신임교사를 대상으로 하여 수석교사나 경력교사가 멘토(mentor)가 되는 수업컨설팅이 이루어지는 것이 일반화되고 있다.

동료장학은 학교 내의 수업전문성을 가진 수석교사와 경력교사를 최대한 활용할 수 있고, 동료교사 간에 보다 긍정적인 인간관계를 만들게 되며, 이를 계기로 교사의 전문성 신장을 위한 학습공동체를 만들어 갈 수 있다는 점에 그 의의가 있다.

3) 자기장학

자기장학(self-supervision, self-directed supervision)이란 교사가 혼자 독립적으로 자신의 전문성 신장을 위하여 연구하는 과정이다. 원칙적으로 교사 자신의 필요와 요구를 존중하여 다양한 방법으로 전개되어야 한다. 장학담당자의 지도가 없어도 자신의 전문성 향상을 위하여 노력할 수 있는 의지와 능력이 있는 교사들에 대하여는 교사 스스로가 자기장학을 해 나가도록 유도하는 것이 바람직하다(강영삼, 1994).

교사는 전문직 종사자로서 자기성장과 자기발전 · 자기계발을 위하여 끊임없이 노력해야 한다는 당위성에서도 자기장학의 의미는 크다. 교장, 교감 그리고 장학담당자들은 교원들이 일반적으로 자기발전을 위한 의지와 능력을 가지고 있음을 충분히 이해하고 이를 격려 · 촉진하기 위하여 필요한 여건을 조성하고 자원을 아끼지 말아야 할 것이다.

자기장학은 원칙적으로 교사 자신의 필요한 요구를 존중하여 다양한 방법으로 전개되어야 한다. 장학담당자의 지도가 없이도 스스로 자신의 전문성 향상을 위하여 노력할 수 있는 의지와 능력이 충분히 있는 교사들에 대해서는 교사 스스로 자율적으로 자기장학을

해 나가도록 유도하는 것이 바람직할 것이다.

선택적 장학프로그램에 사용될 때 자기장학은 네 가지 특성을 갖는 전문적 성장의 과정이 된다.

- 교사 개인이 성장의 프로그램에 의거 독립적으로 연구한다.
- 교사 개인이 목표지향적인 전문적 개선 프로그램을 개발하고 추구한다.
- 교사 개인은 그러한 목표를 달성함에 있어서 다양한 자원에 접근한다.
- 자기장학 프로그램의 결과는 교사의 직무평가에 사용되지 않는다.

이러한 네 가지 특성은 자기장학적 전문성 성장과 다른 선택적 장학프로그램이나 다른 현직연수의 유형을 구별하고 있다(조병효, 1995).

자기장학의 추진과정은 계획수립 단계, 실행단계, 결과협의 단계로 진행된다.

① 계획수립: 계획수립 단계에서는 교사가 자신의 필요와 요구에 근거하여 독립적으로 전문적 영역(교과지도, 생활지도, 학급경영 등)에서 일정기간(1학기 또는 1년간) 자기발전을 위하여 연구할 과제를 선정하며, 설정된 연구 과제를 해결하기 위하여 요구되는 방법 및 일정 등을 포함한 구체적인 활동계획을 수립한다. 그리고 교장과 교감으로부터 지원받기를 원하는 시청각기자재, 전문서적 및 자료, 정보, 경제적 지원 그리고 시간적 도움을 구체화하며, 연구과제의 해결 여부를 평가할 수 있는 기준과 방법을 구안하고, 교사가 나름대로 자기장학의 계획을 수립한 후에는 교장 · 교감과 협의를 통해 필요한 경우 수정을 거쳐 최종 확정하고 상호 서명한다.

② 실행: 실행단계에서는 교사는 정해진 기간, 수립된 계획에 따라 자기장학활동을 전개하고, 선정된 과제와 관련하여 문헌연구, 전문가 면담, 각종 연수 참석 등을 통하여 얻어진 아이디어나 정보를 기초로 연구과제의 해결에 관한 보고서를 작성할 수 있으며, 자기장학을 실행해 나가는 기간 중에도 필요한 경우에는 수시로 장학담당자와 협의를 가지며, 장학담당자인 교장이나 교감은 교사가 요구하는 지원사항을 적극적으로 격려 · 지원하도록 배려한다.

③ 결과협의: 결과협의 단계에서는, 우선 교사가 실천한 자기장학의 과정과 결과에 대하여 스스로 분석 · 평가하고, 그 내용을 서면으로 정리하여 장학담당자와의 결과협의를 위한 자료로 활용한다. 그리고 장학담당자와 교사는 서면으로 정리된 분석 · 평

가 내용을 중심으로 만족스러운 점, 개선을 요하는 점 등에 관한 의견을 교환하며, 교장과 교감은 교사의 자기장학 실천의지 및 능력을 격려하고 계속적인 노력을 지원한다. 자기장학을 통하여 얻어진 유익한 아이디어나 정보를 일반화하거나 동료교사들에게 전파하도록 한다.

교사는 전문직 종사자로서 자기성장과 자기발전을 위한 끊임없는 노력을 경주할 것이 요구된다는 당위성에서도 자기장학의 의미는 크다 하겠으며 전문적 · 개인적 성장에 큰 도움을 줄 것이다.

교사가 활용할 수 있는 자기장학의 방법은 교사 개인의 흥미와 요구, 자신이 선호하는 방법, 근무하는 기관 등에 따라 다양하게 사용될 수 있으며, 많은 연구에서 다양한 자기장학의 방법을 제시하고 있다(이윤식, 2001).

구체적인 자기장학의 방법은 다음과 같다.

- 수업분석으로 스스로 자신의 수업을 녹음 또는 녹화하고 이를 분석하여 자기반성 및 자기발전의 자료로 삼는 방법이다.
- 자기평가 도구 사용으로 교사평가 체크리스트를 이용하여 자신의 교육활동을 평가 · 분석하여 자기반성 및 자기발전의 자료로 삼는 방법이다.
- 자신의 수업, 특별활동지도, 생활지도, 학급경영 등에 관하여 학생 면담이나 학생을 대상으로 한 의견조사를 통해 자기반성 및 자기발전의 자료를 수집하는 방법이다.
- 현장연구로 1인 1과제 연구 혹은 개인연구 등을 통하여 자기발전을 도모하는 방법이다.
- 교직활동 전반에 관련된 전문서적이나 전문자료를 탐독 · 활용하여 자기발전의 자료로 삼는 방법이다.
- 전공교과 영역, 교육학 영역 또는 관련 영역에서의 대학원과정(4년제과정, 방송통신대학과정 등) 수강을 통하여 자기발전을 도모하는 방법이다.
- 교직전문단체, 연구기관, 학술단체, 대학 또는 관련 사회기관이나 단체 등 전문기관을 방문하거나 전문가와의 면담을 통하여 자료를 수집하며 전문적인 활동에 참여하는 방법이다.
- 교육활동에 관련이 되는 현장에 대한 방문이나 견학 등을 통하여 자기발전의 자료를 수집하는 방법이다.

- 각종 연수회, 교과연구회, 학술발표회, 강연회, 시범수업 공개회의 등에 참석하거나 기관 상호 방문프로그램에 참석하여 자기발전을 도모하는 방법이다.
- TV와 라디오 등의 방송매체가 제공하는 교육연수 프로그램이나 교육연수와 관련된 비디오테이프 등의 시청을 통하여 자기발전을 도모하는 방법이다.
- 인터넷을 통하여 에듀넷이나 각종 교육관련 기관 및 단체 등에서 자기발전의 정보, 자료를 검색 · 수집하는 방법이다.

교사들은 가르치는 일을 수행하는 전문가이기 때문에 급변하는 사회의 정보와 지식, 문화 등에 끊임없이 관심을 가지고 받아들여야 하는 과정이 필요하다. 아울러 전문가로서의 전문성과 자율성이야말로 자신이 필요로 하는 정보와 지식을 선택하여 이를 습득하는 능력으로 이어진다. 그러므로 어느 정도 성장할 수 있는 능력을 갖추었다고 보는 발달단계의 교사와, 상당한 교직경험을 가진 유능한 교사, 혼자 나름의 수업기술을 익히고자 하는 교사에게 적합한 장학의 형태라 할 수 있겠다.

전문가로서의 교사에 대한 장학은 교사 자신에 의해 자율적으로 이루어져야 한다는 점에서, 자기장학은 이상적이고 바람직한 장학의 형태로 평가되기도 한다. 그러나 장학의 의미 자체가 우수한 전문가의 지도와 조언을 핵심으로 한다는 점에서 자기장학은 개념상 모순되는 것으로 평가되고 있다(윤정일 외, 2008). 그러나 자기장학을 교육활동, 특히 수업에 대한 교사 스스로의 반성적 사고를 바탕으로 한 전문성 신장 촉진의 한 방법으로 인정해 주어야 할 것이며, 아울러 이러한 자율적인 노력을 격려해 주어야 할 것이다.

4) 자체연수

자체연수는 교내활동의 개선을 위하여 교직원들의 필요와 요구에 대해 교내 · 외의 인적 · 물적 자원을 활용하여 학교 자체에서 실시하는 연수활동이다. 또는 자체연수는 교수-학습방법의 개선, 의식개혁, 교직실무에 관한 새로운 방법을 습득하기 위하여 교내 자체인사나 외부 인사를 초빙하여 학교 안에서 연수를 실시하는 것이다(남정걸, 1999).

자체연수는 교직원들의 전문직 발달, 개인적 발달, 학교의 조직적 발달을 지향하여, 교장, 교감, 수석교사, 부장교사, 교사, 행정 · 관리직원을 포함하여 교내 · 외의 교직원 또는 외부 전문가나 장학요원들이 연수담당자가 되어 진행한다. 학교교육에 대한 학부모의 참여를 높이기 위하여 전문적 지식이나 경험이 있는 학부모 교육과 관련하여 좋은 지식 · 정보 · 경험을 교직원들에게 나누어 줄 수 있는 학부모, 특정 분야에 종사하고 있는 학부모를 강사로 초대하여 자체연수를 진행할 수도 있다.

자체연수는 학교가 주도하는 연수로서 연수가 교내뿐만 아니라 야외연수, 현장견학 및 탐방연수 등과 같이 교외에서도 다양하게 이루어질 수 있다.

교내 자체연수의 주요 특징은 다음과 같다.

- 교사의 자율성과 협동심을 기초로 한다.
- 학교의 형편과 교사의 필요와 요구에 기초하여 그 내용과 방법에 있어 다양하고 융통성 있게 운영한다.
- 교사의 전문적인 발달뿐 아니라 개인적 발달 그리고 학교의 조직적 발달까지 도모할 수 있다.
- 학교의 전반적 운영계획과 연계하여 원칙적으로 일정계획에 의거해 실시한다.

효과적인 자체연수를 위해서는 교사들의 연수에 대한 필요와 욕구를 존중하고, 연수의 계획에서 실행 그리고 평가의 전 과정에 걸쳐 교사들의 능동적이고 적극적인 참여를 지원 · 촉진하여야 할 것이며, 연수의 내용과 방법도 가능하다면 다양화되어야 할 것이다. 그리고 수업부담의 경감 등을 통하여 명실상부한 교내 연수의 실시와 이에 적극적으로 참여할 수 있는 시간적 여유를 확보하는 것이 무엇보다도 시급하다.

5. 수업컨설팅

1) 수업컨설팅의 개념

교사 스스로가 자신의 수업방법 개선을 위하여 수업을 공개하고, 수업전문가로 구성된 컨설턴트의 자문을 받아가며 스스로의 문제점을 해결해 나가려고 하는 수업컨설팅이 학교현장에서는 호평을 받고 있다. 수업컨설팅은 종전의 교육청중심의 장학지도 형태에 컨설팅의 개념을 도입하여 학교가 자율적으로 시행하고자 하는 노력으로 볼 수 있으며, 그동안에 수행되어 왔던 장학형식에 맞서는 새로운 시도라 볼 수 있다. 행정적이고 집단적이며 형식적이었던 과거의 장학의 형식에서 벗어나 장학의 본질에 걸맞는 교수-학습활동으로의 질적인 향상과 교사들의 민주적 참여를 유도하는 형태로 바뀌어 나가야 한다는 요구의 결과이다. 수업컨설팅에 대한 개념은 다음과 같이 다양하게 정의되고 있다.

수업컨설팅은 의뢰교사가 문제를 의뢰하면, 컨설턴트 교사가 수업전문성 기준과 수업관찰이나 면담, 자료 등에 기초하여 문제점을 확인하고, 수집된 객관적 자료를 분석하여 문제와 관련된 교사의 수행수준을 진단하여, 진단결과에 대해 적절한 조언과 처방을 내리는 일련의 문제해결력의 지원과정이다(이화진 외, 2006). 그리고 수업능력이 이미 검증된 교사들이 동료교사들의 수업을 개선하도록 도와주는 활동으로 지도보다는 상담에 초점을 두고 있으며, 장학에 비해 의뢰교사와 컨설턴트가 한층 더 평등하고 상호작용적인 관계에 있는 것이다(이용숙, 2007). 실제 수업상황 속에서 수업의 한 주체로서의 교사의 고민, 필요, 딜레마 상황 등에 초점을 맞추어, 수업자 자신, 동료교사, 외부의 수업컨설팅 전문가 등이 협력하여 지속적으로 수업에 대한 진단, 처방, 실행을 통해 실질적인 개선을 이루어 가는 자기주도적인 전문성 신장의 과정이다(설규주, 2007).

로젠필드(Rosenfield, 1987)는 수업에 관한 컨설팅 개념을 도입하면서, 문제를 의뢰하는 의뢰자로서의 교사를 통해 학습문제를 가진 학습자에게 간접적 서비스를 하는 것으로 보았으며, 수업을 체계적 관점에서 접근하여 학습자나 교사에게서 문제의 원인을 찾는 것이 아니라 학습자와 부적절한 수업 간의 잘못된 수업적 결함(instructional mismatch)을 진단하고 해결하는 데 초점을 두는 활동으로 보았다. 그러므로 수업장학은 그 초점이 학생의 학습문제 해결을 위한 교사의 행동수정으로 교사들의 수업과 관련된 지식이나 수업기술의 향상에 있는 반면, 수업컨설팅은 교수-학습과정의 문제의 원인에 따라 교사의 역량강화 이외에도 수행공학(performance technology)적 차원에서의 접근으로도 문을 열어 두고 있다.

수업장학과 수업컨설팅의 개념을 비교해 보면 〈표 10-2〉와 같다.

〈표 10-2〉 수업장학과 수업컨설팅의 개념 비교

준거	수업장학	수업컨설팅
영역	• 교사의 교수-학습 관련 영역	• 의뢰인이 요청하는 수업 관련 문제
참여자 간 관계	• 장학담당자 및 장학 대상자의 상하관계	• 의뢰인과 수업 컨설턴트의 수평적 관계
구체적인 과업 및 과업결정 과정	• 문제 진단, 대안수립, 해결과정 지원 • 장학담당자가 사전계획을 세우거나, 장학담당자와 장학대상자의 협의를 통해 과업결정	• 문제 진단, 대안수립, 교육 · 훈련, 해결과정 지원, 자원 발굴 및 조직, 네트워킹 • 의뢰인과 수업 컨설턴트가 협의하여 결정

역할의 특성	• 장학담당자가 가지는 지위와 역할에서 오는 형식적 전문성 중심	• 의뢰인의 문제해결을 도와줄 수 있는 실질적 전문성 중심
책임소재	• 장학활동의 최종 책임은 장학담당자에게 있음	• 수업 컨설턴트는 자문과 지원의 역할을 수행할 뿐, 책임이나 지시의 권한은 없음 • 수업 컨설팅의 최종 책임은 의뢰인에게 있음
결과의 활용	• 전문성 향상 및 교사평가 자료	• 의뢰인의 전문성 향상

출처: 김도기(2009). 학교 컨설팅의 이해와 활성화 방향.

수업컨설팅의 기본 가정을 충족해 줄 수 있는 이론의 하나인 인간수행공학(Human Performance Technology: HPT)은 인간 수행의 개선에 초점이 있으며, 체제적 관점에서 체계적 접근을 의도하고 있는데, 여기서 체제적 관점이란 수업의 과정을 투입요소, 상위체제, 하위체제 그리고 산출물에 따른 순환적 피드백 차원에서 접근함으로써 수업에 영향을 미치는 총체적인 요소를 밀접한 상호관계성 차원에서 바라보는 것을 의미한다. 그리고 체계적 접근이란 문제해결을 위한 접근에서 보다 단계적이고 과학적인 접근방법을 사용함을 의미한다(이상수, 2009).

수업컨설팅은 학교컨설팅의 원리와 방법을 장학에 적용한 것으로도 볼 수 있는데, 기존의 장학의 한계를 극복하고 교원들의 사발적이고 적극적인 참여를 바탕으로 수업의 개선을 도모함으로써 학생들에게 질적 향상을 가져올 수 있도록 도우는 장학의 본질에 더욱 가까워지는 장학의 형태이다.

2) 수업컨설팅의 구성요소

수업컨설팅이 적절하게 이루어지려면 이를 구성하는 기본요소들이 충족되어야 한다. 수업컨설팅이 컨설팅장학을 토대로 이루어지기 때문에 구성요소 역시 이와 유사하다. 수업컨설팅의 구성요소는 목표, 대상, 과업, 의뢰인, 컨설턴트, 컨설팅 관리자의 여섯 가지로 구분하여 제시할 수 있다(진동섭 외, 2011).

(1) 목표

수업컨설팅의 목표는 교사의 수업개선이다. 수업과 관련한 문제 또는 과제를 가지고 있는 교사가 컨설턴트에게 컨설팅을 의뢰하면, 컨설턴트는 이를 해결할 수 있는 다양한 방안을 개발하여 의뢰인에게 제공하게 되고, 의뢰인은 컨설턴트가 제안한 해결방안들을 실행에 옮겨 자신이 당면하고 있는 문제나 과제를 해결한다. 의뢰인이 당면하고 있는 문제나 과제의 지속적인 해결은 최종적으로 해당 교사의 수업개선으로 귀결된다.

(2) 대상

수업컨설팅의 대상은 교사의 수업과 직간접적으로 관련된 문제 또는 과제를 의미한다. 수업방법의 개선, 수업설계능력 함양, 새로운 수업방법 습득, 수업분석법 학습, 수업평가 등 교사의 수업과 관련된 문제라면 어떤 것이든 컨설팅의 대상이 될 수 있는 것이다. 다만, 이러한 문제나 과제들이 실제로 컨설팅의 대상으로 결정되는지의 여부는 컨설턴트의 존재여부와 같은 수업 컨설팅의 다양한 상황에 영향을 받게 된다.

(3) 과업

수업컨설팅의 가장 중요한 과업은 의뢰인인 교사가 필요로 하는 전문적 도움을 제공함으로써 의뢰인의 수업과 관련된 전문적 성장과 발달을 돕는 것이다. 즉, 수업컨설팅의 가장 중요한 과업은 교사의 수업개선이라고 할 수 있다.

교사의 수업개선을 도와주는 구체적인 과업으로는 ① 의뢰 교사의 문제에 대한 정확한 진단, ② 의뢰 교사의 문제를 해결할 수 있는 방안의 개발과 그것의 실행에 필요한 여러 가지 지원, ③ 의뢰 교사를 대상으로 한 교육과 훈련, ④ 수업 또는 수업컨설팅 우수사례의 발굴 및 의뢰인과 비슷한 어려움을 겪고 있는 교사들에 대한 문제해결 사례와 정보제공 등이 있다.

(4) 의뢰인

수업컨설팅에 있어 의뢰인은 일반적으로 교사이다. 물론 교사가 아닌 교장이나 교감이 의뢰인이 될 수도 있지만, 교장이나 교감은 직접 수업을 담당하지 않는다는 점에서 수업과 관련된 컨설팅을 의뢰할 가능성은 높지 않다고 할 수 있다. 교사들은 자신의 수업에 직간접적으로 영향을 미치는 모든 문제나 과제에 대하여 컨설팅을 요청할 수 있다. 또한 교원양성기관에 재학하고 있는 학생들 역시 수업컨설팅의 잠재적인 의뢰인이라고 할 수 있다.

(5) 컨설턴트

수업컨설팅에 있어서 컨설턴트의 자격은 정확하게 명시되어 있지 않다. 수업컨설턴트의 요건으로 각종 수업개선 연구대회 및 수업실기대회 입상, 성취도평가 출제위원 경험 등을 제시하는 경우도 많이 있지만 엄밀히 말하여 이것이 컨설턴트의 자격요건이라고 할 수는 없다.

학교컨설팅의 원리 중 전문성의 원리에 의하면, 의뢰인의 문제를 해결할 수 있는 전문성을 가지고 있다면 누구든지 컨설턴트가 될 수 있다. 교장이든, 교감이든, 수석교사든, 동료교사든, 외부인이든 가장 중요한 것은 의뢰인의 문제를 해결할 수 있는 전문적 지식과 기술의 구비여부이다. 수업컨설팅의 원리에서 언급한 것처럼 의뢰인과 컨설턴트가 원활하고 수평적인 의사소통이 이루어지며, 의뢰인인 교사들이 선호하는 우수한 동료교사가 가장 유력한 컨설턴트 후보라고 할 수 있다.

(6) 컨설팅 관리자

수업컨설팅에서 컨설턴트를 찾는 것은 부동산컨설팅이나 금융컨설팅, 법률컨설팅 등 일반 컨설팅에서 컨설턴트를 찾는 것보다 훨씬 어렵다. 도움을 필요로 하는 교사는 많으나 그들에게 도움을 줄 수 있는 사람이 누구이며 어디에 있는지는 잘 알려져 있지 않다. 학교에서는 공개적으로 도움을 주고받는 문화가 아직 정착되어 있지 않고, 오히려 동료교사에게 도움을 요청하지 않는 것이 미덕이라고 간주되고 있기 때문이다. 따라서 수업컨설팅이 이루어지기 위해서는 도움을 받고자 하는 의뢰인과 도움을 줄 수 있는 컨설턴트를 연결시켜 주는 고리가 필요한데, 우리는 이 역할을 하는 사람이나 조직을 컨설팅 관리자라고 일컫는다. 수업컨설팅 관리자는 개인이 될 수도 있고 집단이 될 수도 있다. 교내에서 실시하는 수업컨설팅의 경우에는 특정 교사나 교장, 교감이 컨설팅 관리자의 역할을 수행할 수 있다. 하지만 교육청 단위에서 수업컨설팅이 운영되는 경우, 기관 혹은 부서 전체가 컨설팅 관리자의 역할을 수행하게 된다.

3) 수업컨설팅의 기본원리

수업컨설팅은 장학과는 다른 특성을 가졌으며 수업컨설팅에서 기본이 되는 원칙 또한 장학과는 다른 이론적 토대를 지녔다고 할 수 있다. 수업컨설팅이 장학과 다른 특성을 갖게 하는 것이 수업컨설팅의 원리이다. 수업컨설팅은 학교컨설팅의 하위 개념이면서 하나의 유형이다(진동섭, 김도기, 2005). 따라서 수업컨설팅에는 학교컨설팅의 의미와 원리가 담겨있다. 여섯 가지의 원리를 살펴보면 다음과 같다(이진옥, 2014: 23-25).

첫째, 자발성의 원리는 의뢰 교사가 스스로 자신의 문제를 인식하고 이를 해결하고자 자발적으로 전문가의 도움을 요청하는 것이다. 이것이 기존의 장학과 차별화된 핵심적인 원리라고 할 수 있다. 하지만 교사 스스로가 도움이 필요하다는 것은 인지할지라도 여러 가지 이유로 컨설팅 참여를 망설이는 경우가 있다. 따라서 이들의 자발적인 참여를 이끌어 내기 위한 노력이 필요하다. 그럼에도 컨설팅의 최종 결정권은 의뢰인에게 있다.

둘째, 전문성의 원리는 자발성의 원리와 함께 컨설팅 장학의 핵심요소이며 수업컨설팅을 과정으로서의 장학에 대한 관점으로 보기 때문에(진동섭, 김도기, 2005) 컨설팅의 효과 · 성과는 컨설턴트의 전문성, 즉 컨설팅의 내용에 대한 전문성, 전달하는 방법에 대한 전문성을 가진 컨설턴트에 있다고 봐도 무리가 아니다. 따라서 컨설턴트는 학력, 경력, 학교조직 내 위치와 무관하게 실제적인 과제해결능력(조영숙, 2009)만 있다면 가능하다. 이 때문에 컨설턴트는 전문성을 높이기 위한 계속적인 자기 노력이 필요하다.

셋째, 자문성의 원리는 컨설팅 장학의 컨설턴트가 만능 해결사가 아니라는 것에서 시작된다. 즉, 컨설턴트는 교사가 해결해 나가야 하는 문제에 대한 조언과 자문을 하는 역할을 하는 것이므로 컨설팅에 대한 결정과 그 결과에 대한 책임이 의뢰인 자신에게 있다는 것을 주지시켜야 한다(진동섭, 홍창남, 김도기, 2011). 컨설턴트가 교사를 대신하여 문제를 해결하는 것이 아니라는 것이다. 자칫 컨설턴트가 모든 것을 해결하고 정답을 얻고자 하는 경우가 있는데, 이 같은 생각을 하지 않도록 수업컨설팅에 대한 충분한 설명도 필요하다. 또한 교사가 능동적 · 자발적인 자세로 스스로 문제를 인식하여 컨설팅을 요청하고 조언을 수용하여 해결해 나가는 것이 수업컨설팅이므로 최종 결과에 대한 책임은 컨설턴트가 아닌 교사에게 있다는 것이다.

넷째, 독립성의 원리는 컨설팅과 관련된 관리자, 컨설턴트, 의뢰 교사가 수직적인 상하 관계가 아닌 서로 평등한 관계로 독립적이어야 한다는 것을 말한다. 따라서 컨설턴트 독단적으로 모든 과정을 이끌어 가는 것이 아니라 의뢰 교사와의 상호 합의에 따라 객관적인 조언과 도움을 제공해야 한다. 즉, 이는 장학과 큰 차이점으로 직급과 관계없이 컨설턴트와 의뢰 교사의 관계는 서로 상호 협력적이며 동등하다는 것이다. 컨설팅 관리자 및 컨설턴트는 자칫 이런 오류를 범하지 않도록 컨설팅에 대한 기본적인 개념과 원리를 확실히 염두에 두어야 한다. 의뢰 교사는 컨설턴트가 마음에 들지 않을 경우 거부하거나 교체를 원할 수 있고, 컨설팅을 종료시킬 수도 있다(진동섭, 김도기, 2005). 이런 이유로 일반 컨설팅에서는 조직 외부의 컨설턴트를 더 선호하게 된다(조민호, 설증웅, 2001).

다섯째, 한시성의 원리는 컨설팅이 의뢰 교사에게 협약기간 동안만 제공되는 일시적인 서비스가 되어야 한다는 것이다. 즉, 교사가 요청했던 문제가 해결되면 그에 대한 수업컨설팅은 종료된다. 이것이 한시성, 일시성의 원리이며 똑같은 문제에 대해 다시 의뢰하지 않도록 컨설턴트는 최선의 노력과 지원을 해야 한다(진동섭, 김도기, 2005). 만약 교사가 같은 문제의 해결로 컨설팅을 재요청한다면 그 컨설팅은 성공하지 못한 것이다. 컨설팅의 목적이 교사의 전문성 신장에 있고 컨설턴트의 역할이 의뢰한 문제에 대한 지원과 조언이라고 할 때 한시성, 일시성의 원리는 컨설턴트의 전문성과 더불어 컨설턴트의 중요 과업이라고 할 수 있다.

여섯째, 학습성의 원리는 의도하지 않아도 컨설팅과정 중에 자연스럽게 일어나는 현상(조영숙, 2009)으로 교사와 컨설턴트가 서로 배우게 된다는 것이다. 즉, 교사는 자신이 요청한 문제를 해결할 수 있도록 도움을 받으며 학습이 이루어지고, 컨설턴트는 이러한 도움을 주는 과정에서 학습이 이루어진다. 교사는 자신의 요청사항에 대한 수업개선 이외에도 컨설턴트에게서 컨설팅 기법, 교직수행 태도, 자기관리 등을 배울 수 있고(김주영, 2014), 컨설턴트 또한 의뢰 교사의 문제를 해결해 줄 뿐만 아니라 컨설팅의 새로운 기법이나 방법, 사례를 배울 수 있다(진동섭, 김도기, 2005). 서로 협력하며 협의하는 과정을 통해서 학습성뿐만 아니라 컨설턴트와 의뢰 교사 간에 신뢰감이 자연스럽게 형성되어 교사의 자발적인 참여가 원활히 이루어지게 될 것이다.

진정한 컨설팅은 '의뢰인 스스로 도울 수 있는 법을 배우도록 하는 것'이다. 의뢰인은 과제를 해결해 가는 과정에서 컨설팅 자체에 관한 학습을 하게 된다. 컨설턴트는 컨설팅 과정 중에 끊임없이 내용적·방법적 측면에서 학습하게 되며, 기존의 경험을 심화하게 된다. 따라서 의뢰인이 컨설팅을 의뢰하고 이를 해결해 나가는 경험을 통해 학습할 수 있도록 도와주는 것 자체가 컨설턴트 자신의 지식과 능력 향상에도 도움이 된다.

4) 수업컨설팅의 절차

환자가 병원에서 진료를 받을 때 의사의 진단, 처방, 처치의 절차를 거치는 것과 마찬가지로 컨설팅장학에 있어서도 일정한 절차를 밟게 된다. 이 경우 절대적으로 고정된 절차는 상정하기 어려우며, 컨설팅의 유형이 무엇인지, 컨설팅을 통해 해결해야 할 과제가 무엇인지, 의뢰인이 처한 상황이 어떠한지에 따라 그 절차는 달라질 수 있다. 그러나 의사가 진료를 하는 것과 같이 일반적으로 적용할 수 있는 절차가 있다. 수업컨설팅에 대한 구체적인 절차는 컨설턴트와 교사가 수업컨설팅을 보다 구체적으로 이해할 수 있도록 도우며, 그들이 실제 수업컨설팅을 수행 가능하도록 명시적인 가이드라인을 제공한다.

수업컨설팅의 절차는 [그림 10-2]과 같이 ① 준비, ② 진단, ③ 해결방안 구안 및 선택, ④ 실행, ⑤ 종료의 5단계로 제시할 수 있다.

이 절차는 상황에 따라 융통성 있게 다양한 절차로 수행될 수 있다. 즉, 과업의 성격에 따라 특정 단계가 하나의 독립된 컨설팅으로 수행될 수 있으며 각 단계별 세부 활동들이 상황에 따라서 통합되어 수행될 수 있다(진동섭 외, 2008). 각 단계별 활동내용을 간단히 설명하면 다음과 같다.

첫째, 준비단계에서는 의뢰된 수업컨설팅을 접수하고, 예비 진단을 통해 컨설팅 계약을 체결한다. 의뢰인과 컨설턴트 간의 만남이 이루어진 후 의뢰인이 컨설팅 의뢰를 결정하면 다음 단계로 넘어간다.

둘째, 진단단계에서는 의뢰인이 당면하고 있는 문제나 앞으로 해결할 필요가 있는 과제가 무엇인지 확인하고 분석한다. 또한 문제에 영향을 미치는 요인들을 확인하며 그것을 해결하기 위한 방향을 설정하는 데 필요한 정보들을 수집한다.

셋째, 해결방안 구안 및 선택 단계에서는 진단결과를 바탕으로 적절한 해결방안을 모색한다. 가능한 모든 해결책에 관한 아이디어와 정보를 찾는 것부터 시작한다.

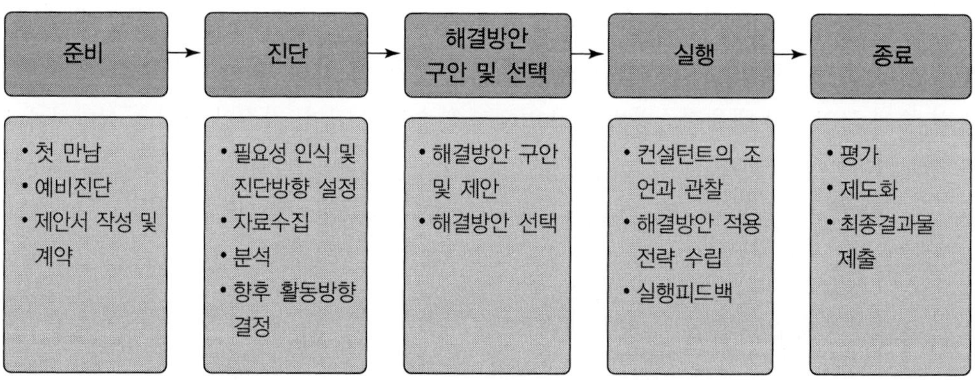

[그림 10-2] 수업컨설팅의 절차와 과정

출처: 진동섭 외(2011). 학교경영컨설팅과 수업컨설팅.

넷째, 실행단계에서는 수립된 실행계획에 따라 변화를 유도하는 과정으로 실행지원, 해결방안의 조정, 교육, 훈련 등이 실시되며, 의뢰인은 선택된 해결방안을 실천으로 옮기게 된다.

다섯째, 종료단계에서는 수업컨설팅 전반에 대해 평가하고 처음에 맺었던 계약에 따라 목적을 달성했는지를 확인하고 컨설팅을 종료한다.

5) 수업컨설팅의 기법

수업컨설턴트가 되고자 하는 교사에게 수업컨설팅의 기법은 중요하게 받아들여진다. 수업컨설팅의 기법은 다양하지만 수업컨설팅의 단계별로 사용할 수 있는 기법들이 다르므로 단계별 기법을 익혀 적용하는 것이 바람직할 것이다. 진동섭 등(2011: 79-86)은 수업컨설턴트가 컨설팅 과정에서 사용할 수 있는 기법 중에서 가장 일반적이면서 중요하다고 생각하는 일곱 가지의 기법, 즉 첫 만남 기법, 면담기법, 조직진단기법, 수업관찰·분석기법, 멘토링기법, 코칭기법, 카운슬링기법을 다음과 같이 설명하고 있다.

(1) 첫 만남 기법

첫 만남 기법은 수업컨설턴트가 의뢰 교사를 처음으로 만나서 컨설팅 과제를 구체화하고 상호신뢰를 쌓는 대화기법이다. 수업컨설턴트의 첫인상은 컨설팅의 성공을 좌우할 만큼 중요하다. 첫 만남에서 수업컨설턴트에 대해 좋은 인상을 갖지 못하면 의뢰 교사는 자신의 문제를 솔직하게 드러내지 않기 쉽다. 의뢰 교사에게 좋은 인상을 주려면 그를 가르치려 하거나 평가하거나 섣부르게 판단하지 않아야 한다.

또한 수업컨설턴트는 자신의 전문적 서비스 영역과 능력을 정확하게 알리는 것도 중요하다. 의뢰인이 원하는 장소에서 컨설턴트만 참여하든지, 컨설턴트가 아직 배정이 되지 않았으면 컨설팅 관리자만 참여할 수도 있다. 과제를 명확하게 규정하기 위하여 과제에 대한 간단한 역사를 듣는 것도 필요하다. 복합적인 과제를 호소하는 경우에는 이들을 분류해서 관련성을 찾고, 한 번의 컨설팅으로 해결하기 어려운 포괄적인 과제가 제시되었을 때에는 가시적이면서 핵심적인 과제로 정리해 나간다.

(2) 면담기법

면담(interview)기법은 수업컨설턴트와 의뢰인이 일대일로 얼굴을 마주 대하고 과제에 대해 협의하거나 정보와 아이디어, 태도, 감정을 교환하는 대화기법이다. 수업컨설팅 절차 가운데 준비단계의 첫 만남, 진단, 대안설정의 단계에서 활용할 수 있다.

첫 만남에서는 '문제를 명확히' 하는 것에 초점을 두고, 진단단계에서는 '문제의 원인'을 밝히는 데 초점을 두며, 대안설정 단계에서는 '함께 대안을 만들어 가는 것'에 초점을 둔다. 면담을 시작할 때에는 이러한 만남의 목적과 면담내용에 대한 비밀보장을 분명히 밝힌다. 경력, 직위, 맡고 있는 일, 동호회, 교원단체 가입여부 등과 같은 인적 사항을 묻고 준비한 질문을 이어 나간다. 녹음이나 녹화가 필요한 경우에는 사전에 의뢰인의 허락을 받고 시작한다. 면담 시 수업컨설턴트는 다음과 같은 점에 주의를 한다.

- 의뢰인을 편안하게 해 주어야 한다.
- 의뢰인으로 하여금 과제를 해결할 수 있다는 희망을 갖게 해야 한다.
- 의뢰인과의 대화내용과 더불어 표정이나 자세, 억양까지도 파악해서 대화내용의 의미를 해석해 내야 한다.
- 의뢰인이 이야기한 것에 대해 긍정도 부정도 하지 말고, 단지 잘 들으면서 중립적인 말을 하는 것이 좋다.
- 대화나 관찰 내용을 자연스럽게 기록한다.

(3) 조직진단기법

조직진단기법은 학교조직이 추구하는 목적과 현재 상태를 깊이 있게 조사하고, 조직의 문제에 영향을 미치는 요인들을 확인하며, 문제해결을 위한 방향설정에 필요한 정보들을 수집하는 데 활용할 수 있는 기법이다. 수업컨설팅이라고 할지라도 그것이 단순히 개인의 수업에만 국한된 것이 아니라, 학교조직이나 학년조직과의 연관 속에서 발생되는 문제가 원인의 배경이 될 수도 있기 때문이다. 문제를 진단하고 해결해 나가는 과정은 문제의 성격에 따라 다르지만 조민호와 설증웅(2001)은 다음과 같이 여섯 단계를 제시하고 있다.

① 추구하는 목적을 설정한다.
② 문제의 본질과 특성을 규명한다.
③ 문제의 원인을 규명한다.
④ 연관관계를 파악한다.
⑤ 문제해결 역량을 강화한다.

⑥ 가능한 행동방향을 제시한다.

진단기법은 글자 그대로 진단과정에서 활용한다. 진단 역시 컨설턴트 혼자 하는 것이 아니라 의뢰인과 함께 하는 것이며, 면담기법이나 수업분석기법 등 다양한 기법과 함께 사용한다.

(4) 수업관찰 · 분석기법

수업관찰 · 분석기법은 수업컨설팅에서 의뢰인의 수업을 개선하기 위한 피드백을 제공하는 데 필수적인 방법이다. 수업컨설팅의 가장 큰 강점이 객관적인 데이터에 의해서 수업자의 수업기술을 개선하는 데 있기 때문에 교실수업의 상황을 가장 효과적으로 나타낼 수 있는 수업관찰과 분석 방법의 선정이 중요하며, 수업관찰과 분석은 앞 단계에서 확정된 문제점들을 중심으로 새로 얻어진 정보나 자료로 해야 한다(변영계 외, 2005). 만약에 의뢰인이 자신의 문제점을 정확하게 파악하지 못하면 컨설턴트가 수업관찰 및 분석을 통하여 찾아낼 수도 있다. 그러므로 획득된 정보나 자료는 최대한 사실적이고 정확한 데이터가 수집될 수 있도록 해야 하며, 만일 관찰을 통해 수집된 자료가 수업상황을 충분히 반영하지 못한다면 그 자료의 활용가치는 현저히 떨어지게 된다. 수업관찰기법은 크게 양적 방법과 질적 방법으로 나눌 수 있는데, 이 두 가지 방법을 겸용하는 것이 바람직하다.

양적인 방법은 교실에서 일어나는 특정 사건들을 계량회히는 것이다. 컨설턴트는 사진에 관찰의 초점이 무엇인지, 양적 방법을 적용하고자 하는 이유가 무엇인지를 명확히 인지해야 한다. 구체적인 방법으로는 플랜더스(Flanders)의 언어상호작용 분석법, 하이먼(Hyman)의 수업 중 질의응답 분석법, 트럭먼(Truckman)의 수업분위기 분석법, 교실좌석표를 이용한 분석법, 필터식 수업분석법, 평정척도 등이 있다.

질적인 방법은 교실생활의 의미, 교실생활에 대한 해석과 설명, 교실생활의 중요성 등을 파악하기 위해서 수업사태의 심층을 면밀히 조사하려는 접근법이다(주삼환, 1999). 구체적인 방법으로는 중요사건 파악하기, 신체언어 파악하기 등이 있다.

수업컨설턴트는 수업에 대하여 주관적인 이야기가 아닌 타당한 근거, 즉 체계적이고 사실중심의 관찰 · 분석에 기초하여 수업컨설팅을 해야 한다.

변영계와 김경현(2005)은 수업관찰 방법을 〈표 10-3〉과 같이 요약하였다.

〈표 10-3〉 수업관찰방법

관찰방법	주요 내용
관찰된 내용을 서술식으로 기록하는 방법	• 전체적인 기록: 교사와 학생의 모든 언어를 기록 • 부분적인 기록: 특정한 형태의 언어만을 기록(교사의 발문, 학생에 대한 피드백 방법, 교사의 지시와 구조적인 진술 등)
관찰된 사항을 약어나 부호를 사용하여 그 빈도를 기록하는 방법	• 학생들의 과업집중도 기록법: 학생들의 과업집중 형태를 기록 • 교사와 학생들 간의 언어흐름 기록법: 교사와 학생들 간의 언어적 상호작용 형태를 기록 • 교사와 학생들의 이동 기록법: 교사와 학생들의 수업 중 이동 양식을 기록 • Flanders의 언어상호작용 분석법: 교사의 학생들 간의 언어적 상호작용 형태를 기록 분석
관찰된 사항을 체크리스트를 사용하여 기록하는 방법	• 학교 또는 개인별로 자체 개발한 다양한 체크리스트를 사용하여 수업관찰 결과를 기록
녹음기, 녹화기를 사용하는 방법	• 녹음 · 녹화 내용 - 전체 녹음 · 녹화: 전 수업과정을 녹음 · 녹화 - 부분 녹음 · 녹화: 관찰 중점 또는 수업개선 자료로서 가치 있는 부분만 녹음 · 녹화 • 녹음 · 녹화 담당자: 컨설턴트, 의뢰인 • 녹음 · 녹화 자료 활용: 수업분석의 객관적 근거 자료, 교사의 자기수업 반성 자료, 자체 연수 자료

출처: 변영계, 김경현(2005). 수업장학과 수업분석.

수업분석법 중에서 학교현장의 수업컨설팅에서 유의미하게 적용할 수 있는 Flanders의 언어상호작용 분석법, Hyman의 수업 중 질의응답 분석법, Truckman의 수업분위기 분석법, 수업관찰기록부 활용법은 다음과 같다.

① Flanders의 언어상호작용 분석법

이 분석법은 수업과정에서 이루어지는 교사와 학생의 언어적 상호작용을 분석하여 수업의 형태와 질을 분석하는 것으로, 강의와 문답이 주가 되는 수업형태의 분석에 적합하다. 먼저, 교사의 수업태도와 수업방법을 파악하기 위하여 관찰자가 교실 내에서 교사와 학생의 발언을 잘 들을 수 있는 곳에 자리잡는다. 다음으로, 관찰자는 10개 분류 항목에 따라 3초마다 학생과 교사의 의사소통이 어떤 항목에 해당되는지를 결정하여 그 항목의 번호를 기록한다. 10개 분류 항목은 〈표 10-4〉와 같이 감정의 수용, 칭찬이나 격려, 학생

〈표 10-4〉 Flanders의 언어상호작용 분석 카테고리

<table>
<tr><th colspan="2">영역</th><th>분류 항목</th></tr>
<tr><td rowspan="2">교사의
발언</td><td>비지시적
발언</td><td>① 감정의 수용: 비위협적인 방법으로 학생의 감정적 색조나 태도를 수용하거나 명료화, 긍정적 · 부정적 감정, 감정을 예측하고 회상하는 것
② 칭찬이나 격려: 학생을 칭찬하거나 격려, 권장, 긴장완화 농담 등
③ 학생의 아이디어를 수용 또는 사용: 학생의 말을 인정. 학생의 아이디어에 기반을 두어 질문을 명료화, 형성하며 묻기, 학생이 말한 것을 반복에 그치지 않고 강의나 토론에 계속 이용
④ 질문: 학생이 대답할 것을 기대하는 의도로 교사의 아이디어에 기반을 두고 내용 또는 절차에 대한 질문, 답변할 학생 지명</td></tr>
<tr><td>지시적
발언</td><td>⑤ 강의: 내용이나 절차에 대해 사실이나 의견을 제시
⑥ 지시: 학생에게 주의집중이나 벌을 줄 의도로 특정 행동을 요구하는 언어
⑦ 학생을 비평 또는 권위를 정당화함: 좋지 못한 학생의 행동을 좋은 행동으로 바꾸기 위한 교사의 말, 꾸짖는 것, 교사가 왜 그렇게 해야만 하는가에 대한 이유 설명, 극단적인 교사의 자기자랑</td></tr>
<tr><td colspan="2">학생의 발언</td><td>⑧ 학생의 말-반응: 교사의 단순한 질문에 대한 학생의 단순 답변
⑨ 학생의 말-주도: 학생 자발적으로 또는 교사의 발문에 의한 반응 시 학생 자신의 아이디어를 중심으로 표현하는 경우, 학생들의 자진 질문 등</td></tr>
<tr><td colspan="2">기타</td><td>⑩ 침묵, 혼란: 실험, 실습, 토론, 책읽기, 머뭇거리는 것, 잠시 동안의 침묵 및 관찰자가 학생 간의 의사소통과정을 이해할 수 없는 혼동의 과정, 범독</td></tr>
</table>

출처: 변영계, 김경현(2005). 수업장학과 수업분석, p. 185.

의 아이디어를 수용 또는 사용, 질문, 강의, 지시 또는 명령, 비판이나 권위, 학생의 단순반응, 학생의 자진 발언, 침묵, 혼란이다.

표에서 ①~④는 교사의 비지식적 발언, ⑤~⑦은 교사의 지시적 발언, ⑧과 ⑨는 학생의 발언, ⑩은 기타를 의미한다. 교사의 비지시적 발언이 많을수록, 학생의 자진 발언이 많을수록 바람직한 언어상호 작용이 이루어진다고 볼 수 있으나, 수업내용을 분석하지 못하는 단점이 있어, 수업내용을 분석하는 활동도 같이 이루어지는 것이 좋다.

② Hyman의 수업 중 질의응답 분석법

이 분석법 역시 수업과정에서 교사와 학생이 주고받는 의사소통의 유형을 알아보는 것이다. Flanders의 언어상호작용 분석법에 가려 우리나라에 많이 알려지지 않았지만 관찰분석방법이 용이하고 간단하여 앞으로 많이 활용될 수 있을 것으로 기대한다. 언어상호작

〈표 10-5〉 Hyman의 수업 중 질의응답 분석법 언어 범주

분류 항목	세부 내용
1. 구조화하는 언어	수업의 진행을 위하여 사용하는 언어 - 새로운 주제를 시작: 그러면 이번에는 물의 오염에 대해 이야기해 봅시다. - 진행: 생물들이 살아가는 데 꼭 필요한 것들은 물과 공기 등입니다. 이러한 것들이 없다면 어떻게 될까요. 조사한 내용을 발표해 볼까요? - 중지: 물의 오염에 대한 토의는 여기까지 하겠어요.
2. 요청하는 언어	대답 또는 특정 행동을 요구하는 언어 - 원의 넓이를 구하는 공식은 무엇이지요? - 학습지에 있는 분수셈 문제를 풀어 보세요. - 미영아, VTR을 잘 시청할 수 있도록 커튼 좀 쳐 주겠니?
3. 응답하는 언어	요청에 대한 응답 언어 - 언어 응답: "원의 넓이 공식은 반지름×반지름×3.14입니다." 등의 언어 응답 - 행동 응답: 커튼 치는 것 등의 행동 응답은 나타낸 행동을 언어로 기술
4. 반응하는 언어	앞에서 말한 것을 수정(설명, 종합, 보충), 평가(긍정적, 부정적)하는 언어, 자발적 언어 - 나는 기철이의 말에 동의합니다. ~가 공식석상에서 자신의 잘못을 인정한 일은 옳다고 생각합니다. - 영희야, 대답 참 잘했다.

출처: 변영계, 김경현(2005). 수업장학과 수업분석, pp. 210-214에서 재구성.

용 분석법의 언어 분류 항목이 열 가지인 데 비해, 수업 중 질의응답 분석법은 네 가지의 언어 범주를 가진다. 즉, 구조화하는 언어(수업의 진행을 위하여 사용하는 언어), 요청하는 언어(대답 또는 특정 행동을 요구하는 언어), 응답하는 언어(요청에 대한 응답 언어), 반응하는 언어(응답에 대한 칭찬, 인용, 자주적인 응답)로 〈표 10-5〉와 같다.

Hyman의 수업 중 질의응답 분석법은 교사와 학생 사이에 오가는 대화를 중심으로 상호작용이 타당한가 그렇지 않은가를 찾아내고, 타당하지 않은 상호작용 유형이라면 수업 후 그 원인이 무엇인지를 밝혀내어 다음 수업에 반영하는 것이 목적이다. 일반적으로 학생들의 참여가 많고 교사와 학생 간의 상호작용이 원활히 이루어지는 수업이 좋은 수업이라고 할 수 있다.

③ Truckman의 수업분위기 분석법

수업분위기 분석법은 수업 중 교사와 학생이 서로에 대하여 가지는 전반적인 태도를 관

〈표 10-6〉 Truckman의 수업분위기 분석 형용사 범주

요소	세부 내용
I. 창의성	독창적인, 창의적인, 자율적인, 개방적인, 모험적인, 융통적인, 대담한
	상투적인, 모방적인, 통제적인, 폐쇄적인, 겁이 많은, 획일적인, 소심한
II. 활기성	적극적인, 능동적인, 시끄러운, 진취적인, 활기찬, 외향적인, 자신감 있는
	소극적인, 수동적인, 조용한, 보수적인, 무기력한, 내성적인, 망설이는
III. 치밀성	일관성 있는, 치밀한, 확실한, 체계적인, 계획적인, 신중한, 객관적인
	변덕스러운, 엉성한, 애매한, 산만한, 즉흥적인, 경솔한, 주관적인
IV. 온화성	참을성 있는, 온화한, 상냥한, 부드러운, 공정한, 우호적인, 수용적인
	성미가 급한, 냉정한, 권위적인, 딱딱한, 불공정한, 고립적인, 비판적인

출처: 변영계, 김경현(2005). 수업장학과 수업분석, pp. 233-237에서 재구성.

찰하여 분석하는 것으로, 학생 간의 상호작용뿐만이 아니라 교사와 학생 간의 다양하고 구체적인 상호작용에서 비롯된다.

수업분위기 분석법은 창의성, 활기성, 치밀성, 온화성의 네 가지 핵심적 요소에 초점을 두고 〈표 10-6〉과 같이 28개 쌍의 긍정적인 내용과 부정적인 내용의 형용사로 구성되어 있다.

창의성 있는 수업 분위기는 독창적이고 창의적이고 개방적이며 융통성이 있고 자율성, 모험성, 대담성을 권장하는 수업 분위기이다. 활기 있는 수업 분위기는 능동적이고 진취적이며 활기차고 자신감 있고 적극적이고 활동적이며 외향적인 수업 분위기이다. 치밀성이 있는 수업 분위기는 체계적이고 계획적이면서 객관성과 일관성을 가지는 신중한 수업 분위기이다. 온화성 있는 수업 분위기는 수용적이고 공정하면서 우호적인 수업 분위기이다. 수업 분위기는 교수-학습 상황을 조장하거나 억제할 수 있기 때문에 수업 분위기를 긍정적으로 개선할수록 수업의 효과는 높아지고, 결국 학생의 학업성취도가 향상된다고 할 수 있다.

④ 수업관찰기록부 활용법

수업관찰 및 분석을 위한 방법에는 여러 가지가 있으나 실제 학교현장에서 가장 많이 쓰는 것은 수업관찰기록부를 활용하는 방법이다. 수업관찰기록부는 20~30개 정도의 수업활동 영역에 따른 평가내용을 관찰자의 평가관점에 따라 기록한다. 체크리스트 방식으로 되어 있는 이러한 수업관찰기록부는 점수를 내는 데 주안점을 두는 것이 아니라 교사와 학생의 교수-학습 활동을 관찰하여 분석 · 기록하는 내용과 그 내용에 따른 협의에 주안점

을 둔다. 관찰자의 평가 관점에 따라 기록한 내용은 이후 피드백협의회(관찰 후 협의회) 단계에서 교수-학습활동에서의 문제점을 발견하고 해결방안을 찾아나갈 중요한 자료가 된다. [그림 10-3]은 기존 수업관찰기록부의 관찰 영역을 줄여서 만든 관찰기록부이다.

<table>
<tr><td colspan="2">일시</td><td colspan="3">년 월 일 제 교시</td><td>장소</td><td></td></tr>
<tr><td colspan="2">수업 교사</td><td></td><td>과목</td><td></td><td>학반</td><td></td></tr>
<tr><td colspan="2">학습 주제</td><td colspan="4"></td><td>평점</td></tr>
<tr><td>순</td><td>영역</td><td colspan="4">평가 관점</td><td></td></tr>
<tr><td>1</td><td>학습자 및 교과내용</td><td colspan="4">수업준비는 학생의 단계와 능력에 알맞으며, 전시학습을 복습하고 본시학습과 잘 연관시키고 있는가?</td><td></td></tr>
<tr><td>2</td><td>수업의 도입</td><td colspan="4">교과내용을 학습목표에 맞게 창의적으로 재구성하였으며, 학습목표를 분명하게 알려 주고 학습 호기심을 자극하여 학습동기를 유발하는가?</td><td></td></tr>
<tr><td>3</td><td>교사의 설명</td><td colspan="4">발음이 분명하고 친밀감을 주며, 중요한 내용을 이해하기 쉽게 요약하여 설명해 주어 수업에 관심을 집중시키고 있는가?</td><td></td></tr>
<tr><td>4</td><td>교사의 태도</td><td colspan="4">수업시간 내내 자신감 있고 열정적으로 가르치며, 학생들에게 고른 시선과 밝은 표정으로 대하며 흥미진진한 수업을 이끌고 있는가?</td><td></td></tr>
<tr><td>5</td><td>발문</td><td colspan="4">사고를 촉진하는 창의적인 발문을 학생들에게 골고루 제공하고, 응답을 잘 수용하며 발문 이후 칭찬과 격려가 적절한가?</td><td></td></tr>
<tr><td>6</td><td>교사-학생 상호작용</td><td colspan="4">학생들의 의견이나 생각을 자유롭게 발표할 수 있는 기회를 주고, 귀 기울여 들어주며, 질문에 친절하게 답해 주는가?</td><td></td></tr>
<tr><td>7</td><td>학생활동</td><td colspan="4">학생 상호 간의 다양하고 창의적인 토의 · 토론 활동 및 발표를 활발하게 전개하여 학생 중심의 역동적인 학습이 이루어지는가?</td><td></td></tr>
<tr><td>8</td><td>학습자료의 활용</td><td colspan="4">학습자료는 본시 학습내용 및 학생 수준과 일치하며, 자료의 제시 시기와 방법은 적절한가?</td><td></td></tr>
<tr><td>9</td><td>학습정리</td><td colspan="4">학습활동 결과를 요약 정리해 주고, 지도조언으로 생활화와 내면화를 통한 자신감과 성취감을 심어 주고 있는가?</td><td></td></tr>
<tr><td>10</td><td>평가내용 및 방법</td><td colspan="4">평가문항은 창의적이고 다양하며, 학습목표 도달도를 확인하는 내용과 방법으로 적절하게 제시되고 있는가?</td><td></td></tr>
<tr><td colspan="6">평점 합계</td><td></td></tr>
<tr><td colspan="2">관찰 소감</td><td colspan="5"></td></tr>
<tr><td colspan="2">관찰자</td><td colspan="2">직급:</td><td colspan="2">성명:</td><td>(인)</td></tr>
</table>

[그림 10-3] 수업관찰기록부

(5) 멘토링기법

멘토링(mentoring)이란 경험이 적은 교사와 경험이 많은 교사를 짝지어서 합의한 특정 역량을 개발하려는 인간관계를 의미한다(진동섭 외, 2008). 그리고 멘토링은 멘토(mentor)와 멘티(mentee) 사이의 존경과 신뢰를 바탕으로 한 일대일의 인간관계로 한 사람이 다른 개인의 성장과 발달을 격려해 주고 인도해 주는 것을 의미한다(조영숙, 2004). 두 사람의 일대일 관계에서는 주체가 되는 멘토가 있고, 멘토의 지도와 도움을 받는 멘티가 있다. 멘토는 다른 사람의 인생을 이끌어 주는 지혜롭고 충성스러운 조언자를 의미한다. 멘토는 멘티의 경력 발전을 위하여 가르치고 상담하며 심리적 지원을 하여 보호해 주는 사람으로, 멘티가 자신의 분야에서 꿈과 비전을 이루도록 보살펴 주는 지혜롭고 믿을 만한 조언자를 의미한다. 멘티는 참가자, 내담자, 연수생이라고 불리기도 하며 멘토의 도움으로 전문성 및 능력을 키워 나중에는 또 다른 멘토의 역할을 할 수 있는 사람이다. 학교조직을 염두에 둔 멘토링의 절차는 다음과 같다.

① 멘토를 선발한다. 멘토는 개인의 자원에 의해 선발하기도 하지만 컨설팅 관리자나 교장 · 교감이 추천하는 형식으로 선발할 수도 있다.
② 멘티를 선발한다. 멘티는 자기추천, 컨설팅 관리자 추천, 교장 · 교감 추천, 초임교사 자동 참여 등의 형식으로 선발할 수 있다.
③ 멘토와 멘티를 연결해 준다. 멘티 스스로 멘토를 지정할 수도 있고, 컨설팅 관리자나 학교관리자 또는 동료교사가 연결시켜 줄 수도 있다.
④ 협약서를 작성하고 실행한다. 협약서에는 멘토링 활동을 통해 어떻게 능력을 개발할 것인지 구체적으로 명시해야 한다.
⑤ 평가를 한다. 일반적으로 컨설턴트와 의뢰인이 5년 이상 경력 차이가 날 때 멘토링 기법을 활용한다. 또한 의뢰인의 과제가 '교직사회에 대한 적응' '승진하여 새로운 직책을 수행하기 위한 준비' 등에 관한 것일 경우 효과적이다.

그러므로 수업개선을 위한 것 중에서도 가치관이나 관점으로 인한 문제, 대인관계나 리더십을 바탕으로 한 수업개선 등에 사용하면 유용할 것이다. 멘토링은 직업에 관련된 전문적 지식의 함양뿐만 아니라 개인의 삶을 풍요롭게 만드는 것까지를 포함하기 때문이다. 이러한 멘토링 기법은 수업컨설팅의 핵심기법으로 활용할 수 있다. 학생들의 학업성취도를 향상시키기 위해서 가족이나 친구들과의 관계를 친밀하게 하여 정서를 안정시키는 경우가 있는 것처럼, 교사들의 수업개선을 위해서 동료들 간의 밀접한 관계 속에서 의뢰인의 가치관 및 문제를 인식하게 하고, 항상 배우려는 자세로 수용적인 실천 의지를 갖게 하기 위해서는 인격적 감화를 줄 수 있는 멘토링 기법이 적합하기 때문이다.

조영숙(2004)의 연구에 의하면 멘토링에서 가장 중요한 것은 멘티 중심이 되는 것이고, 멘토 역시 믿고 따를 수 있는 인품과 충분한 업무경험 및 수업기술 보유자이면서 가르치는 교사로서의 역할, 들어주는 상담자로서의 역할, 같이 뛰어 주는 코치로서의 역할, 추천하고 신분을 보증하는 스폰서로서의 역할을 수행한다고 볼 때, 멘토의 역할은 수업컨설팅에서 의뢰인중심으로 이루어지는 컨설턴트의 역할과 일맥상통한다.

(6) 코칭기법

코칭(coaching)은 교사의 전문적 영역에 대한 짧고 격식 없는 제안을 의미한다. 코칭을 코치(coach)가 코치이(coachee)로 하여금 자기 삶의 현실을 이해하게 하고, 스스로 비전과 목표를 세우게 하여 변화하고 성장할 수 있는 강력한 동기를 부여함으로써 목표를 실현하도록 돕는 것이다(김창범, 선종욱, 2006). 즉, 코칭은 코치가 가지고 있는 해결책을 주는 것이 아니라 코치이가 가지고 있는 것을 끌어내는 것이 핵심인 것이다.

의뢰인은 특별한 문제를 해결하기 위해서 또는 새로운 기술을 연마하기 위해서 코칭을 요구하고, 컨설턴트는 의뢰인이 요구한 사항에 대해서만 관찰하고 사실에 입각한 자료를 수집하여 교사에게 전달한다. 코칭은 교사와 장학요원의 관계보다는 전문가로서의 교사와 교사의 관계로 이해하는 것이 더 적절하다.

고츠먼(Gottesman)의 연구에 의하면 학교에서의 코칭은 하루 단위로 짧게 자주 하는 것이 효과적이다.

먼저, 하루 전날에 코칭을 의뢰하고 수업을 10분 정도 참관한다. 참관할 때는 의뢰인이 요청한 사항에만 집중하여 자료를 모은다. 자료를 다 모으지 못했어도 약속한 시간이 지나면 참관을 끝낸다. 참관 후 대화는 방과 후에 10분 정도 갖는다. 요청한 자료만 정리하였다가 제시하고, 평가하는 말을 하지 않도록 유의한다. 개선방안은 3개 이내로 준비하되, 의뢰인이 개선방안을 요구할 때만 제시한다. 마지막으로, 과정에 대한 검토 및 반성을 3분 정도 갖는다. 의뢰인이 부담을 느끼지 않았는지 살피고, 다음 코칭을 계획한다. 코칭을 할 때는 의뢰인이 요청한 사항에 대해서만 하고, 평가하는 듯한 말을 쓰지 않으며, 코칭한 결과에 대해 비밀을 지켜 주어야 한다.

코칭은 의뢰인의 능력이 뛰어나고 동기 또한 높은 경우에 활용할 수 있다. 또한 의뢰 과제가 간단하고 쉽게 해결할 수 있는 것일 때 효과적이다. 코칭 기법을 활용하기에 적당한 과제는 교사의 질문, 학생과의 상호작용, 훈육을 위하여 사용하는 말, 동기유발 등이다. 이런 특성으로 같은 수준이나 덜 전문적인 사람이 코치가 되어 도움을 줄 수도 있기 때문에 자율장학에서의 기법으로 많이 활용되고 있다.

(7) 카운슬링기법

카운슬링(counseling)은 의뢰인이 해결해야 할 문제를 발견하고 이해하는 데 도움을 줄 수 있는 기법이다. 카운슬링을 통해서 교사는 자신감을 갖게 되며, 개인적인 목표를 추구하는 데 있어서 독립적인 태도를 가지게 된다.

진동섭 등(2011)은 컨설팅에 유용하게 활용할 수 있는 카운슬링 기법을 다음과 같이 소개하였다.

첫째, 긍정화이다. 긍정화는 의뢰인이 자신을 긍정적으로 다시 보도록 돕는 것이다. 가장 간단한 긍정화 기법은 역설적 칭찬이다. 이것은 의뢰인의 말이나 행동을 토대로 거기에서 긍정적인 면을 발견하여 그 점을 부각시키는 기술을 말한다. 역설적 칭찬보다 좀 더 적극적인 방법으로 긍정의 발굴이 있다. 의뢰인의 말이나 행동의 내면에 깔린 긍정적인 면을 발굴하여 이를 부각시키는 기술을 말한다.

둘째, 자기의 주체화이다. 이것은 의뢰인을 주체적이고 능동적으로 변화시키는 기술이다. 의뢰인이 문제를 남의 탓으로 돌리는 경우에 필요하다.

셋째, 적절한 조언이다. 조언을 할 때는 목적을 분명히 밝히고, 의뢰인이 지금까지 어떤 노력을 해 왔는지 알아보는 것이 중요하다. 그리고 조언은 간단하고 구체적으로 하며, 카운슬링의 효과에 대한 피드백을 받는 것이 좋다.

카운슬링은 교사 간, 교사와 관리자 간, 교사와 학부모 간, 교사와 학생 간의 인간관계나 개인적인 감정에 관련된 과제일 경우 활용할 수 있다. 학습부진아의 경우 심리적인 면을 치료하면 학습능력이 개선되는 것과 같은 이치이다. 카운슬링은 조직이 아닌 개인을 돕는 데 목적을 두고 있으므로 일 대 일의 관계로 이루어지는 것이 좋으며 수업만이 아니라 생활 면이나 인성 면 등의 다양한 영역을 담당하는 컨설팅장학에 활용하는 것이 효과적일 수 있다.

6) 컨설턴트의 역할

컨설팅은 컨설턴트와 의뢰인 간에 이루어지는 상호작용이기 때문에 서로 간의 교감이 필요하고, 방법적인 기술도 중요하다. 컨설팅을 전후하여 준비할 사항도 많으며, 단 1회의 컨설팅이 아닌 추수지도 등을 통하여 변화나 수정의 결과가 어떻게 나타났는지 등도 확인해야 한다. 컨설턴트로서 유의할 점을 살펴보면 다음과 같다(유진곤, 2015: 11-13).

첫째, 문제해결을 위한 조력자로서 컨설팅은 수직적인 관점에서의 장학과는 달리 수평적 관점에서 의뢰인이 처하고 있는 교육의 제반 문제를 공동으로 해결하고자 하는 작업이다. 따라서 컨설팅은 의뢰인과 협의하는 자세로 접근해야 한다. 어떤 것이 잘못되었다고 지적하기보다 바람직한 방향을 안내하는 것이 적절하다. 또한 새로운 대안들을 제시하고 그것에 대하여 협의하는 자세로 접근해야 한다. 컨설턴트는 충분한 전문성을 가지고 있지만 그것을 적극적으로 드러내지 말고, 협의과정을 통하여 상대방이 알아들을 수 있도록 안내하는 것이 의뢰인에 대한 심리적 배려라고 할 수 있다. 친절한 표정과 세심한 배려도 컨설턴트가 갖추어야 할 자세이다.

둘째, 전문지식의 확보로서 컨설팅은 교사를 대상으로 전문적 영역에 대하여 하는 것이기 때문에 컨설팅하는 부문에 대하여 충분한 전문성을 가지고 있어야 한다. 컨설팅 과정에서 현상에 대한 충분한 관찰과 분석이 있어야 하며, 이에 관한 확실한 대안을 제시할 수 있어야 하고, 깊이 있는 이론도 안내해야 한다. 또한 각 사례별로 컨설팅을 하면서 의뢰인에게 맞는 참고자료를 제공하는 것도 필요하다. 전문적 지식은 관련 서적의 탐독, 지속적인 관찰과 분석, 관련 자료의 수집, 컨설턴트끼리의 공동연구 등을 통하여 길러질 수 있다.

셋째, 객관적인 자료의 활용으로서 컨설팅은 구체적인 근거나 자료를 가지고 할 때 효과적이다. 특히 수업관찰의 경우 수업에 대한 양적 · 질적 관찰을 통하여 객관적 자료를 확보하여 말하는 것이 좋다. 대부분의 수업관찰이 질적 관찰 중심으로 하고, 항목별 5단계 척도로 하기 때문에 주관적 관찰에 흐를 위험성이 있다. 그럴 경우 수업자가 참고할 만한 내용이 적다. 이를 극복하기 위해서는 항목별 빈도수를 측정하는 양적 관찰을 병행하는 것이 피드백하기에 효과적이다. 교육과정에 대한 컨설팅도 일반학교의 경향이 어떠한지, 우수학교의 사례는 어떠한지에 대한 자료를 가지고 있어야 한다. 생활지도의 경우에도 학교별 중도 탈락률이나 생활지도 규정, 사안 대처사례 등도 가급적 많이 확보하여 적절한 자료들을 적시에 제공해 주어야 한다.

넷째, 업무의 효율성을 고려한 컨설팅으로서 컨설팅장학은 교육의 잘못된 점을 고치고, 교육적 성과를 높이기 위하여 실시한다. 따라서 컨설팅이 공허한 이론을 소개하고, 현장에 적용하기 어려우며 성과도 담보할 수 없는 것들을 안내해서는 안 된다. 적은 노력으로도 큰 성과를 거둘 수 있는 대안이어야 흡인력이 강하다. 장사도 이익을 남겨야 하는 것처럼 컨설팅도 작은 투입(input)으로 큰 산출(output)을 얻어낼 수 있어야 한다. 컨설팅이 그저 이름으로만 기억되는 것이 아니라 감동으로 기억되기 위해서는 새로운 깨달음을 줄 수 있어야 하고, 그 깨달음의 적용이 어렵지 않아야 한다.

다섯째, 구체적이면서도 큰 틀을 제시하는 컨설팅으로서 컨설팅을 하다 보면 일반적인 이야기를 건성으로 진행하는 경우가 있다. 이른바 뜬구름 잡기이다. 일반적인 이야기는 공허하게 들릴 수 있다. 컨설팅은 말이 아닌 행동을 요구한다. 따라서 큰 틀에서의 방향성도 제시해야 하고, 구체적인 방법도 함께 알려 줘야 한다. 컨설턴트의 체험적인 이야기라면 더욱 좋고, 주변의 사례여도 좋다. 지나치게 세밀한 것만 이야기하면 방향을 놓치기 쉽다. 교육과정을 컨설팅할 경우, 과목별 시간을 논하기에 앞서 개정 교육과정의 취지, 타학교의 동향 등 큰 것을 먼저 이야기해 주는 것이 바람직하다. 생활지도에 대한 것도 구체적인 지침을 논하기에 앞서 이 시대가 추구해야 할 생활지도 방향에 대해 먼저 언급하는 것이 좋다. 따라서 컨설턴트는 숲과 나무를 동시에 말할 수 있어야 한다.

여섯째, 정보의 공유로서 컨설팅은 길지 않은 시간에 주로 대화를 통해 이루어지는 것이나. 그래서 시간이 지나면 컨설팅한 내용이 의뢰인의 기억 속에 오래 남아 있기 어렵다. 따라서 의뢰인이 곁에 두고 항상 참고할 수 있는 자료를 함께 공유해 주는 것이 바람직하다. 관련 자료를 많이 탑재하고 있는 인터넷 카페나 개인 블로그, 학교 홈페이지, 교육연구기관 등을 안내하거나, 읽어 보면 좋을 전문도서, 연구보고서 등을 소개해 줄 수도 있다. 또한 컨설턴트 자신이 직접 제작한 자료를 제공해 줄 수도 있다. 컨설팅 시간은 짧지만 컨설팅한 결과가 오래 갈 수 있는 방법은 관련 정보를 많이 알려 주는 것이다.

일곱째, 결과의 피드백으로서 컨설팅은 지식을 전달하는 데 그쳐서는 안 된다. 전달은 시작일 뿐이고, 컨설팅의 최종목표는 의뢰인의 행동을 유발하고, 그 행동의 결과가 바람직한 결과를 낳는 것이다. 따라서 최종상황의 확인까지 해야 한다. 예를 들어, 교육과정 편성에 대한 컨설팅을 했을 경우, 시정 요구사항이 어떻게 고쳐졌는지를 확인하여 안 되었을 경우 2차적인 컨설팅을 해야 한다. 수업컨설팅도 시정하거나 보완을 요구한 사항이 어떻게 고쳐졌는지를 확인하여야 한다. 그래야만 컨설팅장학이 일회성 행사가 아니고 진정 교사의 잘못된 점을 개선해 주는 역할을 하게 된다. 실행결과의 확인은 개인 메일 등을 통하여 할 수도 있고, 전화를 이용해 할 수도 있다. 학교 방문이나 2차 면담 등도 좋은 방법이다.

연구 및 토의 · 토론 문제

1. 시대에 따라 장학의 개념이 변화되어 가는 이유와 그에 따른 장학의 유형이 바뀌어 가는 이유가 무엇인지 발표해 보자.

2. 장학담당자로서 요구되는 자질과 장학담당자가 어떤 역할을 수행해야 하는지 발표해 보자.

3. 교육현장에서 이루어지고 있는 장학의 다양한 유형을 말해 보고, 장학의 패러다임 변화에 따른 오늘날의 바람직한 장학의 방향에 대하여 토의해 보자.

4. 장학의 새로운 형태인 컨설팅장학의 개념이 도입된 이유는 무엇이며, 수업컨설팅의 기본 개념과 원리를 알아보고 수업컨설팅 기법에 대하여 구체적으로 알아보자.

11 학교경영

학습개요

1. 단위학교의 학교경영 개념과 원리를 이해하고, 학교장의 지도성에 따라 학교를 효율적으로 운영할 수 있는 방법을 구체적으로 알아본다.
2. 학교경영의 패러다임을 이해하고, 기존의 학교경영 방법과 미래의 학교경영 방법에 어떤 차이가 있는지에 대하여 알아본다.
3. 학교장의 학교경영에서의 다양한 역할에 대하여 모색해 보고 학교경영자, 변화관리 및 갈등조정자로서의 역할에 대하여 구체적으로 생각해 본다.

1. 학교경영의 개념 및 원리

1) 학교경영의 개념

학교경영은 학교장을 중심으로 학교를 조직 · 관리하며, 변화하는 환경 여건 속에서 학교조직을 운영해 나가기 위한 학교단위의 학교행정이다. 학교경영은 교육활동을 지원하고 교육활동을 위하여 봉사하는 학교조직 내에서의 집단적 협동행위이며(장이권, 1998), 학교의 목적을 달성하기 위하여 인적 · 물적 및 기타 자원을 활용하여 계획 · 조직 · 지시 · 조정 · 통제하는 일련의 과정이다(박병량, 주철안, 2012). 단위학교의 교육목표를 설정하고 그것을 달성하기 위한 프로그램 및 인적 · 물적 및 기타 지원조건을 정비 · 확립하며, 목표달성을 위한 계획과 결정, 집행과 지도, 통제와 평가 등을 포함하는 일련의 봉사활동이다(진동섭 외, 2011).

이러한 학교경영의 구체적인 의미는 다음과 같다(장이권, 1998).

- 학교교육의 목표 · 이념 등을 명료하게 하고 그것을 구체적으로 정립한다.
- 교육의 프로그램을 정비 · 확립하여 교육과정을 확정하고 구체적으로 운영하기 위한 일정과 시간표를 정하여 교재를 비롯한 제반조건을 마련한다.
- 교사를 비롯하여 필요한 제반 사무요원과 보조원 등의 인적 조건을 정비 · 확립한다.
- 재정을 지원하고 시설 · 설비를 마련하며 제반 관련사무를 정비하여야 한다.
- 모든 업무의 추진에 있어서 기획과 결정, 집행과 지도, 통제와 평가 등의 과정을 거쳐 이를 효율적으로 추진한다.
- 학교경영의 책임자로서 학교장의 지도성은 학교교육의 중요한 요인이다.
- 학교조직의 구성원은 학교장을 비롯하여 교사, 사무직원, 학생들이 있고, 이들과 관련된 학부모, 동창회로 구성되어 있다.
- 학교경영은 교육 관련 법규나 상부의 지시 · 명령 · 기준에 의거하여 학교를 운영해 나가려는 것이 아니고, 보다 능동적이고 창의적 · 자율적으로 달성하고자 하는 뜻이 담겨져 있다.

학교경영은 단위학교에서 학교장의 자율적이고 창의적인 관점에서 교육목표를 설정하고 그 목표를 달성하기 위하여 필요한 제반 조건을 정비 · 확립하고, 목표달성을 위한 활동을 지도 · 감독하는 일련의 봉사활동으로서, 주로 학교의 정책, 방침, 교육과정, 교육방법, 교사의 활동 등에 대한 교직 자체의 전문성에 관한 것을 다루는 것이다.

2) 학교경영의 원리

학교가 성공적으로 운영되기 위해서는 조직으로서, 제도로서 그리고 사회체제로서 제반 특성 및 지배 원리가 잘 발휘되어야 한다. 학교경영이 추구하는 중요한 가치로서 학교경영의 원리를 정리하면 다음과 같다(박병량, 주철안, 2005).

(1) 민주성의 원리

민주성은 민주주의의 원칙을 추구하는 것이다. 인간존중, 자유, 평등, 참여와 합의 등은 민주주의를 특징짓는 이상과 원칙이다. 민주적인 학교경영은 학교구성원 개개인의 인격이 존중되고, 학교운영과 관련된 각종 정보와 참여기회가 개방되고, 자유로운 의사표현과 의사소통이 이루어지며, 다수결의 원칙이 존중되는 방식으로 교직원 및 학생의 의견이 학교운영에 반영되어, 학교운영에서 구성원의 자율성이 존중된다.

(2) 효과성의 원리

효과성은 목적달성을 의미한다. 학교의 목적은 교육을 통하여 학생 개개인의 성장 · 발달을 촉진하여 그들이 자아실현된 인간이 되도록 돕는 데 있다. 따라서 효과성을 지향하는 학교는 인간성향의 가변성을 믿고 학생 개개인의 지적 · 정의적 · 사회적 · 도덕적 성향을 발달시켜서 자아실현된 인간에 도달할 수 있도록 노력한다. 효과적인 학교는 교수-학습활동을 통한 학생의 교육성취에 초점을 둔다.

(3) 능률성의 원리

능률성은 산출과 관련하여 투입과 과정의 최적한 상태를 의미한다. 능률성의 일차적 의미는 최소한의 자원을 투입하여 최대의 효과를 거두는 경제적 원리이다. 확장된 능률성의 개념은 인적 · 물적 자원과 시간의 최적 투입뿐만 아니라 구성원의 심리적 상태와 경영과정을 최적 상태로 유지하여 산출을 극대화하는 것을 의미한다. 학교는 이러한 능률성을 추구한다.

(4) 공평성의 원리

공평성은 분배가 공평하게 이루어지는 것이다. 그것은 돈, 권한, 기회, 이득 등 사람에게 중요하게 여겨지는 것이 공정한 방법으로 공평하게 분배되는 것이다. 공평성을 지향하는 학교경영은 인적 · 물적 · 재화적 기타 자원이 공평하게 배분되고, 권한, 기회, 이익과 불이익, 상벌 등이 부당한 차별을 두지 않고 모든 구성원에게 공정하게 부여되고 배분된다.

(5) 전문성의 원리

전문성은 과업의 특수성으로 인하여 지적 · 기술적 수월성을 갖고 과업을 수행하는 것이다. 전문성은 지식과 기술, 윤리성과 자율성 그리고 전문적 분업을 특징으로 한다. 전문성을 지향하는 학교경영은 업무가 기능적으로 분업화되고(예: 국어, 수학, 상담 등), 각 해당 분야에는 전문적 지식과 기술을 갖춘 교직원이 배치되며, 그들은 전문인으로서의 윤리와 자율성을 지니고 의사를 결정하고 업무를 수행한다. 전문적인 학교경영에서는 교직원의 계속적인 학습과 연구를 통한 자기개발과 윤리성이 강조되고 자율성이 존중된다.

(6) 자율성의 원리

자율성은 스스로 결정하고 스스로 통제하며 결과에 대해서 스스로 책임을 지는 것으로, 자율은 타율과 반대되는 개념이다. 자율적인 학교는 독자적인 권한과 책임하에 학교의 제반 업무를 결정하고 수행한다. 또한 자율적인 학교는 학교의 권한과 책임이 하위 부서에 위임 · 분산되고, 각 부서의 업무가 자율적으로 수행된다. 자율성은 자율적 능력을 전제로 한다. 학교의 자율적 능력은 학교구성원의 참여와 협동 그리고 그들의 전문성을 요건으로 한다.

(7) 책무성의 원리

책무성은 수행된 과업이 일정한 기준에 따라 평가받고, 그 결과에 대하여 책임을 지는 것이다. 책무성을 추구하는 학교는 책무성을 검토하는 체제를 갖추고, 학교와 학교구성원이 수행하는 과업의 타당성 · 효과성 · 능률성 등을 합의된 기준에 따라 평가하고, 평가결과에 따라 과업 담당자에게 책임과 보상이 주어지며, 평가결과는 공개되어 학교경영의 개선자료로 활용된다.

(8) 지역성의 원리

지역성은 지역의 특수성을 살리는 것이다. 학교가 위치한 지역사회의 물리적 · 사회적 · 문화적 환경은 학교교육에 직간접적으로 영향을 미친다. 따라서 학교경영은 지역사회의 여러 특성—지리, 경제, 인구, 자원, 문화, 사회적 구조, 정치적 구조 등—을 학교경영에 반영하고 활용하여 교육의 효과를 높이도록 한다.

(9) 적응성의 원리

적응성은 변화하는 환경에 대응하는 능력이다. 학교는 학생, 교사, 학부모 등의 인구학적 변화 및 성향의 변화, 교육과정 및 교육사조의 변화, 교육청 및 교육부와 같은 상위 교육행정기관의 정책 및 시책의 변화, 나아가서 정치 · 경제 · 사회 · 문화 등 사회 전반의 변화 등 학교 내외의 환경변화를 이해하고 이에 능동적으로 대처하여 학교를 유지 · 발전시키는 노력을 기울여야 한다.

(10) 발전성의 원리

발전성이란 바람직한 방향으로 변화를 추구하는 경향성을 말한다. 발전적인 학교는 학교의 제반조건을 개선하여 보다 좋은 학교가 되도록 노력하는 학교이다. 발전적인 학교는 학교발전의 비전을 가지고, 학교상태를 계속 진단 · 평가하면서, 개선이 필요한 경우 학교 구성원의 참여와 협동하에 변화를 계획하고 프로그램을 개발하고 이를 실행하는 일련의 변화과정을 반복함으로써 늘 학교발전을 도모한다. 이러한 학교에서는 학생의 교육적 성취, 구성원의 참여와 협동, 구성원의 능력개발이 강조된다.

2. 학교경영의 영역

학교경영이 학교의 교육목표를 달성하기 위하여 학교 내외의 제반 요소들을 효율적으로 조정하고 통합시키는 것이기에 학교경영의 영역은 매우 포괄적이고 광범위하다. 학교경영을 위한 여러 가지 활동은 상호 간에 긴밀한 관련을 가지고 있어서 그 사이에 명확한 구분은 어렵지만, 경영계획의 수립을 위해서나 권한 및 업무의 분담을 위해서나 문제의 소재를 파악하기 위해서는 학교경영활동의 내용을 영역별로 구분하는 것이 필요하다.

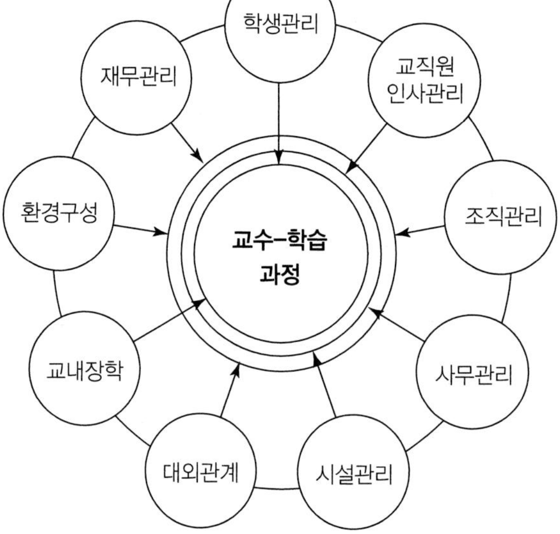

[그림 11-1] 교수-학습과 학교경영의 영역

출처: 서정화, 서성옥, 김동희, 이수임(2002). 교장학의 이론과 실제.

서정화 등(2002)에 따르면 [그림 11-1]과 같이 교수-학습상황을 중심으로 제반 매체, 시설, 재정, 조직, 인사, 사무, 환경, 대외관계 등이 직접 또는 간접으로 연결되어 하나의 동심원적인 중층구조를 형성하고 있다. 동심원적 중층구조를 형성하고 있다는 것은 학교경영의 제반영역이 학교교육의 가장 핵심이라고 할 수 있는 교수-학습활동을 중심으로 직접적 혹은 간접적으로 밀접하게 상호 관련되어 있을 뿐 아니라 모든 경영행위가 이를 중심으로 수행되어야 함을 의미한다.

정태범(2000)은 학교경영의 영역별 분류는 학교에서 어떤 경영활동이 이루어지고 있으며, 누가 해당 영역에 책임을 지고 있는지를 파악하는 데 도움을 주지만, 이들이 어떤 체계를 갖고 어떤 연계 속에서 운영되고 있는지를 파악하는 데는 도움을 주지 못한다고 지적했다. 그리고 학교경영의 영역을 교육목표 관리, 교육조직 관리, 교육과정 관리, 교육조건 관리, 교육성과 관리로 구분하였다.

교육목표 관리에서는 교육목표 방침, 연간계획, 중점계획 등을 포함하고, 교육조직 관리에서는 교육지도조직, 교무분장조직, 운영협의조직 및 학교유관조직 등을 포함하며, 교육과정 관리에서는 연간운영계획, 교과과정, 특별활동, 생활지도 등을 포함한다. 교육조건 관리에서는 인사관리, 재무관리, 시설 · 환경관리 등을 포함하며, 교육성과 관리에서는 학력평가, 전문성평가, 경영능력평가 등을 포함한다. 이를 보다 구체적으로 설명하면 다음과 같다.

1) 교육목표 관리

학교경영의 목적은 효과적인 학교교육목표의 달성에 있다. 학교경영에서는 전 교직원이 공동으로 참여하여 경영목표를 설정하고, 그 목표를 효과적으로 달성하기 위함이다. 학교경영목표를 설정할 때는 상위목표와 방침 등에서 분석된 목표를 참작하여 국가와 지역사회, 학부모 등의 요구나 문제들을 분석하고, 학교의 경영실적이나 학생실태를 분석하여 이들을 목표설정의 기반으로 삼아야 한다. 이렇게 설정된 학교교육의 목표는 구체적으로 명료하게 행동적 용어로 진술하여야 하며, 지역성과 시대성이 반영되어야 한다. 학교경영에서 이렇게 정해진 목표에 따라 교육활동을 관리할 때 이를 교육목표 관리라고 말한다. 따라서 교육목표 관리는 교육목표, 경영목표 및 교육방침 아래 전개되는 각종 교육활동과 그 평가를 포함한다.

2) 교육조직 관리

학교조직이란 학교교육목표의 효율적 달성을 위한 조직구성원의 분업적 협동체제의 구성을 의미한다. 학교조직은 학교경영의 도구로서 활용되며 책임과 업무의 분담 아래 구조적인 협동적 관계를 형성한다. 따라서 학교조직 관리는 학교경영의 중요한 영역이 되는 것이다. 학교경영에서 조직관리의 주된 관심은 학교조직의 효과성에 있다. 조직의 효과성은 그 조직이 추구하고자 하는 목표를 얼마나 달성하였는가에 따라 결정된다. 학교조직은 교육이라는 목적을 추구하고 있기 때문에 교육목적 달성의 정도로 학교조직의 효과성을 측정할 수 있다. 따라서 학교에서 조직은 교육지도조직, 교무분장조직, 운영협의조직을 포함한다. 교육지도조직은 전문조직으로서 가르치는 조직이고, 교무분장조직은 지원조직으로서 사무를 수행하는 조직이며, 운영협의 조직은 업무의 조정 및 의사결정을 위한 조직이다.

3) 교육과정 관리

학교에서 교육과정 관리는 교육과정의 구성과 그에 따라 이루어지는 교육활동과 평가활동을 포함한다. 교육과정 관리는 교육목표 달성을 위하여 학교에서 이루어지는 학생들의 교육적 경험들을 계획적으로 관리하는 것으로서, 여기에는 시간계획, 교과활동, 창의적 체험활동, 생활지도 등이 포함된다. 교육과정 운영 면에서는 교육과정의 정상적 운영여부, 구성의 적합성 및 다양성, 학생들의 학력 및 학습태도, 교육평가 활동 등이 주요 관심사이다.

학교교육에서의 교과활동은 교사들의 교수활동을 통하여 구체적으로 이루어진다. 교사들의 교수활동은 교과의 목표달성과 연결되고, 교과의 목표달성을 위한 활동은 다시 학교의 교육목표 달성과 연결된다. 교과활동은 교수-학습의 계획, 지도, 평가를 총칭하며 교실에서 구체적인 수업의 절차를 거치게 된다. 그리고 창의적 체험활동, 생활지도는 연간계획에 따라 운영되며, 세부운영을 위한 계획, 실천, 평가의 과정에 따른다. 학교행정이 학교의 교육목표 달성을 추진하는 것이라면 교육활동을 가능하게 하는 교육과정 관리는 역시 학교경영의 중요한 기능이다.

4) 교육조건 관리

교육목표와 내용 및 그 운영을 포함하는 교육과정이 아무리 잘 편성되어 있다 할지라도 교육활동이 가능하도록 하는 데 필요한 인적 · 물적 · 재정적 조건이 정비되어 있지 못하면 교육활동은 소기의 목적을 달성하지 못한다. 이와 같이 학교에서의 교육활동은 교육조건이 어떠한가에 따라 제한된다고 말할 수 있다. 학교에서 교수-학습활동에 필요한 교육조건을 마련하는 것은 학교경영의 중요한 기능이다. 이러한 교육조건은 교육과정 운영에 체계적으로 연결되어 활용되어야 한다. 그리고 교육활동을 위하여 인적 · 물적 · 재정적 자원을 정비하여 학교의 교육활동에 교육의 자원이 잘 조직되어 유기적으로 작용하도록 한다. 이런 의미에서 교육조건 관리는 학교경영의 봉사적인 활동이며 인사관리, 시설관리 및 재무관리 등을 포함한다.

5) 교육성과 관리

학교교육활동의 성과는 학교경영평가를 통하여 나타난다. 학교경영에서는 학교의 교육목표가 경영활동을 통하여 어느 정도 달성되었는가를 파악한다. 학교경영평가는 학교경영활동의 계획은 물론 실천과정을 분석 · 검토하여 그 결과를 파악하고 나아가서 앞으로의 경영성과를 더욱더 향상시키려는 과정이기도 하다. 학교교육평가는 단순히 학교경영활동의 결과만을 평가하는 것은 아니다. 학교경영의 교육계획, 교육실천, 교육결과 등의 전 과정을 평가해야 한다. 따라서 학교경영평가는 우선 학교의 교육계획에서 교육목표의 달성이 가능할 수 있는가를 파악하기 위한 투입평가를 실시하고, 다음으로 일정기간의 실천과정을 거치면서 각종의 교육활동이 무리 없이 진행되고 있는가를 확인하기 위한 과정평가를 실시하며, 마지막으로 실천의 결과가 경영계획에서 정한 목표에 어느 정도 달성되었는가를 판정하는 산출평가를 실시한다. 이와 같이 학교경영평가는 교육계획, 교육실천, 교육결과의 전 과정을 포함하는 합리적인 평가가 이루어지도록 한다. 그리고 학교경영평가에서 수합된 모든 정보는 다음 학년도 또는 다음 학기에 충분히 반영되어 학생지도자료, 교원의 반성자료, 학교경영 자료로 활용된다.

3. 학교경영의 패러다임 변화

학교경영에서 패러다임은 학교를 경영하는 학교경영자가 어떠한 교육이념과 경영의지를 지니는가에 따라 학교교육의 목적과 학교경영의 방향에 영향을 미치게 된다. 그렇다면 기존의 학교경영 패러다임이 어떠한 모습을 드러내고 있는가를 고찰해 보고, 미래에 우리가 추구해야 하는 학교경영 패러다임에 대하여 알아본다(최경노, 2007: 17-24).

1) 기존의 학교경영 패러다임

전통적인 관점에서 학교교육목적은 명확하고, 정적이며, 표준화되고, 교육권한이 중앙집권적이었다. 또한 학교는 외적 통제가 이루어졌고 중앙집권적 경영에 의존해 왔기 때문에, 환경의 변화에 부응하며 정교한 경영기술이 요구되지 않았다. 따라서 교육제도에서도 중앙에서의 통제를 용이하게 하기 위하여 모든 권한이 중앙으로 집중되고 효율성을 강조하는 관료제의 원리가 도입되었다.

주삼환(1982: 24-25)은 학교조직의 관료화를 촉진하는 근거를 ① 학교 크기의 대형화 추세, ② 학교조직과 기능의 복잡화, ③ 행정업무의 계속적인 증가, ④ 상급기관의 개개 학교에 대한 압력의 증가와 학교의 획일화, ⑤ 지역사회나 학부모들의 학교교육에 대한 불만과 불신의 증가에 따른 학교정책의 수립과 수정, 학교가 달성해야 할 책임성에 대한 평가에 깊이 참여하기를 제시하고 있다.

학교조직의 관료제적인 특성은 중앙과 지방의 교육행정기관과 단위학교 사이에 계층 구조가 있다는 것이다. 권위의 계층은 지휘계통과 보고체계가 확립되어 조직운영에 있어 상사의 지휘에 잘 순응하고 또 부서 및 개인의 활동을 조정하고 통제하는 데 용이하다. 그러나 지나치게 계층화가 강조되면 상사의 명령에 문제점이 있다고 해도 이의를 제기하지 않게 되어 상향적 · 상호적인 의사소통이 이루어지지 않는다. 다시 말해, 이러한 관료제는 통제를 강화하고 감독을 용이하게 할 수 있어 통솔의 범위를 축소하고 강한 중앙통제와 집권화를 촉진시킨다.

학교조직의 의사결정과정에서 의사결정자가 어느 단계까지 통제하고 참여를 허용하는가에 따라 그 학교의 집권화 정도가 결정된다. 중앙집권 교육조직은 행정의 통일성, 강력성 및 능률성을 가진다는 장점도 있으나 하급기관의 창의성 및 적극성을 저해시킬 우려가 있다. 또한 중요한 교육 내용이나 방법 등에까지 획일주의와 통제적인 행정을 적용함으로써 발전가능성을 저해할 우려가 있다고 보기에 이에 대하여 주변 여건 및 실정에 맞도록 적절한 조정이 필요하다고 볼 수 있다(김종화, 1995: 116).

기존의 학교경영은 중앙집권중심, 권위주의, 외형 중시, 획일성, 비합리성, 윤리적 미성숙 등과 같은 말로 대표된다. 이는 민주적 학교조직 구성 및 지원과는 상반되는 것으로서 학교경영의 결과가 기대하는 교육과 교육조직에 어긋나게 됨은 당연한 일이다. 기존의 학교경영은 여러 가지 부정적 결과를 초래하는데, 이는 기존의 학교경영이 안고 있는 한계에 의한 필연적인 결과라고 볼 수 있다(윤종건 외, 2002: 64-67). 이렇듯 기존의 학교경영은 나름대로 굳어지고 관습화 · 정형화된 틀 혹은 전형을 보여 주고 있다는 점에서 하나의 패러다임을 이루고 있다.

기존의 학교경영에 있어서는 공식적인 지위와 권위에 의한 통제가 주로 행사되고, 이런 통제를 받는 활동단위들은 수동적으로 이에 응한다. 이런 관리방식은 가부장적 권위를 지닌 소수 관리자와 다수의 실행자라는 양자 간의 관계를 낳을 수밖에 없다. 그것은 집권을 의미하고, 불평등과 비민주성을 내포하고 있다. 이러한 권위적 학교경영은 집단적이고 양적인 성과와 그에 따른 효율성 추구를 동반한다. 개별적 배려는 경시되고, 내적인 성취와 그것에 근거한 효율성 판단은 쉽게 간과된다. 본연의 가치와 목적에 대한 반성적 숙고를 통한 실천은 찾기 힘들고, 가시적이고 즉시적인 성과를 추구하였다.

기존의 학교경영은 교육과 복지를 조화롭게 운영할 수 있는 학교경영이 아닌 상부기관의 통제적인 체제하에 이루어지는 경영방법이었다. 이는 어느 조직의 목적수행이나 과제해결에 대한 구성원의 의사결정 참여정도가 낮을뿐더러 학교조직과 운영이 민주적이지 못한 상태를 의미한다. 그리고 지역사회의 참여정도가 낮은 상태로서 학교경영의 효율성 향상에 기여하지 못하며, 다양한 학교경영의 활동에 적지 않은 영향을 끼쳐 왔다. 또한 학교경영의 모든 과정이 합리적이고, 수평적인 의사소통이 활성화되지 못하고 통제에 의한 의존성만 높아져 책임감이 낮아지며, 결과적으로 교육복지 운영에 대한 경직성으로 독립적인 업무수행이 불가능하게 된다.

2) 미래의 학교경영 패러다임

오늘날 학교개혁의 방향은 보나 성교한 기술을 요구하며, 보다 전략적인 경영기법, 발전적 계획수립, 경영에의 총체적 참여 그리고 질적인 보장을 강조하고 있다(이병진, 2010: 351). 학교가 미래사회에 보다 효과적으로 기여하는 데 요구되는 것은 개인의 탁월한 개성이나 관료적 권한으로 변화시키려는 과거 영웅적인 것을 의미하는 것이 아니다. 미래사회에 요구되는 새로운 학교경영은 학교조직을 위한 아이디어를 유목적화하고 개발하며, 공유된 추종자들의 능력을 구축하고, 학교조직을 책무성 있는 공동체로 만들어 가는 데 많은 노력을 하는 학교경영이 되어야 한다.

중앙집권적이고 수직적 권위에 바탕을 둔 전통적인 교육체제가 시대변화에 크게 뒤짐으로써 많은 문제를 갖고 있다. 이러한 기존의 학교경영이 갖는 한계와 오류를 극복하지 않고는 현실적이고 미래지향적인 교육과 교육조직을 실현할 수 없다. 따라서 기존의 학교경영은 변화해야 하고 교육행정의 새로운 패러다임이 설계되어야 한다.

학교경영이란 학교에서 학생들을 어떻게 교육시킬 것인가 하는 목표를 갖고 그것을 실현할 교육활동을 통하여 실천하는 전반적인 과정이다. 즉, ① 주어진 학교여건을 고려하여 실현 가능한 교육목표를 설정하고, ② 이를 위한 협동적 조직체계를 구성하여, ③ 교육목표 달성을 위한 교육과정을 편성하고 교육조건을 마련하며, ④ 이에 따라 교육과정에 근거한 교수-학습활동을 전개하며, ⑤ 이미 정한 교육목표의 달성결과를 평가하는 과정이다(서정화 외, 2002: 380).

미래지향적인 학교경영에 대한 능력의 함양은 그리 쉬운 일만은 아니다. 그러나 미래사회를 새롭게 열어가고자 하는 노력과 국가나 사회의 결집된 의지와 결단이 선행된다면 불가능하지만도 않다. 기존의 중앙집권적이고 권위적인 방식의 학교경영방식에서 벗어나 학교의 특성을 고려하여 교육조직을 개편하고, 학교경영의 중심이 되는 학교경영자의 경영형태가 변화한다면, 얼마든지 선진적이고 미래지향적인 학교경영을 할 수 있게 된다. 그렇다면 교육조직과 학교경영의 중심이 되는 학교경영자의 리더십에 대한 변화양상을 살펴본다.

21세기의 급변하는 현대사회에 있어서 많은 조직이 변화하는 것과 마찬가지로, 교육조직도 기존의 사고방식을 바꾸고 새로운 교육적 비전을 정립하는 일이 요구된다. 호일(Hoyle)은 전통적인 교육조직에서 미래사회의 변화에 적응해 나가는 교육조직의 변화 방향을 〈표 11-1〉과 같이 제시하고 있다(Hoyle, 1987: 39: 이병진, 2010: 18에서 재인용).

전통적인 교육조직은 교육과정, 교육방법, 교육조직, 교육수요자의 학교선택권 등에서 경직성을 보이고 폐쇄적인 특징을 가지고 있다. 그러나 미래의 사회변화에 적응해 나가는 새로운 교육조직은 교육의 일련의 과정에 있어서 융통성을 띠고 개방적이며 상호 의존적인 특징을 가지고 있다. 이러한 교육조직의 특징은 21세기의 급속한 지식정보화 사회에 따라 더욱 가속화된다. 교육조직의 변화는 환경에 능동적으로 대처하면서 내적인 에너지를 효율적으로 활용하여 유지 · 발전해 가는 건강한 자생능력을 갖추게 한다.

이러한 자생능력은 교육조직이 스스로의 힘으로 충실한 기능발휘와 발전을 기하게 하

〈표 11-1〉 교육조직의 변화 방향

구분	전통적 교육조직	변화해 가는 교육조직
교육과정	분과의 독립성 강조	교과 간 연계성 강조
교육방법	일제 강의식	탐구중심의 발견적 방법
교육조직	경직성	융통성
학생선택권	제한적 선택	선택권의 확대
학생조직	동질집단	이질집단
학생통계	신분 배경에 기초	인간적 대우에 기초
교사역할	독립적	상호 의존적
학교시설	폐쇄적	개방적
학교와 지역사회의 연계	연계성 미약	연계성 강화

고, 문제를 스스로 확인 · 진단하고 그 극복책을 탐색 · 실천하는 자율행위를 통해 확보되고 성취된다. 따라서 교육조직에 자율성이 허용되어야 하고, 교육행위는 그 성격상 개별성을 중시해야 한다.

또한 교육조직을 둘러싸고 있는 환경은 끊임없이 변화하고 있기 때문에 21세기 변화하는 미래사회를 창조적으로 이끌어 갈 학생들을 가르치는 교육조직의 구성원들도 부단히 변화해 가야 한다. 결국 교육조직은 그 어느 시대보다도 교육적 맥락에서 변화를 이끌 수 있는 적극적이고 혁신적인 지도자를 요구하고 있다.

대프트(Daft, 2002: 9)는 리더십에 대한 기존의 패러다임과 새로운 패러다임을 비교하고 있다. 아직도 많은 조직의 지도자들이 구(舊) 패러다임에 따른 리더십을 발휘하고 있지만 오늘날과 같이 변화하는 시대에 있어서 구 패러다임에 따른 리더십은 효과적이지 못한 부분이 많다. 따라서 조직이 지식정보화를 기반으로 변화함에 따라 조직의 지도자 역시 새로운 리더십의 접근이 필요하다고 보고 〈표 11-2〉와 같이 새로운 패러다임의 특징에 따른 리더십을 제시하고 있다(이병진, 2010: 25에서 재인용).

학교에서 학교경영자가 어떠한 경영의지를 갖고 학교를 경영하는가에 따라 교육효과는 달라진다. 학교경영자는 정보화 시대에 맞게 다양성과 변화를 인정하며 학교를 경영해야 한다. 다른 조직과는 달리 학교조직의 특수성과 다원적인 기능 때문에 학교경영자의 역할과 경영의지는 시대적 · 사회적 인식에 보다 민감하게 반응한다. 학교경영자의 경영방식에 따라 학교조직의 구성원들은 학교경영방식과 그 역할을 담당할 수 있는 자질을 갖추기 위해서 노력한다. 미래의 학교경영 패러다임을 정리하면 다음과 같다.

첫째, 학교경영은 학교경영의 자율화, 민주화, 전문화를 지향해야 한다. 즉, 단위학교의 재량권을 확대하고 책임경영체제를 구축하며 학생과 학부모, 지역인사의 교육 참여적 의사결정체제를 확대해 나가야 한다.

〈표 11-2〉 새로운 리더십 패러다임

구(舊) 패러다임	신(新) 패러다임
정보화 시대	산업화 시대
변화	안정(고정)
권한위임	통제(독점)
협동	경쟁
인적 및 관계	물적
다양	획일

또한 학교 특성에 맞는 교육프로그램의 개발 등 학교경영의 전문성을 높여 나가야 하겠다. 선진적인 학교경영을 위해서는 교육행정기관이 가지고 있던 여러 가지 권한을 단위학교에 대폭 이양하여 단위학교의 독자적 의사결정 권한을 증대해야 한다. 또한 학교를 경영하는 주체가 학교장에 머물러 있지 않고 학생, 교사, 학부모 등이 함께 참여하여 의사를 결정하고 운영하는 민주적인 체제로 변화되어야 함을 의미한다.

둘째, 학교관리자는 교육목표를 바로 세워 능률적이고 전문적인 경영을 해야 한다. 따라서 학교행정가와 교원의 전문성이 신장되어야 하며 학교경영이 적절하게 평가되어야 한다(서정화 외, 2002: 546-549). 여기에서 제시하게 될 새로운 패러다임의 학교경영은 '희망하는 교육과 교육조직'에 대한 적합성을 갖는 교육경영이다. 다르게 말하면, 새로운 학교경영 패러다임은 '희망하는 교육과 교육조직'에 내재되어 있는 가치와 인식 그리고 그것이 요구하는 운영원리에 부합하는 방향으로 구상되어야 한다. 따라서 새로운 패러다임의 학교경영은 기존의 학교경영이 지닌 한계와 오류를 극복하고 '희망하는 교육과 교육조직'을 실질적으로 조성하고 지원하는 학교경영이라고 할 수 있다.

셋째, 학교조직은 상당기간 구조가 안정적으로 유지되어야 한다. 그러나 조직이 기존의 구조를 유지하는 반면에 환경이 지속적으로 변화한다면 조직구조는 점점 환경과 유리된다. 교육조직 또한 환경의 영향을 많이 받는다. 학교구조에서는 운영과정에 의한 내부 환경을 둘러싼 사회환경의 변화와 중앙정부 · 시 · 도교육청에 의한 외부환경이 단위학교의 조직과 운영에 영향을 미치는 요인이다. 하지만 이러한 요인에 의해 학교조직이 자주 변화한다면 학교경영에 있어 일관성을 잃게 된다. 따라서 한번 구성된 학교조직은 그 구조가 안정될 때까지 일정 기간 유지되어야 한다.

넷째, 학교교육에 대한 사회의 다양한 요구를 반영하여 학교경영을 해야 한다. 현재의 정보화, 지식기반사회는 기존의 획일적이고 표준화된 보통 수준의 교육에서 다양화되고, 특성화되고, 질적 수준이 높은 교육을 요구하게 된다.

이에 교육수요자들의 목소리가 높아지고, 교육에 대한 선택권이 보다 확대될 것이다. 교육수요자들의 선택권을 보장하기 위해서 학교는 전통적인 방식에서 탈피하여 교육이념, 교육내용, 형태 등이 변화하는 사회의 요구에 따라 다양화해야 한다. 또한 학교와 다른 조직들이 상호 협조하여 여러 형태의 동반자, 제휴관계 등을 형성해야 할 것이다.

다섯째, 단위학교 운영의 민주성과 합리성을 보장하는 의사결정체제가 마련되어야 한다. 21세기에는 다양한 형태의 새로운 학교 출현, 교육의 질적 수준 제고, 다양한 교육프로그램의 제공 등이 가능하도록 단위학교의 자율성이 신장되어야 한다. 이와 동시에 단위학교 운영의 민주성과 합리성을 보장하는 의사결정체제가 마련된다면, 과거 학교경영자 중심의 의사결정체제에서 벗어나 학교공동체 구성원들 스스로의 활동을 자율적으로 결정하게 될 것이다. 다시 말해, 모든 의사결정과정에서 그 구성원들의 참여가 충분히 보장되는 방식으로 추진되고, 단위학교중심의 교육을 실질적으로 구현하는 노력이 필요하다.

4. 학교장의 학교경영

단위학교의 책임경영을 위해서 학교장은 법에 의해 규정된 지위가 요구하는 역할을 먼저 수행해야 한다. 즉, 교무통할자, 교직원 지도 · 감독자, 학생교육자로서의 지위에 맞는 역할을 기본적으로 수행해야 한다. 학교장은 교육활동의 차원에서 경영자 및 행정가로서의 위상, 기능의 차원에서는 교육활동 촉진자로서의 위상을 가지고 있다. 따라서 학교장은 교수-학습의 주체인 교사가 학습목적을 달성하도록 하기 위해 교육의 수단과 방법을 마련해야 한다.

학교장은 단위학교의 책임경영을 위한 역할자로서 법률에 규정된 지위에 적합한 역할수행을 전제로, 교육의 활동과 기능의 차원에서 요구하는 역할은 물론 교육행정 과정 구조가 요구하는 역할, 교육행정과 경영의 주체로서의 역할을 수행해야 한다(박영남, 2009).

1) 교육지도자로서의 역할

(1) 교육목적과 비전 제시자

학교장은 단위학교의 경영을 책임지는 행정가인 동시에 학교조직의 지도자로서의 역할이 요구된다. 학교장은 변화하는 시대적 상황 속에서 학교가 지향해야 할 비전과 단위학교의 교육목적과 목표를 제시하여 교수-학습의 방향과 동기유발을 하게 한다. 학교교육의 목적과 목표는 장기적인 안목에서 학생들이 궁극적으로 도달해야 할 인간상을 제시한 것이거나 그 행동 특성을 종합적으로 명시한 것이기 때문이다. 또한 학교교육의 목적은 학교교육의 방향과 가치기준을 제시하는 일, 교육내용과 활동을 선정하는 기준을 세우는 일, 교육활동에 적용될 원칙을 밝히는 일, 주어진 조건하에서 어디서부터 어디까지 얼마만큼 진행시킬 것인가의 기준을 제시하는 일의 지침 또는 지표가 된다(이상기, 1993). 이것은 교육활동이 결과에 대한 평가의 준거가 되며, 모든 의사결정의 적절성 내지는 타당성 여부를 판별해 주는 중요한 지표가 되기도 한다.

(2) 수업지도자

학교지도자로서 학교장의 역할에 관한 개념적 요소는 교육자로서의 학교장(principal as educator)과 행정가로서의 학교장(principal as administrator)으로 구분될 수 있다(Blank, 1987). 교육자로서의 학교장은 수업의 개선과 혁신주도, 합의된 교육목표 도출 그리고 학교수준의 직능개발 시행을 의미한다. 교육과정 편성과 운영과 관련한 학교장의 역할은 일반관리자가 아닌 수업지도자(instructional leader)의 역할과 같다고 할 수 있다. 수업지도자란 학문적(academic) 교육과정을 강조하고, 명확한 목적과 높은 기대를 가지며, 학생성취를 확인할 뿐만 아니라 효과적인 교수전략을 포함한 계속적인 교사발달 프로그램을 가지는 것을 의미한다. 특히 학교목표의 설정, 수업의 질 향상, 교육과정의 개발 및 편성 · 운영, 교과내용 범위의 확대 등의 역할은 주로 학교장의 수업지도성으로 설명되고 있다(도순남, 2003: 84). 따라서 학교장은 교사와 학생들에게 교수-학습 방법의 개선과 교육의 질 향상을 위하여 교사와 학생들에게 방향, 자원을 제공해야 한다.

2) 교육활동 체제의 정비자로서의 역할

(1) 교육과정 편성과 운영자

단위학교에서의 학교장의 학교경영관, 교육과정 편성 · 운영에 대한 기본적 가치관과 지도역량은 학교교육의 방향을 결정하게 되고, 그 격차는 점차 크게 벌어지게 된다. 획일적인 학교운영에서 융통성 있는 학교운영으로, 폐쇄적인 학교운영에서 개방적인 학교운영으로 학교를 변화시키는 것도 교육과정 편성과 운영 능력에 따라 결정된다.

학교장은 교사와 학생, 지역사회 인사 등 단위학교 교육주체들이 학교중심 교육과정을 효과적으로 편성 · 운영할 수 있도록 지원해 주고, 학교교육과정 운영위원회를 활성화시켜 전 교사들이 학교교육과정 편성 · 운영의 전 과정에 참여하여 자신들의 역할을 수행할 수 있는 여건을 만들어야 한다.

(2) 교수-학습체제 개발과 운영자

교육과정의 운영은 교수-학습과 교육행정 지원을 통하여 실현된다. 교수-학습체제 개발과 운영자로서 학교장은 학습목표, 교수목표, 교과목표, 학년목표, 나아가 교육목표를 달성하기 위한 체제를 갖추어야 한다. 학생의 수준과 특성, 희망에 적합한 교수-학습체제와 평가계획을 준비하고, 일제식 수업, 모둠수업, 수준별 수업, 이동수업, 탐구학습, 토론학습 등 학습집단의 변화를 통한 교수-학습, 시간의 변화를 통한 교수-학습, 공간의 변화를 통한 교수-학습, 방법의 변화를 통한 탐구학습, 토론학습 등 효과적인 방법을 찾아야 한다. 창의적 체험활동, 진로상담, 체험학습, 위탁교육 실시시간 등도 상호 유기적으로 연계되어 교수-학습의 효과를 높이고, 교육목표 달성에 기여하도록 체제를 갖추어야 한다. 생활지도는 교육적으로 타당하고 효율적으로 운영하여 교과활동과 함께 학생의 인성 함양을 도와야 한다.

학교장은 국가수준의 교육과정, 시 · 도 교육과정 편성 · 운영지침을 기준으로 하여 단위학교 책임경영의 목표로 제시한 교육목표 달성을 위한 구체적인 교수-학습체제를 개발하고 운영하여야 한다.

3) 교육조건의 조성과 지원자로서의 역할

(1) 대내 · 외 인적 자원의 관리와 지원자

학교장은 학교 내 · 외를 불문하고 활용 가능한 모든 인적 자원을 개발하고 동원해 학교의 교육목표를 달성한다. 즉, 학교장은 교육의 주체가 교육활동을 전개하는 것을 뒷받침하는 데 필요한 기술, 경험, 역량 등을 가진 인적 자원을 동원하고 정비하고 지원해야 한다. 학교에서는 교사 · 학부모 · 지역사회 인사 등이 교육의 주체와 견제세력으로 참여하기 때문에 이들을 교육목표 달성을 위한 자원으로 참여시키고 활용하여야 한다.

학생의 성취수준은 교사의 교수능력에 좌우된다. 유능한 교사의 선발과 관리는 학생의 지적 성취와 인격성장에 직결된다. 특히 교사들은 각종 프로그램과 정책에 대해 커다란 목소리를 낼 수 있게 됨으로써 그들의 역할이 더욱 강화된다. 교사들은 장학, 교원평가, 교육과정 결정과 운영, 교수목표 설정, 교육자원의 배분 등에 능동적으로 참여하게 된다. 또한 교사는 학교운영위원회나 교육과정위원회, 예 · 결산자문위원회, 직원회의, 부장회의, 학년협의회, 교과협의회 등 각종 의사결정 기구에 참여하여 전문적 의견제시자로서의 역할을 수행하게 된다. 또한 담임교사로서, 보직교사로서의 역할도 수행한다.

따라서 학교장은 먼저 교사의 교수활동 지원과 자기계발과 능력개발을 촉진하여 교사의 전문성 신장을 위하여 노력하여야 한다. 민주적인 절차와 과정을 통하여 교사들의 의견을 수렴하고 교사들의 업무경감, 부서 간 협조, 연계체제 구축을 통하여 교육활동에 장애를 주는 조직적 요소를 적극적으로 해결하여 교사들의 교수활동을 지원해야 한다. 또한 교사들의 사기진작을 위하여 학급담임, 보직교사 임명, 포상, 연수기회 부여 등의 인사관리 및 복무관리를 공정하고 합리적으로 수행하여야 한다. 전문적 능력에 따라 적재적소에 교사들을 배치하여 교육활동의 질을 향상시켜야 한다.

학교에서는 학부모와 지역사회 주민들 또한 새로운 역할을 맡게 된다. 학부모나 지역사회 인사는 학교운영위원회를 통하여 '공동의사 결정자'로서 학교경영에 참여하게 된다. 자녀들의 교육활동을 그저 수동적으로 쳐다보기만 하는 청중의 역할, 일일교사와 같은 자원봉사자나 후원금을 조성하는 지원자의 역할을 넘어서 학교교육의 주체로 참여하고, 학교교육에 대한 평가자로서 역할을 수행한다.

학교장은 내실 있는 학교운영위원회를 운영하고 학부모교육 및 교육활동 홍보를 통하여 학교교육에 대한 학부모와 지역사회 인사들의 관심과 참여를 유도하고 교육공동체 형성과 새로운 학교문화 창출을 위하여 노력해야 한다.

(2) 대내 · 외 물적 자원의 관리와 지원자

학교의 교육목표와 이를 실천하는 교육과정이 아무리 잘 갖추어져 있다고 하더라도 교육활동이 가능하도록 지원할 물적 조건이 정비되어 있지 못하면 목표달성이 어렵다. 특히 물적 자원은 자원의 정비와 관리 면에서 교육과정에 체계적으로 연계하여 적절하게 지원되어야 한다.

학교에서 교육활동의 가장 큰 지원책은 단위학교 예산이다. 학교장은 교육재정(educational finance)의 효과적인 관리로 교육목표를 달성해야 한다. 교육재정은 교육활동을 목적으로 하는 수단으로 교수-학습활동을 위해서 존재하며 교육재정 그 자체가 목적은 아니기 때문이다. 학교장은 예산을 통해서 교육프로그램에 교육에 대한 비전과 철학을 반영할 수 있어야 한다.

교수-학습자들에 대한 질 높은 교육서비스와 교육활동을 위한 조건마련 그리고 복지와 사기진작도 학교장의 예산의 효율적인 편성과 관리에 달려 있다. 학교장은 교육계획과 학교회계 예산의 연계를 통하여 학교재정을 효율화하여야 한다. 학교회계예산 편성과정에 구성원의 참여를 통하여 이를 수립하여야 하고 학교운영위원회의 심의기능을 강화한다. 학교재정에 대한 실질적인 사후평가를 실시하며, 교육과정의 평가와 학교재정을 관련시켜 평가한다. 교육재정 절약을 위한 노력을 기울이고, 예산의 편성, 심의, 집행 및 결산 과정의 공개로 학교재정의 투명성과 교육재정의 확보를 위한 노력을 하여야 한다. 예를 들면, 법의 규정에 의한, 중앙정부 교육재정, 지방교육재정—지방교육재정 교부금, 지방자치단체 전입금—과 자체수입은 물론 기타 재정확보를 위한 자구 노력 등이다.

학교장은 교육시설 지원을 통하여 교육목표 달성을 추구한다. 그리고 교수-학습을 성공적으로 성취시키는 학교시설의 확보와 관리를 한다. 학교시설의 계획은 근본적으로 교육목표 구현과 장기적인 교육계획과 관련되어야 한다. 먼저 학교건물도 미래사회의 학교 기능의 변화와 인터넷, 디지털, 사이버 세대에 맞게 현대화되어야 한다. 교수-학습의 공간으로서의 학교건물은 학습자들의 적성과 능력, 재능과 잠재력을 계발하고 교수자들의 교수활동을 돕고 현대적인 교수-학습 매체의 활용을 고려하여 준비해야 한다. 또한 학교의 지역사회에서의 역할, 평생교육의 센터로서의 역할이 증대하는 사회 경향에 맞게 학교시설이 마련되어야 한다. 오늘 학교는 현대적인 교육공학의 관점에서 효율적인 교수-학습을 위한 현대적인 교수매체의 활용이 이루어져야 한다. 즉, 학교시설과 교수-학습 매체의 현대화를 통하여 교육목표 달성이 이루어질뿐만 아니라 지역사회와의 공동체 학교로서 학교시설과 매체는 지역사회의 교수-학습의 공간으로 다양하게 활용되어야 한다.

따라서 학교장은 상위체제와 역동적인 상호관계를 유지하고, 하위체제들 간의 기능적 통합을 유지하고 활동을 적절하게 조정함으로써 학교체제를 역동적 상태로 유지시키고 체제활동의 효과를 극대화하여야 한다. 또한 지속적인 평가를 통해 체제의 적절성을 유지하고 미래의 나은 체제활동을 위하여 체제구조나 과성을 개선하여야 한나(성태범, 2002b: 60).

4) 학교경영자로서의 역할

(1) 학교경영자

학교도 경영의 대상이다. 학교 내 · 외의 역동적이고 급격한 변화는 학교장의 경영능력을 요구하고 있다. 학교가 달성해야 할 목표가 있기 때문이다. 학교경영(school management)이란 교수-학습의 원칙이나 준거에 따라 교육과정의 효율성을 극대화하고 생산성을 높이기 위하여 학교경영의 계획 · 조직 · 운영 · 평가를 포함하는 일련의 과정을 말한다. 따라서 학교경영은 교육목표 달성의 효율성을 극대화시키려는 학교장의 경영철학에 의한 자율적 · 창의적인 관점에서 다양한 교육활동을 운영하는 것을 말한다. 「초 · 중등교육법」에서 학교장이 '교무를 통할한다.'는 것은 학교의 모든 업무를 학교장이 책임지고 수행한다는 의미로 가르치는 업무뿐만 아니라 학교경영 관련 모든 업무를 학교장이 책임져야 한다는 의미를 담고 있다(주삼환, 2005: 25).

학교장은 단위학교의 책임경영을 위하여 창의적이고 특성화된 학교경영을 실천해야 한다. 미래학교의 경영 특성은 다양성과 자율화이다. 학교장의 경영역할도 자율성을 중심으로 창의성을 요구하고 있다. 따라서 학교장은 지역사회 특성에 부합하는 특성화된 교육과정 운영, 교육공동체가 지향하는 가치를 실현하는 교육을 실천해야 한다. 학교장은 단순한 학교관리자에서 벗어나, 특성화된 교육과정을 개발하고 전문적인 지원자의 역할을 해야 한다. 학교장은 효율적인 학교경영을 위하여 민주성, 전문성, 자율성, 책무성에 입각한 학교경영이 필요하다.

(2) 변화관리 및 갈등조정자

학교장은 사회적 추세와 가치에 민감해야 한다. 학교장 자신의 변화 비전이 학교조직풍토의 양상과 조직환경의 성격, 개인들의 특성, 변화의 속성에서 야기될 수 있는 잠재적 문제나 기회를 고려하지 않는다면 그 시야가 좁아질 수 있다. 따라서 학교장은 변화에 대한 동기를 유발하고 안내하는 데 필요한 일정수준의 정보를 제공함은 물론 경영활동, 기회와 도전의 성격, 목표설정, 기획, 프로그램 실천, 성취를 평가하는 정보체제를 지니고 있어야 한다. 또한 변화프로그램이 내포하고 있는 잠재적 · 부정적인 결과를 점검하고 이러한 부정적인 결과에 대처할 수 있는 대안을 개발하기 위한 노력을 경주해야 한다.

학교장은 변화가 수반하는 갈등 조정에도 유능해야 한다. 단위학교는 공동체적 다양한 주체의 참여로 이루어진다. 즉, 교장 · 교사 · 교육청 · 학부모 · 학생 · 지역사회는 물론 사립학교의 경우 학교법인(이사장) 등 구성원들이 바라보는 교육의 본질과 단위학교 교육목표에 대한 상이한 해석 그리고 변화에 대응하는 방식의 차이로 항상 갈등요인이 잠재해 있다.

따라서 학교장은 구성원들의 의견을 수렴하고 학교 참여를 유도하고 민주적이고 열린 마음으로 학교경영에 임해야 한다. 즉, 학교구성원의 의사를 반영하여 효과적으로 학교를 경영하기 위해서는 민주적인 지도력과 조정자로서의 역할이 요구된다. 단위학교에는 다양한 구성원의 학교 의사결정과정에의 참여가 법적 · 제도적으로 보장되어 있고, 교원노조의 합법화, 학생의 학교경영 참여 요구 증대 등 학교경영 참여자들의 범위는 확대되고 요구는 더욱 강해지고 있다. 이러한 과정에서 학교장에게 요구되는 중요한 역할과 자질은 다양한 학교구성원의 의견을 청취하고, 조정하고, 협력을 이끌어 내는 조정자 · 중재자라 할 수 있다(김이경 외, 2006: 33).

급변하는 21세기 무한경쟁사회에서 학교 역시 예외는 될 수 없으며 변화할 수밖에 없는 상황 또한 잘 인식해야 한다. 다만 이러한 변화를 수용하는 데 사안에 따라 교사 개인이 속해 있는 교직사회의 영향력과 입장이 반영되어 어느 정도 의견의 차이를 보이고 있으나, 그럼에도 불구하고 어떤 방식으로든 학교경영의 변화를 이루기 위한 의사결정은 민주적이어야 한다.

학교장은 학교운영에 있어서 민주적인 행정체제를 갖추고, 교사들의 개인적인 의견이나 제안을 받아들이도록 노력해야 하며, 교사와 교사 간, 학교장과 교사 간에 발생될 수도 있는 갈등에 대해서는 중재자이자 조정자로서의 역할을 다해야 한다.

연구 및 토의 · 토론 문제

1. 단위학교의 학교경영 개념과 원리가 무엇이며, 학교장의 지도성에 따라 어떻게 학교를 효율적으로 운영할 수 있는지에 대하여 토의해 보자.

2. 학교경영 패러다임의 변화에서 기존의 학교경영 방법과 미래의 학교경영 방법의 차이를 확인하고, 어떠한 경영방법이 학교발전에 대하여 효과적인가를 발표해 보자.

3. 학교장의 학교경영에서의 다양한 역할과 학교경영자로서의 자세, 주변 환경의 변화에 대한 대처방안과 갈등조정자로서의 효과적인 역할 등에 대하여 발표해 보자.

12 학급경영

1. 학급경영의 개념 및 원리
2. 학급경영의 영역
3. 학급경영의 실제
4. 학급담임교사의 직무 및 역할

학습개요

1. 학급경영의 개념 및 원리를 이해하고, 학급경영목표를 달성하기 위한 기본방향과 학급경영의 구성요소에 대하여 구체적으로 알아본다.
2. 학급경영의 실제에서 학급경영의 과업과 영역 그리고 학급경영 목표설정 및 학급조직 방법의 효율성에 대하여 알아본다.
3. 학급담임교사로서의 다양한 직무와 역할에 대하여 알아보고, 학급운영, 학습지도, 생활지도, 진로지도 등에 대하여 구체적으로 모색해 본다.

1. 학급경영의 개념 및 원리

1) 학급경영의 개념

학급경영(classroom management)은 학교의 교육목적을 효율적으로 달성하기 위하여 인적 · 물적 자원을 활용하여 계획 · 조직 · 지시 · 통제하는 일련의 활동으로 조직의 목적, 자원사용, 경영과정이 중요한 요소가 된다(조성일, 최혜영, 2006). 그리고 학급경영은 학교교육의 단위조직인 학급을 교육목적에 따라 효율적으로 운영하기 위하여 영위하는 일련의 행위 또는 학교생활의 기초가 되는 학급의 교육활동을 효과적으로 실시하기 위하여 학급 안의 여러 가지 일을 운영하는 일이다. 그렇기 때문에 학습효과를 높이기 위한 조건을 정비해야 한다는 문제도 있지만 동시에 집단생활에 의한 사회적 훈련이라는 고유의 교육적 문제도 가지고 있다. 학습조건의 정비와 아울러 그것 자체가 교육이라는 이면성을 가지는 학급경영은 관용상 경영이라는 말을 사용하지만 실제로는 학급의 교육활동이라는 의미를 강하게 지닌다. 즉, 학급의 모든 교육활동 중에서 직접적인 수업활동을 제외한 기타의 교육활동 전부가 학급경영에 포함되는 것이다.

이러한 학급경영에 대한 정의는 교육의 목적달성과 학급구성원의 활동에 초점을 두고 있다. 학급은 학교에서 교육이 이루어지는 가장 기본적인 단위로서 교육목표가 실제로 구현되는 공간이기도 하다. 따라서 담임교사의 학급경영은 학급의 교육목적을 효율적으로 달성하기 위한 활동으로서 주변의 인적 · 물적 자원을 활용하여 계획 및 조직하고 지도, 통제하는 활동이라고 할 수 있다. 이 정의 속에는 조직의 목적, 경영과정, 자원의 사용 그리고 협동이 포함된다.

이들 요소를 중심으로 학급경영에 대해서 부연 설명하면 다음과 같다(조성일, 최혜영, 2006).

첫째, 학급경영은 학급의 목표를 추구하는 활동이다. 학급의 목표는 학교 교육목표를 바탕으로 세워진 학급조직의 목표이고, 학급구성원의 욕구와 필요에 의한 개인적 목표이다.

둘째, 학급경영은 교육자원을 획득하고 배분하고 활용하는 활동이다. 학급경영에 주어지는 인적 · 물적 자원은 비교적 고정되어 주어지는 반면, 지식, 정보 등과 같은 교육자원은 학급사기를 창출해 낼 수 있는 자원으로, 바람직한 학급경영이란 한정된 자원을 효율적으로 배분하고 활용하는 기술이라고 할 수 있다.

셋째, 학급경영은 계획, 조직, 지도, 통제 등의 일련의 활동과정으로 이루어진다. 이러한 활동과정은 학급운영을 합리적으로 효율적으로 수행하게 하는 일련의 절차로서 목표 달성에 매우 중요한 역할을 한다.

넷째, 학급경영은 집단적 협동체 활동이다. 학급경영은 학급이라는 집단적 협동체를 형성하고 학급구성원 개개인의 학급조직을 기반으로 하여 집단적 제 활동을 협동적으로 수행하도록 하는 활동이다. 여기서 학급경영은 개인적 수준의 개별행위보다는 집단적 수준의 조직행위에 관심을 갖는다.

결국, 학급경영은 학생들의 생활과 학습의 장인 학급에서 이루어지는 교육활동이며, 학교경영 및 학년경영의 하위 개념으로 학급조직을 경영하는 조직 경영활동이다. 따라서 학급경영이란 학교교육의 목표뿐만 아니라 학급 구성원 각자의 독특한 필요와 욕구, 학부모의 요구 및 사회적 기대까지 학급 운영의 목표로 수용하여 학급집단을 대상으로 학습지도, 생활지도 등의 교육 환경을 정비하고 지원하는 활동이다.

학급경영은 학급을 하나의 경영단위로 보고, 공동이 세운 교육의 목표가 효과적으로 달성될 수 있도록 주변의 인적 · 물적 자원을 계획하고 조직하여 교육의 여러 요소가 서로 상호작용할 수 있도록 돕는 활동이라고 할 수 있다.

그리고 학급경영의 의미를 ① 질서유지로서의 학급경영, ② 조건정비로서의 학급경영, ③ 교육경영으로서의 학급경영으로 분류할 수 있다(신동섭 외, 2011: 457).

첫째, 질서유지로서 학급경영이다. 이것은 학급경영을 좁게는 훈육과 동일시하는 것이고, 넓게는 문제행동의 예방과 선도 및 학급활동에의 참여를 강조하는 것이다. 전자의 견해에 의하면 학급경영은 개별 학생의 그릇된 행동 또는 학급이나 학교의 질서를 파괴하는 행동에 대처하는 교사의 행동으로 정의할 수 있다. 후자의 견해에 의하면 학급활동에 학생을 참여시켜서 문제행동을 최소화시키는 교사의 행동으로 정의할 수 있다.

둘째, 조건정비로서의 학급경영이다. 이 견해에 의하면 학급경영은 교육목적의 달성을 위해서 학급의 내적 환경과 학급의 제반 조건을 확립하고 유지하는 과정으로 정의할 수 있다. 학생들이 교육목적을 달성할 수 있도록 인적 · 환경적 요소들을 조직하고 조정하여 수업환경을 조성하는 데에 초점을 둔다.

셋째, 교육경영으로서의 학급경영이다. 이 견해에 의하면 학급경영은 계획, 조직, 조정, 지시, 통제, 의사소통 등의 조직기능으로 정의할 수 있다. 학급조직에서도 다른 모든 조직과 마찬가지로 경영기능을 수행한다고 보는 것이다.

또한 학급경영의 중요성을 개인적 차원과 조직적 차원으로 분류해 볼 수 있다. 개인적 차원에서 보면, 학생은 학교에 머무르는 시간이 많아지면서 학생들이 속해 있는 생활의 장(場)인 학급의 문화 혹은 풍토가 학생의 행동과 성격에 지대한 영향을 미치며, 교사의 입장에서는 자신이 학급담임교사로서 갖춘 역량을 학급을 경영하면서 발휘하고 이러한 경험과 반성적 실천을 통해 자신의 전문성을 신장시킬 수 있기 때문에 중요하다. 조직적 차원에서의 학급경영은 학교발전에 영향을 미친다. 진정한 학교변화는 교수-학습활동이 실제로 실행되고 있는 학급의 변화에서 시작되고, 이는 곧 학교조직의 바람직한 개혁을 이끌 수 있다는 점에서 학급경영은 의의가 있다(강경석 외, 2011).

2) 학급경영의 원리

학급경영을 구상하고 전개하는 데 있어서 교사가 학급을 어떠한 원칙에 입각하여 어떠한 방향으로 운영하겠다고 하는 학급경영의 방침이나 원리가 필요하다. 많은 학자는 학급경영을 실천하는 데 지켜야 할 몇 가지 기본원리를 다음과 같이 제시한다(권기옥, 2003; 김봉수, 1982; 박병량, 주철안, 2005; 조동섭 외, 2009; 이칠웅, 2010).

첫째, 자유의 원리이다. 학급경영은 현대 민주교육의 기본적 특성의 하나로 학생의 인격을 존중하고 그들의 개성을 발전시켜야 한다.

둘째, 협동의 원리이다. 학급경영은 민주생활의 기본원리의 하나로 학급집단의 안전과 이익을 위한 협동생활을 할 수 있도록 지도해야 한다. 따라서 학생 간의 경쟁의식이나 대립 또는 분파적인 생활의식과 행동이 일어나지 않도록 해야 한다.

셋째, 노작의 원리이다. 노작은 자기활동인 동시에 자기표현이다. 정신적 · 신체적 활동을 통해서만이 유형 · 무형의 창조물이 나온다. 그러므로 학습활동이나 과별 활동 등에서 스스로가 자기의 목표를 세우고 그것을 실현해야 한다.

넷째, 창조의 원리이다. 학급 내외의 생활이 언제나 과학적인 마음, 즉 자료의 수집과 분석, 통합, 정리, 활용하는 방법을 지도하고 그러한 실제생활의 기회를 만들어 주어야 한다.

다섯째, 흥미의 원리이다. 흥미는 학습활동의 동기를 주며 원동력이 된다. 따라서 학생이 흥미를 갖게 할 수 있는 생활환경을 새롭게 해 주고 성공감과 자신감을 갖도록 하며 자율적 활동을 권장해 주어야 한다.

여섯째, 요구의 원리이다. 학교교육은 당면한 사회적 요구, 학생의 요구, 가정의 요구

등을 수용하여 교육적 가치가 있다고 생각되는 경우에는 가급적 충족시켜 주어야 한다.

일곱째, 접근의 원리이다. 교육의 성과는 교사와 학생이 거리감 없이 가장 친근했을 때 더욱 효과가 높아진다. 학급은 이러한 점에서 교사와 학생이 상호 접근하는 장이다. 담임교사와 학생, 학생과 학생이 서로 존중하고 인격적으로 대할 때 학급은 부드러워지고 전체의 발전을 기대할 수 있다.

여덟째, 발전의 원리이다. 담임교사는 꾸준히 자기반성과 평가를 통해 일상에서 학습자의 생활실태, 학급의 교육적 제 환경조건을 관찰 및 평가 · 반성을 통하여 보다 나은 방향으로 변화될 수 있도록 해야 한다.

3) 학급경영의 원칙

바람직한 학급은 교사의 지도성이 발휘되고 교사와 학생이 협동적으로 계획하고, 목표를 달성하기 위하여 노력하고, 높은 기대수준을 공유하며 질서와 규율이 준수된다. 이러한 학급을 이루기 위해서는 어떠한 원칙에 입각하여 어떠한 방향으로 운영하고자 하는 학급경영의 방향 · 지침이 필요하다. 학급경영을 효율적으로 수행하기 위한 일반적 원칙에 대하여 살펴보면 다음과 같다(박병량, 2003).

(1) 교육적 학급경영

학급경영을 교육활동의 하나로 봄에 따라 학급경영활동이 교육의 본질과 목적에 부합되도록 이루어져야 한다는 것이다. 따라서 인간은 교육을 통해서 성장하고 발전한다는 신념하에 개별 학생의 흥미, 적성, 능력, 창의성을 최대로 계발하도록 하며, 자아실현이 이루어지도록 학급을 경영하여야 한다.

(2) 학생 이해의 학급경영

학생의 이해를 기반으로 하여 학급경영의 구상과 전개가 이루어져야 한다. 따라서 학급경영이 효과적으로 이루어지기 위해서는 학생의 발달단계에 따른 지적 · 정서적 · 신체적 · 사회적 발달과 같은 특징과 학습준비도와 학업성취 정도 및 능력을 근거로 하여 학급활동이 구성되고 운영되어야 한다.

(3) 민주적 학급경영

민주주의의 원칙에 따라 학급을 경영하는 것이다. 민주주의의 이념인 인간존중, 자유, 평등, 합의 등에 의하여 학급을 운영함으로써 학생의 인격이 존중되고, 자유로운 학급 분위기가 조성되며, 학생들의 자기의사결정이 가능하며, 자신의 행동에 책임을 질 수 있게 된다.

(4) 효율적 학급경영

학급이 효과적이고 능률적으로 운영되는 것이다. 목표를 성공적으로 달성하고자 하는 학급경영의 효과성과 학급자원을 경제적으로 사용하여 최대의 성과를 얻는 학급경영의 능률성은 학급목표의 달성과 구성원들의 만족을 충족시키는 효율적인 학급경영이라 말할 수 있다.

2. 학급경영의 영역

학급경영의 과업과 영역은 학급경영의 영역을 어떻게 규정하느냐에 따라 분류방식이 달라진다. 특히 수업과 경영관의 관계 설정에 따라 학급경영의 과업은 달라지게 된다. 수업과 경영관의 관계 설정을 입장을 살펴보면, 첫째, 학급활동을 수업활동과 경영활동으로 구분하고 수업활동을 제외한 학급활동을 경영의 영역으로 삼으려는 입장이다. 이것은 훈육적 질서유지 학급경영관과 조건정비적 학급경영관을 가진 학자들이 대체로 취하는 입장으로서, 학급활동에서 수업과 경영을 분리하고 경영활동을 수업을 위한 조건 정비와 질서 유지 기능으로 파악한다.

둘째, 수업활동과 경영활동을 구분하지 않고, 학급활동 전체를 경영의 대상으로 삼으려는 입장이다. 이 입장은 학급경영을 경영학적 관점에서 정의하려는 학자들이 일반적으로 취하는 입장으로서, 학급경영을 수업을 포함한 학급활동 전체를 대상으로 하는 활동으로 본다. 그러나 수업과 경영을 분리하려는 입장에서도 수업활동과 경영활동은 서로 밀접히 연계되어 있다고 보는 것이 공통적인 견해이다. 이러한 인식은 학교의 효과성에 관한 연구, 특히 경영활동과 수업활동과의 관계에 관한 연구가 누적됨에 따라 더욱 확산되고 있다.

수업활동이 학급경영 활동에 포함되어야 하는 이유로는 다음과 같다.

첫째, 학급은 교육실천의 기본 단위조직으로서 학급의 모든 활동은 분업적이라기보다는 통합적 성격을 지니고 있다.

둘째, 개념적으로는 수업과 경영을 분리하더라도 실제적으로는 교실에서 수업활동과 경영활동이 유기적으로 관련성을 맺으면서 동시적으로 전개되기 때문에 수업활동과 경영활동을 명확히 구별하기는 어렵다.

셋째, 학급경영을 조건 정비와 관리라는 측면에서만 파악하게 되면 학급의 가장 핵심적이고 주된 활동인 수업이 학급경영에서 소홀하게 취급될 수 있다.

넷째, 학급경영을 경영학적 관점에서 정의하게 되면 학급의 모든 활동이 학급경영의 대상이 된다는 점이다(박성애, 2008: 9-10).

이러한 관점에서 학급경영의 영역을 다섯 가지로 구분하면 다음과 같다.

1) 학습지도

교사의 활동 중에서 가장 핵심적인 활동은 학습지도이다. 교수-학습지도는 학습목표와 내용을 선정하고 학습조건을 갖추어 수업을 전개하는 일련의 교수-학습활동을 말한다. 학급의 교수-학습 지도활동은 수업목표를 효율적으로 달성하도록 최선을 다해야 한다. 교수-학습지도 영역에는 교과목표, 교수행동 및 유형, 교수-학습 환경, 교수-학습 집단조직, 교수-학습 자료, 특별지도, 가정학습지도 등이 포함된다. 교수-학습지도는 교과목표를 충분히 이해하고 그 계획이 구체적으로 이루어져야 한다. 교수원리와 교수유형은 교육원리에 적합하고 다양해야 하며 학습자의 참여를 적극 유도하고 생동감 있고 우호적인 학습 분위기가 이루어져야 한다. 또한 교수-학습지도를 위하여 융통성 있게 학습집단을 조직하고, 교수-학습 자료는 적합하게 선택하여 활용을 극대화시켜야 한다.

2) 생활지도

교사의 역할 중에서 학습지도자로서의 역할 못지않게 중요한 것이 생활지도자로서의 역할이다. 교사는 학습자들의 학습활동을 지도할 뿐만 아니라 학습자들의 자발적인 활동을 선도하여 이들로 하여금 스스로 자기들의 문제를 해결할 수 있게 지도와 원조를 해야 한다. 교사는 학습자들의 여러 가지 문제에 관하여 적절한 지도와 조언을 함으로써 원만한 해결에 이르도록 도와주어야 한다. 특히 교사는 돌볼 학생을 조기에 발견하여 그들에게 개별적인 특별지도를 해야 한다(최희선, 2004).

교사는 학생들의 생활지도를 통하여 학생 자신의 문제를 해결할 수 있도록 지도와 조력을 해 주어야 한다. 학생의 건강 및 안전관리에 있어서 학생들의 장애상태가 경감되도록 인적 · 물적 자원을 최대한 활용하고 생명의 안전을 위하여 각종 대책을 마련해야 한다. 장애학생이나 심신 미약자들을 위하여 매일 건강진단을 하고 건강상담, 예방접종, 환경정화 등 학교 보건위생에 지장이 없도록 노력해야 한다.

3) 행정능력

교실은 학생들에게 학교 내 생활의 대부분을 차지하는 가장 중요한 생활의 장이다. 교실의 환경 및 시설을 정비한다는 것은 교과학습과 일반생활 학급으로서의 학급생활을 풍부하게 한다는 뜻에서 더욱 교육적 의의가 크다고 하겠다. 따라서 교사는 시설관리, 비품관리, 게시물관리, 청소관리 등에 힘을 기울여야 할 것이며, 또한 업무파악을 세밀히 하여 학급 학생들에게 다양한 혜택을 줄 수 있도록 하는 것도 행정능력이라고 볼 수 있다(김희규 외, 2017).

4) 대인관계

상사나 동료교사 간의 긴밀한 협조체제를 가지고 있으며 학교 내 타 부서나 교육관련기관, 지역사회기관과도 공조체제를 이루어 나가는 것도 업무효율성을 높이는 것이다. 학교는 지역사회의 일부이므로 학교의 구성원인 학생은 지역사회의 구성원이 된다. 그러므로 학교교육의 목적과 내용은 그 지역사회의 교육적 요구에 부합되어야 하며, 지역사회를 위한 보다 유능한 인재와 그 지역사회의 당면문제를 잘 해결할 수 있는 생활인을 육성하는 데 그 의의가 있다. 또 학교는 지역사회를 발전시킴과 동시에 지역사회의 원조와 협력을 얻기 위하여 학교에 대한 지역사회인들의 깊은 이해가 요구된다. 그러기 위해서는 학교는 교육목표와 교육계획 등에 대해 지역사회인들이 충분히 이해할 수 있도록 하는 방안이 강구되어야 한다. 이와 같은 일들을 원활하게 하기 위하여 교사는 먼저 지역사회의 실태를 조사하여 문제가 무엇인가를 파악하고 문제해결을 위한 여러 가지 측면에서 봉사해야 한다.

5) 교육철학

교육은 교사의 전문의식과 윤리의식을 토대로 하여 이루어지는 활동이다. 교사의 투철한 교직관과 윤리의식이 밑받침되지 않고서는 훌륭한 교사도 그리고 교육발전도 기대할 수 없다. 담임교사의 마인드가 학생들에게 깊숙이 침투되어 담임교사가 지향하는 바가 무엇인지를 깨닫게 하며, 학생들의 의사결정을 존중하고 민주적 · 합리적인 학급경영으로 사랑과 봉사, 정직과 성실, 청렴과 품위, 준법과 질서 의식에 바탕을 둔 교육철학은 학급경영에 많은 영향을 줄 것이다.

3. 학급경영의 실제

1) 학급경영의 과업

엠머(Emmer, 1981)는 학급경영의 과업으로 물리적 환경정비, 학급운영절차의 확립과 유지, 학생행동 점점, 문제행동의 해결처리, 학급활동에 대한 학생책임 유지, 수업 등을 제안하고 있다.

- 학급경영의 과업 분류
  - 교과경영, 생활지도경영
  - 건강지도
  - 독서지도
  - 환경의 구성 및 정비
  - 학급과 가정, 학부모회 및 지역사회와의 연결
  - 학급 내의 문제아와 특수아
  - 학급의 사무적인 면

2) 학급경영의 영역

- **학급경영 계획의 수립:** 목표설정, 학생 · 가정환경, 지역사회 조사 등

- 집단조직 및 지도영역: 규칙 및 절차의 수립과 시행, 소집단 편성 및 지도, 학급 분위기 조성 등
- 교과학습 영역: 교수-학습과정안 작성, 가정학습지도, 특수교육 대상자 등
- 특별활동 영역: 자치활동, 동아리활동, 학교행사 등
- 생활지도 영역: 인성지도, 학업문제지도, 진학 · 진로 지도, 건강지도, 여가지도 등
- 환경 · 시설관리 영역: 환경정비, 시설관리, 비품관리, 게시물관리, 청소관리 등
- 사무관리 영역: 학사물관리, 학습지도에 관한 사무, 학생기록물 관리, 가정통신문 관리, 각종 잡무관리 등
- 가정 및 지역사회와의 관계 관리 영역: 가정과의 유대, 지역사회와의 유대, 유관기관과의 유대, 지역사회 자원 활용, 봉사활동 등

3) 학급경영목표

학급경영은 학교의 교육목표를 구체화하고 학급단위에 주어진 목적을 효율적이고 효과적으로 성취하기 위한 조건의 정비 및 실천을 위한 목표가 설정되어야 한다. 학급경영은 학교경영의 실천단위로서 그 활동은 학교경영의 일환으로 이루어지므로 학교-학년-학급 간의 협동행위라는 맥락 속에서 일련의 연계성을 갖는다. 그러므로 학급은 학교라는 조직체의 축소판이자 구성원들의 공동학습장이며 교육을 익히는 실천의 장이다. 이는 학교의 교육목표 달성을 위하여 학교경영목표가 설정되며, 학교경영의 목표를 달성하기 위하여 학년경영의 목표가 설정되고, 학년경영의 목표를 달성하기 위하여 학급경영의 목표가 설정됨을 의미한다. 따라서 학교경영의 실천단위로서 학급경영은 그 목표를 설정함에 있어서 학교경영목표와 학년경영목표를 고려하여 일련의 연계성을 갖도록 설정하여야 한다.

학급경영목표는 학급구성원과 학급환경 등의 실태에 대한 명확한 분석을 기반으로 하여야 하며, 학급경영활동이 합리적으로 운영되는가에 대한 학급경영평가의 측정과 기준이 된다. 학급경영목표는 학급구성원들이 지향해야 할 방향을 합목적적으로 유도하기 위한 경영의 기본방향이며, 이 과정에서 학생과의 협의를 거치는 민주적인 과정이나 학생에게 학급의 목표를 이해시키는 것이 매우 중요하다. 이러한 과정이 학급경영목표를 달성하는 데 중요한 요인으로 작용한다. 학급경영목표는 학생들에 관한 여러 정보를 수집 · 분석하여 실태에 맞고 특색이 있는 목표를 세워야 하며, 학생들의 행동이 바람직하게 변화되

도록 수립하여야 한다.

4) 학급조직

학급에서 학급조직과 아울러 학급집단을 어떻게 구성하느냐 하는 것은 학급경영의 효율성과 협동성을 높이는 중요한 요소이다. 학교 형편에 따라서는 동일 집단의 학급편성 혹은 능력별 학급편성, 복식 학급편성 등이 있으나, 학급에서의 조직을 어떻게 형성하느냐가 학습지도와 생활지도 등의 학급경영활동에 크게 영향을 미친다. 학습조직에서는 구성원들의 학습 효율성을 높이기 위한 지적 상호작용이 중요하다. 학생들은 교사와의 지적 상호작용을 통해서 학습하기도 하며, 학생들 간의 상호작용을 통해서 배우기도 한다. 특히 급우들 간의 자극을 통한 학습은 상호 선의의 경쟁을 유도함으로써 학습의 효율성을 증대시킬 수 있으며, 긍정적이고 협동적인 학급을 형성하는 데 기여한다. 이에 따라 학급은 다른 학급과는 다른 고유한 학급 특성이 형성되고 담임교사의 학급경영에 의하여 생성된 학급구성원 간의 관계는 상호작용하여 학급조직 내의 구성원들의 간에 영향을 주게 된다. 이는 학급구성원들의 학습태도나 생활태도에 영향을 주게 되어 담임교사의 학급경영 방식에 따라 차이를 나타내게 된다.

학급조직은 민주적인 방식으로 조직되고 운영되어야 한다. 학급조직에서 여러 안건에 대한 의결 및 집행기능을 수행하는 과정에서 학급담임교사의 학급경영방식의 한 일환으로 그 영향력이 미치게 되며 학급에 따라 달리 나타나게 된다. 학급에서 구성원들이 결정한 내용을 실천하는 과정에서 서로 간에 상호관계를 형성하게 되며, 이로 인해 학급구성원 간에 상호 협력과 학급에 대한 소속감이 형성된다.

4. 학급담임교사의 직무 및 역할

담임교사는 학생들의 생활 전면에 걸쳐 매우 중요한 안내자이며 담임교사의 인생관, 가치관은 학생의 성장 · 발달에 직접 또는 간접적으로 영향을 크게 주므로 담임교사의 역할은 교육의 성과에 중요한 영향을 미치게 된다. 그 역할로는 학생의 일상생활에 필요한 제반 기술지도자로서의 역할, 학생의 인성과 정신적 가치 육성자로서의 역할, 학생의 필요와 관심의 충족자로서의 역할, 학생의 건강과 안전 도모자로서의 역할, 학생의 물질적 생활능력 배양자로서의 역할, 민주적인 시민육성자로서의 역할, 좋은 습관 형성자로서의 역할 등이 있다(이병진, 2003). 수업을 지도하면서도 생활지도자로서의 역할, 학급경영자로서의 역할이 추가적으로 발생하기 때문에 담임교사의 역할은 일반교사에 비해 막중하다. 학생의 바람직한 학습활동을 유도하고, 원만한 성격형성을 돕는 것, 학급의 경영관리, 가정과의 연결, 지역사회와의 관계에서 생기는 여러 가지 문제의 처리 등 관리활동에 속하는 여러 가지 임무를 부가적으로 수행하고 있다.

교육의 궁극적인 목표인 학생의 성장과 발달은 지적 성장과 함께 인격적으로 커 가는 것이다. 그동안은 주로 학생의 학업성취를 강조하며 담임교사의 수업지도자로서의 역할을 강조하였지만 최근 학교폭력 등 학생 생활지도에 대한 문제가 생기면서 생활지도자로서의 역할도 중요하게 인식되고 있다. 이런 측면에서 담임교사가 학생의 수업지도와 생활지도를 할 수 있도록 기반을 마련해 주는 담임교사의 학급경영자로서의 역할은 무엇보다 우선시되어 중요하게 다루어져야 한다. 그래야 효과적이고 안정된 학급에서 학생들에게 학업과 인성을 가르칠 수 있기 때문이다(유지영, 2013: 28-29).

학급경영자로서의 담임교사의 역할은 다음 세 측면으로 강조할 수 있다. 첫째, 담임교사는 학생과의 관계에서 중요한 역할을 담당한다. 둘째, 담임교사는 학급경영에서 중요한 역할을 한다. 셋째, 담임교사는 학부모와의 관계에서 중요한 역할을 담당한다(강경석 외, 2011).

이칭찬과 주상덕(2009)은 담임교사의 직무와 역할을 ① 교육과정을 계획하는 일, ② 교수활동을 실천하는 일, ③ 생활지도를 담당하는 일, ④ 교육활동을 평가하는 일, ⑤ 특수아를 지도하는 일, ⑥ 학교 · 학급의 사무를 처리하는 일, ⑦ 학교경영 및 학교행정에 참여하는 일, ⑧ 지역사회와 협조하는 일, ⑨ 학급의 환경을 정돈하는 일로 보았다.

담임교사의 가장 중요한 직무와 역할은 학생을 가르치는 것이므로 수업지도와 생활지도를 병행하고 이를 보다 효과적으로 운영하기 위하여 학급경영의 역할도 강조되어야 한다. 학급경영자로서의 담임교사의 직무와 역할은 학급경영의 영역과 연관되어 있으며 이러한 활동을 수행하는 과정에서 나타나는 것이다.

1) 일반적인 면에서의 직무 및 역할

학교에서 교사가 하는 역할 중에서 중요한 것 중의 하나가 학급담임교사의 역할이라고 할 수 있다. 학급은 학습활동을 비롯하여 학생들이 대부분의 시간을 보내는 활동 무대이자 생활의 장이기 때문이다. 따라서 학급담임교사는 자기가 맡은 학급 학생 개개인의 교육에 심혈을 기울여야 하고, 학생들의 사회화 과정에 있어서 사회의 가치규범, 생활양식 등을 대표하면서 각종 문화내용을 대변할 수 있어야 한다.

또한 교사의 주된 임무가 지식 · 정보 제공이므로 교사는 늘 살아 있는 교과서인 동시에 신지식의 창고와 같은 역할을 해야 하며, 지식의 이해와 적용을 도와주고, 학습자에게 맞도록 학습과정을 마련해 주며, 학습난관을 극복하도록 도와주는 역할을 해야 한다. 뿐만 아니라 학생들 간의 대립과 갈등, 분쟁 등의 심판자로서 권위를 가지고 공정하고 타당하게 처리해야 하며, 학생들의 전인적 성장을 다방면으로 일관성 있게 도와주어야 한다. 학급담임교사는 학생들이 성장하는 데 여러 가지 불안요소가 발생할 때 이를 적절히 이해시켜 제거해 주어야 한다. 학급담임교사는 학생의 잠재적 가능성을 끌어내기 위한 대화의 기술이 필요하고, 학생의 특성에 대한 이해, 너그럽고 자상한 태도와 배려 등이 있어야 하며 무엇보다도 학생에 대한 긍정적 관심과 미래 발전 지향적 자성 예언을 해 주는 것이 바람직하다(정태범, 1994: 438).

2) 학급운영 면에서의 직무 및 역할

학급운영은 보는 관점에 따라 학생의 행동을 통제하는 과정, 학생의 비행을 수정하는 과정 또는 긍정적인 사회 · 정서적 학급 분위기를 조성하는 과정 등으로 해석되고 있다. 그러나 학급운영을 어떻게 정의하든 그것이 효율적인 수업을 촉진하기 위한 학급상황을 조성하고 유지하는 활동이라는 점에 대해서는 별로 이의가 없을 것이다. 학교교육의 중핵인 수업이 학생의 교육목표 달성을 촉진해 주는 활동이고, 운영은 수업이 일어날 상황을 조성하는 일련의 활동이라면 학급운영이 효율적인 수업의 필수조건임은 당연한 논리이다. 아무리 수업기술이 뛰어나다고 해도 운영기술이 부족하다면 효율적인 수업은 기대할 수 없다.

이를 위하여 교사는 학급의 급훈을 비롯한 기본적인 교육목적과 활동방침을 정하고, 학급의 임원을 비롯한 인적 조직을 정비하고 관리하며, 학생들의 자리와 짝을 정해 주고, 교실환경의 정리정돈과 교구의 제작 및 확보 등 물적 자원을 관리하고, 교육계획에 관한 일과표를 작성하고 정비하며, 학급회의와 학급문집의 발간 등의 학생활동을 지도하고, 학급의 제반 장부를 정비하고, 가정방문 및 가정환경 조사와 학생생활의 관찰기록 및 실태파악을 비롯하여 학급에 관한 연구 · 조사활동을 한다. 이러한 다양한 활동을 통해서 교사는 학급의 제반 조건을 정비해 나가면서 학급이라는 집단을 지도해 나가는 것이다.

이러한 효율적인 학급운영을 위해서는 교사는 자신의 교육철학과 분석기준을 가지고 자신이나 동료교사가 과거에 수업을 효율적으로 유도한 상황을 분석함으로써 이상적인 학급상황을 구체화하고, 그것을 현재의 학급상황과 비교함으로써 문제점을 찾아내고, 그 문제점을 해결하기 위한 운영전략을 선정하고 실천에 옮겨야 한다. 운영과정의 마지막 단계는 운영의 효율성을 평가하는 단계로, 교사는 자신의 노력이 바람직한 상황을 조성하여 유지한 정도를 평가함으로써 계속적인 개선과 발전이 가능해질 것이다.

실제로 학교교육의 성공여부는 각 교사들의 학급운영능력과 직접적인 관련이 있다. 열성적이며 연구적인 교사가 운영하는 학급은 그렇지 못한 학급과 판이하게 다른 교육의 결과를 산출하기 때문이다(곽영우 외, 1998: 106-107).

3) 학습지도 면에서의 직무 및 역할

학급에서 교사가 학생을 지도하기 위하여 수행해야 할 역할 중 가장 으뜸인 것은 교육목표를 설정하여 명확하게 진술하는 것이다. 교육의 과정은 교육목표의 설정, 교육내용의 선정 및 조직, 교수-학습활동, 교육평가의 순서로 진행되기 때문이다.

다양한 가치와 지식 중에서 타당한 교육목표를 설정하기 위해서는 먼저 명확한 기준을 선정하고, 그것에 맞추어 교육목적을 제시하여야 한다. 교육목적을 설정하기 위해서는 국가의 요구와 철학적 이념을 반영하여 먼저 국가수준의 교육이념이 설정되어야 하고, 그것이 지역사회의 현재의 요구와 가치관을 반영하여 다소 구체화된 포괄적인 교육목적들로 구분되고, 그것이 학교의 교육목적의 설정으로 그리고 학년의 교육목적의 설정으로 점진적으로 구체화 및 세분화되어야 한다. 그렇게 설정된 목적이 다시 각 교과목의 특성을 반영하여 교과교육목적으로 설정되고, 그것이 학습자의 흥미 및 욕구와 심리적 원리에 따라 각 단원의 목표로, 나아가서 실제 수업에서 성취해야 할 수업목표로 세분화되어야 한다. 그리고 그러한 목적 및 목표들은 교육현장에서 구현될 수 있도록 명확하게 진술되고, 교사와 학생 모두에 의해 이해되고 숙지되어야 한다. 이러한 절차에 따라 교육목적이 명확하게 설정되고 진술될 때 국가의 교육이념으로부터 수업목표에 이르기까지 위계적으로 교육목적의 일관성이 확보될 것이며, 따라서 교육이 체계적 연관성 속에서 제 기능을 수행할 수 있게 될 것이다.

그러므로 교사는 이미 설정되어 있는 국가의 교육이념과 각 지역사회의 교육방침, 각급 학교의 교육목적 등을 확인하고, 우리 사회의 현재의 상황과 요구에 관심을 기울여야 하며, 각 교과의 목적과 특성을 명확하게 파악하고, 학습자 개개인의 흥미와 욕구, 교육이론 등을 지속적으로 탐구해야 한다.

교육목적과 교육목표가 확인되고 설정되어 진술되면, 그 목표를 달성하기에 적합한 교육내용을 선정하고 조직하여야 한다. 오늘날 교육내용은 단지 문화유산이나 지식체계만을 말하는 것이 아니라, 교사의 지도 아래 학생들이 학교에서 경험하는 것을 모두 칭한다. 그러므로 교사는 다양한 문화유산과 지식체계와 삶의 경험들 가운데 교육목표와 일관성이 있는 내용, 사회의 시대적 요구와 필요에 적합한 내용, 참신하고 신뢰할 만한 내용, 전이 가치가 크거나 활용범위가 넓은 내용, 학생들의 능력과 흥미와 필요에 맞는 내용들을 선정하여야 한다.

교육내용이 선정되면 그것들을 수준이나 순서에 따라 체계를 세워 적절하게 조직하여야 하는데, 바람직한 학습이 일어나게 하려면 선행학습이 후속학습의 기초가 되고 후속학습이 선행학습의 내용을 발전적으로 심화시킬 수 있도록 해야 한다. 그리고 선정되고 조직된 교육내용은 학생이 이해할 수 있도록 학생의 발달단계와 사전경험, 능력 등을 고려하여 적절하게 표현되어야 하며, 학생의 흥미를 유발하여 능동적으로 수업에 참여할 수 있도록 제시되어야 한다.

교육의 목적수립과 내용의 선정 및 조직이라는 준비단계를 거쳐 실제의 수업활동으로 들어가면, 교사는 수업목표와 내용에 따라 수업계획을 세우고, 각종 교육매체들을 고안・정비하고, 수업방법 등을 포함하여 적절한 수업형태를 결정하고, 필요에 따라 학습집단을 조직하기도 하며, 학습자들이 자발적으로 참여할 수 있도록 학습동기를 유발하고, 가능한 한 많은 학습활동을 할 수 있도록 학습자들 각자에게 다양한 기회를 주면서 수업을 진행하여야 한다. 또 수업을 진행하는 과정에도 수업이 계획대로 이루어지는가를 확인하면서 상황의 변화에 따라 계획을 창의적으로 융통성 있게 수정・보완함으로써 학습자의 학습효과를 극대화시키도록 하여야 한다. 실제로 교육의 성패는 이 과정에 주로 달려 있다고 말할 수 있으므로 교사는 적극적인 태도로 자기의 능력을 총동원하고 지속적인 노력을 경주해야 한다(곽영우 외, 1998: 102-105).

4) 생활지도 면에서의 직무 및 역할

생활지도란 학생들이 자기의 인격, 능력, 적성, 흥미 등의 인성적 특성과 잠재력을 발견하고 이해하도록 함으로써 최대한의 개성신장과 자아실현을 가능하게 하고, 일상생활에서 부딪히는 여러 가지 문제를 해결함으로써 사회에 보다 잘 적응할 수 있도록 돕는 활동이다. 생활지도는 일상생활의 모든 문제, 즉 교육적 · 사회적 · 직업적 · 가정적 · 신체적 · 도덕적 · 정신적 · 종교적 문제에 폭넓게 관여한다. 따라서 생활지도는 학생들이 지적 성장에만 치우치지 않고 통합된 전인적 존재로서 균형 있고 건전한 삶을 살아갈 수 있도록 돕는 것이다.

생활지도는 개인적 혹은 집단적으로 검사, 지도, 조언 및 상담을 통하여 이루어진다. 따라서 교사에게는 개인적 상담자로서 또는 집단적 상담자로서의 역할과 임무가 있다. 오늘날 대부분의 학교에 상담실과 상담전담교사가 배치되어 있으나 아직 전문적인 역량이 부족한 경우가 있고, 또 상담은 문제를 가지고 있는 내담자의 자발적인 태도가 문제해결에 중요하므로 교사는 학생의 신상과 학교 내외에서의 문제 등에 관한 충분한 자료를 수집하여 언제 어디서나 학생의 상담요구에 응할 수 있어야 한다(곽영우 외, 1998: 105).

5) 진로지도 면에서의 직무 및 역할

진로지도는 졸업 시에 초점을 맞춘 진학지도나 취업지도도 포함하지만, 학생이 주체적으로 진로선택이나 적응에 관한 능력 · 태도 · 가치관 등 진로 의사결정이나 계획에 이르기까지 그 능력을 함양하는 것을 의미한다. 따라서 중학교에서의 진로교육은 초등학교에서 강조되던 일에 대한 안내를 계속해 나가도록 지도하여야 한다. 동시에 정확한 자아개념의 발달과 의사결정능력의 증진을 기하고, 직업정보 및 탐색적인 경험도 제공해 주어야 한다. 그러나 현실적으로 학교에서는 개인별 진로지도가 거의 이루어지지 않고 있기 때문에 학생들의 진로결정과정에 있어서 교사의 진로지도에 대한 기대가 크며 교사는 진로에 대한 정확한 정보와 진로지도에 대한 전문적 지식을 습득하여 보다 능동적인 자세로 진로지도에 임해야 한다.

진로지도는 생애교육과 관련시켜 생애지도의 한 분야로 진학지도와 직업지도를 포함하며, 개개인의 흥미 · 적성 · 능력 · 의욕 · 환경에 알맞은 직업과 진학과정을 선택, 계획하여 적응하도록 마련해 주고, 개인의 미래생활을 풍요하게 하는 것이다. 즉, 학생 한 사람 한 사람이 자기의 생활 방식에 깊은 관심을 가지고 자기의 적성과 능력, 흥미, 가치관 등을 발견하고 신장시키는 데 노력하며 직업세계에 대한 지식이나 태도를 신장하도록 담임교사가 계획적으로 지도하는 교육활동이어야 한다(김충기, 1986: 21).

학급경영의 성패는 학급담임교사의 경영 방침, 방법에 따라 결정되며, 이는 또한 학교교육의 성패를 결정짓고, 나아가 국가 전체의 교육의 성패를 좌우한다고 볼 수 있다. 따라서 학급경영의 기본방향은 학교나 전체학급의 교육방침과 궤를 같이해야 하며, 학급담임교사의 교육관, 윤리관, 교직관 등이 교육철학에 근거를 두어야 한다. 그러므로 학급담임교사는 효율적인 수업을 위한 학습상황을 조성하고, 학급의 분위기, 학급활동의 계획, 행동기준의 설정 등을 통하여 학생들의 올바른 성장과 발달에 도움이 되도록 학급을 경영해야 한다.

연구 및 토의 · 토론 문제

1. 학급경영의 개념 및 원리가 무엇이며, 학급경영목표를 달성하기 위한 기본방향과 학급경영의 구성요소에는 어떤 것들이 있는지 설명해 보자.
2. 학급경영의 실제에서 학급경영의 과업과 영역을 설명하고, 학급경영목표 설정 및 학급조직방법의 효율성에 대하여 토의해 보자.
3. 학급담임교사로서의 직무와 역할에 어떤 것들이 있는지 알아보고, 효율적인 학급운영, 학습지도, 생활지도, 진로지도에 대하여 토의해 보자.

참고문헌

가재환, 김충력(2005). 21세기 조직행정론. 서울: 형성출판사.
강경석, 고영남, 권순달(2011). 중등교직실무. 경기: 교육과학사.
강기수, 김희규(2012). 최신교사론. 서울: 동문사.
강염삼(1994). 장학론. 서울: 세영사.
고영희(1983). 수업장학 모형개발 및 현장 적용 가능성 탐색 연구. 충북: 한국교육개발원.
곽영우, 김준기, 신재철, 신철순, 안규철, 이군현, 이상기(1995). 교육행정 및 교육경영. 서울: 삼광출판사.
곽영우, 황의일, 신통철, 권상혁, 하상일, 서정화(1998). 예비교원을 위한 교사론. 서울: 교육과학사.
교육과학기술부(2010). 교원의 전문성 신장을 위한 학습연구년제 도입 및 시범운영 기본계획. 교육과학기술부 자료.
교육인적자원부(2007). 대안교육 확대 · 내실화 방안.
교육부(2013). 2014년 수석교사 선발, 운영 계획.
교육부(2016). 2016 학교운영위원회 핸드북.
교육부(2018a). 2018년도 교원연수 중점 추진방향. 교원연수 개요.
교육부(2018b). 2018년도 교원자격검정 실무편람.
국가법령 정보센터(2018). 교원 등의 연수에 관한 규정.
권기옥(2003). 최신 학급경영. 서울: 원미사.
권기헌(2009). 정책학. 서울: 박영사.
권인탁(1994). 교육조직에서 변화 지향적 지도성 측정에 관한 연구. 전북대학교 대학원 박사학위논문.
김갑성, 정미경, 전제상, 신상명, 강순나(2010). 교원관련 평가 시스템 재정립 방안 연구. 한국교육개발원 연구보고, RR 2010-10.
김경자(2015). 2015 개정 초등교육과정의 방향과 과제. 한국초등교육학회.
김달효(2011). 교육행정 및 교육경영. 서울: 학지사.
김도기(2009). 학교 컨설팅의 이해와 활성화 방향. 한국교육행정학회소식지, 100, 6-12. 한국교육행정학회.
김민환, 권동택(2000). 미국 홈스쿨링의 성장과 특징에 관한 연구. **비교교육연구**, 10(10). 한국비교교육학회.
김봉수(1982). **학교와 교육경영**. 서울: 형설출판사.
김영식(1996). **교육제도의 이념과 현상**. 서울: 교육과학사.
김영식, 최희선(1988). **교육제도 발전론**. 서울: 성원사.
김영식, 주삼환(1993). **장학론**. 서울: 한국방송통신대학교.
김윤태(1994). **교육행정학**. 서울: 배영사.
김윤태(1986). **교육행정・경영신논**. 서울: 배영사.
김윤태(2006). **교육행정・경영의 이해**. 서울: 동문사.
김이경, 김갑성, 김도기, 서근원, 김은영, 김희순(2006). **학교장의 리더십 개선 방안 연구**. 서울: 한국교육개발원.
김이경, 유균상, 이태상, 백선희, 정금현, 박상완(2004). **교원평가 시스템 연구**. 서울: 한국교육개발원.
김이경, 한만길, 박영숙, 홍영란, 백선희(2005). 교원의 직무수행 실태분석 및 기준개발 연구. 한국교육개발원, 연구보고 RR 2005-8.
김재웅(1999). 홈스쿨링의 교육적・정치적 의미. **교육학 연구**, 37(4). 한국교육연구학회.
김정한(2009). **장학론**. 서울: 학지사.
김종철(1985a). **교육행정학 신강**. 서울: 세영사.
김종철(1985b). **학교행정의 이론과 실제**. 서울: 교육출판사.
김종철(1989). **한국교육정책연구**. 서울: 교육과학사.
김종철, 진동섭, 허병기(1991). **학교・학급경영론**. 서울: 한국방송통신대학출판부.
김종화(1995). **교육행정과 경영이론**. 서울: 형설출판사.
김주영(2014). 유치원 원감의 원내 수업컨설팅을 통한 교사의 수업전문성 신장. 배재대학교 대학원 박사학위논문.
김창걸(1987). **교육행정 및 교육경영**. 서울: 형설출판사.
김창걸(1992). **교육행정학신론**. 서울: 형설출판사.
김창걸(1994). **종합교육학신강**. 서울: 박문각.
김창걸(2003). **교육조직행위론**. 서울: 형설출판사.
김창범, 선종욱(2006). **코칭의 힘**. 서울: 글로리아.
김천기(2008). **교육의 사회학적 이해**. 서울: 학지사.
김충기(1986). **진로교육과 진로지도**. 서울: 박영사.
김희규(2010). 수석교사의 역량 강화 방안. **한국교원학회 제58차 교원학술대회**. Vol. 2010, No. 1.
김희규(2012). 수석교사 해외 운영사례 분석연구. 2011 경기도교육청 정책연구, 신라대학교.
김희규, 김순미, 안성주, 최상영(2017). **최신 교직실무**. 서울: 학지사.
김희규, 주영효(2013). 수석교사 직무수행 실태 분석. **한국교육학연구**, 19(3). 안암교육학회.
남정걸(1999). **장학의 이론과 실제**. 서울: 교육과학사.
남정걸(2017). **교육행정 및 교육경영**(제7판). 경기: 교육과학사.
노상우(2001). **교육의 역사와 사상**. 서울: 교육과학사.

노종희(1992). **교육행정학**. 경기: 민음사.

노종희(1994a). 교육행정가의 변혁 지향적 리더십의 개발연구. **교육행정학연구**, 12(1).

노종희(1994b). **교육행정학: 이론과 연구**. 서울: 문음사.

도순남(2003). 교육의 지역화를 위한 교장의 역할, **교육행정학연구**, 21(1), 73-93.

문성윤(2013). 분산적 리더십 진단 도구 개발 연구. 충남대학교 대학원 박사학위논문.

박병량(2003). **학급경영**. 서울: 학지사.

박병량, 주철안(2011). **학교·학급경영**. 서울: 학지사.

박병량, 주철안(2012). **교육행정 및 교육경영**. 서울: 학지사.

박성애(2008). 초등학교에서 학급경영에 적용할 수 있는 펀(fun) 경영 프로그램에 관한 연구. 건국대학교 대학원 박사학위논문.

박세훈(2000). 단위학교 책임경영제의 조건과 성과에 관한 연구. **교육행정학연구**, 18(4). 한국교육행정학회.

박세훈, 권인탁, 고명석, 유평수, 정재균(2012). **교육행정 및 교육경영**. 서울: 학지사.

박승란(2011). 수석교사제 시범운영의 성과 요인과 선발기준 분석. 인천대학교 대학원 박사학위논문.

박연호(1981). **행정학 신론**. 서울: 박영사.

박영달(2009). 교장의 학교경영체제 및 지도성 개념 모형과 지도성 인식에 관한 연구. 원광대학교 대학원 박사학위논문.

박종렬(2003). **학교운영에서의 구성원 참여구조 혁신방안-학교단위자율경영제와 교장의 권한**. 서울: 한국교육개발원.

백기복(2000). **이슈리더십**. 서울: 창민사.

백현기(1964a). **신고 교육행정학**. 서울: 을유문화사.

백현기(1964b). **장학론**. 서울: 을유문화사.

변영계(1984). **수업장학의 연구와 필요성**. 서울: 교육연구.

변영계, 김경현(2005). **수업장학과 수업분석**. 서울: 학지사.

변태준(2011). 현장 요구에 기반을 둔 교원능력개발평가 시스템 개선. 한국교육학술정보원 미간행 자료.

부산광역시교육청(2018). **2018학년도 학습연구년제 운영 계획**.

서덕희(2006). 교육의 오래된 미래: 홈스쿨링의 가능성과 한계에 관한 참여관찰 연구. 서울대학교 대학원 박사학위논문.

서울대학교 학부모정책연구센터, 교육부(2016). **2016 학교운영위원회 길잡이**.

서정화(1994). **교육인사행정(수정·증보판)**. 서울: 세영사.

서정화, 서성옥, 김동희, 이수임(2002). **교장학의 이론과 실제**. 서울: 교육과학사.

서정화, 김서기, 김용숙(1988). **학교경영**. 서울: 갑을출판사.

설규주(2007). 사회과 수업컨설팅 모형 개발. 학교 컨설팅과 수업컨설팅의 과제와 전망. **경인교육대학교 산학협력단·서울대학교 학교컨설팅연구회 공동 세미나 자료집**.

송미섭, 나동환(1993). **교육행정 및 교육경영**. 서울: 형설출판사.

송화섭(1994). **교육행정 이론과 경영론**. 서울: 양서원.

신유근(1983). **조직행동론**. 서울: 다산출판사.

신재흡(2010). **교육행정 및 교육경영**. 서울: 동문사.

신중식 외(1984). 신간 현대교육행정학. 서울: 교육출판사.
신창호(2013). 배려와 학습. 서울: 학지사.
신철순(1995). 교육행정 및 교육경영. 서울: 교육과학사.
신철순(1998). 교육행정 및 경영. 서울: 교육과학사.
신현석, 안선회, 김동석, 김보엽, 박균열, 박정주, 반상진, 변기용, 양성관, 엄준용, 이강, 이경호, 이일권, 이정진, 전상훈, 조홍순(2016). 학습사회의 교육행정 및 교육경영(제4판). 서울: 학지사.
신현석, 이경호, 가신현, 김병모, 김재덕, 김희규, 박균열, 박정주, 박종필, 박호근, 안선회, 이강, 이일권, 이준희, 전상훈(2014). 교직실무. 서울: 학지사.
안병환, 가영희, 성낙돈, 임성우(2011). 교육행정 및 교육경영. 경기: 공동체.
안영진, 이인구, 김형찬(1995). 주객관식 경영학 연습. 서울: 삼영사.
안해균(1984). 현대행정학: 행정학의 기본개념과 원리. 서울: 다산출판사.
오석홍(1998). 조직이론. 서울: 박영사.
유지영(2013). 초등학교 담임교사의 학급경영 실제와 의미 탐색. 충남대학교 대학원 박사학위논문.
유진곤(2015). 중등교원의 컨설팅 장학에 대한 인식 연구. 공주대학교 대학원 석사학위논문.
유평수(1996). 의사결정에서 교사의 참여에 관한 탐색적 고찰. 교육행정학연구, 14(1).
유평수(1998). 교사의 학교 의사결정 참여와 만족. 전북대학교 대학원 박사학위논문.
유평수(1999). 교사의 의사결정 참여도 분석 연구. 교육학연구, 37(2).
유평수(2004). 초 · 중등하교의 의사결정내용 분석. 교육행정학연구, 22(3).
유평수, 문선향, 김유화, 이원, 황연우, 김윤정, 정세민(2014). 교육행정 및 교육경영. 경기: 공동체.
윤정일(1990). 장학의 본질과 장학행정. 한국교원대학교 종합교원연수원.
윤정일, 김민희, 김병주, 나민주, 남수경, 박수정, 송기창, 신상명, 오범호, 윤홍주, 이수정, 이정미, 이희숙, 정성수, 정제영, 조동섭, 조석훈, 주현준(2008). 전환기의 한국교육정책. 서울: 학지사.
윤정일, 송기창, 조동섭, 김병주(2005). 한국교육정책의 쟁점. 경기: 교육과학사.
윤정일, 송기창, 조동섭, 김병주(2016). 교육행정학 원론(6판). 서울: 학지사.
윤종건, 허병기, 주철안, 김재웅, 신헌석(2002). 전환시대의 한국교육행정. 서울: 도서출판 원미사.
이명주(2003). 교육행정의 이론과 실제. 서울: 학지사.
이병진(2003). 초등교육학개론. 서울: 문음사.
이병진(2010). 새로운 교육의 패러다임 교육리더십. 서울: 학지사.
이상기(1981). 교육의 양태구조에 관한 연구. 논문집(제10집). 전주: 전주대학교.
이상기(1993). 학교장학의 새로운 방향: 인간교육학 입장에서. 원광대학교 교육문제연구소. 중등교육논총: 제1권.
이상수(2009). 학습부진 해소를 위한 수업 컨설팅. 교육사상연구, 45권. 한국교육사상연구회.
이석열(1997). 학교조직문화·교장의 수업지도성 · 교사의 전문적 수용권 간의 관계. 충남대학교 대학원 박사학위논문.
이용숙(2007). 수업컨설팅의 방향. 열린교육실행연구, 10, 3-30.
이윤식(1999). 장학론: 유치원 · 초등 · 중등 자율장학론. 서울: 교육과학사.
이윤식(2001). 학교경영과 자율장학. 서울: 교육과학사.
이윤식(2002). 장학론. 서울: 교육과학사.

이윤식, 김병찬, 김정휘, 박남기, 박영숙, 송광용, 이성은, 전제상, 정명수, 정일환, 조동섭, 진동섭, 최상근, 허병기(2009). **교직과 교사**. 한국교원교육학회 편. 서울: 학지사.

이재관(1995). **의사결정과 경영과학**. 서울: 학지사.

이종열(1985). **정책학 원론**. 서울: 대왕사.

이종재, 이차영, 김용, 송경오(2012). **한국교육행정론**. 경기: 교육과학사.

이종재, 이차영, 김용, 송경오(2015). **교육정책론**. 서울: 학지사.

이진옥(2014). 어린이집 영아반 교사의 요구에 따른 맞춤형 수업컨설팅 실행. 배재대학교 대학원 박사학위논문.

이찬교, 김재웅(2005). **교육행정**. 서울: 한국방송통신대학교출판부.

이철웅(2010). **교직실무의 이론과 실제**. 서울: 서현사.

이칭찬, 주상덕(2009) **교직실무이론**. 서울: 동문사.

이형행(1997). **교육행정론**. 서울: 문음사.

이혜영(2000). 한국의 홈스쿨링 운동의 현황과 전망. **평생교육학연구**, 61(1), 한국평생교육학회.

이화진, 오상철, 홍선주(2006). 수업컨설팅 지원 및 활성화 방안-문제점, 프로그램 지원, 정책 제언을 중심으로. **열린교육실행연구**, 10, 33-63.

임규진, 임연기(2005). **교육행정학의 이해**. 대전: 도서출판 보성.

임연기, 최준렬(2017). **교육행정 및 경영 탐구**. 경기: 공동체.

장이권(1987). 임상장학의 모형 정립. 효성여자대학교 대학원 박사학위논문.

장이권(1998). **학교 · 학년 · 학급경영**. 서울: 형설출판사.

정미경, 김정원, 류성창, 박인심(2011). 교사 선발방식 개선 방안 연구. 연구보고, RR 2011-05. 한국교육개발원.

정일환, 주은경(2000). 학교단위 책임경제의 실천절차와 정착방안 탐색. **교육학논총**, 21(1), 대경교육학회.

정정길, 최종원, 이시원, 정준금, 정광호(2010). **정책학 원론**. 서울: 대명출판사.

정태범(1994). **교육행정학: 기초와 발전**. 서울: 정민사.

정태범(1996). **장학론**. 서울: 교육과학사.

정태범(2000). **학교경영론**. 서울: 교육과학사.

정태범(2002a). **교육정책과 교육제도의 발전**. 경기: 양서원.

정태범(2002b). **학교경영의 발전과 과제**. 경기: 양서원.

조동섭(2002). **교육과 지도성**. 서울: 교육진흥.

조동섭, 김도기, 김민조, 김민희, 김병주(2009). **초등교직실무**. 서울: 학지사.

조민호, 설증웅(2001). **컨설팅 프로세스**. 서울: 도서출판 새로운 제안.

조병효(1995). **현대장학론**. 서울: 교육과학사.

조성일, 최혜영(2006). **교육행정과 학교 · 학급경영**. 서울: 도서출판 학이당.

조영숙(2004). 멘토링 기법을 통한 교내장학 활성화 방안. 교단가꾸기.

조영숙(2009). 초등학교 수업컨설팅 모형 탐색과 실행 과정의 효과 연구. 경기대학교 대학원 박사학위논문.

주삼환(1982). **장학론**. 서울: 갑을출판사.

주삼환(1999). 변화하는 시대의 장학. 서울: 원미사.

주삼환(2003). 교육의 질 향상을 위한 장학의 이론과 기법. 서울: 학지사.

주삼환(2005). 미국의 교장: 미국의 교육행정과 교장론. 서울: 학지사.

주삼환, 명제창(1988). 인간관계론. 서울: 법문사.

주삼환, 천세영, 김택균, 신봉섭, 이석열, 김용남, 이미라, 이선호, 정일화, 김미정, 조성만(2015). 교육행정 및 교육경영. 서울: 학지사.

주삼환, 천세영, 명제창, 신봉섭, 이명주, 이석열(2005). 교육행정 및 교육경영. 서울: 학지사.

진동섭, 김도기(2005). 컨설팅 장학의 개념 탐색. 교육행정연구, 23(1), 1-25.

진동섭, 이윤식, 김재웅(2016). 교육행정 및 학교경영의 이해. 서울: 교육과학사.

진동섭, 홍창남, 김도기(2011). 학교경영컨설팅과 수업컨설팅. 서울: 교육과학사.

최경노(2007). 교육복지 실현을 위한 학교경영 방향 탐색. 한국교원대학교 대학원 박사학위논문.

최희선(2004). 학급 · 학교 경영. 서울: 형설출판사.

하종진(2011). 교사중심 자율장학에 관한 질적 실천 연구. 중부대학교 대학원 박사학위논문.

한국교육행정학회(1996). 교육정책론. 교육행정학 전문서1. 서울: 도서출판 하우.

한국교육행정학회(2003). 교육행정평가론. 서울: 도서출판 하우.

한국방송통신대학교 홈페이지(2018). 한국방송통신대학교 신입학 안내(2018.1.23. 수정자료)

한국진로교육학회(1999). 진로교육의 이론과 실제. 서울: 교육과학사.

한유경(2003). 단위학교 자율화정책-단위학교 책임경영제를 중심으로. 한국교육개발원.

한유경, 박상완, 서경혜, 전제상(2006). 교원 직무기준 설정에 관한 연구. 교육인적자원부.

한유경, 임현식, 김병찬, 김성기, 정제영, 이화숙, 임소현, 김은영, 윤수경, 이윤희, 김화영, 김경애, 정현주(2018). 교육행정 및 교육경영. 서울: 학지사.

伊藤秀夫, 眞野宮雄(編)(1975). 教育制度の課題. 東京: 第一法規出版株式會社.

Abbott, M. G. (1969). Hierarchical Impediments to Innovation in Educational Organizations.In F. D. Carver & T. J. Sergiovanni (Eds.), *Organizations and Human Behavior.* N.Y.: McGaw-Hill.

Acheson, K., & Gall, M. (2005). 임상장학(주삼환 옮김). 경기: 한국학술정보(주). (원저는 1980년에 출판).

Alderfer, C. P. (1972). *Existence, Relatedness, and Growth: Human Needs in Organizational Settings*. N.Y.: Free Press.

Anderson, J. E. (1984). *Public Policy Making* (3rd ed.). N.Y.: Holt, Rinehart and Winston.

Bacharach, S. B., Bamberger, P., Conley, S. C., & Bauer, S. (1990). The dimensionality of _ decision participation in educational organizations: die value of a multi-domain evaluative approach. *Educational Administration Quarterly, 26.*

Barnard, C. I. (1938). *The Function of the Executive.* Cambridge, Mass.: Harvard University Press.

Bennett, R. (1991). *Organizational Behavior.* Rondon: Pitman Publishing.

Bennis, W. G. (1989). *On Becoming a Leader.* MA: Addison-Wesley.

Blake, R. R., & Mouton, J. S. (1984). *The Managerial Grid.* Houston, Texas: Gulf Publishing Co.

Blank, R. K. (1987). The role of principal as leader: analysis of variation in leadership of urban high school. *Journal of Educational Research, 81*(2).

Blau, P. M., & Scott, R. (1962). *Normal organization: A comparative approach.* San Francisco: Chandler Publishing Co.

Bobbitt, F. (1913). The Supervision of city schools: Some general principles of management applied to the problems of city school systems. *Twelfth yearbook of the national society for the study of education.* Bloomington, IL: NSSE.

Bovee, C. L. et al. (1993). *Management.* NY: McGraw-Hill.

Bradley, A. (1993). 'Strong Democracy' Yields Improvement in Chicago Reforms. *Education Week,* July, 14.

Bridges, E. M. (1967). A model for shared decision making in the school principalship. *Educational Administration Quarterly, 3*(1), 49-58.

Bryman, A. (1992). *Charisma and leadership in organizations.* SAGE publications LTD.

Burns, J. M. (1978). *Leadership.* New York: Harper & Row.

Bvolio, B. J., Bass, B. M., Waldman P. A., & Babb, M. (1987). *Transformational Leadership and the Falling Dominoes Effect.* Group & Organization Studies.

Carlson, R. O. (1964). Environment Constraints and Organizational Consequences: The Public School and It's Clients, *Behavioral Science and Educational Administration,* The 63th Yearbook of NSSE, Part II. Chicago: University of Chicago Press.

Cogan, M. L. (1973). *Clinical Supervision.* Boston, MA: Houghton Mifflin.

Cohen, M., Marrch, J., & Olsen, J. (1972). A Garbage Can Model of Organization Choice. *Administrative Science Quarterly.*

Conger, J. A., & Kanungo, R. N. (1998). *Charismatic Leadership in Organizations.* Thousand Oaks, CA: Sage Publications, Inc.

Cotton, J. L., Vollrath, D. A., Froggatt, K. L., Lengnick-Hall, M. L., & Jennings, K. R. (1988). *Employee participation: diverse forms and different outcomes. Academy of management Review, 13*(1).

Cyert, R. M., & March, G. (1963). *A Behavior Theory of the Firm.* (Chap. 3-4-5). Prentice-Hall.

Daft, R. L. (2002). *The Leadership experience.* Texas: Thomson.

Dror, Y. (1988). *Public Policy-Making Re-examined,* San Francisco, Calif.: Chandler Publishing Co.

Drucker, P. (1966). *The Effective Executive.* New York: Harper &Row.

Eggen, P., & Kauchak, D. (1994). *Educational psychology: Classroom connections* (2nd ed.). New York: Macmillan.

Emmer, E. T., & Evertson, C. M. (1981) Synthesis of research on classroom management. *Educational Leadership, 38*(4).

Etzioni, A. (1961). *A Complaintive Analysis of Complex Organizations.* New York: Free Press.

Etzioni, A. (1987). *Mixed-Scanning: A Third Approach to Decision-Making. Public*

Administrative Review, 27, Dec., 385-395.

Etzioni, A. A. (1964). *Modern Organization*. Englewood Cliffs, N J: Prentice-Hall, Inc.

Etzioni, A. A. (1967). Mixed-Scanning: A Third Approach to Decision-Making. *Public Administration Review*, Vol. 27.

Fayol, H. (1949). *General and industrial management*. trans. by Constance Starrs. London: Sir Issac Pitman and sons, Ltd., cited by Campbell, Cobally and Ramseyer, op. cit.

Fiedler, F. E. (1987). *A Theory of Leadership Effectiveness*. New York: McGraw- Hill Book Co.

Fisher, R. (1990). *Teaching children to think*. Oxford: Basic Blackwell Ltd.

Fleisman, E. A. (1953). Leadership Climate, Human Relations Triting, and Supervisory Behavior. *Person Psychology*, *6*, 205-222.

Fosnot, C. (1989). *Enquiring Teachers, Enquiring Learners: A Constructivist Approach to Teaching*. New York: Teachers College Press.

Foster, W. (1986). *Paradigms and Promises: New Approach to Educational Administration*. NY: Prometheus Book.

Gibb, C. A. (1981). Leadership. In G. Undsey (Ed.), *Handbook of Social Psychology, Vol. VI*. Cambridge, Mass.: Addison-Wesley.

Gibson, J. L. (1991). Organizations: Behavior-Structure-Processes (7th ed.). Boston: Irwin.

Gilkson, J. L. et al. (1991). *Organizs: Bellavior-Sfrucn. ire—Processes* (7th ed.). Boston: Irwin.

Glatthorn, Allan, A. (1984). *Differentiated Supervision*. Alexandria, VA: Association for Supervisior and curriculum Development.

Glickman, C. D., Garden, S. P., &Ross-Gorden, J. M. (2001). *Supervision and instructional leadership* (5th ed.). Boston: Allyn and Bacon.

Goldhammer, R., Anderson, R. H., & Krajewski, R (1980). *Clinical Supervision* (2nd ed.). New York: Holt, Rinehart, & Winston.

Goleman, D. et al. (2002). *Primal leadership learning to lead with emotional intelligence*. Boston: Harvard Business School Press.

Gorton, R. A. (1976). *School Administration-Challenge and opportunity for Leadership*. Dubuque. Iowa: W.C. Brown Co. Publishers.

Grandori, A. (1984). A Prescriptive Contingency View of Organizational Decision Making. *Administrative Science Quarterly*, *29*, 192-208.

Griffiths, D. E. (1956). *Human Relation in School Administration*. N.Y.: Appleton-Century-Crofts.

Griffiths, D. E. (1959). *Administrative Theory*. New York: Appleton-Century-Crofts. Inc.

Griffiths, D. E. (1969). *Administrative Theory. Encyclopedia of Educational Research* (4th ed.). New York: Appleton-Century-Crofts. Inc.

Gruenberg, B. C. (1972). Some Economic Obstacle to Educational Progress. *American Teacher,* Vol. 1.

Halpin, A. (1958). *Theory and Research in Administration*. New York: Macmillan.

Halpin, A. W., & Coons, A. E. (1950). *Leader Behavior Description*. Columbus, Ohio: Personnel

Research Board, Ohio State Univ.

Halpin, A. W., & Croft, D. B. (1962). *The Organizational Climate of Schools.* Washington, D.C.: US Office of Education, Research Project.

Halpin, A. W., & Winer, J. (1952). *The Leadership Behavior of the Airplane Con-minder.* Columbus, Ohio: The Ohio State University Research Foundation.

Halpin, A. W. (1958). Superintendent's Effectiveness as a Leader. *Administrator's Notbook, 7*(2).

Hemphill, J. L., & Coons A. E. (1957). *Development of the leader Behavior Description Questionnaire.* In R. M.

Hersey, P., & Blanchard, K. H. (1977). *Management of organizational behavior: Utilizing human resources* (5th ed.). Englewood Cliffs, N.Y.: Prentice-Hall, Inc.

Hersey, P., & Blanchard, K. H. (1988). *Management of Organizational Behavior: Utilizing Human Resources* (5th ed.). Englewood Cliffs, N.Y.: Prentice-Hall, Inc.

Hersey, P., & Blanchard, K. H., & Johnson, D. E. (2001). *Management of Organizational Behavior: Leading Human Resources* (8th ed.). Englewood Cliffs, NJ: Prentice Hall.

Herzberg, F. (1966). *Work and the Nature of man.* New York: The World Publishing Company.

House, R. J. (1977). A 1976 Theory of Charismatic Leadership. In G. Hunt & L. L. Larson (Eds.), *Leadership: The Cutting Edge* (pp. 189-207). Carbondale, IL: Southern Illinois University Press.

House, R. J., & Howell, J. M. (1992). Personality and charismatic leadership. *Leadership Quarterly, 3*(2), 81-108.

House, R. J., & Singh, J. V. (1987). Organizational behavior: some new directions for I/O psychology. *Annual Review Psychology, 38.*

Hoy, W. K., & Miskel, C. G. (1991). *Educational Administration: Theory, Research and Practice* (4th ed.). New York: McGraw-Hill.

Hoy, W. K., & Miskel, C. G. (1996). *Educational Administration: Theory, Research and Practice* (5th ed.). New York: McGraw-Hill.

Hoy, W. K., & Miskel, C. G. (2013). *Educational Administration: Theory, Research and Practice* (9th ed.). New York: McGraw-Hill Education.

Hyman, R. T. (1974). *Ways of teaching.* New York: Harper & Row.

Imber, M., & Duke, D. L. (1984). Teacher Participation in School Decision Making: A Framework for Research. *The Journal of Educational administration, 12*(1), 24-34.

Immegart, G. L., & Pilecki, F. J. (1973). *An Introduction to Systems for the Educational Administrator.* Reading, Mass.: Addison-Wesley Publishing Co.

Johnson, M. J., & Pajares, F. (1996). When shared decision makilw A 3-year longitudinal study. *American Educational Research Journal, 33*(3), Fall.

Jones, L. K. (2000). Supervisory beliefs and behaviors associated with veteran teacher motivation. Ph. D., The University of Oklahoma.

Katz, D., & Kahn, R. L. (1978). *The Social Psychology of Organizations* (2nd ed.). N.Y.: John Wiley and Sons, Inc.

Kimbrough, R. B. (1964). *Political power and Educational Decision-Making*. Chicago: Rand McNally and Co.

Knezevich, Stephen, J. (1975). *Administration of Public Education* (3rd ed.). New York: Harper & Row, Publishers.

Koopman, G. R. et al. (1943). *Democracy in School Administration*. N.Y.: Appleton-Century-Crofts.

Lange, J. T. (1993). Site-based, Shared Decision Making: A Resource for Restructuring. *NASSP BuUetin, 76*(49), 98-107.

Lasswell, H. (1956). The decision process. College Park: University of Maryland, Bureau of Governmental Research.

Lasswell, H. (1963). The decision process: Seven categories of functional analysis. In N. W. Polsby, R. A. Dentler, & Smith (Eds.), *Politics and social life*. Boston: Houghton Mifflin.

Lewin, K., Lippitt, R., & White, R. K. (1939). *Patterns of Aggressive Behavior in Experimentally Created*. Social Psychology X.

Likert, R. (1981). *New Patterns of Management*. New York: McGraw-Hill Book Co.

Lindblom, C. E. (1959). The Science of Muddling Through. *Public Administrative Review, 29,* Spring, 79-99.

Liontos, L. B. (1992). *Transfomational leadership*. ERIC, EA 024 076.

Liontos, L. B., & Lashway, L. (1996). Shared Decision-Making. In S. C. Smith, P. K. Piele (Eds.), *School Leadership: handbook for excellence* (3rd ed.). Oregon: ERIC/CEM.

Lipham, J. M. (1964). *Leadership and Administration*. In D. E. Griffiths (Ed.), *Behavioral Science and Educational Administration*. Chicago: University of Chicago Press.

Lipham, J. M., & Hoeh, J. A. (1974). *The Principalship-Foundation and Functions*. New York: Harper and Row.

Lippit, R., & White, R. K. (1958). *An Experimental Study of Leadership and Group Life*. New York: Holt, Rinehart and Winston Inc.

Lunenburg, F. C., & Ornstein, A. C. (1991). *Educational Administration: Concepts and Practices. Belmont*. CA: Woodworth.

Luthans, F. (1981). *Organizational behavior* (3rd ed). N.Y.: McCraw-Hill.

Manz, C. C., & Sims, H. P., Jr. (1989). *Super leadership: leading Other to Lead Themselves* New York: Berkley Books.

Maslow, A. (1954). Motivation and personality. NY: Harper. In B. M. Bass. (1985), *Leadership and performance beyond expectations*. San Francisco: Jossey-Bass.

Mayberry, M., Knowles, J. G., Ray, B., & Marlow, S. (1995). *Homeschooling: Parents as educators*. Thousand Oakes, CA: Corwin Press, Inc.

Meyer, J. W., & Rowan, B. (1983). The Structure of Educational Organizations. In J. W. Meyer & R. Scott, *Organizational Environments*. California: Sage Publications. Inc.

Miles, M. (1965). Planned Change and Organizational Health: Figure and Ground. *Change Processes in the Public School*. Eugene, Oregon: The University of Oregon.

Mitchell, E. (1990). Share the Power. *American School Journal, 177*(1).

Mohlman, A. B. (1951). *School Administration* (2nd ed.). Boston: Houghton Miffilin Co.

Mohlman, A., Jr., Cooke, R., & Mohlnnan, S. A. (1978). Participation in decision making: A multi-dimensional perspective. *Educational Administration Quarterly*, NY, 13-29.

Mutchler, S. E., & Duttweiler, P. C. (1990). *Implementing Shared Decision Making in School-Based Management: Barriers to Changing Traditional Behavior.* Paper presented a annual meeting of the American Educational Research Association, Boston.

Nakamura, R, T. (1987). Taxtbook policy process and implementation research. *Review of Policy Rearch*, 7(1), 142-154.

Newell, C, A. (1978). *Human Behavior in Educational Administration*. NJ: Prentice-Hall.

Nigro, F. A., & Nigro, L. G. (1976). *The New Public Personnel administration*. F. E. Peacock Publishers, Inc.

Owens, R. G., & Steinhoff, C. R. (1976). *Administrative Change in School*. Englewood Cliffs, NJ: Prentice-hall.

Pace, C. R. (1973). *Colleage & University Environment Scales*. New Jersey: Educational Testing Service, Princeton.

Parsons, T. (1960). *Structure and Process in Modern Society.* N.Y.: Free Press.

Peter, L. J., & Hall, R. (1969). *The Peter Principle*. N.Y.: Bantam Books.

Petrie, A. J. (1995). Home educators and the Law within Europe. *International Review of Education, 41*(3-4). Netherlands: Kluwer Academic Pub.

Pinitich, P. R., & Schnuk, D. H. (2002). *Motivation in education: Theory, research, and applications* (2nd ed.). New Jersey: Pearson Education.

Popham, J. W. (1995). *Classroom assessment: What teachers need to know?* Boston: Allyn and Bocon.

Porter, L. W., & Lawler, E. E. III (1969). *Managerial Attitude and Performance* (p. 165). Homewood, III: Richard D. Irwin, Inc.

Prgh, D. S. et al. (1971). *Writers on Organization* (2nd ed.). Middlesex, Engl: Penguin Books Ltd.

Reddin, W. J. (1970). *Managerial Effectiveness.* New York: McGraw-Hill Book Co.

Redfield, C. E. (1958). *Communication in management* (rev, ed.). Chicago: University of Chicage Press.

Rosenthal. R., & Jacobson. L. (1968). *Pygmalion in the classroom: Teacher expectation and pupils intelligence development*. New York: Holt, Rinehart & Winston.

Rogers, D. L., & Babinski, L. M. (2005). 담임교사의 학습공동체. [*Form isolation to conversation: Supporting new teacher's development*] (조부경, 백은주, 고영미 공역). 경기: 양서원.

Rosenfield, S. (1987). *Instructional consultation*. Hillsdale, NJ: Lawrence Erlbaum Associates.

Schein, E. H. (1980). *Organizational Psycholog* (3rd ed.). Englwood Cliffs, NJ: Prentice-Hall.

Selznick, P. (1957). *Leadership in Administration: A Sociological Interpretation*. III.: Row, Peterson and Co.

Sergiovanni, T. J. (1990). *Value Added Leadership: How to Get Extraordinary Performance in*

School. N.Y.: HBJ Publishers.

Sergiovanni, T. J. Kelleher, P., McCarrthy, M. M., & Wirt, F. M. (2004). *Educational Governance and Administration.* Boston: Education, Inc.

Sergiovanni, T. J., & Starratt, R. T. (1993). *Supervision: A redefinition* (5th ed.). New York: McGraw-Hill, Inc.

Sergiovanni, T., Starratt, R. (2008). 장학론 (오은경, 한유경, 서경혜, 김경이, 안정희, 안선영 공역). 서울: 아카데미프레스. (원저는 2007년에 출판).

Shin, J. (1988). *An Application of Critical Theory to Educational Policy-Making in Korea.* University of Illinois at Urbana-champaign, Unpublished Ph. D. Dissertation.

Simon, H. A. (1957). *Administrative Behaviour* (p. 133). New York: The Free Press.

Simon, H. A. (1960). *New Science of Management Decision.* Harpar.

Simon, H. A. (1974). *Administrative Behavior* (2rd ed., pp. 1-11, 102-103). New York: Macmillan.

Stahl, O. G. (1983). *Public Personnel Administration.* N.Y.: Harper & Row.

Stein, J. (1980). *The Random House Dictionary* (rev. Ed.). Random House.

Stogdill, R. M. (1950). Leadership, Membership, and Organization. *Psychological Bulletin, 47.*

Stogdill, R. M. (1989). Validity of Leader Behavior Descriptions. *Personnel Psychology, 22.*

Stogdill, R. M., & Coons, A. (Eds.). (1957). *Leader Behavior: Its Description and Measurement.* Columbus: The Ohio State Univ. Press.

Tannenbaum, R., & Schmidt, W. H. (1958). How to Choose a Leadership Pattern. *Harvard Business Review*, March-April, 95-101.

Taylor, F. (1976). *The Principles of Scientific Management.* N.Y.: Norton.

Thompson, J. (1976). *Policy-Making in American Public Education: A Framework for Analysis,* Englewood Cliffs, NJ: Prentice-Hall, Inc.

Vroom, V. H. (1964). *Work and Motivation.* New York: Wiley.

Vroom, V. H, & Yetton, P. W. (1973). *Leadership and decision making.* Pittsburgh, PA: University of Pittsburgh Press

Warren, G. B. (1989). *On Becoming a Leader.* Reading, MA: Addison-Wesley.

Weber, M. (1946). Bureaucracy. In Max Weber, *Easy in Sociology*, ed. and trans. by H. H. Gerth & C. W. Mills. N.Y.: Oxford University Press.

Weber, M. (1947). *The Theory of Social and Economic Organization*, translated by A. M. Henderson & T. Parsons. N.Y.: The Free Press.

Weick, K. E. (1982). Administering Education in Loosely Coupled Schools. *Phi Delta Kappan, 27*(2).

Wiles, J., & Bondi, J. (2002). *Supervision: A Guide to Practice.* Columbus, Ohio: E. Merrill Publishing Co.

Yauch, W. A. (1949). *Improving Human Relations in School Administration.* N.Y.: Harper & Row.

Yukl, G. A. (1987). *Leadership in Organization, Englewood Cliffs.* New Jersey: Prentice-Hall.

Yukl, G. (1998). *Leadership in Organizations* (3rd ed.). N.J.: Prentice-Hall.

찾아보기

■ 인명 ■

■내용■

저자 소개

김희규(金熙圭 / Kim, HeeKyu) khk546@silla.ac.kr

고려대학교 대학원 교육학박사(교육행정 전공)

전 한국교육과정평가원 연구위원
　한국교육정책연구소장
　교육부 정책자문위원

현 교육부 중학교교육과정 심의위원회 위원장
　교육부 교육과정 운영위원회 위원
　교육부 자체평가 1소위원회 위원장
　신라대학교 사범대학 교육학과 교수

김순미(金順美 / Kim, SoonMi) hneko2005@naver.com

신라대학교 대학원 교육학박사(교육행정 전공)

전 부산광역시교육청 초등학교 수석교사
　신라대학교 사범대학 교육학과 겸임교수

현 신라대학교 사범대학 교육학과 초빙교수

김효숙(金孝淑 / Kim, HyoSuk) hohosaim@hanmail.net

동아대학교 대학원 교육학박사(교육상담 전공)

전 부산광역시교육청 중학교 수석교사

현 예심심리상담소장
　신라대학교 사범대학 교육학과 겸임교수

안성주(安性柱 / An, SeongJu) busan00000@hanmail.net

신라대학교 대학원 교육학박사(교육행정 전공)

전 부산광역시교육청 고등학교 수석교사
　신라대학교 사범대학 교육학과 교육전담교수

현 신라대학교 사범대학 교육학과 초빙교수

최상영(崔相榮 / Choi, SangYoung) sy213@hanmail.net

신라대학교 대학원 교육학박사(교육행정 전공)

현 부산광역시교육청 중학교 수석교사
　신라대학교 사범대학 교육학과 겸임교수

교육행정 및 교육경영

Educational Administration and Educational Management

2019년 3월 25일 1판 1쇄 발행
2024년 1월 25일 1판 3쇄 발행

지은이 • 김희규 · 김순미 · 김효숙 · 안성주 · 최상영

펴낸이 • 김 진 환
펴낸곳 • (주) 학지사
04031 서울특별시 마포구 양화로 15길 20 마인드월드빌딩 5층
대표전화 • 02) 330-5114 팩스 • 02) 324-2345
등록번호 • 제313-2006-000265호
홈페이지 • http://www.hakjisa.co.kr
인스타그램 • https://www.instagram.com/hakjisabook

ISBN 978-89-997-1687-4 93370

정가 19,000원